**웨스트민스터
신앙고백 해설**

AN EXPOSITION OF THE CONFESSION OF FAITH
- WESTMINSTER ASSEMBLY OF DIVINES
by Rev. Robert Shaw

Korean Edition published by Word of Life Press, Seoul ⓒ 2014, 2017
All rights reserved.
Printed in Korea.

웨스트민스터
신앙고백 해설

ⓒ 생명의말씀사 2014, 2017

2014년 3월 20일 1판 1쇄 발행
2017년 3월 24일 2판 1쇄 발행
2023년 4월 11일   3쇄 발행

펴낸이 | 김창영
펴낸곳 | 생명의말씀사

등록 | 1962. 1. 10. No.300-1962-1
주소 | 서울시 종로구 경희궁1길 6 (03176)
전화 | 02)738-6555(본사) · 02)3159-7979(영업)
팩스 | 02)739-3824(본사) · 080-022-8585(영업)

기획편집 | 박미현, 유선영
디자인 | 김혜진, 조현진
인쇄 | 영진문원
제본 | 보경문화사

ISBN 978-89-04-02084-3 (03230)

저작권자의 허락없이 이 책의 일부 또는 전체를
무단 복제, 전재, 발췌하면 저작권법에 의해 처벌을 받습니다.

웨스트민스터 신앙고백 해설

An Exposition of the Confession of Faith
- Westminster Assembly of Divines

목차

웨스트민스터 신앙고백 승인 결의서	6
저자의 말 _ 로버트 쇼(Robert Shaw)	8
서론 _ 윌리엄 맥스웰 헤더링턴(William Maxwell Hetherington)	10

CHAPTER. 1	성경	37
CHAPTER. 2	하나님과 삼위일체	67
CHAPTER. 3	하나님의 영원한 작정	95
CHAPTER. 4	창조	121
CHAPTER. 5	섭리	131
CHAPTER. 6	인간의 타락과 죄와 형벌	143
CHAPTER. 7	인간과 맺으신 하나님의 언약	161
CHAPTER. 8	중보자이신 그리스도	177
CHAPTER. 9	자유의지	209
CHAPTER. 10	유효 소명	217
CHAPTER. 11	칭의	227
CHAPTER. 12	양자 됨	247
CHAPTER. 13	성화	255
CHAPTER. 14	구원 신앙	263
CHAPTER. 15	생명에 이르는 회개	277
CHAPTER. 16	선한 행위	291

CONTENTS

CHAPTER. 17	성도의 견인	307
CHAPTER. 18	은혜와 구원의 확신	323
CHAPTER. 19	하나님의 율법	339
CHAPTER. 20	기독교인의 자유와 양심의 자유	353
CHAPTER. 21	예배와 안식일	371
CHAPTER. 22	정당한 맹세와 서원	405
CHAPTER. 23	국가 공직자	413
CHAPTER. 24	결혼과 이혼	433
CHAPTER. 25	교회	441
CHAPTER. 26	성도의 교제	459
CHAPTER. 27	성례	471
CHAPTER. 28	세례	479
CHAPTER. 29	성찬	495
CHAPTER. 30	교회의 권징	513
CHAPTER. 31	대회와 총회	521
CHAPTER. 32	사후 상태와 죽은 자의 부활	531
CHAPTER. 33	마지막 심판	543

웨스트민스터 신앙고백 승인 결의서

Act Approving the Confession of Faith

1647년 8월 27일, 에든버러 총회 23회기

세 왕국에 있는 하나님의 교회들을 위한 신앙고백은 우리가 '엄숙 동맹'(Solemn League and Covenant)을 통해 이루고자 하는 연합의 가장 중요한 부분을 차지한다. 스코틀랜드 교회에서 파견한 대표단의 지원 아래 웨스트민스터 총회에서 신앙고백이 가결되었다.

지난 1월, 런던에 있는 우리 대표단이 에든버러에서 모인 교단의 총회 앞으로 『웨스트민스터 신앙고백』을 보내왔다. 우리는 이 신앙고백을 총회 앞에서 두 차례 낭독하며 신중하게 검토했고, 총회의 모든 회원이 읽고 생각할 수 있도록 사본을 인쇄해 배포했으며, 혹시라도 의구심이나 이의가 있으면 기탄없이 말하라고 공표했다.

상정된 신앙고백은 적절한 검토를 거친 결과, 하나님의 말씀에 가장 잘 일치할 뿐 아니라 교회의 역사적인 교리와 예배와 권징과 정치와 아무런 충돌도 없는 것으로 판명되었다. 절실한 필요와 간절한 기다림이 있었기에 우리는 이 신앙고백을 가능한 한 정성을 다해 신속하게 인준하고 확정해 두 왕국이 의도하는 신앙의 합일을 이끌어 내고, 더 나아가 이 시대의 여러 가지 위험한 오류와 이단 사상을 물리치는 효과적인 수단으로 받아들이기에 이르렀다.

총회는 신중한 검토를 거친 후에 이 신앙고백이 하나님의 말씀에 부합하는 가장 정통적인 진리에 근거하고 있다는 합의를 도출했고, 이 신앙고백을 세 왕국의 공통된 신앙고백으로 채택해 교회의 합일을 지향하기로 결정했다. 총회는 이렇게 훌륭한 신앙고백을 허락하시어 두 왕국의 기꺼운 합의를 이끌어 내신 하나님을 찬양하며, 그 큰 은혜에 감사한다. 우리는 이 신앙고백이 개혁 신앙의 힘을 강화시켜 모든 원수에게 맞설 수 있게 해주리라 믿어 의심하지 않는다. 그러나 우리의 의도와 취지가 오해를 불러일으키는 일이 없도록 하기 위해 다음과 같이 분명히 선언하는 바다.

첫째, 이 신앙고백은 교회의 다양한 직임과 회의에 관한 사항을 언급하고 있지 않지만, '교회 헌법'에 명시되어 있는 그리스도의 진리에는 아무런 손상도 입히지 않았다.

둘째, "대회와 총회"에 관한 31장 2항 가운데 일부 내용은 확고한 교회 정치체제가 확립되어 있지 않은 교회에게만 적용된다. 그런 교회의 경우 국가 공직자가 스스로의 권위로 목회자나 그에 준하는 적합한 사람들의 대회를 소집함으로써 신앙에 관한 문제에 조언과 의견을 구할 수 있다. 또 그와 마찬가지로 아직 확고한 교회 정치체제가 확립되어 있지 않은 교회의 경우 그리스도의 사역자들이 교회의 대표자로서가 아니라 직분상의 권위를 발동해 그런 모임을 소집할 수 있다. 그러나 확고한 교회 정치체제가 확립되어 있는 교회의 경우에는 그런 일이 허용되지 않는다.

국가 공직자는 목회자와 장로들, 곧 교회의 대표자들이 모인 대회에서나, 이따금 자신의 권위로 편의에 따라 소집한 대회에서 자유롭게 조언을 구할 수 있다. 아울러 교회의 대표자들도 국가 공직자가 동의를 보류하거나 거부해 교회에 해를 끼칠 때를 대비해 그리스도께로부터 부여받은 고유한 권위로 필요할 때는 언제나 자유롭게 대회를 소집할 수 있다. 그런 모임이 필요한 이유는 국가 공직자에게 겸손한 청원으로 항의의 뜻을 전달하기 위해서다.

저자의 말 An Exposition of the Confession of Faith

이 책은 웨스트민스터 총회에서 작성된 신앙고백에 관한 해설이다. 이 책의 목적은 각 조항에 명시된 진리를 진술하고, 필요할 때마다 사용된 용어들을 설명해 교리를 구체적으로 예시하고 확증하는 데 있다. 책의 부피를 불필요하게 키우는 결과를 피하기 위해 가능한 한 간결하게 논의를 전개했다. 구체적인 사례는 간단명료하게 진술했고, 주제들을 설명하는 수많은 성경 구절도 내용을 길게 인용하는 대신 간략하게 참조하는 것으로 만족했다. 작은 공간에 많은 양의 내용을 다루려다 보니 그렇게 할 수밖에 없었다. 사려 깊은 독자라면 이 점을 십분 이해해 주리라 믿는다. 그러나 좀 더 깊은 성찰을 독려하기 위해 성경 구절을 명기하기도 했으니, 그 본문들을 살펴보면 요점을 좀 더 확실하게 파악할 수 있을 것이다.

『웨스트민스터 신앙고백』은 진리를 하나님의 말씀에 근거해 간결하게 진술한 내용이다. 뿐만 아니라 여러 세대에 걸쳐 유포되어 온 이단 사상과 오류를 제거하기 위한 다양한 신앙의 명제를 제시한다. 따라서 신앙고백이 다루는 여러 형태의 오류를 설명하는 것은 이 책의 중요한 목표 가운데 하나다. 독자는 과거에 진리를 오염시켰던 여러 가지 오류에 대한 웨스트민스터 총회의 견해를 숙지함으로써 오늘날의 오류들에 맞설 수 있는 능력을 갖추게 될 것이다. 왜냐하면 오늘날의 오류들은 지난날 교회를 혼란스럽게 만들었다가 이미 오래전에 논박 당한 이단 사상이 다시 모습을 드러낸 것에 지나지 않기 때문이다.

    나는 신앙고백을 해설하면서 교리의 어떤 부분에서도 신앙고백 작성자들과 조금의 견해차도 발견하지 못했다. 물론 어떤 경우에는 내용을 좀 더 낫게 다듬기도 했지만, 진리의 핵심에 관해서는 '하나님의 말씀에 부합하는 가장 정통적인 진리'라는 1647년 스코틀랜드 총회의 판단에 온전히 동의한다. 이 신앙고백이 200년 전에 진리를 충실하게 명시한 내용이라면 지금도 여전히 그래야만 한다. 왜냐하면 성경의 진리는 그것을 계시하신 하나님처럼 어제나 오늘이나 영원토록 동일하기 때문이다.

1845년 5월 12일, 위트번에서
로버트 쇼 (*Robert Shaw*)

서론 An Exposition of the Confession of Faith

왜 신앙고백이 필요한가

논증의 정도나 타당성에 각각 차이가 많았지만, 그동안 여러 시대에 걸쳐 신조와 신앙고백의 사용을 반대한 사례가 적지 않았다. 그 모든 반대 의견을 일일이 열거해 대응할 필요는 없을 듯하다. 왜냐하면 그 가운데 대다수는 기억 저편으로 사라졌고, 나머지도 이미 충분히 논박되었기 때문이다. 지금도 어느 정도 영향력을 발휘하는 반대 의견은 아마도 단 하나뿐일 것이다. 신앙고백이 성경의 진리만 누릴 수 있는 권위와 지위를 찬탈한다는 의견이다.

이 반론은 신앙고백의 본질과 필요성을 그릇 이해했기 때문이다. 신앙고백은 인간에게 계시된 하나님의 진리의 본질이 아니라 인간 정신의 본질 때문에 필요하다. 신앙고백은 하나님의 진리를 계시하는 것과는 아무 상관이 없다. 신앙고백은 믿음과 실천의 규칙이 아니라 그 둘을 돕는 역할을 수행할 뿐이다. 신앙고백은 사람들, 곧 신자와 교회가 계시된 진리를 어떻게 이해하는지를 나타낸다. 따라서 신앙고백의 목적은 하나님의 진리를 가르치는 것이 아니라 우리가 이해한 것을 명확하고 알기 쉽게 체계적으로 진술해 특히 신앙의 논쟁이 불거졌을 때 다른 사람들의 견해를 확인하는 수단을 제공하는 데 있다.

방금 설명한 대로, 신조와 신앙고백이 필요한 이유는 분명하다. 인간의 생각은 오류에 치우치기 쉽고, 모든 점에서 서로 큰 차이를 드러낸다. 따라서 가장 단순한 진리를 제시해도 생각이 제각기 다르기 때문에 다양한 견해차가 생겨나기 마련이다.

    모두가 이해할 수 있는 언어를 사용해 말이나 글로 된 문장 하나를 제시했다고 가정해 보자. 아마도 사람마다 자기 방식대로, 곧 자기가 가장 분명하다고 생각하는 방식대로 그 문장을 이해할 것이다.

    만일 그들이 각자 자신의 말로 스스로 이해한 의미를 진술하지 않는다면, 그들이 듣거나 읽은 문장을 똑같이 되풀이하더라도 모두가 그것을 동일한 의미로 이해했는지 확인하기란 어렵다. 필시 그들은 제각기 "나는 이 문장이 이런 의미라고 생각합니다"라고 말할 것이다. 그것이 바로 그들이 그 진리를 이해한 신조, 즉 신앙고백에 해당한다. 그리고 그들 모두가 이해한 내용을 말하고, 그들의 의견이 서로 일치된다면 그들에게 계시되어 이해된 그 특정한 진리에 관해서 공통된 신앙고백이 이루어지는 셈이다.

    그러나 그 과정은 여기에서 그치지 않는다. 그들 사이에 특정한 진리에 대해 합의가 이루어졌다면 그것은 다른 사람들을 향해서도 공동의 증언이 된다. 물론 그 증언은 진리를 절대적으로 확실하게 가르치는 것이 아니라 그들이 이해한 의미를 절대적으로 확실하게 전달하는 역할을 한다. 그들의 진술은 그 자체로 독특하고 명료한 의미를 지니게 되어 자신들이 믿는 것을 공동으로 선언한 내용을 그 진리의 의미로 받아들이는 공동체에 합류할 수 있는 발판을 마련해 준다.

    솔직하고 지성적인 사람이라면 누구나 이 말에 십분 동의할 것이다. 이는 인간의 타고난 자유를 침해하거나 스스로의 양심에 따라 진리라고 믿는 것을 결정할 수 있는 권한을 제한하려는 시도와는 전혀 무관하다. 만일 누군가가 합의에서 도출된 공동의 증언에 찬동하지 않는다면 서로가 아쉬움을 느끼는 것으로 족하다. 다시 말해, 그들은 그의 신념과 무관하게 억지로 동참하도록 강요해서는 안 되고, 또 그도 스스로 동의하지 않는 견해를 지닌 사람들의 공동체에서 배제되었다고 불평할 이유가 없다. 성품이 올곧은 사람이라면 다른 사람들의 연합을 뒷받침하는 특정한 사안에 스스로 동의하지 않으면서 그들 가운데 속하기를 결코 원하지 않을 것이다.

이 점은 신앙의 진리에도 똑같이 적용된다. 따라서 신앙의 진리라는 개념에 내포된 의미를 신중하게 살펴볼 필요가 있다. 신앙의 진리란 말이나 글의 형태로 인간에게 계시된 하나님의 뜻을 가리킨다. 우리에게는 글로 된 계시가 주어졌다. 우리는 이 기록된 말씀이 진리의 하나님이 허락하신 말씀이라고 믿는다. 기록된 말씀은 모든 영혼이 따라야 할 믿음을 충족하는 규칙으로, '인간이 하나님에 관해 믿어야 할 것과 그분이 인간에게 요구하시는 것'을 분명하게 알려 준다.

그러나 앞서 말한 대로 "하나님의 뜻이 계시된 모든 사람이 그것을 다 똑같은 의미로 이해하는가?"라는 물음이 즉각 떠오른다. 누군가 성경이 자신의 유일한 신앙 규칙이라고 말하고, 성경을 하나님의 말씀으로 믿는 모든 사람이 그 말에 동의한다고 가정해 보자. 그래도 여전히 "성경이 무엇을 가르친다고 믿는가?"라는 물음이 남는다. 단지 여러 성경 본문들을 되풀이하는 것만으로는 이 물음에 답할 수 없다. 왜냐하면 그런 본문을 어떤 의미로 이해하는지 알 수 없기 때문이다.

이는 조금만 생각해 봐도 누구나 분명하게 알 수 있는 사실이다. 기독교인을 자처하는 사람들은 서로의 의견이 아무리 다르더라도 최소한 성경을 믿는다고 말할 것이다. 그러나 여러 교파들은 성경의 언어에 자신들의 체계를 부여한다. 오직 그들의 진술만이 그 체계의 본질을 드러낸다. 다시 말해, 그들이 다수의 기독교인들과 똑같은 견해를 가지고 있는지의 여부는 그들의 말을 들어 봐야만 알 수 있다.

앞서 말한 대로, 이것은 계시된 진리의 본질이 아니라 진리를 이해하는 인간의 생각과 관련된다. 신앙고백은 하나님의 진리가 아니라 인간이 생각하는 진리, 즉 성경의 진리가 아니라 그 진리에 대한 인간의 이해를 다루는 문제다.

여기에서 생각할 점이 또 하나 있다. 성경은 영원한 진리(인간은 이 진리를 받아들여 굳게 붙잡아야 할 의무가 있다)를 제시할 뿐 아니라 인간 공동체, 곧 교회를 진리의 수탁자이자 교사로 임명했다. 교회는 충분한 의견 일치를 연합의 근거로 삼는 자원자들의 연합체가 아니라 하나님이 세우신 기관, 곧 그분께 직접 귀속된 기관이다. 따라서 교회는 사람들의 양심을 지배할 권한이 없다.

이 개념을 이해하려면 좀 더 설명이 필요하다. 교회를 세우신 하나님은 성령을 허락하시어 진리를 아는 지식 가운데로 인도하겠다고 약속하셨다. 이 약속은 신자 개개인이 각자 자신의 책임을 온전히 감당하고, 하나님과의 인격적인 관계를 안전하게 이끌게 하기 위해서 집합으로서의 교회만이 아니라 교회에 속한 모든 지체에게 동일하게 주어졌다. 이 위대한 약속은 어디에도 존재하지 않고 또 존재할 수도 없는, 즉 기독교 신앙과 관련해 제기될 수 있는 모든 의문에 최종적으로 결정할 수 있는 무오한 기준을 제공한다.

따라서 교회나 신자들 사이에 논쟁이 불거질 때마다 진지하고, 겸손하고, 성실한 태도로 성령의 조명과 인도를 구한다면 논쟁 중에 있는 문제의 결론을 얻어 내 서로의 갈등을 극복하고, 평안의 매는 줄로 성령의 하나 되게 하신 것을 지킬 수 있다. 잘 알다시피, 기독교는 수 세기를 거쳐 내려오면서 온갖 분쟁과 갈등을 겪었지만 여전히 상당한 화합과 일치를 유지하고 있다. 이는 무오한 교사요, 중재자 외에는 그 누구도 이룰 수 없는 일이다.

하나님의 기관인 교회는 오직 그분의 말씀만을 붙잡는다. 하나님의 말씀은 교회의 유일한 믿음의 규칙이다. 그러나 교회는 스스로 성경이 가르치는 것이라고 이해한 내용을 문장으로 만들어 공표해야 할 의무가 있다. 그렇게 하는 목적은 하나님의 말씀이 가르치는 것을 가로막거나 변경하거나 수정하는 권한을 과시하기 위해서가 아니라 하나님과 세상과 자신의 공동체에 속한 사람들에게 빚지고 있는 다양한 의무를 충실하게 감당하기 위해서다.

교회는 하나님에 의해 진리의 수탁자로 세워졌다. 따라서 교회는 가장 분명하고 확실한 말로 그 진리의 의미를 이해한 대로 진술해야 할 의무가 있다. 교회는 그런 방법으로 하나님의 말씀을 선포하고, 하나님이 진실하시다는 것을 입증한다. 이처럼 신앙고백은 하나님의 진리 자체가 아니라 그 말씀을 듣고, 그 능력을 경험한 영혼들에게서 울려 나는 메아리, 곧 진리의 부르심에 대한 응답에 해당한다.

교회는 오류가 가득한 세상을 향해 하나님의 진리를 가르칠 목적으로 설립되었기 때문에 자신이 전해야 할 진리를 어떤 식으로 이해하고 있는지에 대해 의심의 여지를 조금도 남겨 두어서는 안 된다. 만일 그렇게 한다면 교회는 교사가 될 수 없고, 세상은 교회로부터 진리를 배울 수 없을 것이다.

하나님의 말씀을 통해 메시지가 전달될 때 듣는 사람은 모두 제각기 자신의 생각에 따라 그 말씀의 의미를 이해하려고 시도한다. 만일 스스로가 이해한 의미를 정확하게 규명하고 설명하지 않으면 개념이 모호하고 불명료할 뿐 아니라, 심지어는 매우 그릇된 오류로 치우칠 가능성이 높다. 만일 청중이나 교사가 각자 전달했다고 믿는 의미를 뚜렷한 말로 설명하지 않으면 그 진리를 서로가 똑같이 이해했다고 확신하기 어렵다.

더욱이 교회는 자신의 울타리 안에 속한 사람들을 섬겨야 할 의무가 있다. 교회는 그들에게 건전한 말로 이루어진 신앙고백을 제시해 그들의 지식을 확증하고 독려하는 한편, 그릇된 오류에 빠지지 않도록 그들을 보호해야 할 책임이 있다. 교회가 신자들이 믿는 진리의 핵심에 관해 모두가 동의하는 신앙고백을 만들면 장래에 교사가 될 사람들이 동일한 구원의 진리를 가르칠 것이라고 믿고 안심할 수 있다. 교회의 지체들은 서로의 생각을 알아야 하고, 서로 일치단결해 동일한 진리를 전하는 증인으로서 그 생각을 주위 사람들에게 꾸준하고 일관되게 제시해야 한다.

또한 교회는 사역자들이 모두 동일한 진리를 가르치고, 교회에 처음 나오는 사람들이 모두 동일한 진리를 배울 수 있도록 최선을 다해야 한다. 이것이

신조나 신앙고백을 만드는 것이 절대적으로 필요한 이유다. 교회는 신앙고백 없이는 하나님과 세상과 자신의 지체들에게 올바른 의무를 다할 수 없다.

성격과 규모는 제각기 달랐지만, 교회에 신앙고백이 없었던 시기는 한 번도 없었다. 가장 단순한 첫 번째 신앙고백은 베드로의 신앙고백이다. 그는 "주는 그리스도시요 살아 계신 하나님의 아들이시니이다"(마 16:16)라고 고백했다. 에티오피아 내시의 고백도 그와 비슷하다. 그는 "예수 그리스도께서 하나님의 아들이심을 믿습니다"라고 고백했다. 이 고백을 통해 그는 교회에 속하게 되었다. 그런 고백이 없었다면 그는 교회에 속할 수 없었을 것이다.

이 단순하고 간결한 초대교회의 신앙고백이 확대되기까지는 그리 오랜 시간이 걸리지 않았다. 처음에는 할례파 유대인 교사들의 그릇된 생각에 대처하기 위해, 그다음에는 영지주의 이단에게 오염되기 시작한 사람들을 제거하기 위해 각각 신앙고백이 만들어졌다. 예수님이 하나님의 아들이시라고 고백할 뿐 아니라 그분이 육신을 입고 세상에 오셨다는 사실을 고백하는 신앙고백이 필요했다. 그 이유는 그리스도의 인성을 단순한 환영이나 허깨비로 생각하는 사람들이 교회에 들어오는 것을 막고, 그들의 가르침을 저지하기 위해서였다.

이단이 나타날 때마다 그런 과정이 반복되었다. 교회는 하나님의 말씀과 성령의 인도하심에 따라 그 새로운 사상을 시험하고, 기존의 신앙고백에 새 조항을 덧붙이는 방식으로 연속해서 나타나는 이단 사상에 대해 자신의 입장을 표명했다. 신앙고백을 확대하는 것은 하나님과 세상과 자기 자신을 위해 교회가 감당해야 할 의무였다. 그것은 불가피한 일이었다. 따라서 신앙고백이 지나치게 길고 세밀하다고 비난해서는 안 된다. 그것은 교회가 믿는 것을 정확하고 확실하게 밝히고, 거룩한 진리를 점차적으로 발전시켜 나가는 과정에서 나타난 자연스런 현상이다.

더욱이 신앙고백이 필요한 이유는 인간 정신의 본질 때문이다. 그릇된 사상의 출현과 그것을 논박하는 과정에서 신앙고백은 자연스레 확대될 수밖에 없고, 또 인간 정신은 늘 그대로이기 때문에 똑같은 오류에 치우칠 수밖에 없다. 신앙고백에는 과거의 이단 사상을 논박한 내용이 담겨 있다. 신앙고백은 그 사실을 이해하는 모든 사람들에게 또다시 고개를 쳐든 이단 사상을 물리치는 데 필요한 무기를 제공한다. 교회가 만든 다양한 신앙고백을 주의 깊게 연구해 본 사람들은 이 말이 사실임을 분명하게 알 수 있을 것이다. 따라서 기독교인이 되기를 원하는 사람들은 이 문제를 결코 사소하게 여겨서는 안 된다.

신앙고백 안에는 거기에 동의한 사람들과 참된 교제를 나누는 데 필요한 조건이 자세하게 명시되어 있다. 신앙고백이 있으면 교회가 아무 생각 없이 이단에 치우치는 위험을 예방할 수 있다. 물론 어떤 교회든 신앙고백 자체를 절대화해 믿음의 규칙으로 삼아서는 안 된다. 그러나 신앙고백은 교회가 공인하는 믿음의 규칙이자 교회의 지체들이 서로 교제를 나누는 조건이다. 만일 신앙고백에서 오류가 발견된다면 교회는 믿음과 기도로 최상의 권위를 지닌 하나님의 말씀과 성령의 가르침을 겸손히 구함으로써 문제 되는 조항을 다시 교정하기까지 신중하게 행동해야 한다.

『웨스트민스터 신앙고백』의 탁월함

지금까지 신앙고백이라는 주제를 개괄적으로 다루어 보았다. 이번에는 웨스트민스터 총회가 작성한 신앙고백에 관심을 기울여 보자.

사려 깊은 독자가 『웨스트민스터 신앙고백』을 열심히 주의 깊게 살펴본다면 아마도 놀라울 정도로 정확하고 포괄적인 성격을 띠고 있다는 사실이 가장 먼저 눈에 띌 것이 틀림없다. 『웨스트민스터 신앙고백』은 엄밀한 신학적 체계 아래 거룩한 진리를 조직적으로 설명하고 있다. 체계성과 완결성의 관점에서 볼 때 완벽에 가까운 신앙고백이라고 말하지 않을 수 없다. 목차만 대충 살펴봐도 첫 번째 조항부터 계시된 진리의 최종적인 조항에 이르기까지 정교한 체계를 갖추어 빠짐없이 진술하고 있음을 알 수 있다. 중요한 조항은 단 한 가지도 빠뜨리지 않았을 뿐 아니라 각 진리의 중요성에 어울리지 않는 불필요한 사족을 덧붙인 곳이 단 한 군데도 없다.

『웨스트민스터 신앙고백』을 연구하는 것보다 신학을 체계적으로 연구하는 편이 더 낫다고 생각하면 큰 오산이다. 그동안 이 신앙고백에 그다지 큰 관심이 모아지지 않은 것은 아마도 그런 생각이 팽배했기 때문이었던 듯하다. 우리는 신학의 전당에서 이 신앙고백을 교과서처럼 사용하는 것이 가장 큰 유익을 가져다줄 것이라고 확신한다. 신자들이 분명한 목적을 가지고 이 신앙고백을 열심히 배우고 익힌다면 모두가 큰 유익을 얻게 될 것이 분명하다. 그 이유는 이 신앙고백이 확실하고 분명한 체계를 갖추어 거룩한 진리의 개념을 명확하게 풀이하고 있을 뿐 아니라 각 진리의 상호 연관성과 그 상대적인 중요성을 적절하게 설명하고 있기 때문이다.

따라서 의도적인 노력을 기울여 이 신앙고백을 배우면 그릇된 생각에 치우치거나 똑같이 중요한 교리들 가운데 자신이 좋아하는 교리만을 편애함으로써 균형 잡힌 믿음에서 벗어날 위험성을 크게 줄일 수 있다.

우리가 여전히 관심을 덜 기울이고 있는 『웨스트민스터 신앙고백』의 특징이 또 하나 있다. 이 특징도 앞의 특징만큼이나 놀랍기 그지없다. 이 신앙고백의 작성자들은 탁월한 지식과 능력을 갖춘 목회자들이다. 그들은 가장 초기 기독교 시대에서부터 자신들이 살던 시대에 이르기까지 역사에 대한 지식에 정통했다. 그런 그들이 각 시대, 각 나라에서 교회를 혼란에 빠뜨렸던 논쟁의 주제들과 이단 사상을 엄밀히 다룬 내용과 그 정확하고 침착한 판단의 결과가 신앙고백에 고스란히 수록되었다.

그들은 그런 이단들의 명칭을 단 한 가지도 확실하게 언급하지 않고, 또 논쟁에 치우치지도 않은 채 그 일을 이루어 냈다. 그들은 직접적인 진술이나 논박을 통해 이단 사상을 단죄하지 않고 거기에 반대되는 진리를 명확하고,

확실하고, 강력하게 주장하는 방법을 적용했다. 그들은 비범한 진리에 어울리는 비범한 겸손함으로 진리를 설명했다. 자극적인 말은 모두 삼가고, 오직 순수하고 단순한 진리만을 제시했다. 그들은 자신들의 탁월한 진리를 자랑하려고 하지 않으면서도 가장 정확하고 깊이 있는 지식을 숨기지 않았다.

이 신앙고백을 성급히 피상적으로 읽는 사람은 가장 단순한 것처럼 보이는 신앙의 명제들이 교회를 혼란과 부패에 빠뜨렸던 다양한 이단 사상과 논쟁을 정확하고 결정적으로 논박하는 의미를 지녔다는 것을 발견하기가 어려울 것이다. 그러나 기독교 역사를 돌이켜보고, 그 자세한 내용을 숙지하고 나서 이 신앙고백을 연구한다면 영지주의의 그릇된 이론을 논박하고, 아리우스주의와 소시니우스주의 이단을 비판하며, 교황주의를 단죄하고, 모든 형태의 펠라기우스주의와 아르미니우스주의의 토대가 되는 오류를 제거하고 있다는 사실을 곳곳에서 확인할 수 있을 것이다.

이처럼 이 신앙고백은 이단 사상의 발흥과 논박의 과정을 시대적 순서에 따라 정확하게 다루는 교과서는 아닐지라도 교회사를 염두에 두고 이단 사상들의 상대적인 중요성을 고려해 적절한 순서에 따라 교리적으로 신중하게 처리하고 있다. 인간 정신은 늘 동일하기 때문에 과거에 불거졌던 오류가 마치 지금까지 알려지지 않았거나 무시되어 온 진리라도 되는 것처럼 새롭게 불거질 가능성이 항상 존재한다.

이 신앙고백이 특별히 중요한 이유는 과거에 존재했던 이단 사상을 다루고 있는 관계로, 그런 이단 사상이 다시 고개를 쳐들지 못하도록 가로막거나 최소한 싹을 틔워 열매를 맺지 못하도록 신속하고 효과적으로 저지할 수 있는 발판을 마련해 주기 때문이다.

『웨스트민스터 신앙고백』의 탁월함은 사고와 언어가 놀라울 정도로 정확하다는 사실에서 또 한 번 확인된다. 이런 결과가 나타나게 된 이유는 당시의 뛰어난 목회자들의 정신적 훈련 수준이 그만큼 탁월했기 때문이다. 그들은 모든 논증을 삼단논법 형태로 발전시키는 데 익숙했고, 모든 용어를 극도로 신중하고 정확하게 사용했다. 이 신앙고백에 수록된 신앙의 명제들을 연구하는 사람들은 그들의 언어가 얼마나 정확한지 알 수 있을 것이다.

그러나 특별히 주의를 기울이지 않으면 당시의 목회자들이 그런 위대한 사역을 행하면서 얼마나 신중한 태도를 취했는지 쉽게 감지하지 못할 것이다. 한 가지 예를 들어 보면 이 말이 무슨 뜻인지 금방 알 수 있다. 3장 "하나님의 영원한 작정" 3항과 4항에 보면, "하나님은 자기 영광을 나타내기 위해 자신의 작정을 통해 어떤 사람들과 천사들은 영생에 이르도록 예정하셨고, 그 나머지는 영원한 죽음에 이르도록 미리 정하셨다", "이렇게 예정되고 미리 정해진 천사들과 사람들은"이라는 문장이 발견된다.

여기에서 관심을 촉구하고 싶은 표현은 '예정'과 '미리 정함'이라는 용어들이다. 이 조항을 성급하게 대충 읽는 독자는 두 용어의 차이를 알아차릴 수 없다. 그렇다면 서로 다른 용어를 사용한 이유는 무엇일까?『웨스트민스터 신앙고백』은 정확한 표현을 사용하고 있기 때문에 용어를 동의반복의 의미로 사용한 곳은 단 한 군데도 없다. '예정'이라는 말은 '영생'과 관련해 사용되었고, '미리 정함'이라는 말은 '영원한 죽음'과 관련해 사용되었다. 이처럼 두 용어는 각각 적용되는 대상이 다르다.

그 이유는 무엇일까? 그것은 『웨스트민스터 신앙고백』의 작성자들이 '예정'과 '미리 정함'의 의미를 똑같이 취급하지 않았기 때문이다. 그들은 두 용어를 동의어로 사용한 적이 한 번도 없다.

그들은 '예정'이란 용어를 '영생을 주기로 결정한 긍정적인 작정'의 의미로 사용했다. 그들은 이 말을 '값없는 은혜의 교리', 곧 '구원이 인간이 아니라 오직 하나님의 은혜와 주권을 통해 이루어진다'는 교리를 뒷받침하는 토대로 받아들였다. 한편 그들은 '미리 정함'이란 용어를 '죄인은 영원한 죽음을 당해야 한다는 결정(판결)'의 의미로 사용했다. 그들은 이 말을 '법적 절차'의 근거로 간주했다. 하나님은 그것을 근거로 '사람들의 죄를 (그들의 성품과 행위에 따라) 수치와 진노로 다스리신다.'

따라서 '예정'이라는 용어는 구원 받지 못한 자들에게 적용될 수 없고, '미리 정함'이라는 용어는 구원 받은 자들에게 적용될 수 없다. 『웨스트민스터 신앙고백』에서 '미리 정함'과 그와 비슷한 표현들이 '구원 받은 자들'에게 몇 차례 적용되었지만, '예정'이라는 표현이 구원 받지 못한 자들에게 적용된 사례는 한 번도 없다.

이번에는 '유기'라는 말을 생각해 보자. 이 말의 의미를 오해해 예정 교리를 달갑지 않은 교리로 만드는 경우가 많다. 그러나 『웨스트민스터 신앙고백』과 『대소요리 문답』에는 이 용어가 단 한 차례도 사용된 적이 없다(33장 "마지막 심판"에 '유기된 자들'이라는 표현이 한 차례 사용된 것을 제외하면 '유기'라는 말은 어디에도 나타나지 않는다-역주). 이 교리를 다룬 후대의 저자들이 이 용어를 사용해 예정 교리를 반대하는 사람들에게 오해의 빌미를 제공했다. 그러나 『웨스트민스터 신앙고백』의 작성자들은 공격적인 용어 사용을 자제하고, 자신들의 의도를 전달하는 데 가장 적합한 표현을 신중하게 선택했으며, 모든 용어를 가장 엄격하고, 확실하고, 정확하게 사용하려고 노력했다.

정확한 사고와 표현은 이 신앙고백의 뛰어난 특성 가운데 하나다. 이런 특성을 보여 주는 예들이 많지만, 나머지는 독자 스스로가 신중히 살펴 찾아보라고 당부하는 것으로 만족하고자 한다.

이 책의 '해설'에서는 '유기'라는 용어를 사용할 필요가 있었다. 왜냐하면 현대의 뛰어난 저술가들의 글에 그 용어가 자주 등장하기 때문이다. 그들은 이 용어를 사용할 때 편견에 사로잡힌 사람들이 그 의미를 심하게 곡해하지 않도록 신중을 기했다. 용어 자체로는 아무런 해가 없지만, 왜곡될 소지가 많은 용어는 사용하지 않는 편이 더 낫다.

『웨스트민스터 신앙고백』의 탁월한 특징 가운데 또 한 가지는 교회와 국가의 권한을 서로 조정하거나 지지해 주는 개념을 내포하는 원리들을 명확하고 분명하게 진술하고 있다는 것이다. 사람들은 이 신앙고백 안에서 그런 권한을 다루고 있는 내용을 오해할 때가 많다. 어떤 사람들은 그런 내용이 에라스투스주의(국가가 교회 문제에 관해 교회보다 우위에 있다는 사상-역주)를 따르고 있다고 비판하고, 또 어떤 사람들은 법을 존중하지 않고 지나치게 편협한 태도를 취했다고 비판한다.

그러나 이 신앙고백의 작성자들은 그 어떤 극단도 용납하지 않는다. 그들은 "가이사의 것은 가이사에게, 하나님의 것은 하나님께 돌리라"라는 거룩한 원칙에 입각해 국가의 문제에 관해서는 국가 공직자에게 최상의 권위를 부여함과 동시에 스스로에게 속한 권한으로 왕 중 왕이신 하나님을 공경하라고 강조한다. 국가 공직자는 주어진 권한의 한계 내에서 '신앙 문제에 관해' 의견을 제시할 의무가 있을 뿐 신앙 문제에 개입해 강제권을 행사할 권한은 없다. 이런 사실이 30장 "교회의 권징" 1항에 확실하게 명시되어 있다. "교회의 왕이요, 머리이신 주 예수 그리스도께서 국가 공직자들과는 구별되는 교회의 직분자들의 손에 통치권을 허락하셨다."

당시 에라스투스주의를 지지했던 사람들이 제아무리 학식이 높고 술책이 뛰어났다고 해도 이 명제의 명백한 의미를 달리 곡해하기란 불가능했다. 따라서 그들은 의회를 통해 그 조항을 인준해 주지 않으려고 했다. 그러나 웨스트민스터 총회는 그들의 저항에도 불구하고 그 조항을 수정하거나 삭제하지 않았고, 신앙고백에 포함시켰다. 당연히 그래야 했다. 웨스트민스터 총회는 이 조항으로 에라스투스주의 이단을 논박했다.

오늘날에도 교회가 설립되면 국가와 분리되어 독립된 권한을 행사하기보다 국가의 법률에 복종해야 한다고 주장하는 현대판 에라스투스주의자들이 많다. 그들은 심지어 영적인 문제조차도 국가에 복종해야 한다고 주장한다.

그러나 그런 사상은 명백하게 잘못되었다. 국가가 설립한 교회는 존재해서는 안 된다. 그런 생각은 흔히 생각하는 것보다 국가와 종교의 자유에 훨씬 더 많은 해악을 끼친다. 국가가 설립한 교회의 경우 영적인 문제를 국가의 권한에 복종시켜야 한다고 인정한다면 통치자들이 기독교를 전파하거나 왕 중 왕이신 하나님을 공경하기 위해서가 아니라 단지 강력한 통치 수단으로 이용할 목적으로 교회를 설립할 것이 불을 보듯 뻔하다. 그런 사태가 빚어지면 신앙의 자유를 옹호하는 사람들과 전횡적인 권력을 지지하는 사람들이 서로 크게 충돌할 수밖에 없고, 그 과정에서 에라스투스주의자들이 승리를 거둔다면 국가와 교회의 권한이 하나로 합쳐지면서 자연히 시민적 자유와 종교적 자유가 상실되는 결과가 나타날 것이 분명하다. 이런 자유의 상실이야말로 독재의 본질이 아닐 수 없다.

『웨스트민스터 신앙고백』의 작성자들은 이런 위험성을 너무나도 잘 알고 있었다. 따라서 그들은 이 두 기관의 권한이 상호 균형과 협력을 통해 하나님의 말씀에 의거해 시민적 자유와 종교적 자유를 안전하게 수호하는 기능을 발휘하게 하려고 노력했다. 그들의 견해가 크게 오해되고, 터무니없이 곡해되는 경우가 많지만 성경의 가르침이나 인간 이성의 빛에 비춰 볼 때 그들이 잘못되었다는 증거는 어디에서도 찾아볼 수 없다. 우리는 이 주제를 논박할 빌미를 찾기보다 "국가 공직자"(23장), "교회의 권징"(30장), "대회와 총회"(31장)를 다루는 조항에 관심을 기울여 그런 문제에 관한 신앙고백의 교리를 이해하려고 노력해야 한다.

『웨스트민스터 신앙고백』은 편협하고 독단적인 원리를 옹호하고 있다는 비판에 종종 직면한다. 그러나 이 신앙고백은 자유주의의 방종한 태도와 불관용의 태도를 똑같이 경계한다. 20장 "기독교인의 자유와 양심의 자유"를 정직하게 살펴보면 그런 비판이 가당하지 않다는 것을 분명히 알 수 있다. 그 어떤 인간 정신도 "하나님만이 홀로 양심의 주인이 되신다. 그분은 자신의 말씀에 위배되는 인간의 교리와 명령은 물론 예배나 믿음에 관한 문제와 관련해 양심을 자유롭게 하셨다"(2항)라는 명제보다 더 진실하고 고귀한 명제를 만들어 낼 수는 없을 것이다. 이 원리를 이해해 마음에 깊이 새겨 행동으로 옮기는 사람은 무분별한 박해를 가해 다른 사람을 해치는 행위는 물론 권위를 앞세워 그의 양심을 억압하는 교만하고 편협한 행위를 절대 저지르지 않을 것이 분명하다.

사실 양심의 자유와 관용에 관해 그릇 생각하는 경우가 너무나도 많다. 진리와 거짓을 구별하지 않고 양자를 똑같이 존중하는 것을 관용으로 생각하는 사람들이 적지 않다. 그런 생각을 주의 깊게 분석해 보면 이단적인 특성을 지니고 있다는 것을 알 수 있다. 많은 사람이 양심의 자유를 다른 사람의 감정이나 신념이나 권리를 고려하지 않은 채 자기가 원하는 대로 모든 것을 할 수 있는 자유로 간주하는 듯 보인다. 그런 생각은 자유를 방탕한 것으로 만들어 태연하게 방종을 일삼게 하기 쉽다.

그러나 『웨스트민스터 신앙고백』은 진리와 거짓, 옳은 것과 그릇된 것을 분명하게 구별할 수 있는 원리를 제시한다. 양심은 억압할 수는 없지만, 옳게 깨우칠 수는 있다. 인간은 부패한 죄인이기 때문에 방탕한 행위에 치우치기 쉽다. 따라서 사회의 도덕적 기강을 문란하게 하고 풍속을 해치는 극단적 행위를 저지르지 못하도록 합법적인 통제장치를 마련해야 한다. 사람의 법이나 하나님의 법이 규제하는 것에서 벗어나기를 갈망하는 사람 외에는 아무도 이를 불관용이라며 불평하지 않을 것이다. 『웨스트민스터 신앙고백』에 명시된 원리들을 곡해하기로 결심하거나 그 참된 의미를 도외시한 채 스스로 무지를 선택하지 않는 이상 그 누구도 그것이 불관용과 억압적인 원리들을 제시하고 있다고 비난하지 못할 것이다.

신앙고백의 작성자들 가운데는 그런 비난을 받아야 할 행위를 저지른 사람이 아무도 없다. 그런데도 그런 비난이 집요한 태도로 제기될 때가 많다. 사람들이 신앙고백의 작성자들이 용어들을 어떤 의미로 사용했는지 분별하려고 조금이나마 노력을 기울인다면 참으로 좋겠다. 신앙고백의 작성자들이 사용한 용어를 현대적인 의미로 다르게 바꿔 이해하는 것은 그들과 그들의 신앙고백을 공정하게 대우하는 처사가 못 된다. 그런 용어를 오용하거나 현대적 의미로 해석해 그들을 비난하는 행위는 결코 바람직하지 않다. 그럼에도 불구하고 『웨스트민스터 신앙고백』을 비판하는 사람들은 매번 그런 식의 태도를 취한다.

『웨스트민스터 신앙고백』의 취지와 역사적 배경

『웨스트민스터 신앙고백』의 취지를 올바로 이해하려면 그것이 만들어진 당시의 역사를 어느 정도 알 필요가 있다. 여기에서는 지면의 한계 때문에 이 문제를 가능한 한 간략하게 다룰 수밖에 없다.

잉글랜드와 스코틀랜드의 개혁주의 교회 사이에는 처음부터 매우 크고 중요한 차이가 있었다. 대부분 그 원인은 당시에 두 왕국 내에 존재했던 특수한 요인들에 있었다. 잉글랜드에서는 통치자의 뜻에 따라 종교개혁이 시작되어 진행되다가 중단되었고, 스코틀랜드에서는 통치자의 단호한 반대에도 불구하고 종교개혁이 시작되어 결국 온전히 이루어졌다.

이처럼 잉글랜드에서는 통치자의 뜻이 처음부터 중요한 요인으로 작용했고, 그 상황은 종교개혁이 진행되는 과정에서도 여전히 바뀌지 않았다. 잉글랜드 교회는 에라스투스주의, 곧 통치자가 국가와 교회의 모든 일을 관장하는 지상권을 가진다는 원리에 근거했고, 그 원리에 따라 지배되었다. 스코틀랜드 교회는 그와는 사뭇 다른 원리에 근거했다. 그들은 무한히 위대하신 왕께 온전히 충성했다. 그들은 하나님의 말씀을 유일한 규칙으로 삼았고, 교리와 예배와 행정과 권징을 비롯한 모든 문제에 하나님의 말씀을 적용했다. 그들은 주 예수 그리스도를 공경했고, 오직 그분만을 교회의 머리요, 왕으로 인정했다.

이처럼 처음부터 스코틀랜드 교회는 영적으로 독립되어 참된 신앙의 자유를 누렸지만, 잉글랜드 교회는 그렇지 못했다.

제임스 6세는 스코틀랜드 교회의 영적 독립을 못마땅하게 여겼다. 그는 스스로 '왕의 술책'이라고 일컬은 그릇된 방법과 권력을 동원해 스코틀랜드 교회를 무너뜨리려고 애썼다. 그는 두려움을 모르는 충실한 신자들을 추방해 버리고, 겁 많은 신자들을 위협으로 다스렸지만 온전한 성공을 거두지 못했다. 그는 교회를 자신의 뜻에 순응하게 만들 요량으로 전횡적인 횡포와 아첨을 일삼던 고위 성직자들을 하수인으로 세웠다.

그의 아들 찰스 1세는 그에 못지않게 교활한 데다 더욱 엄격하기까지 했다. 찰스 1세는 옹졸하고 난폭했던 로드 주교에게 자신의 아버지가 시작한 일을 마무리하라고 지시했다. 결국 스코틀랜드 사람들은 시민적 자유와 종교적 자유를 수호하기 위해 궐기할 수밖에 없었다. 이 상황은 1638년 '국민서약'(National Covenant)의 결과를 낳았다. 스코틀랜드 교회는 "거룩한 진리와 자유를 유지하고 수호하자"라는 맹약을 통해 서로의 단결을 더욱 공고히 하고, 하나님을 더욱 굳게 붙잡았다.

국가와 교회의 대립이 계속되는 상황에서 그해 말에 글래스고에서 총회가 개최되었다. 그 총회를 통해 주교 제도가 폐지되고, 스코틀랜드 장로교회가 회복되었다. 왕은 군대를 동원하는 극단적인 조처를 취해 이 2차 종교개혁을 저지하려고 했지만 뜻을 이루지 못했다. 그의 군대는 스코틀랜드 국경 지역에서 격퇴되었고, 스코틀랜드 왕국과 교회는 계속 자유를 누렸다.

그러나 잉글랜드에서는 폭풍우가 몰아칠 기미가 보였고, 언제든 거센 기세로 모든 것을 휩쓸 태세였다. 잉글랜드의 종교개혁은 모든 점에서 지지부진했을 뿐 아니라 완성에 이르기 한참 전에 중단되고 말았다. 그럼에도 불구하고 잉글랜드 교회가 교리와 예배와 권징이 개혁되어 더욱더 순수해지기를 간절히 바라는 사람들이 적지 않았다. 그들의 바람은 이루어지지 않았지만, 그런 참된 개혁자들의 노력이 모아져 '청교도'가 형성되었다. 그들은 그런 명칭으로 불리며 더욱더 격렬하고 무서운 시련에 대비했다.

청교도는 개혁에 더욱 박차를 가하려고 노력했지만, 이른바 궁정 귀족들은 갈수록 종교개혁의 원리로부터 멀어져 교황주의로 기울었다. 상황을 탐탁하게 여기지 않은 로드 주교의 악의에 찬 천재성이 발휘되면서 사태는 위기로 치닫기 시작했다. 그는 왕에게 영향력을 행사해 시민적 자유와 종교적 자유를 모두 위협하는 조처를 취하게 만들었다.

마침내 잉글랜드의 자유정신이 기치를 올렸고, 독재를 일삼는 왕과 자유를 원하는 시민들의 대립이 불거져 내전의 양상을 띠기 시작했다. 의회는 장기 의회를 선언하고, 독재적인 정치와 주교들의 행위를 시민들을 오랫동안 고통스럽게 만든 억압의 원인으로 규정해 주교 제도를 폐지하는 법안을 통과시켰다.

잉글랜드 의회는 두 왕국의 자유를 보호하려면 스코틀랜드의 도움이 필요하다고 판단했다. 스코틀랜드의 위정자들은 잉글랜드 의회를 장악하려는 왕의 시도가 성공을 거두면 더 강력한 권력과 의지로 스코틀랜드를 즉각 공격할 것이라고 예상했다. 그러나 그와 동시에 그들의 관심은 주로 신앙 문제에 있었기 때문에 그보다 덜 중요한 목적이나 세속적인 이유로 잉글랜드 의회와 공수동맹을 맺는 일을 피하려고 했다. 다시 말해, 왕이 자신의 권한을 뛰어넘어 신앙 문제에 간섭하지만 않는다면 그들은 왕의 권한과 권위를 의문시하거나 문제 삼지 않으려고 했다. 그들은 종교적인 맹약을 맺지 않는다면 잉글랜드와 시민적 동맹을 맺지 않겠다는 태도를 취했다.

잉글랜드는 스코틀랜드의 그런 입장을 받아들였고, 그 결과 '엄숙 동맹'이 체결되었다. 엄숙 동맹은 국가 간의 협약 가운데 그 본질이나 원리에 있어 가장 훌륭하고 고귀한 맹약이다.

이 중요한 사건이 일어나기 오래전부터 잉글랜드에서는 '가장 진지하고 경건하고 박학하고 현명한 목회자들로 구성된 총회'를 소집해 교회의 주권과 평화에 관한 모든 문제를 결정하게 하는 것이 필요하다는 생각이 싹트기 시작했다. 그런 생각은 1641년부터 생겨나기 시작했지만, 의회는 1643년 6월 12일이 되어서야 비로소 총회 소집 법령을 발효했다.

엄숙 동맹이 총회 소집에 적지 않은 영향을 미쳤지만, 그것이 원인이 되어 총회가 개최된 것은 아니었다. 총회가 개최될 무렵에는 잉글랜드에 조직화된 교회 체제가 존재하지 않았다. 주교 제도는 폐지되었고, 다른 교회 체제는 아직 형성되지 않은 상태였다. 정확히 말해, 웨스트민스터 총회는 교단의 대회가 아니라 긴급 상황에서 목회자들을 불러 문제를 논의하고 의견과 조언을 주고받기 위한 모임이었을 뿐 법률적이거나 교회적인 기능을 직접 발휘하기 위한 모임과는 거리가 멀었다.

이 점을 기억하는 것이 중요한 이유는 총회의 성격과 절차가 그다지 큰 비중이 없었다고 말하기 위해서가 아니다. 이는 총회가 에라스투스주의의 원리에 따라 소집되었다고 비난하는 사람들의 주장이 사실무근이라는 사실을 알리기 위해서다. 의회의 보호가 없었다면 총회는 개최되지 못했을 것이다. 총회는 교단의 대회가 아니었다. 왜냐하면 감독교회나 장로교회, 또는 회중교회의 정치체제와는 아무 상관이 없었기 때문이다. 총회는 단지 중요한 문제들에 관해 자유롭게 의견을 주고받으며, 깊은 사고와 논의를 거쳐 투표로 가부를 결정한 뒤에 의회에 조언을 전달하는 절차를 밟았을 뿐이다. 그 조언을 받아들일 것인지, 거부할 것인지는 전적으로 의회의 책임이었다.

의회 의원들 가운데 일부가 평신도 배석자로서 총회에 참석해 에라스투스주의의 원리를 주장하려고 할 때면 총회 대표들은 조금도 물러서지 않고 강력하게 반대했다. 다시 말해, 그들은 연약한 태도로 타협을 일삼아 악한 원리를 받아들이는 데 동의하기보다는 차라리 그동안의 오랜 노력을 무효로 돌리는 편이 더 낫다고 생각했다.

웨스트민스터 총회의 대표자들 가운데는 청교도가 다수를 차지했다. 그러나 그들은 감독교회에서 성직 서품을 받은 사역자들이었다는 점에서 본래는 모두 감독교회에 속했다. 자유교회의 목회자들은 처음에는 다섯 명(굿윈, 나이, 버로스, 브리지, 심슨)에 불과했지만, 나중에는 약 열두 명으로 늘어났다. 총회 대표들 가운데 에라스투스주의의 원리를 주장했던 목회자는 두 명(라이트푸트, 콜먼)뿐이었다. 스코틀랜드 대표는 모두 여섯 명이었는데, 그 가운데 네 명(헨더슨, 베일리, 루터포드, 길레스피)은 목회자였고 두 명(메이틀랜드 경, 워리스턴의 존스턴)은 장로였다(스코틀랜드 대표단은 투표권은 없고, 논의와 조언을 주고받는 역할만 맡았다). 총회 위원들은 142명의 목회자와 32명의 평신도 배석자로 이루어졌지만, 회기 동안에 모인 숫자는 평균 60-80명 정도에 그쳤다.

총회는 1643년 7월 1일 토요일에 처음 소집되어 1649년 2월 22일까지 정기 모임을 지속했다. 마지막에 총회는 공식적으로 해산되지 않고, 성직자들의 재판을 담당하는 위원회 역할을 맡게 되었다. 총회는 그런 형태로 1652년 3월 25일까지 간헐적으로 모임을 지속했다. 크롬웰이 강제로 장기 의회를 해산하자 장기 의회를 통해 이루어졌던 모든 활동도 더불어 중단되었다. 웨스트민스터 총회의 회기는 모두 1,163회에 달했고, 그 기간은 모두 5년 6개월 21일이었다. 웨스트민스터 총회는 신앙고백, 공동예배서, 교회의 정치체제와 권징 조례, 대소요리 문답을 만들어 냈다.

모든 일이 마무리되자 스코틀랜드 대표단은 고향으로 돌아가서 그간의 열매들을 스코틀랜드 교회의 총회 앞에 제출해 인준을 받았다. 그러나 스코틀랜드 교회는 에라스투스주의가 조금이라도 영향을 미치는 것을 경계하기 위해 극도로 신중을 기했고, 그 결과 1647년 8월 27일 신앙고백을 승인하는 결의서를 작성했다. 그들은 국가 공직자의 대회 소집 권한에 관한 31장의 내용에 대해 '확고한 교회 정치체제가 확립되어 있지 않은 교회'에게만 국한시킨다는 설명을 덧붙여 국가 공직자가 동의하지 않더라도 '그리스도께로부터 부여 받은 고유한 권위'로 독자적으로 대회를 소집할 수 있는 교회의 권한을 보호했다.

스코틀랜드 의회는 신앙고백을 거부하지 않았지만, 잉글랜드 의회는 인준을 거부했고 몇 가지 사항을 다시 회부해 재검토하게 했다. 그 몇 가지 사항은 20장("기독교인의 자유와 양심의 자유") 4항과 30장("교회의 권징")과 31장("대회와 총회")이었다.

정직하고 분별력 있는 독자가 이런 조항들을 신중하게 읽어 본다면 신앙고백이 에라스투스주의를 지지하고 불관용을 내세운다는 주장이 아무 근거 없는 악의적이고 어리석은 비난이라는 사실을 금방 알 수 있을 것이다. 에라스투스주의 지지자들과 관용이 없는 잉글랜드 의회는 그런 식의 비난이 제기된 항목들을 인준하기를 거부했다. 지금도 그런 근거 없는 비난은 여전히 계속되고 있다. 그런 비난을 제기하는 사람들은 스스로가 틀렸다는 사실을 깨달아야 한다.

야심 있는 한 젊은이가 고대의 궤변론자에게 "유명해지려면 어떻게 해야 합니까?"라고 물었다. 그러자 궤변론자는 "이미 유명해진 사람을 죽이게. 그러면 자네의 이름이 그의 이름과 항상 함께 언급될 걸세"라고 대답했다. 『웨스트민스터 신앙고백』에 관용이 없다고 비난하는 사람들도 그런 원리대로 단지 유명해지기 위해 비난을 제기하는 것처럼 보인다. 그러나 궤변론자의 조언은 유명한 것과 불명예스러운 것을 구분하지 않았다. 웨스트민스터 총회의 대표자들의 명예를 훼손함으로써 유명해지려고 하는 사람들은 결국 그와 똑같은 잘못을 저지르고 있는 셈이다.

물론 여기에서 웨스트민스터 총회와 신앙고백을 애써 옹호할 필요는 없다. 최근에 출판된 책들이 이미 그 진정한 가치를 효과적으로 옹호했기 때문이다. 독자는 그런 자료들을 참조하면 된다. 단지 여기에서 한 가지를 지적한다면, 진정으로 위대하고 선한 사람들을 통해 교회가 의지할 수 있는 탁월한 규칙들이 마련되었다는 사실을 잊은 채 오랫동안 감사하지 않고 지내 온 장로교회, 특히 스코틀랜드 장로교회의 태만함이다. 물론 사람들이나 그들이 만든 것이 완전하다고 말하는 것은 터무니없다. 그러나 그들의 수준에 전혀 미치지 못하는 사람들이 온갖 비난을 퍼부으며 그들이 만들어 낸 것의 가치를 깎아내리고 있는데도 한마디 옹호의 말도 못하는 것은 참으로 개탄스러운 일이 아닐 수 없다. 웨스트민스터 총회가 만든 것을 가장 잘 옹호할 수 있는 방법은 대중의 이목을 거기에 집중시키는 것이다.

그것들을 읽고 깊이 연구하며, 그 모든 내용을 세심하게 살펴보라. 모든 조항과 명제를 가장 엄격한 이성의 법칙을 통해 점검하고, 하나님의 말씀에 비춰 보라. 그런 시험을 통과하지 못하는 것들은 모두 배제하라. 균형 있는 태도로 조사한 결과 부족한 것이 드러났다면 모두 제거해야 한다. 이것은 『웨스트민스터 신앙고백』의 원칙과 정확하게 일치한다. "사도 시대 이후로 모든 대회와 총회는 일반적으로든, 개별적으로든 실수를 저지를 수 있고, 또 많은 실수를 저질러 왔다. 따라서 그들의 결정을 믿음과 실천의 규칙으로 삼아서는 안 되고, 단지 도움을 주는 방편으로 사용해야 한다"(31장 4항).

그러나 그것들이 철저한 시험을 통과했다면 우리는 더 이상 두려워할 필요가 없다. 신앙고백이 무지와 교만, 교활한 비난, 극렬한 악의에서 비롯하는 비난을 받는 것을 더 이상 방치하지 말라. 이것이 고인이 된 총회 위원들을 기억하고, 그들이 남긴 신앙고백을 존중하는 길이다. 우리는 신앙고백 안에 진술된 거룩한 교리들을 마음속으로 깊이 공경해야 한다.

『웨스트민스터 신앙고백』이 지향하는 목적

앞에서 신조와 신앙고백의 필요성과 이런 보조적인 규칙들이 지향하는 중요한 목적을 잠시 언급했다. 그 점을 다시 살펴보면서 그것들이 무슨 목적을 지향하는지 간단하게 생각해 보자.

신앙고백, 즉 신자들이 스스로 진리라고 믿는 것에 대한 일반적인 개념에 서로 합의했다는 사실을 확인할 수 있는 근거가 마련되어 있지 않으면 교회는 존재할 수 없다. 이단 사상이 나타날 때마다 그것을 논박하는 과정을 거치면서 신앙고백은 확대되고, 거룩한 진리에 대한 지식도 거기에 비례해 점차 늘어난다. 여기에서 "그렇다면 서로 분리된 교회들의 다양한 신앙고백이 하나로 합쳐져 모든 교회가 믿는 하나의 조화로운 신앙고백이 탄생해야 마땅하지 않겠는가?"라는 의문이 생겨날 수 있다. 그러나 개신교 신앙고백을 모두 연구해 본 사람이라면 그런 일이 아무리 바람직하다 해도 그렇게 될 가능성은 희박하다고 인정하지 않을 수 없을 것이다.

물론 지금까지 우리가 관심을 기울여 온 영적 요소를 생각하면 성령이 진지하고 겸손한 믿음으로 드리는 기도에 응답하시어 교회에 더 많은 깨달음을 허락하실 것이고, 교회는 그런 과정을 통해 믿음과 사랑 안에서 사도 시대 이후부터 존재해 오던 것을 훨씬 능가하는 일치와 화합에 도달할 것이라는 생각이 떠오르기 마련이다. 그런 즐거운 생각을 하면 개신교 교회가 가장 최근에 만든 신앙고백이 가장 완전하고, 모든 교회를 복음으로 하나 되게 만드는 토대가 될 것이라고 예상할 수 있다. 어떤 사람들은 이런 생각을 놀랍게 여길 것이고, 심지어는 터무니없다고 느낄지 모른다.

그러나『웨스트민스터 신앙고백』은 많은 어려움이 잇따랐던 상황 때문에 아직까지 교회에 널리 받아들여지지 못한 상태다.『웨스트민스터 신앙고백』을 온전히 받아들인 교회는 스코틀랜드 교회밖에 없지만, 그마저도 교회가 겪은 다양한 사건들 때문에 최근까지 신앙고백에 비교적 관심이 적었다. 지금은 이전보다 더 잘 알려지고, 더 많이 이해되어 가는 과정에 있다.

신앙고백이 더 많이 알려질수록 더 잘 이해되고, 그 위대함과 탁월함이 더 많이 드러날 것이다. 그렇게 되면 다른 교회들도 관심을 기울이게 될 것이고, 결국에는 수많은 정직한 사람들이 그토록 귀한 가치를 지닌 신앙고백을 오랫동안 알지 못했다고 생각하며 놀라워할 것이 분명하다.

우리가 바라는 대로 그렇게만 된다면, 그리고『웨스트민스터 신앙고백』의 표현들에 관한 반론들을 솔직하고 공정한 눈으로 살펴보기만 한다면 약간의 설명을 덧붙여 본래 의도되었던 의미를 밝혀 이해시키는 일을 어렵지 않게 해나갈 수 있을 것이다. 왜냐하면 지금까지 복음주의 신자들이나 교회가 제기한 반론 가운데는 특정한 용어와 관련된 것이나 본래의 의미를 잘못 오해한 데서 비롯한 것들이 대부분이었기 때문이다. 우리로서는 말 한마디라도 변경되지 않기를 바라지만, 어떤 용어를 잘못 해석한 탓에 다른 교회들이 우리의 신앙고백을 받아들이는 데 방해가 된다면 그 말을 설명해 그 걸림돌을 기꺼이 제거할 용의가 있다.

그런 결과가 나타난다면 웨스트민스터 총회의 유력한 위원들, 특히 스코틀랜드 대표단이 꿈꾸었던 일이 현실로 이루어질 것이다. 그런 일을 처음 꿈

꾸었던 건 바로 그들이었다. 편협하고 제한된 목표를 세우는 것은 깨달음이 높고 마음이 넓었던 그들의 기대와 바람을 저버리는 행위가 될 것이다.

그들은 포괄적인 시야로 기독교 세계와 세상의 상황을 조사했고, 그들에게 필요한 것을 찾아내 해결책을 강구하려고 노력했다. 그들은 단지 교황주의를 물리치는 것만을 목표로 삼지 않았다. 그들은 참된 교회를 정화하고, 강화하고, 연합시켜 모두가 힘과 열정을 하나로 규합해 구원자의 명령을 기쁨으로 수행하고, 모든 민족을 가르치며, 하늘 아래 있는 모든 피조물에게 영원한 복음을 전할 수 있기를 바랐다. 그들은 그런 원대한 목표를 세웠다. 그런 사람들을 편협한 고집쟁이로 몰아붙이는 것은 너무 지나치다. 편협한 사람은 기독교 세계를 다 포용할 수 있는 사랑을 나타낼 수 없고, 그런 원대한 도덕적 목표를 생각해 낼 수 없다.

물론 그것은 너무 때 이른 생각이었을 수도 있다. 왜냐하면 당시에는 결코 실현될 수 없었기 때문이다. 그러나 그런 생각을 피력한 것 자체는 때가 일렀다고 말할 수 없다. 왜냐하면 이미 종교개혁을 통해 이루어진 위대한 결과를 되풀이한 것이기 때문이다. 봄철에 씨앗을 뿌리는 이유는 가을철에 수확하기 위해서다. 따라서 그런 목표는 결단코 때 이른 목표가 아니었다. 추수를 하려면 먼저 씨앗을 뿌려야 하듯, 그런 목표가 실현되려면 먼저 목표를 세우는 것이 필요하다. 그런 목표가 인간의 생각 속에 자리를 잡으면 시간이 지나면서 더욱 강화되고 커져 적절한 때가 이르면 결실을 맺을 수 있다.

이제는 열매를 맺어야 할 때가 임박했다고 생각되지 않는가? 모든 상황이 거대한 변화와 발전을 향해 나아가는 것처럼 보인다. 악의 세력이 사방에서 불가사의한 속도와 힘으로 몰려들고 있다. 교황주의는 치명적인 상처와 기진맥진한 상태에서 매우 빠른 속도로 회복되어 세계 곳곳에서 파괴적인 영향력을 발휘하고 있다. 잉글랜드에서는 로드 주교가 만든 주교 제도가 다시 모습을 드러냈다. 비록 명칭은 다르지만 이전의 속성을 고스란히 간직하고 있다. 교황주의를 본받는 태도와 교만한 자부심과 다른 교회들을 깔보는 태도와 박해를 가하는 행위는 예나 지금이나 하나도 변하지 않았다.

또한 국가는 모든 분별력을 잃고 생각만 해도 몸서리가 쳐지는 위기를 향해 치닫기라도 하듯 시민적 자유와 종교적 자유를 훼손하는 정책을 도입하거나 장려하고 있다. 일반 대중은 신앙의 진리에 관한 가르침이나 학습을 받지 못한 세대가 겪어야 하는 끔찍한 사회적 동란을 금방이라도 일으킬 듯한 분위기를 조성하고 있다.

스코틀랜드 교회 체제는 허물어졌고, 그 규약은 변경되거나 폐지되었다. 스코틀랜드 교회의 원칙을 고수하는 사람들은 그런 원리를 보존하기 위해 국가로부터 분리되어야 할 상황이다. 스코틀랜드 교회가 이전처럼 다시 해체되고 있다. 교회는 개혁자들과 목회자들과 순교자들이 물려준 거룩한 원리들을 유지하고, 형제의 사랑과 교제를 통해 다른 복음주의 교회들에게 그 원리들을 전하고, 그들과 더불어 거룩하고 영원한 진리의 굳건한 토대를 바탕으로 위대한 복음주의 전선을 형성하지 않으면 안 될 상황에 처해 있다.

이런 일련의 상황을 예의 주시하고 있는 사람들은 신앙의 진리와 자유의 수호자들에게 기준을 제시해 그들을 하나로 결집시킬 수 있기를 갈망하고 있다. 원리들을 신중하게 생각해 잘 이해하기만 한다면 『웨스트민스터 신앙고백』이 그런 역할을 충분히 감당할 수 있을 것이다. 지금은 웨스트민스터 총회가 소집된 목적과 훌륭한 기독교인이자 애국자였던 대표자들의 생각을 사로잡은 위대한 목표를 이루겠다는 희망이 필요할 때다.

우리는 웨스트민스터 총회의 성공을 가로막았던 잘못을 우리를 위험으로부터 보호하고 안전하게 인도해 줄 경계의 지표로 삼아야 한다. 그들의 경우에는 정치적 영향과 음모가 치명적인 힘을 지닌 악의 요인으로 작용했다. 따라서 신앙 문제를 생각할 때는 정치적 영향을 모두 배제하고, 정치적 음모를 일삼지 않도록 하자. 시련과 어려움이 많은 시대에는 "귀인들을 의지하지 말며 도울 힘이 없는 인생도 의지하지 말지니"(시 146:3), '하나님을 의지하고 그분을 굳게 붙잡으라'라는 명령을 모든 참 교회의 지표로 삼아야 한다.

형제들의 분열, 근거 없는 비방, 그릇된 오해, 부정직하고 솔직하지 못한 태도 등이 웨스트민스터 총회를 심각하게 위협했다. 장로교 신자들과 독립교회 신자들이 서로의 의견 차이를 인정하고, 사소한 질투심을 버리고, 단순하고 진지한 태도로 서로에게 마음을 열었다면 실제로 필요했던 화합이 쉽게 이루어졌을 것이다. 장로교 신자든, 독립교회 신자든, 침례교 신자든, 감리교 신자든, 감독교회 신자든 모든 복음주의 신자들이 이미 존재하는 강한 신앙의 원리와 희망과 사랑을 온전히 추구했다면 기독교의 일치와 화합을 이끌어 내기가 그리 어렵지는 않았을 것이다. 장로교든, 복음주의든 하나님의 축복과 도우심에 의지해 진정으로 성경을 굳게 붙잡는다면 교만한 태도로 세상을 다시금 집어삼키려고 시도하는 교황주의와 불신앙의 강력한 세력을 능히 물리칠 수 있을 것이다.

이제는 성경에 근거해 위대한 복음주의 연합을 이룰 때가 되지 않았는가? 세상이 돌아가는 상황을 대충만 살펴봐도 그런 위대한 사건이 일어날 조짐을 곧 알아차릴 수 있을 것이다. 세상의 나라들은 여전히 평화롭게 지내지 못하고, 지친 군인들처럼 자신의 무기에 의지해 잠시 숨을 고르고 있다. 그들은 힘이 회복되고 적의가 다시 불타오르면 치열한 싸움을 재개할 것이 분명하다. 폭풍 전야의 고요함이 흐르는 상황 속에서 제각기 지지자들을 확보하기 위해 가장 격렬한 활동, 곧 치열한 사상적 싸움이 쉴 새 없이 진행되고 있다. 독재와 민주주의, 미신과 불신앙이 암암리에 서로를 파괴하기 위해 세력을 규합하며 힘을 비축하고 있다. 그들은 부당한 연합과 음모를 통해 자유롭고 순수하고 영적인 기독교가 존재하지 못하게 하려고 애쓰는 중이다.

기독교는 최근에 나태함과 잠에서 깨어나 열심히 활동하는 중이다. 국내외에 복음을 전파하기 위한 고귀한 사역이 많이 계획되어 실천에 옮겨지고 있다. 구원의 진리를 가르치는 위대한 교리들이 명료하게 설명되고, 따뜻한 온정과 타협을 모르는 충성심을 바탕으로 담대하게 전파되고 있다. 새로운 부흥의 역사가 주님의 섭리를 통해 이루어지고 있다. 소생의 영이 갈급한 교회 위에 쏟아져 내리고 있고, 신자들의 마음이 녹아져 오랫동안 도외시되어 온 관대한 동정심이 도처에서 되살아나고 있다.

어찌 이 모든 현상을 보면서도 이를 가볍게 여겨 아무런 조짐도 아니라고 말할 수 있겠는가? 만일 그렇게 말한다면, 그것은 분별력을 잃은 어리석음의 소치임이 분명하다. 물론 그런 것들이 무엇을 가져올 조짐인지는 확실히 단정할 수 없다. 그러나 전례 없는 사건이 일어날 조짐인 것은 분명하다.

오늘날 온 세계를 아우르는 복음적이고 성경적인 연합을 가로막는 요인은 무엇인가? "모든 것이 준비되었으니 혼인 잔치에 오라." "너희가 나를 사랑한다면 서로 사랑하라." "그가 우리를 위해 목숨을 버리셨으니……우리도 형제들을 위해 목숨을 버리는 것이 마땅하니라." 이런 말씀들이 웨스트민스터 총회의 행동 규범이자 원리로 작용했다면 그 위대한 목표가 이미 이루어졌을 것이다.

이제 이 말씀들을 교회에 생명을 불어넣고, 그 앞길을 인도하는 길잡이로 삼자. 웨스트민스터 총회의 기준을 존중하고 이해하는 사람들은 모두 이 말씀들을 기억하고 서로 힘을 합쳐 기도해야 한다. 그렇게만 된다면 우리는 엄숙 동맹과 『웨스트민스터 신앙고백』의 목표를 이루고, 복음주의 연합이라는 원대한 꿈을 실현할 수 있을 것이다. 그것이 교회의 머리요, 왕이신 주님의 뜻이라면 우리 모두 그분의 도구가 되어 복음을 온 세상에 전파함으로써 우리 모두가 합심하여 드리는 거룩한 기도, 곧 "나라가 임하시오며 뜻이 하늘에서 이루어진 것같이 땅에서도 이루어지이다"(마 6:10)라는 기도가 응답되는 역사를 일으키기 위해 일심으로 매진하자.

_ 윌리엄 맥스웰 헤더링턴
(*William Maxwell Hetherington* | 1803-1865, 스코틀랜드 목회자이자 교회 역사가)

CHAPTER.1

OF THE HOLY SCRIPTURE

성경

이는 하나님을 알 만한 것이 그들 속에 보임이라 하나님께서 이를 그들에게 보이셨느니라 창세로부터 그의 보이지 아니하는 것들 곧 그의 영원하신 능력과 신성이 그가 만드신 만물에 분명히 보여 알려졌나니 그러므로 그들이 핑계하지 못할지니라 (롬 1:19-20).

1항 자연의 빛과 창조와 섭리의 사역이 하나님의 선하심과 지혜와 권능을 확실하게 드러내 아무도 핑계하지 못하게 만든다(롬 2:14-15, 1:19-20, 시 19:1-3, 롬 1:32, 2:1). 그러나 그것들은 구원에 필요한 하나님과 그분의 뜻을 아는 지식을 충분히 보여 주지 못한다(고전 1:21, 2:13-14). 따라서 하나님은 여러 부분과 여러 모양으로 자신을 나타내시고, 교회를 향해 자신의 뜻을 밝히셨다(히 1:1). 그리고 나중에는 진리를 더 잘 보존해 전파할 뿐 아니라 육신의 부패와 사탄과 세상의 악의로부터 교회를 더욱 굳게 하고 위로하기 위해 그 동일한 진리를 모두 기록하게 하셨다(잠 22:19-21, 눅 1:3-4, 롬 15:4, 마 4:4, 7, 10, 사 8:19-20). 이것이 성경이 절대적으로 필요한 이유다(딤후 3:15, 벧후 1:19). 하나님이 과거에 자기 백성에게 자신의 뜻을 계시하시던 방법은 지금은 모두 중단되었다(히 1:1-2).

─ 해 설 ─

지금까지 초자연적인 계시만큼 격렬하게 부정되거나 논박되어 온 교리는 거의 없다.『웨스트민스터 신앙고백』이 특별히 탁월한 이유는 오류를 경계하고 거룩한 진리의 개념을 정확하게 전달하기 위해 신중하게 몇 가지 조항을 진술했기 때문이다. 이 조항은 다음 명제들을 통해 한편으로는 자연종교의 존재를 부인하는 사람들을 논박하고, 다른 한편으로는 자연의 빛만으로도 영원한 행복을 얻기에 충분하다고 주장하는 자연신론자들을 논박한다.

명제 1. 자연의 빛과 창조와 섭리의 사역을 통해 하나님의 존재와 그분의 완전한 속성을 의식할 수 있다.

명제 1에 의하면, 자연종교든 계시종교든 모든 종교의 근원은 하나님이시다. 우리는 자연의 빛을 통해 하나님과 그분의 완전한 속성을 발견할 수 있다. '하나님'이라는 용어는 무한히 완전하신 존재를 가리킨다. 하나님은 홀로 자존하시는 창조주요, 유지자요, 만물의 주인이시다.

하나님을 완전하게 정의하는 것은 불가능하다. 인간의 유한한 이성으로는 무한을 이해할 수 없다. 그러나 모든 인간에게는 신성한 존재에 대한 의식이 있다. 인간은 스스로 있는 존재가 있고, 그 존재는 다른 모든 존재를 초월하며, 만물이 그 존재에게 의존하고 있다는 공통된 개념을 지닌다. 이는 인간이라면 누구나 발견할 수 있는 현실이다.[1]

하나님의 존재를 자연의 빛을 통해 발견할 수 있다는 말은 인간의 본성에 속한 이성의 능력과 감각으로 하나님이 계신다는 사실을 어느 정도 알 수 있다는 뜻이다. 우리는 감각으로 하나님이 만드신 것들을 인식할 수 있고, 이성으로 무한히 탁월하신 존재가 그것들을 만드셨다는 흔적을 찾아낼 수 있다. 성경은 로마서 1장 19-20절에서 이 사실을 분명하게 진술한다. "이는 하나님을 알 만한 것이 그들 속에 보임이라 하나님께서 이를 그들에게 보이셨느니라 창세로부터 그의 보이지 아니하는 것들 곧 그의 영원하신 능력과 신성이 그가 만드신 만물에 분명히 보여 알려졌나니 그러므로 그들이 핑계하지 못할지니라"(롬 1:19-20).

하나님의 존재는 우리 인간의 존재만큼이나 확실하다. 모든 인간은 자기 자신이 존재한다는 사실을 분명히 알고 있다. 또한 모든 인간은 자신의 존재가 처음 시작한 때가 있고, 또 자기와 같은 피조물들이 연속적으로 발생하는 과정에서 스스로 파생했다는 사실을 알고 있다. 인간은 그런 연속된 과정을 아무리 길게 거슬러 올라가더라도 자기 존재의 궁극적인 원인에 대해 만족

---

[1] Pearson, *The Creed*, Art. 1.

스러운 대답을 찾을 수 없다. 그의 조상들도 똑같은 한계를 지니고 있기 때문이다. 따라서 인간은 근원적인 존재, 곧 시작이 없이 영원 전부터 살아 계시며 다른 모든 피조물에게 생명과 존재를 부여한 존재를 생각하지 않을 수 없다. 이것이 우리가 '하나님'이라고 일컫는 존재다.

우리는 우리 자신의 존재를 의식할 뿐 아니라 물질적인 차원과 영적인 차원에서 다양한 존재들이 존재한다는 사실을 알고 있다. 그런 존재들이 영원 전부터 현재 상태로 존재했거나 우연히 존재하게 되었다고 생각하기는 어렵다. 결국 그것들이 존재하지 않았던 때가 있었고, 또 그것들이 스스로를 만들어 내기는 불가능했을 것이 분명하기 때문에 세상 만물에 존재와 형태를 부여한 창조자(또는 외부적인 존재)가 있었다는 추론이 자연스레 성립된다. 우리는 그 창조자를 '하나님'으로 일컫는다.[2]

또한 하늘의 발광체들은 수많은 세월 동안 한 치도 틀림없이 정확하게 자신의 궤도를 돌고 있고, 여름과 겨울, 파종기와 수확기, 밤과 낮의 순환이 어긋나는 법도 절대 없다. 그 외에도 놀라운 일들이 셀 수 없이 많다. 이런 섭리의 사역은 최상의 존재가 만물을 유지하고 다스리고 있다는 것을 분명하게 보여 준다. 우리는 창조와 섭리의 사역에서도 무한한 능력과 지혜와 선의 실체를 확인할 수 있다.

그런 사역에 관해 더 많이 알수록 무한한 능력이 자연 속에서 약동하고 있고, 무한한 지혜가 수단들을 이끌어 목적을 이루게 하며, 무한한 선이 여러 가지 수단을 통해 모든 피조물에게 행복을 제공하고 있다는 것을 더 깊이 의식할 수 있다.[3]

---

2) Pretyman, *Elements of Christian Theology*, vol. 2, p. 62.〉
3) Hill, *Lectures*, vol. 1, p. 9.

창조된 만물 안에 신성의 흔적이 분명히 각인되어 있다. 우리는 과거의 역사와 현대의 여행자들이 관찰한 사실을 통해 모든 나라, 모든 시대에 초자연적인 존재에 관한 개념과 신성한 존재를 경배하는 의식이 다양한 형태로 존재했다는 것을 확인할 수 있다. 신성한 존재를 믿는 믿음은 보편적이다. 가장 오래된 기록을 보더라도 그런 신앙이 존재하지 않았던 시기는 그 어느 민족의 역사에서도 발견되지 않는다. 이 진리는 모든 민족이 동의해 온 자연의 명령이 아닐 수 없다.

오늘날에는 무신론자들이 많다. 그러나 그들의 생각 속에 지고한 존재에 관한 의식이 온전히 지워져 있는지 궁금하다. 시편 14편 1절은 "어리석은 자는 그의 마음에 이르기를 하나님이 없다 하는도다"라고 말한다. 이 말씀에서 알 수 있는 대로, '하나님이 없다'는 생각은 적절하고 온당한 판단에 의한 결론이 아니라 불경스런 감정에서 우러난 헛된 바람에 지나지 않는다. 말로는 하나님의 존재를 부인하지만, 그들의 가슴속에서 느껴지는 두려움, 특히 사악한 행위를 저지른 데 대한 두려움은 율법을 어긴 죄인들을 심판하고 처벌할 지고한 존재가 존재한다는 신념을 떨쳐 버릴 수 없게 만든다.

양심은 이러한 진리를 증언하는 가장 유력한 증인이다. 바울은 "마음에 새긴 율법"이라고 언급하면서 "그 양심이 증거가 되어 그 생각들이 서로 혹은 고발하며 혹은 변명하여"(롬 2:15)라고 말했다. 양심은 사악한 행위를 저지른 인간을 책망하고, 정죄하고, 괴롭게 할 뿐 아니라 그의 모든 행위가 장차 심판을 받게 될 것을 암시함으로써 하나님이 계신다는 사실을 증언한다. 따라서 성경은 하나님의 존재를 당연시하고, 그분이 존재하신다는 사실을 증명하는 과정 없이 "태초에 하나님이 천지를 창조하시니라"(창 1:1)라고 그분이 행하신 일을 곧바로 진술한다.

자연의 빛을 통해 얻어진 하나님에 대한 지식은 여러 가지 유익한 목적에 이바지한다. 이 지식은 피조물에 대한 하나님의 선하심을 증언한다(행 14:17). 또한 인간의 의무를 일깨워 주고, 죄를 깨닫게 하며, 징벌에 대한 두려움을 불러일으켜 극단적인 악을 저지르지 않도록 억제한다(롬 2:14-15). 아울러 하나님에 대한 더욱 확실한 계시를 구하도록 자극하고, 은혜의 복음을 받아들일 수 있는 길을 준비하며(행 17:27), 의로운 통치자이신 하나님의 행위(곧 강퍅한 죄인을 현세와 내세에서 엄히 응징하시는 것)를 옹호한다. 이 지식은 하나님이 마음에 있는 은밀한 일을 모두 심판하실 날에 어떤 변명도 제기하지 못하게 만든다(롬 1:20-21, 2:15-16).

명제 2. 구원을 받으려면 하나님과 그분의 뜻을 아는 지식이 필요한데, 자연의 빛만으로는 그런 지식을 얻기가 어렵다.

그러나 자연의 빛을 통해 하나님을 아는 지식은 흐릿해지고 불완전해졌다. 따라서 명제 2는 자연의 빛이 타락한 인간에게 하나님과 그분의 뜻을 아는 지식, 곧 구원에 필요한 지식을 주기에 불충분하다고 진술한다. 자연신론자들은 초자연적인 계시를 거부하고, 하나님과 도덕적 의무를 자연의 빛에서만 찾으려고 애쓴다. 그러나 그런 지식만으로는 하나님에 대한 참된 지식을 얻을 수 없다.

과거 시대와 고대 민족의 역사를 살펴보면 초자연적인 계시가 없는 사람들, 곧 인류의 대다수를 차지했던 사람들이 참되신 하나님이나 그분에 대한 의무를 거의 의식하지 않고 지냈다는 사실을 확인할 수 있다. 이 세상은 자기 지혜로 하나님을 알지 못한다(고전 1:21). 심지어 지식이 많았던 아덴 사람들도 참되신 하나님을 알지 못하고 '알지 못하는 신'에게 바치는 제단을 만들었다.

이방 세계는 극악하고 가증스런 우상 숭배와 천박한 미신에 치우쳤다. 그들은 하늘의 발광체들을 신성시하고, 땅 위에 있는 거의 모든 피조물을 신으로 섬겼을 뿐 아니라 상상을 통해 만들어 낸 존재들에게 신성한 영광을 부여했다. 이방 철학자들 가운데 더러는 하나님의 본성에 관해 상당한 지식을 갖추고 동료 시민들에게 몇 가지 도덕적인 원리를 가르쳤지만 온 나라가 우상 숭배를 저지르는 것을 막지 못했고, 가장 극악한 범죄를 저지르는 것을 금하지도 못했다(롬 1:21-28).

자연의 빛을 통해 형벌을 받아야 할 도덕적인 악이 존재한다는 사실은 알 수 있을지 몰라도 죄가 세상에 어떻게 들어왔고, 또 거기에서 어떻게 구원받을 수 있는지는 알 수 없다. 자연의 빛은 인간에게 죄와 불행을 보여 줄 뿐 확실하고 분명한 구원의 길을 제시하지는 못한다. 성경은 예수 그리스도 외에 다른 이름으로는 구원 받을 수 없다고 분명하게 가르친다. 믿음으로 그리스도를 붙잡지 않으면 구원을 받을 수 없고, 계시를 통하지 않으면 그리스도를 아는 지식이나 믿음을 가질 수 없다(행 4:12, 막 16:16, 롬 10:14-17). 성경은 가장 확실하고 분명한 말로 "묵시가 없으면 백성이 방자히 행하거니와"(잠 29:18)라고 말한다. 거룩한 계시가 없는 자는 "세상에서 소망이 없고 하나님도 없는 자"(엡 2:12)다.

명제 3. 하나님은 자신의 뜻을 보여 주는 초자연적인 계시를 교회에게 허락하기를 기뻐하셨다.

하나님은 헛된 일을 행하지 않으신다. 만일 자연의 빛만으로 영원한 행복을 얻기에 충분하다면 거룩한 계시를 허락하지 않으셨을 것이다.

명제 3은 하나님이 교회에게 자신의 뜻을 보여 주는 특별한 계시를 허락하셨다고 진술한다. 하나님이 자신의 생각과 뜻을 인간에게 전달하시는 일이 불가능하다고 생각해서는 안 된다. 하나님은 인간에게 말과 글을 통해 서로에게 생각을 알릴 수 있는 능력을 부여하셨다. 따라서 하나님이 그와 비슷한 방법으로 자신의 생각을 인간에게 전하실 수 있다는 것을 믿지 못할 이유는 없다.

하나님이 자신의 생각과 뜻을 죄인들에게 알리신 것은 참으로 무한한 사랑과 동정심과 긍휼이 아닐 수 없다. 하나님은 무한한 지혜와 신중함에서 비롯하는 보화들, 곧 우리에게 하실 풍성한 말씀들을 가슴속에 꼭 묻어 두실 수도 있었다. 그분은 인류를 저주스런 어둠 속에 그대로 방치하신 채 그들보다 먼저 타락한 천사들과 함께 마지막 심판의 날까지 죄의 사슬과 권세 아래 속박된 상태로 살아가게 하실 수도 있었다. 그러나 하나님은 무한한 사랑과 은혜로 자기 자신과 그 뜻을 우리에게 보여 주셨다.[4)]

하나님은 자신의 생각을 단번에 교회에게 드러내지 않으셨고, 그 무한한 지혜에 따라 합당하다고 생각하실 때마다 "선지자들을 통하여 여러 부분과 여러 모양으로"(히 1:1) 말씀하셨다. "여러 부분은 과거에 계시가 여러 곳에서, 여러 시대에 걸쳐 주어졌다는 것, 곧 여러 시대와 여러 사람들에게 진리가 점진적으로 계시되어 나타났다는 개념을 뜻하며, 여러 모양은 계시가 전달된 방식이 다양했다는 것, 곧 꿈, 환상, 상징, 우림과 둠밈, 예언을 통해 계시가 주어졌다는 개념을 뜻한다고 각각 이해할 수 있다."[5)] 하나님은 신약 시대에 이르러 독생자를 통해 자신의 뜻을 온전히 계시하셨다. 따라서 이제는 세상 끝날까지 새로운 계시는 더 이상 기대할 수 없다.

명제 4. 초자연적인 계시는 문자로 기록되었고, 성경은 절대적으로 필요하다. 하나님이 과거에 자기 백성에게 자신의 뜻을 계시하시던 방법은 지금은 모두 중단되었다.

명제 4는 이 계시가 모세 시대에 이르기까지 약 2,500년 동안 문자로 기록되지 않았던 사실을 언급한다. 그때는 하나님이 자기 백성에게 계시로 직접 뜻을 알려 주셨다. 족장들은 매우 오래 살았기 때문에 그 계시를 오염되지 않게 잘 보존해 대대로 전할 수 있었다. 그러나 인간의 수명이 짧아지고, 계시의 양이 많아지면서 하나님은 계시하신 뜻을 문자로 기록하는 방법을 택

---

4) Owen, *Hebrews*, 1:1.
5) Stuart, *Commentary on the Hebrews*, 1:1.

하셨다. 그 이유는 교회에게 믿음과 실천의 규칙을 허락하시어 그것으로 모든 교리를 시험하고, 행위를 규정하며, 거룩한 진리를 오염되지 않은 상태로 온전하게 보존하고, 세상의 여러 나라에 반포하며, 대대로 전하게 하시기 위해서였다.

교회가 아직 온전하지 않았을 때는 기록된 말씀 없이 하나님이 직접 자기 백성을 가르치셨다. 하지만 지금은 그때와 같은 방법으로 그들에게 그 뜻을 알리지 않으신다. 이것이 성경, 곧 기록된 말씀이 절대적으로 필요한 이유다. 성경이 없으면 교회는 불확실한 전통과 구전에 의존할 수밖에 없다. 그러나 기록된 말씀은 교리들을 판단하는 확실한 잣대이자 어둠을 비추는 빛이다(사 8:20, 벧후 1:19).

2항 성경, 즉 기록된 말씀에는 신구약에 있는 모든 책이 포함된다. 그 책들은 다음과 같다.

구약	신약
창세기 출애굽기 레위기 민수기 신명기 여호수아 사사기 룻기 사무엘상 사무엘하 열왕기상 열왕기하 역대상 역대하 에스라 느헤미야 에스더 욥기 시편 잠언 전도서 아가 이사야 예레미야 예레미야애가 에스겔 다니엘 호세아 요엘 아모스 오바댜 요나 미가 나훔 하박국 스바냐 학개 스가랴 말라기	마태복음 마가복음 누가복음 요한복음 사도행전 로마서 고린도전서 고린도후서 갈라디아서 에베소서 빌립보서 골로새서 데살로니가전서 데살로니가후서 디모데전서 디모데후서 디도서 빌레몬서 히브리서 야고보서 베드로전서 베드로후서 요한일서 요한이서 요한삼서 유다서 요한계시록

이 모든 책은 하나님의 영감을 통해 믿음과 삶의 규칙으로 주어졌다(눅 16:29, 31, 엡 2:20, 딤후 3:16, 계 22:18-19).

3항 흔히 '외경'으로 불리는 책들은 하나님의 영감으로 주어진 것이 아니기 때문에 정경에 포함되지 않는다. 따라서 하나님의 교회 안에서 인간이 쓴 다른 글들에 비해 더 큰 권위를 지닌 것으로 인정될 수 없고, 또 사용될 수 없다(눅 24:27, 44, 롬 3:2, 벧후 1:21).

─ 해 설 ─

이 두 조항은 참된 정경과 성경 영감설에 관해 말한다.
이들 조항은 외경을 성경과 동등한 권위를 지니는 것으로 받아들이는 로마 가톨릭교회를 향해서는 '외경은 정경에 포함되지 않는다'고 말하고, 신구약성경을 하나님의 말씀으로 인정하지 않는 자연신론자들을 향해서는 '거룩한 책들이 모두 하나님의 영감을 통해 주어졌다'고 말한다. '성경'을 뜻하는 'Scriptures'는 일반적으로 '문서'를 의미한다. 하나님의 말씀을 일컬을 때는 그 탁월함을 나타내기 위해 'the Bible'(바로 그 책)이라는 용어를 사용한다. 왜냐하면 성경은 모든 책 중에 가장 뛰어난 책이기 때문이다.

성경은 구약과 신약으로 나뉜다. 전자는 구약 시대, 곧 그리스도의 성육신 이전에 기록된 책들을, 후자는 신약 시대, 곧 그리스도께서 강림하신 이후에 기록된 책들을 가리킨다. 이런 구분의 토대를 마련한 사람은 사도 바울이다. 그는 '옛 언약'(구약)과 '새 언약'(신약)이라는 용어를 사용했고, 모세와 선지자의 글을 '구약'으로 일컬었다(고후 3:14). '정경'을 뜻하는 'canon'은 '잣대'를 뜻하며, 믿음과 삶의 온전한 규칙인 성경을 가리키는 말로 일찍부터 사용되었다.

지금 성경은 한 권으로 합쳐진 상태이지만 그 안에는 다양한 시대에, 다양한 사람들을 통해 기록된 많은 책들이 포함되어 있다. 그렇다면 그런 책들의 진정성과 확실성을 어떻게 판단할 수 있을까?

우리가 다른 책들을 배제하고 이 책들만 정경으로 받아들이는 이유는 무엇일까?

이 문제에 대답하려면 다른 책들의 진정성을 판단할 때와 똑같은 방법을 따라야 한다. 우리는 호메로스, 호레이스, 타키투스, 리비우스 같은 사람들의 이름을 가진 책들이 그들이 쓴 것임을 확인할 때 사용하는 방법과 똑같은 방법으로 사도들과 복음서 저자들이 기록한 책들이 진본이라는 사실을 확인할 수 있다. 구체적으로 말해, 그들과 동시대를 살았던 사람들과 그들의 계승자들의 증언이 필요하다. 그들은 이 경우에 가장 유력한 증인이 된다.

고대의 기록을 추적하는 일은 학자들이 주로 감당한다. 그들은 놀라운 열정과 근면함으로 그 일을 수행한다. 그들이 탐구한 결과, 초대교회가 신약에 포함된 책들을 하나님의 영감으로 기록된 책으로 받아들였다는 사실을 비롯해 초창기 기독교 저술가들이 신약성경에서 많은 구절을 인용했다는 사실이 확인되었다. 3-4세기에 살았던 다양한 저술가들의 저서에서 지금 같은 형태와 일치하는 책들의 목록이 확인되었다. 또한 이 책들이 교회에서 공식적으로 낭독되었고, 기독교 저술가들이 이것들을 믿음의 규칙이자 논쟁을 결정짓는 최종적인 권위를 지닌 말씀으로 언급했다는 사실이 밝혀졌다.

구약의 정경성은 비교적 간단하게 확인될 수 있다. 유대인들은 구약의 책들을 율법서, 선지서, 성문서로 구분했다. 주님은 승천하시기 전에 제자들에게 말씀하셨다. "내가 너희와 함께 있을 때에 너희에게 말한 바 곧 모세의 율법과 선지자의 글과 시편에 나를 가리켜 기록된 모든 것이 이루어져야 하리라 한 말이 이것이라"(눅 24:44).

여기에서 시편은 성문서에 속한다. 주님이 시편을 언급하신 이유는 그 책이 성문서 가운데 가장 첫 번째 책이기 때문인 듯하다. 주님은 당시에 히브리 성경을 구분했던 방법을 똑같이 채택하시어 유대인들이 받아들였던 구약성경을 정경으로 인정하셨다.

물론 그렇다고 해서 어떤 책들이 구약성경에 포함되느냐는 문제가 저절로 해결되는 것은 아니다. 이 문제를 결정하기 위해서는 유대 역사가 요세푸스의 증언이 필요하다. 그는 구약성경에 속한 책들의 명칭을 언급하지는 않았지만, 그 책들의 숫자를 밝혔다. 따라서 오판의 가능성은 거의 없다.

초기 기독교 교부들의 증언이 요세푸스의 증언을 확증한다. 교부들은 구약성경의 목록들을 남겼고, 그 목록들은 당시에 존재했던 정경이 지금 우리가 소유하고 있는 정경과 동일하다는 것을 분명하게 보여 준다. 게다가 그리스도께서 강림하시기 270년 전에 구약성경을 헬라어로 번역한 『70인경』의 목록을 보면 오늘날 히브리 성경에 포함된 책들의 목록과 동일하다.

흔히 '외경'으로 불리는 책들은 처음에는 정경으로 인정받지 못했다. 그러다가 1546년 트렌트 종교회의 제4차 모임에서 하나님의 영감으로 기록된 성경과 동등한 권위를 인정받았다.

개신교 교회들이 외경을 거부하는 이유는 다음과 같다.

첫째, 하나님의 계시를 위탁 받아 충실하게 믿음을 지켜 온 유대인들이 이를 신성한 권위를 지닌 책들로 인정한 적이 한 번도 없었기 때문이다.

둘째, 이 책들은 히브리어가 아니라 헬라어로 기록되었고, 그 저자들은 모두 말라기 시대 이후의 사람들이다. 유대인들은 말라기 시대 이후 계시가 종결되었다고 증언한다.

셋째, 예수님은 물론 사도들조차 이 책들을 인용하지 않았다. 신약성경 가운데 이 책들이 존재했다고 암시하는 성경 구절은 단 한 구절도 없다.

넷째, 이 책들에는 많은 오류와 미신과 부도덕한 요소가 들어 있다. 일부 저자들은 하나님의 영감을 주장하지 않았고, 스스로의 연약함을 인정하며 자신의 부족함에 양해를 구하기도 했다.

성공회는 외경을 정경으로 인정하지 않기 때문에 그것을 '교리를 세우는 토대'로 사용하지는 않지만, '삶의 본보기와 태도를 가르치기 위한 수단'으로 사용해 그 내용 가운데 일부를 교회 안에서 낭독한다. 지금은 그런 내용들이 정경이 가르치는 교훈들과 무분별하게 섞여 전달되고 있고, 또 신자들에게 그것들이 외경에서 발췌한 것이라는 사실조차 제대로 알려 주지 않는 탓에 현실적으로는 하나님의 영감으로 기록된 말씀과 전혀 구별되지 않고 있다.

외경의 교훈이 아무리 훌륭하고 교훈적이라고 해도 그것들을 하나님의 말씀과 동등하게 취급하는 행위는 어떤 이유에서도 정당화될 수 없다.

성경이 '하나님의 말씀'으로 불리는 이유는 하나님의 영감으로 기록되었기 때문이다.

기독교인을 자처하는 사람들은 모두 영감의 가능성을 인정하는 것으로 보인다. 물론 그들이 인정하는 성경 영감설은 제각기 그 의미와 정도가 크게 차이가 난다. 하나님이 심각한 오류를 저지르지 않도록 하기 위해 성경 저자들의 생각을 감독하셨다고 말하는 사람들도 있고, 거기에서 한 걸음 더 나아가 단지 감독에 그치지 않으시고 몇몇 저자들의 이해의 범위를 넓히셔서 보통 사람들보다 더 깊은 개념들을 생각하게 하셨다고 말하는 사람들도 있다. 후자에 따르면, 그들은 생각이 고양된 상태였기 때문에 모든 내용이나 문제를 스스로 판단할 수 있었다고 한다. 또한 완전 영감설을 주장하는 사람들은 전해야 할 내용만이 아니라 그 내용을 전하는 용어까지 성령의 영감을 통해 저자들에게 전달되었다고 믿는다.

이 밖에도 지금까지 언급한 영감에 관한 모든 견해를 다 받아들여 성경 저자들이 기록해야 할 주제에 따라 때로는 하나님의 감독 아래 고양된 정신으로 말씀을 기록하기도 하고, 때로는 완전 영감설이 주장하는 대로 성령의 영감을 받아 말씀을 기록하기도 했다고 믿는 사람들도 있다.[6]

과거에는 완전 축자영감설을 인정하는 사람들이 그리 많지 않았다. 그러나 근래에 일어난 몇 가지 일들 때문에 이 주제를 좀 더 철저히 살펴봐야 할 필요성이 대두했다. 이 주제를 좀 더 깊이 살펴본 학자들은 완전 축자영감설을 제시해 부분 영감설을 주장하는 사람들과 문자가 아닌 내용만 영감되었다고 주장하는 사람들을 논박했다. 스티븐슨 박사는 이렇게 말했다.

---

6) Stevenson, *The Offices of Christ*, p. 50-51.

신성한 계시를 사람들에게 전달할 때 사용된 영감은 오직 한 가지, 곧 암시의 영감뿐이다. 그런 영감을 통해 내용만이 아니라 문자까지 성경 저자들의 생각 속에 전달되었다.

첫째, 성경 자체가 한 가지 종류의 영감만을 언급한다. 예언과 교리만이 아니라 역사와 도덕과 관련된 성경의 모든 부분이 영감되었다(딤후 3:16-17, 벧후 1:21).

둘째, 이 영감은 이해의 폭을 넓히거나 정신을 고양하는 차원을 뛰어넘는다. 하나님의 성령이 직접 생각 속에 암시를 불어넣지 않으셨다면 그렇게 많은 일들이 사람이나 천사들의 마음속에 생각나지 않았을 것이다. 그런 일들 가운데는 사건이 실제로 발생하기 오래전에 성경에 예언된 사건과 인간의 구원을 위한 초자연적인 계획 및 그와 관련된 교리들이 포함된다(고전 2:9-10).

셋째, 따라서 개념만이 아니라 성경의 문자까지 영감되었다고 생각해야 옳다. 성경 저자들도 다른 사람들처럼 말을 사용해 생각하는 습성을 지니고 있기 때문에 말을 암시 받지 않고 개념을 떠올린다는 것은 도무지 있을 수 없는 일이다. 성령의 암시를 통해 내용과 문자가 주어지지 않았다면 그들이 사전에 전혀 알지 못했던 미래의 사건이나 그들의 이해력을 뛰어넘는 교리를 알기 쉽게 기록할 수 없었을 것이다(고전 2:13).

넷째, 감독이나 정신의 고양을 통한 영감만으로 충분하다면 성경 저자들이 각자 자신이 기록해야 할 문제에 대해 다른 자료를 통해 사전 지식(도덕적 주제나 역사적 사건에 관한 지식)을 얻어야 한다. 그러나 그런 경우에도 완전 영감설이 절대적으로 필요하다. 예를 들어, 도덕적 주제를 생각해 보자. 자연의 법칙을 통해 어느 정도의 도덕성을 의식할 수 있다 해도, 타락한 상태에서는 옳은 것과 그릇된 것을 분명하게 구별할 수 없기 때문에 완전 영감을 통해 주어지는 온전한 '의무의 규칙'이 반드시 있어야 한다. 이는 역사적 사건의 경우에도 마찬가지다. 성경 저자들이 스스로의 관찰이나 다른 자료를 통해 사전 지식을 얻어 역사적 사건들을 기록했다면 성경의 역사와 세속 역사는 그 목적에 있어서 아무런 차이가 없을 것이다.

세속 역사는 단지 개인과 민족의 시민적이고 정치적인 유익에 초점을 맞추지만 성령의 영감을 받은 역사가들, 곧 성경 저자들은 그보다 훨씬 더 큰 목표(구원 역사를 통해 그리스도 안에서 나타난 하나님의 영광을 드러내는 일)를 지향한다. 이 목표는 역사적인 사실을 생각하고 기록하는 일에 관한 독특한 관점을 형성한다.

성경에서 발견되는 다양한 문체도 완전 영감설을 거부해야 할 타당한 이유가 되지 못한다. 성경 저자들이 한 치도 어긋남 없는 성령의 인도 아래 전해야 할 개념과 그 개념을 표현하는 데 적합한 언어를 영감 받았다고 하더라도 성령이 그 지혜로운 뜻에 따라 성경 저자들의 문체와 그들의 나이와 글쓰기 재능을 십분 고려해 암시를 주신 것으로 보인다.

다섯째, 완전 영감설을 인정하지 않는다면 성경이 하나님의 말씀이라고 주장할 수 있는 타당한 근거가 상실된다. 성경이 믿음과 실천의 규칙으로서 최상의 권위를 갖는 이유는 하나님으로부터 비롯했기 때문이다. 만일 성경 저자들이 성령의 감독 아래 자기 생각대로 성경을 기록했다면 성경이 하나님으로부터 비롯했다고 주장할 수 있는 근거가 희박할 것이다.

예를 들어, 어떤 사람이 다른 사람에게 글을 대신 쓰게 하고 단지 심각한 오류가 없도록 감독하는 데만 그쳤는데 그를 그 책의 참된 저자라고 부른다면 그것은 매우 잘못된 일임이 분명하다. 편견 없는 눈으로 바라본다면 '하나님의 말씀'이라는 명칭 자체가 성경이 하나님으로부터 비롯되었음을 의미한다는 것을 쉽게 알 수 있을 것이다.

성경의 일부는 성령의 감독만으로 기록되었고, 다른 일부는 암시의 영감으로 기록되었다고 말한다 해도 순수한 감독설과 큰 차이가 없다. 왜냐하면 그런 주장은 성경 전체에 대한 의심을 부추기기 때문이다. 어떤 부분이 완전 영감에 의해 기록되었고, 어떤 부분이 그렇지 않은지 구분하는 것은 불가능하다.

가장 안전한 길은 단 한 가지 종류의 영감설, 곧 부분이 아니라 전부가 영감되었다는 성경의 교리를 굳게 붙잡는 것이다. "모든 성경은 하나님의 감동으로 된 것"(딤후 3:16)이라는 말씀대로, 성경 전부가 성령의 영감으로 기록되었다.[7]

4항 우리가 믿고 복종해야 할 성경의 권위는 사람이나 교회의 증언이 아니라 성경의 저자요, 진리 자체이신 하나님께 전적으로 의존한다. 우리가 성경의 권위를 받아들여야 하는 이유는 그것이 하나님의 말씀이기 때문이다(벧후 1:19, 21, 딤후 3:16, 요일 5:9, 살전 2:13).

5항 우리는 교회의 증거를 통해 감동과 권유를 받고 성경을 높이 우러러 공경하는 마음을 가질 수 있다(딤전 3:15). 내용의 신령함, 교리의 효력, 문체의 장엄함, 모든 부분의 일치, 전체적인 목적(모든 영광을 하나님께 돌리는 것), 인간 구원을 위한 유일한 길을 온전히 제시하는 내용을 비롯해 비할 데 없는 탁월한 속성들과 그 완전성은 성경이 하나님의 말씀이라는 사실을 충분히 입증하는 근거다. 그러나 성경의 무오한 진리와 신적 권위를 믿고 확신하는 것은 우리 심령 속에서 말씀으로, 또 말씀과 더불어 증언하시는 성령의 내적 사역을 통해 이루어진다(요일 2:20, 27, 요 16:13-14, 고전 2:10-12, 사 59:21).

--- 해 설 ---

이 조항들은 성경의 권위가 사람이나 교회가 아니라 성경의 저자이신 하나

---

[7] Stevenson, *The Offices of Christ*, pp. 51-57. 또한 다음 자료를 참조하라. Gaussen, *The Plenary Inspiration of the Holy Scriptures*.

님께 전적으로 의존한다고 가르치는 한편, 성경이 하나님의 말씀이라는 여러 가지 증거를 제시한다.

그중 첫 번째 조항은 성경의 권위가 교회에서 비롯한다고 주장하는 교황주의를 반박하는 데 초점을 맞춘다. 그런 주장이 터무니없다는 사실은 쉽게 증명할 수 있다. 그리스도의 참 교회는 말씀 위에 세워졌기 때문에 성경의 권위가 교회에 의존한다는 주장은 성립될 수 없다(엡 2:20).

성경이 하나님의 말씀이라는 사실은 외적, 그리고 내적 증거로 입증된다.

1. 외적 증거 : 성경 저자들의 인격, 그들이 하나님으로부터 사명과 영감을 부여 받았다는 것을 입증하기 위해 행한 기적들, 성경에 기록된 수많은 예언들의 성취, 성경이 오랜 세월을 거쳐 지금까지 완전하게 보존되어 왔다는 사실, 성경이 일으킨 엄청난 효과(인간의 법률이나 철학의 교훈으로는 흉내조차 내지 못할 효과들), 성경이 야만적인 민족들을 문명화시키고, 사회의 상태를 개선하는 데 미친 영향(성경이 전파되는 곳마다 그런 역사가 일어났다) 등

2. 내적 증거 : 성경에 기록된 교리의 지극히 탁월한 속성, 자연이나 이성으로는 발견할 수 없는 수많은 진리의 계시, 그 교훈의 범위와 순수함, 하나님의 성품과 도덕적인 통치 행위를 드러내는 내용, 인간의 상태와 결함을 정확히 다루고 있는 진리, 많은 사람이 제각기 다른 시대에 기록한 내용들이 서로 완벽하게 조화를 이루는 특성, 문체의 장엄함, 하나님의 영광과 인간의 구원을 지향하는 성향 등

이 증거들이 성경이 하나님의 말씀이라는 합리적인 확신을 갖게 만든다. 그러나 성경이 하나님의 말씀이라는 확신을 통해 구원에 이르려면 성령이 말씀을 인간의 마음에 효과적으로 적용하셔야만 한다. 성령의 내적 조명이 있어야만 성경의 자증성과 권위를 의식할 수 있기 때문이다. "믿는 자는 자

기 안에 증거가 있고"(요일 5:10)라는 말씀대로, 믿는 사람들은 비록 합리적인 논증으로 성경의 영감을 입증하지는 못하더라도 자기 마음속에서 경험하는 성경의 능력과 효과를 통해 성경이 하나님의 말씀임을 온전히 확신할 수 있다. 그들은 불신자들이 아무리 그럴듯한 논증과 반론을 제기하더라도 성경이 인간이 만들어 냈다고 절대 믿지 않는다. 그들에게 그런 주장은 사람들이 보고 즐거워하는 빛을 주는 태양을 인간이 만들었다는 말이나 다름없다.

6항 하나님의 영광, 인간의 구원, 믿음, 생명에 필요한 모든 것에 관한 하나님의 온전한 뜻은 성경에 명확하게 기록되어 나타나거나 옳고도 모순 없는 논리를 통해 성경에서 추론할 수 있다. 따라서 성령의 새로운 계시든, 인간의 전통이든 아무 때라도 성경에 무엇을 더 보태서는 안 된다(딤후 3:15-17, 갈 1:8-9, 살후 2:2). 물론 우리는 말씀에 계시된 진리를 이해해 구원에 이르려면 성령의 내적 조명이 반드시 필요하다는 것을 인정할 뿐 아니라(요 6:45, 고전 2:9-12) 하나님께 드리는 예배와 교회의 정치에 관해서는 인간의 행위와 사회에서 공통적으로 발견되는 사정이 있을 수 있고, 또 그런 사정이 있을 때는 성경의 일반 법칙에 따라 본성의 빛과 기독교적인 신중함을 통해 해결해 나가야 한다는 것을 인정한다(고전 11:13-14, 14:26, 40).

7항 성경에 있는 모든 진리가 그 자체로 다 명백하거나 모두에게 다 똑같이 분명한 것은 아니다(벧후 3:16). 그러나 구원을 위해 꼭 알고, 믿고, 지켜야 할 진리는 성경 곳곳에 명확하게 제시되어 있기 때문에 유식한 자들만이 아니라 무지한 자들까지도 일상적인 수단을 적절하게 사용한다면 충분히 이해할 수 있다(시 119:105, 130).

해 설

이 조항들은 성경의 완전성과 명료성을 다룬다.

1. 6항은 성경의 완전성과 충족성을 언급한다. 그리고 하나님께 드리는 예배와 교회의 정치에 관해 성경에 분명한 지시가 기록되어 나타나지 않은 경우에는 성경의 일반 법칙에 따라 본성의 빛과 기독교적인 신중함을 통해 해결해 나가야 한다고 말한다. 즉, 그런 경우에는 "모든 것을 품위 있게 하고 질서 있게 하라"(고전 14:40)는 사도의 규칙을 따르면 된다.

그러나 이 일반 법칙은 하나님께 드리는 예배를 특별하게 돋보이고자 인간이 고안한 의식이나 형식을 교회에 도입하는 것을 용납하지는 않는다. '편의에 따라 적절하게 행동하라'라는 이 법칙은 교회의 예배를 좀 더 매혹적으로 보이게 만들려는 행위, 곧 의식과 형식을 바꾸어 불신자들의 관심을 끄는 행위를 정당화하지는 않는다.

'편의에 따라 적절하게 행동하라'라는 규칙을 너무나 자유롭게 적용한 것은 영감이 중단된 이후로 교회가 처음 저질렀던 가장 큰 실수 가운데 하나다. 교회는 이 규칙을 남용하게 될 것을 예견하지 못했다. 교부들은 의식 자체에는 아무런 해가 없다고 생각했다. 아마도 새로운 회심자들은 오랜 관습으로 인해 의식에 애착을 가졌을 것이다. 결국 그런 사정을 고려한 결과, 처음에는 의식에 구애받지 않고 단순하게 행동했던 교회가 이상하게 변질되기 시작했다. 희고 깨끗한 옷 대신에 휘황찬란한 장식과 다채로운 색상을 지닌 화려한 예복이 등장했다. 새로운 의식을 고안하는 관습은 그 후로 계속 발전해 교회의 예전이 레위기의 율법에 규정된 의식처럼 번거롭기 짝이 없게 변했다. 지금 교회의 축일에 로마 가톨릭교회의 예배에 참석한 사람 가운데 그 예배가 신약성경의 종교와 관련이 있다고 생각할 사람이 과연 누가 있겠는가?[8]

성경의 완전성을 주장한다고 해서 그 말을 신앙에 관한 모든 조항이 성경에 온전히 진술되어 나타난다는 뜻으로 이해하면 곤란하다. 이 말은 성경의 진리로부터 올바로 추론해 낸 결론들이 성경에 명확하게 기록된 하나님의 계시만큼이나 확실하다는 뜻이다.

옳고도 모순 없는 논리를 통해 성경에서 추론한 결론을 믿음과 실천의 규칙으로 받아들여야 한다는 것은 주님이 사두개인들 앞에서 부활의 교리를 증명하신 사례(마 22:31-32)와 바울이 유대인들과 변론하는 과정에서 구약성경을 토대로 나사렛 예수께서 그리스도이시라는 사실을 증명한 사례(행 17:2-3)를 통해 분명하게 입증된다.

"모든 성경은 하나님의 감동으로 된 것으로 교훈과 책망과 바르게 함과 의로 교육하기에 유익"(딤후 3:16)하다. 그러나 모순 없는 논리를 통한 추론을 시도하지 않으면 그런 목적을 모두 이룰 수 없다. 옳고 건전한 추론은 성경 말씀의 의미를 온전하게 살려 낸다. 우리에게는 이성의 능력과 더불어 성경을 연구하라는 명령이 주어졌기 때문에 명확한 말로 표현된 진리로부터 결론을 이끌어 낼 수 있다.

성경의 완전성은 계시된 말씀이나 모순 없는 논리로 추론한 결과, 또는 하나님의 영광을 위해 필요한 모든 것과 관련된 그분의 뜻이 온전하게 계시되었음을 의미한다. 성경은 완전하며, 필요한 모든 목적을 충족시킨다(시 19:8-9). 성경은 "하나님의 사람으로 온전하게"(딤후 3:17) 하기에 충분하고, 신자들에게 "그리스도 예수 안에 있는 믿음으로 말미암아 구원에 이르는 지혜"(딤후 3:15)를 허락한다. 성경은 완전하기 때문에 성경의 저자이신 하나님은 거기에 무엇을 보태거나 빼는 행위를 엄격하게 금지하셨다(신 4:2, 계 22:18-19).

---

8) Alexander, *The Canon of the Scriptures*.

성경의 완전성을 강조한 이유는 성령의 새로운 계시를 받았다고 주장하는 열광주의자들과 '전통을 성경과 똑같이 공경하는' 로마 가톨릭교회를 논박하기 위해서다. 그 어떤 새로운 계시도 성경에 덧붙여서는 안 된다. 그리스도와 사도들은 거짓 선지자들이 나타날 것을 예고했고, 계시를 받았다고 주장하는 그들의 말에 귀 기울이지 말라고 경고했다(마 24:11, 24). 바울 사도는 성경에 기록된 복음 외에 다른 복음을 전하는 모든 사람에게 저주를 선언했다(갈 1:8-9).

사사로운 계시는 불확실하다. 인간의 마음은 거짓되기 때문에 스스로의 환상과 상상을 성령의 계시로 착각할 가능성이 매우 높다. 사탄은 매우 교활하기 때문에 때로 광명의 천사로 위장한다. 따라서 사사로운 계시는 당사자에게 매우 불확실하고, 다른 사람들에게는 더더욱 불확실하다. 그 누구도 사사로운 계시의 권위를 주장할 수 없다. 더욱이 성경에 어긋나는 견해나 행동을 주장한다면 그것은 미혹의 영에 이끌렸다는 확실한 증거다.

인간의 전통도 하나님의 말씀에 덧붙여서는 안 된다. 전통은 유대인들과 기독교인들 사이에서 믿음의 부패를 자극하는 비옥한 토양이다. 유대인들은 모세가 기록한 율법 외에도 하나님으로부터 다양한 계시가 주어졌고, 그 계시가 말로써 아론에게 전달되었으며, 아론을 통해 대대로 구전되었다고 생각했다. 그런 전통은 특히 예언의 영이신 성령이 계시를 중단하신 이후에 크게 확대되었다.

세상에 오신 그리스도께서는 유대인들이 전통을 지키는 것을 믿음의 행위로 받아들일 만큼 크게 타락했다는 사실을 발견하셨다. 그분은 그들에게 "너희의 전통으로 하나님의 말씀을 폐하는도다……사람의 계명으로 교훈을 삼아 가르치니 나를 헛되이 경배하는도다"(마 15:6, 9)라고 말씀하셨다.

로마 가톨릭교회의 예배와 교리도 그와 똑같은 식으로 부패되었다. 그들도 유대인들처럼 그리스도와 사도들이 성경에서 발견되지 않은 다른 많은 진리를 전했고, 그것이 전통으로 자신들에게 주어졌다고 주장한다. 그러나 그들이 전통을 통해 주어졌다고 주장하는 믿음의 조항이나 예배 제도가 예수님이나 사도들의 가르침을 통해 주어진 것이라고 확신할 수 있는 근거가 대체 어디 있는가? 설혹 그들이 그런 근거를 제시할 수 있다 해도, 그 전통이 아무런 오염이나 변화를 거치지 않고 우리에게 전달되었다고 어떻게 확신할 수 있는가?

사실 '사도적 전통'이라고 불리는 것들 가운데는 사도 시대 이후에 시작된 것이 대부분을 차지한다. 기록되지 않은 전통을 성경에 덧붙인다면 인간의 상상에서 비롯하는 변질과 부패를 부추겨 하나님의 율법을 공허하게 만드는 사태가 빚어질 것이 불을 보듯 뻔하다. 주님이 유대인의 전통을 엄히 단죄하셨듯이 우리도 로마 가톨릭교회가 주장하는 전통을 거부해야 마땅하다.

2. 성경은 구원에 필요한 모든 것을 명확하고 분명하게 진술한다. 성경에 계시된 교리 가운데는 삼위일체, 성자의 영원한 발생, 성육신과 같은 인간의 이해력을 뛰어넘은 교리들이 존재한다. 그런 교리들은 우리가 이해할 수 없는 신비이지만, 성경은 그런 교리를 명확하게 가르친다. 따라서 우리는 성경의 증언에 따라 그런 교리들을 받아들여야 한다. 아울러 성경에는 불확실한 내용이나 이해하기 어려운 내용이 존재한다. 그러나 그런 불확실한 내용은 우리의 구원과 크게 관계없는 역사나 예언에 주로 국한된다.

생명을 유지하는 데 필요한 것은 무엇이든 자연 속에 다 존재하고, 또 그 안에서 쉽게 발견된다. 그러나 보석이나 황금같이 덜 필요한 것들은 특정한 장소에 깊이 숨겨져 있어 큰 노력을 기울여 성실하게 추구해야만 발견하고 얻을 수 있다. 마찬가지로 성경에도 그것을 알지 못해도 영혼의 구원에 아무런 영향을 미치지 않는 진리(심지어는 뛰어난 지성과 학식을 소유한 사람들조차 이해하기 어렵고 난해한 진리)가 있다. 그러나 구원을 위해 꼭 알고, 믿고, 지켜야 할 모든 진리는 성경 곳곳에 명확하게 제시되어 있다. 진지한 태도로 일상적인 수단을 적절하게 사용하는 사람은 그런 진리를 충분히 이해할 수 있다.

성경의 저자가 하나님이시라는 사실 자체가 이 점을 분명히 한다. 하나님이 사람들에게 성경을 믿음과 실천의 규칙으로 허락하셨다면 그들이 이해할 수 있도록 배려하셨을 것이 분명하다. 성경은 여러 곳에서 말씀을 읽고 배우라고 명령한다. 이런 명령은 성경이 분명하고 이해할 수 있는 내용으로 이루어져 있다는 것을 암시한다.

또한 성경은 말씀을 상고하고, 기록된 말씀으로 스스로에게 전달된 교리를 시험하라고 명령한다(행 17:11). 평범한 신자들이 성경을 이해할 수 없고, 교회가 그 의미를 해석해 전달하는 것이 필요하다면 그들은 확실한 믿음의 근거를 갖지 못할 것이다. 그럴 경우에는 신자들의 믿음이 인간의 증언에 의존할 것이 분명하다. 인간의 증언은 오류가 있기 때문에 확실한 믿음의 근거가 될 수 없다.

아울러 우리는 성경의 주관적인 명료성, 곧 성령의 내적 조명이 구원을 위해 성경에 계시된 진리를 이해하는 데 필요하다는 사실을 인정한다. 그 이유는 인간의 이해력이 타락과 부패로 인해 어두워지고 왜곡되었기 때문이다(고전 2:14). 성령의 조명이 불필요하다면 학식이 뛰어난 사람들이 성경을 가장 잘 알 것이다. 그러나 그렇지 않다(마 11:25). 하나님은 성령의 특별한 조명을 통해 자신에 관한 일을 이해할 수 있게 하겠다고 약속하셨고, 성도들은 그 약속을 믿고 기도할 수 있다(요 14:26, 시 118:18).

8항 히브리어(하나님의 옛 백성이 사용했던 언어)로 기록된 구약성경과 헬라어(신약성경이 기록될 당시 가장 널리 사용되었던 언어)로 기록된 신약성경은 하나님에 의해 직접 영감되었고, 그분의 놀라운 섭리와 보호를 통해 대대로 순수하게 보존되었기 때문에 온전히 믿을 만하다(마 5:18). 따라서 모든 신

앙의 논쟁과 관련해 교회는 궁극적으로 성경을 의지해야 한다(사 8:20, 행 15:15, 요 5:39, 46). 하나님의 백성은 성경에 관심을 기울이고, 또 성경을 의지할 수 있는 권리를 지니며, 하나님을 경외하는 마음으로 성경을 읽고 배우라는 명령을 받는다(요 5:39). 그러나 그들 모두가 성경의 원어를 다 알고 있는 것은 아니기 때문에 성경은 모든 민족의 언어로 번역되어(고전 14:6, 9, 11-12, 24, 27-28) 하나님의 말씀이 모든 사람에게 풍성히 거함으로써 합당한 방법으로 그분을 예배하고(골 3:16), 성경의 인내와 위로를 통해 소망을 가질 수 있게 해야 한다(롬 15:4).

9항 성경 해석의 무오한 법칙은 성경 자체다. 따라서 어떤 성경 구절의 참되고 온전한 의미(곧 여러 가지 의미가 아닌 하나뿐인 의미)에 관해 질문이 제기될 때는 그보다 더 분명하게 말씀하고 있는 다른 성경 구절을 연구해 그 대답을 구해야 한다(벧후 1:20-21, 행 15:15-16).

10항 모든 신앙의 논쟁을 종결짓고, 교회 회의에서 결정된 신조와 고대 저자들의 견해와 인간의 교리와 거짓 영들을 시험하는 최상의 재판관, 곧 우리가 따라야 할 최종적인 판결을 내리는 분은 오직 성경을 통해 말씀하시는 성령뿐이시다(마 22:29, 31, 엡 2:20, 행 28:25).

― 해 설 ―

이 조항들은 네 가지 명제를 제시한다. 첫째, 원어로 기록된 성경은 완전한 상태로 우리에게 전달되었기 때문에 온전히 믿을 만하다. 둘째, 성경은 모든 민족의 언어로 번역되어야 한다. 셋째, 성경 해석의 무오한 법칙은 성경 자체다. 넷째, 성경은 신앙적 진리의 최상의 기준이며, 모든 신앙의 논쟁을 종결짓는 최상의 재판관은 성경을 통해 우리에게 말씀하시는 성령이시다.

명제 1. 원어로 기록된 성경은 완전한 상태로 우리에게 전달되었기 때문에 온전히 믿을 만하다.

구약성경은 갈대아어로 기록된 몇 구절을 제외하고는 모두 히브리어, 곧 하나님의 계시를 위탁 받은 유대인의 언어로 기록되었다. 갈대아어로 기록된 성경 구절은 예레미야 10장 11절, 다니엘 4장 2절-7장, 에스라 4-6장뿐이다.

신약성경은 본래 헬라어로 기록되었다. 헬라어는 신약성경이 기록될 당시 가장 보편적으로 사용된 언어였다. 마태복음의 본래 언어는 논쟁의 대상이다. 과거에는 모두가 마태복음이 히브리어로 쓰였다는 데 동의했다. 현대의 비평가들 가운데도 이 견해를 지지하는 사람들이 많다. 그러나 그들과 학식이 비슷한 어떤 사람들은 마태복음의 원어가 헬라어였다고 주장한다. 이 주제를 다룬 최근의 저술가들 가운데 몇몇은 마태가 유대인들과 이방인들을 위해 히브리어와 헬라어로 각각 기록한 두 개의 원본이 존재했다는 견해를 받아들인다.

성경 저자들의 자필 원고는 오래전에 사라졌지만 하나님의 놀라운 섭리와 보호를 통해 대대로 순수하게 보존되어 왔고, 그 결과 현재 우리가 가지고 있는 성경과 원본이 정확하게 일치한다는 것을 보여 주는 증거가 많다.

구약성경의 순수성은 오늘날의 히브리어 성경이 초기 번역본들, 특히 『70인경』과 일치한다는 사실을 통해 확인된다. 또한 하나님이 유대인 통치자들과 교사들이 그릇된 교리를 전했다고 책망하신 적은 있어도 성경을 오염시켰다고 나무라신 적은 한 번도 없었다는 사실도 또 하나의 증거가 될 수 있다. 바울도 유대인들이 '하나님의 말씀을 맡았다'는 것을 그들의 특권 가운데 하나로 언급했을 뿐 그들이 위탁 받은 일을 성실하게 수행하지 못했다고 질타

하지는 않았다. 유대인들과 기독교인들 사이에는 처음부터 큰 반목이 존재했기 때문에 그들 가운데 어느 쪽이든 성경을 훼손했다면 즉각 그 사실을 지적하고 나섰을 테니 이 또한 구약성경이 온전히 보존되었다는 증거가 될 수 있다.

한편 신약성경이 오염되었을 가능성도 전혀 없다. 누구든 신약성경을 훼손하려고 시도하는 사람이 있었다면 결코 성공을 거두지 못했을 것이 분명하다. 왜냐하면 사본들이 신속하게 퍼져 나갔고, 복음이 전파되는 곳마다 그곳의 언어로 곧바로 번역되었기 때문이다. 교부들은 자신들의 저서에 수많은 신약성경의 구절들을 인용했다. 다양한 종파들이 일어나 서로를 대적했지만 모두 동일한 성경을 소유했고, 그것을 서로를 견제하는 방편으로 삼았기 때문에 훼손이나 삽입과 같은 일이 발생할 가능성은 거의 없었다. 세대가 거듭될수록 그럴 가능성은 더욱 줄어들었다.

물론 고대의 많은 사본을 비교해 보면 구절이 서로 다른 경우가 많이 발견된다. 그러나 그것들은 단지 필사자들이 이따금 저지른 부주의와 실수로 인해 발생한 것일 뿐 그런 차이가 신자의 믿음과 위로를 해치는 경우는 일체 없다.

명제 2. 성경은 모든 민족의 언어로 번역되어야 한다.

성경은 처음에 기록될 당시 일반 대중이 가장 잘 이해할 수 있는 언어로 기록되었다. 따라서 하나님은 성경이 각 나라의 자국어로 번역되어 모든 사람이 읽고 이해할 수 있도록 섭리하셨다. 로마 가톨릭교회는 성경을 일반 언어로 번역하는 것을 금지하고, 성경을 무분별하게 읽는 것이 위험하다고 주장하지만 우리는 그런 입장을 거부한다. 성경을 자유롭게 사용하는 것을 금지하는 로마 가톨릭교회와 달리 각계각층의 모든 사람이 성경을 읽고 사용하는 것이 하나님의 분명한 뜻이다.

예수님은 사람들이 성경을 읽는 것을 기정사실로 받아들이셨다(요 5:39).

일반 신자들은 성경을 배워야 할 뿐 아니라 그것으로 교사들의 교리를 시험해야 한다(행 17:11). 그러려면 성경이 모든 민족의 언어로 번역되어야 한다. 사도들은 번역 성경을 사용하는 것을 인정했다. 왜냐하면 그들도 구약성경을 인용할 때 종종 『70인경』을 사용했기 때문이다.

명제 3. 성경 해석의 무오한 법칙은 성경 자체다.

성경은 한 곳에서 간결하고 불확실하게 다루어진 내용이 다른 곳에서 좀 더 온전하고 분명하게 설명된다. 따라서 성경 본문의 참된 의미를 이해하려면 서로 관련 있는 성경 구절들을 비교해야 한다. 특정한 본문만을 토대로 의미를 결정해서는 안 된다. '믿음의 원리나 거룩한 진리의 전체적인 대의'에 부합하는 의미를 찾아내야 한다. 신앙고백의 작성자들은 성경 본문의 의미가 여러 가지가 아니고 하나뿐이라고 말했다.

물론 성경에는 복합적 의미를 지니는 성경 구절들이 많다. 예를 들어, 어떤 예언은 처음에는 유대 민족에게, 그다음에는 교회와 천국에 적용되는 등 중복적 성취를 거치고, 어떤 구절은 다른 구절을 대표하는 의미를 지닌다. 그러나 그 모든 것은 성령이 의도하신 전체적인 한 가지 의미를 완성할 뿐이다. 성경은 명확하고, 진리는 서로 일치하기 때문에 서로 다른 두 가지 의미를 갖거나 하나의 의미가 또 다른 의미에 종속되는 경우는 절대 없다.

명제 4. 성경은 신앙적 진리의 최상의 기준이며, 모든 신앙의 논쟁을 종결짓는 최상의 재판관은 성경을 통해 우리에게 말씀하시는 성령이시다.

성경이 신앙적 진리의 최상의 기준이라는 조항은 이성으로 계시된 교리를 판단해야 하고, 이성으로 이해할 수 없는 것은 진리가 아니라고 주장했던 소시니우스주의를 논박한다. 신앙 문제와 관련해 이성을 활용하는 것은 아무 문제가 없다. 그러나 "계시의 내용을 논의하고, 스스로의 잣대로 그것을 시험해 승인과 거부, 동의와 반대를 결정하는 것은 이성의 직무가 아니다. 왜냐하면 우리가 이성으로 '이것은 계시다'라고 판단하는 순간, 그것은 이미 계시라고 할 수 없기 때문이다. 그런 태도는 독립된 증거를 통해 입증되지 않으면 비록 하나님의 말씀으로 알려진 것이라고 해도 신뢰할 수 없다고 말하는 것이나 같다.

이성의 올바른 직무는 성경이 하나님의 말씀이라는 사실을 보여 주는 증거를 살피고, 다른 책들의 의미를 결정할 때 적용하는 규칙을 활용해 그 의미를 헤아리는 것이다. 그런 식으로 사전 작업이 끝나면, 즉 모든 의구심과 반대 의견이 해결되면 계시를 대하는 온당한 태도는 오직 믿음뿐이다. 다시 말해, 우리의 이성을 하나님의 권위에 복종시키고, 그 무한한 지혜의 인도를 따르는 것이다. 성경이 하나님의 말씀이라는 모든 증거를 찾아내는 것이 이성의 온당한 역할이다."[9]

모든 신앙의 논쟁을 종결짓는 최상의 재판관은 성경을 통해 말씀하시는 성령뿐이시라는 조항은 교회가 신앙의 논쟁을 판단하는 무오한 재판관이라고 주장하는 교황주의를 논박한다. 무오한 권위가 교황이나 교회 회의, 또는 그 둘 다에 있는지에 관해서는 교황주의자들 사이에서도 논란이 많다.

그러나 성경은 그런 무오한 재판관이 세상에 존재한다고 말하지 않는다. 교황도, 교회 회의도 신앙의 논쟁을 판단하는 최상의 재판관이 될 자격이나 자질을 갖추고 있지 않다. 왜냐하면 그들은 오류가 있을 뿐 아니라 종종 서로를 질시하며 모순된 주장을 제기하기 때문이다. 교회와 성직자들은 성경을 수호해야 할 책임이 있고, 하나님의 말씀 안에 포함된 교리와 율법을 설명하고 강화해야 할 의무가 있지만 그들의 권위는 사역을 위한 권위에 지나지 않는다. 성경을 통해 말씀하시는 성령의 의도와 일치하지 않으면 그들의 해석과 결정은 인간의 양심에 대해 아무런 구속력도 가질 수 없다.

교회 회의의 결정, 고대 저술가들의 견해, 인간의 교리들은 모두 이 규칙

---

9) Dick, *Lectures on Theology*, vol. 2, p. 5.

에 의해 시험되어야 하며, 모든 신앙의 논쟁도 이 규칙을 통해 결정되어야 한다(사 8:20, 마 22:29).

CHAPTER.2

OF GOD AND OF THE HOLY TRINITY

하나님과 삼위일체

아버지와 아들과 성령의 이름으로 세례를 베풀고 (마 18:19).
주 예수 그리스도의 은혜와 하나님의 사랑과 성령의 교통하심이 너희 무리와 함께 있을지어다 (고후 13:13).

1항 살아 계시는 참된 하나님(살전 1:9, 렘 10:10)은 오직(신 6:4, 고전 8:4, 6) 한 분뿐이시다. 그분은 존재와 완전함이 무한하시며(욥 11:7-9, 26:14), 눈에 보이지 않는(딤전 1:17) 지극히 순수하신 영(요 4:24), 곧 육체나 지체나(신 4:15-16, 요 4:24, 눅 24:39) 인간의 성정이 없는 영이시며(행 14:11, 15), 불변하시고(약 1:17, 말 3:6), 광대하시며(왕상 8:27, 렘 23:23-24), 영원하시고(시 90:2, 딤전 1:17), 측량하지 못할 분이시며(시 145:3), 전능하시고(창 17:1, 계 4:8), 지극히 지혜로우시며(롬 16:27), 지극히 거룩하시고(사 6:3, 계 4:8), 지극히 자유로우시며(시 115:3), 절대적이시다(출 3:14). 그분은 지극히 의롭고 변하지 않는 뜻에 따라(엡 1:11) 자기의 영광을 위해(잠 16:4, 롬 11:36) 만사를 섭리하시며, 사랑이 풍성하시고(요일 4:8, 16), 은혜로우시며, 자비로우시고, 오래 참으시며, 인자와 진실이 많으시고, 불의와 허물과 죄를 용서하시며(출 34:6-7), 자기를 부지런히 찾는 자들에게 상을 주신다(히 11:6). 그와 동시에 가장 공의롭고 두려운 심판을 베푸시고(느 9:32-33), 모든 죄를 미워하시며(시 5:5-6), 죄 있는 자를 결단코 용서하지 않으신다(나 1:2-3, 출 34:7).

2항 하나님은 스스로 모든 생명과(요 5:26) 영광과(행 7:2) 선함과(시 119:68) 행복을(딤전 6:15, 롬 4:5) 지니시기 때문에 홀로 자기 안에서 온전히 자족하신다. 그분은 자신이 지은 피조물을 필요로 하지 않으시고(행 17:24-25), 그들에게서 영광을 구하지도 않으시며(욥 22:2-3), 오직 그들 안에서, 그들을 통해, 그들에게 영광을 나타내실 뿐이다. 오직 하나님만이 만물의 근원이시다. 만물이 그분에게서 나오고, 그분으로 말미암고, 그분에게 돌아간다(롬 11:36). 그분은 절대 주권으로 만물을 다스리시며, 그들에 의해, 그들을 위해, 그들 위에 스스로 기뻐하시는 일을 무엇이든 행하신다(계 4:11, 딤전 6:15, 단 4:25, 35). 그분의 눈앞에 만물이 벌거벗은 것처럼 드러난다(히 4:13). 그분의 지식은 무한하고, 무오하며, 피조물에게 의존하지 않는다(롬 11:33-

34, 시 147:5). 따라서 그분께는 우연이나 불확실한 것이 아무것도 없다(행 15:18, 겔 11:5). 그분의 계획과 사역과 명령은 지극히 거룩하다(시 145:17, 롬 7:12). 천사들과 인간들을 비롯해 모든 피조물은 경배와 섬김과 복종을 마땅히 그분께 드려야 한다. 하나님은 그런 것들을 그들에게 요구하기를 기뻐하신다(계 5:12-14).

~ 해설 ~

이 조항들은 네 가지를 가르친다. 첫째, 하나님은 오직 한 분뿐이시다. 둘째, 그분은 살아 계시는 참된 하나님이시다. 셋째, 그분은 지극히 순수한 영이시다. 넷째, 그분은 모든 완전한 속성을 소유하신다.

명제 1. 하나님이 오직 한 분뿐이시다.

이 말은 오직 하나의 인격만이 존재하신다는 뜻이 아니다. 바로 이어지는 3항에서 '하나님의 단일한 신성 안에 삼위 하나님이 존재하신다'라고 진술하고 있기 때문이다. 이 말은 본질상 신성한 존재가 오직 하나뿐이라는 뜻을 지닌다. 이 조항은 이방인들의 다신론과 삼신론자들(서로 다른 세 분의 하나님이 존재한다거나 하나의 신성이 세 개의 독특한 형태로 나뉜다고 주장하는 사람들)을 논박하는 목적을 지닌다.

신성의 일치는 자연의 빛을 통해서도 발견할 수 있다. 왜냐하면 '신'이라는 개념을 떠올린 이성적 추론 과정이 '하나의 신 이상이 존재할 수 없다'는 결론을 도출하는 데도 똑같이 적용되기 때문이다. 만물의 제1원인, 곧 스스로 존재하며, 독립적이고, 무한할 뿐 아니라 전능하기까지 한 최상의 존재는 오직 하나만 있을 수 있다. 그렇지 않다고 생각하는 것은 모순이다.

아무 생각 없이 조잡하게 많은 신과 많은 주를 숭배하는 이방인도 많지만,

현명한 철학자들은 최상의 신은 오직 하나뿐이라고 믿었다. 또한 이방 시인들도 '신들과 사람들의 아버지'라는 표현으로 하나의 주권자를 노래했다. 그러나 이방 세계는 대체로 다신론을 숭상했고, 철학자들은 신성의 본질에 관해 무익한 사변을 일삼았다. 그들은 일반인들에게 하나의 신을 가르쳐 오류를 깨우쳐 주기보다 각자 자기 나라의 관습을 따르는 길을 선택했다.

그러나 하나님의 거룩한 계시는 유일신 교리를 확고하게 제시한다. 하나님은 "이제는 나 곧 내가 그인 줄 알라 나 외에는 신이 없도다"(신 32:39), "나의 전에 지음을 받은 신이 없었느니라 나의 후에도 없으리라"(사 43:10)고 말씀하셨다. 구약성경의 저자들은 하나님에 대해 "여호와는 하나님이시요 그 외에는 다른 신이 없음을 네게 알게 하려 하심이니라"(신 4:35), "이스라엘아 들으라 우리 하나님 여호와는 오직 유일한 여호와이시니"(신 6:4)라고 증언했다.

예수님도 자신을 의심하는 서기관들 앞에서 이 위대한 진리를 언급하셨다. 그분은 "첫째는 이것이니 이스라엘아 들으라 주 곧 우리 하나님은 유일한 주시라"(막 12:29)고 말씀하셨다. 아울러 그분은 서기관이 "선생님이여 옳소이다 하나님은 한 분이시요 그 외에 다른 이가 없다 하신 말씀이 참이니이다"(막 12:32)라고 대답하는 말을 들으시고 그의 대답을 기꺼이 인정하셨다. 바울도 종종 이와 동일한 진리를 가르쳤다. "우리가 우상은 세상에 아무것도 아니며 또한 하나님은 한 분밖에 없는 줄 아노라"(고전 8:4). "하나님은 한 분이시요 또 하나님과 사람 사이에 중보자도 한 분이시니"(딤전 2:5).

명제 2. 그분은 살아계시는 참된 하나님이시다.

이 조항은 살아 계시는 참된 하나님은 오직 한 분뿐이시라고 진술한다. 성경에 보면 '신'이라는 명칭이 특별한 점에서 하나님을 닮은 다양한 존재들에게 똑같이 부여된 것을 알 수 있다. 예를 들어, 천사들은 그 본질이 매우 탁월한 관계로 '신들'로 일컬어졌다(시 97:7). 재판장들도 그렇게 불렸다. 그들이 하나님의 이름으로 직임을 수행하고, 우리는 그들에게 복종해야 할 의무가 있기 때문이다(출 22:28). 바로에게 모세는 신이었고, 아론은 그의 선지자였다. 아론이 모세에게 하나님의 말씀을 받아 바로에게 전했기 때문이다(출 7:1). 물론 성경의 다른 선지자들은 하나님으로부터 직접 말씀을 받아 백성에게 전했다. 우상들도 '신들'로 일컬어졌다. 우상 숭배자들이 신으로 부르며 경배했기 때문이다. 사탄은 이 세상의 신이다. 세상의 불신자들을 다스리고 있고, 그들이 그의 종이 되어 그의 일을 행하고 있기 때문이다(고후 4:4). "비록 하늘에나 땅에나 신이라 불리는 자가 있어 많은 신과 많은 주가 있으나 그러나 우리에게는 한 하나님 곧 아버지가"(고전 8:5-6) 계신다. 살아 계시는 참된 하나님은 오직 한 분뿐이시다. 하나님은 생명이 없는 우상과 엄연히 구별되신다. 시편 저자는 살아 계시는 하나님과 생명이 없는 우상의 차이를 확실하고 분명하게 묘사했다(시 115:3-7).

하나님은 상상이나 가공의 신이 아니라 참된 하나님이시다. 이방인들은 생명이 없는 우상을 섬기는 데 그치지 않고 살아 있는 피조물들을 섬겼다(신 32:17). 그것들은 현실이 아니고 그들의 헛된 상상이 빚어낸 우상들이었다. 그것들은 신들로 불리지만 본질상 신이 아니었다(갈 4:8). 참된 하나님과 우상들 사이에는 무한한 괴리가 존재한다.

명제 3. 하나님은 지극히 순수하신 영이시다.

그분은 육체와 형태가 없으시며, 눈에 보이지 않는 영원한 존재이시다. 그분은 육체나 지체, 또는 인간의 성정을 지니고 계시지 않다. 하나님을 본 사람은 아무도 없다(요 1:18). 그분은 "가까이 가지 못할 빛에 거하시고 어떤 사람도 보지 못하였고 또 볼 수 없는 이"(딤전 6:16)시다. 그분은 보이지 않으시고, 썩지 않으시며, 영원하시다(딤전 1:17).

『웨스트민스터 신앙고백』은 성경을 근거로 하나님을 순수하신 영이시라고 진술함으로써 하나님에 관한 모든 말씀을 문자 그대로 받아들여 그분이 인간의 육체와 형태를 지니셨다고 주장했던 고대의 이단을 논박했다. 이 이단은 '신인동형동성론자'(Anthropomorphites)라고 불렸다. 이 명칭은 '인간'과 '모양'(형태)을 뜻하는 두 개의 헬라어 단어로 이루어진 합성어다.

물론 성경은 육체를 비롯해 눈, 귀, 손, 얼굴과 같은 지체를 사용해 하나님을 묘사한다. 그러나 인간의 이해 능력을 고려한 표현일 뿐이다. 순수하신 영을 표현하려면 그 방법밖에 없다. 만일 하나님의 본질과 완전함을 그분의 모습 그대로 전한다면 우리는 크게 당황할 것이다. 따라서 하나님은 인간의 속성과 행위를 자신의 영적 완전함과 행위를 상징하는 의미로 사용하셨다.

우리는 보거나 듣는 방법을 통해 사람과 사물을 인지한다. 이런 이유로 성경은 하나님이 피조물을 온전히 알고 계신다는 사실을 전하기 위해 마치 그분이 눈과 귀를 가지신 것처럼 묘사했다. 우리는 주로 손을 통해 육체의 힘을 발휘한다. 따라서 성경은 하나님의 불가항력적인 능력을 언급할 때 그분이 손을 가지고 계신 것처럼 묘사했다. 마찬가지로 우리가 사랑하는 사람들을 볼 때 만족과 행복을 느끼듯이 하나님의 얼굴은 그분의 은혜를 암시한다. 하나님께 적용된 인간의 여러 가지 감정 상태(분노, 진노, 질투, 복수심, 동정심 등)도 그런 식으로 설명할 수 있다.

감정은 행동을 일으킨다. 따라서 하나님의 섭리를 인간의 방식대로 표현할 때는 그분이 마치 감정을 느끼시는 것처럼 묘사할 수 있다. 하나님이 죄 때문에 사람들을 벌하실 때는 "노를 발하신다"고 말하고, 하나님이 형벌의 강도를 높여 혹독하게 징계하실 때는 "불같은 진노로 보복하신다"고 한다. 또한 하나님이 우상 숭배나 자신을 욕되게 하는 행위를 벌하실 때는 "투기하신다"고 하고, 섭리의 방향을 바꾸실 때는 "후회하신다"고 하며, 심판의 손을 멈추시고 부드러운 섭리를 베푸실 때는 "동정심을 발휘하신다"고 한다. 인간들이 다양한 감정으로 다양한 행위를 하듯 하나님의 다양한 섭리도 그런 식으로 묘사할 수 있다.[1]

---

1) Burnet, *The Thirty-Nine Articles*, Art. 1.

명제 4. 하나님은 모든 완전한 속성을 소유하신다.

하나님의 완전하심은 '속성'으로 불린다. 왜냐하면 하나님의 완전하심은 그분의 본성에 속한 근본적 성질에 해당하기 때문이다. 인간의 생각으로 하나님의 속성을 완전하게 구별할 수는 없지만, 그분의 속성이 매우 다양하다는 것은 분명하다. 하나님의 속성은 크게 '자연적 속성'과 '도덕적 속성', 즉 '공유적 속성'과 '비공유적 속성'으로 나뉜다. 공유적 속성과 비공유적 속성이라는 명칭이 흔히 사용된다. 비공유적 속성이란 피조물에게서는 전혀 찾아볼 수 없는 속성을 가리키고, 공유적 속성이란 피조물에게서 매우 불완전하지만 그래도 희미하게나마 유사점을 찾아볼 수 있는 속성을 가리킨다.

여기에서는 하나님의 완전하신 속성을 이 두 가지 범주로 나누어 생각하기보다 앞의 두 조항에 나열된 속성들 가운데 몇 가지를 차례로 살펴보는 것이 좋을 듯하다.

1) 하나님은 무한하시다. '무한하다'라는 단어의 의미를 말 그대로 옮기면 한계가 없다는 뜻이다. 이 말을 하나님의 다른 속성을 묘사하는 용도로 사용하면 절대적인 완전함을 의미한다. 예를 들어, '하나님은 지혜와 능력과 거룩함이 무한하시다'라고 말할 수 있다. 이런 완전한 속성들은 나중에 자세히 살펴보기로 하고, 여기에서는 '하나님의 존재와 완전함이 무한하시다'라는 표현에만 집중하기로 하자. 이 표현에는 하나님이 측량할 수 없으신 존재, 곧 하나님 자신 외에는 그 누구도 이해할 수 없는 탁월함을 지니신 존재라는 의미가 담겨 있다. 하나님 외에는 그 누구도 그분을 온전히 알 수 없다. "네가 하나님의 오묘함을 어찌 능히 측량하며 전능자를 어찌 능히 완전히 알겠느냐"(욥 11:7).

하나님의 존재에 적용된 무한한 속성은 그분의 광대하심과 편재하심을 아우른다. 물론 이 두 속성은 서로 구별된다. 먼저 편재하심은 실제로 존재하는 피조물들과 관련된다. 하나님은 모든 피조물 가운데 임재해 계신다. 그러나 광대하심은 창조된 모든 존재의 한계를 무한히 뛰어넘는다. 하나님은 하늘과 땅과 지옥, 곧 모든 곳에 단번에 충만하게 임하신다. "여호와의 말씀이니라 나는 가까운 데에 있는 하나님이요 먼 데에 있는 하나님은 아니냐 여호와의 말씀이니라 사람이 내게 보이지 아니하려고 누가 자신을 은밀한 곳에 숨길 수 있겠느냐 여호와가 말하노라 나는 천지에 충만하지 아니하냐"(렘 23:23-24).

2) 하나님은 자존하시며 독립적이시다. 그분은 스스로 모든 생명과 영광과 행복을 지니고 계신다. 그분의 존재는 필연적이며, 파생되지 않았다. 그분의 이름은 "스스로 있는 자"(출 3:14)다. 그분의 영광과 행복도 파생되지 않기는 마찬가지다. 그분의 영광은 절대적인 완전함에서 비롯하는 필연적인 결과이고, 그분의 행복 역시 무한히 탁월하신 존재를 소유하고 즐기는 데서 자연스레 비롯한다. 하나님은 스스로 만족하시기 때문에 다른 존재들로부터 완전히 독립된 상태로 존재하신다. 그분은 자신이 지은 피조물을 필요로 하지 않으시고, 그들에게서 영광을 구하지도 않으신다. 다른 모든 존재는 그분으로부터 모든 것을 받지만, 그분은 그들로부터 아무것도 받지 않으신다. 만물이 창조되어 존재하는 것은 모두 그분의 기쁨을 위해서다. 그러나 하나님께 유익을 끼치는 피조물은 존재하지 않는다. 하나님은 스스로 만족하신다. 피조물이 자신들의 길을 온전하게 한다 해도 그분께 이득이 되는 것은 없다(계 4:11, 욥 22:2-3).

3) 하나님은 만물의 근원이시다. 하나님은 스스로 생명을 지니고 계시기 때문에 살아 있는 모든 피조물에게 생명을 주신다. "우리가 그를 힘입어 살며 기동하며 존재하느니라"(행 17:28). 인간과 동물과 식물의 생명, 현세에서 주어지는 은혜의 생명과 내세에서 주어지는 영광의 생명은 모두 그분께 속하고, 그분에게서 비롯한다. 생명의 근원은 하나님께 있다. "만물

이 주에게서 나오고 주로 말미암고 주에게로 돌아감이라"(롬 11:36). 따라서 하나님은 절대 주권으로 만물을 다스리시며 그들에 의해, 그들을 위해, 그들 위에 스스로 기뻐하시는 일을 무엇이든 행하신다. 만물의 제1원인이신 하나님은 또한 만물의 마지막 목적이셔야 한다.

하나님은 모든 피조물을 지으셨기에 절대 주권으로 그들을 다스리시며, 자신의 영광을 위해 그들을 사용할 권한이 있으시다. 따라서 성경은 "그의 왕권으로 만유를 다스리시도다"(시 103:19), "하늘의 군대에게든지 땅의 사람에게든지 그는 자기 뜻대로 행하시나니 그의 손을 금하든지 혹시 이르기를 네가 무엇을 하느냐고 할 자가 아무도 없도다"(단 4:35)라고 말한다. 하나님은 피조물에게 절대 주권을 행사하실 뿐 아니라 그들의 섬김과 복종을 요구할 수 있는 절대 권한을 지니신다. 피조물들은 그들의 것이 아니라 하나님의 것이다. 따라서 그분을 섬겨야 한다. 이것이 『웨스트민스터 신앙고백』이 '천사들과 인간들을 비롯해 모든 피조물은 경배와 섬김과 복종을 마땅히 그분께 드려야 한다. 하나님은 그런 것들을 그들에게 요구하기를 기뻐하신다'라고 진술하는 이유다.

4) 하나님은 영원하시다. '영원'이라는 용어는 성경은 물론 일상 언어 속에서 끝을 알 수 없는 오랜 시간을 가리키는 의미로 사용된다. 때로는 시작은 있더라도 끝이 없는 기간을 의미하기도 한다. 천사와 인간의 영혼은 영원하다. 왜냐하면 시작은 있어도 끝이 없기 때문이다. 그러나 영원은 엄밀히 말하면 시작도 없고 끝도 없는 기간을 가리킨다. 그런 점에서 이 용어는 위대하신 하나님께 특별히 적용된다. 하나님이 존재하기 시작하신 시기가 있다고 생각하는 것은 이성으로나 계시로나 도무지 용납될 수 없다. 만물을 창조하신 하나님은 그것들이 존재하기 시작하기 이전부터 존재하셨을 것이 틀림없다. 하나님은 파생된 존재가 아니시기 때문에 항상 존재하실 수밖에 없다.

성경은 하나님이 시작이 없으시다고 분명하게 말한다. "산이 생기기 전, 땅과 세계도 주께서 조성하시기 전 곧 영원부터 영원까지 주는 하나님이시니이다"(시 90:2). 또한 성경은 "여호와께서 영원히 앉으심이여"(시 9:7)라는 말씀대로 하나님이 끝이 없으시다고 가르치고, "주께는 하루가 천 년 같고 천 년이 하루 같다는 이 한 가지를 잊지 말라"(벧후 3:8)라는 말씀대로 하나님이 시간에 구애 받지 않으신다고 가르친다.

하나님은 시작도 없고, 끝도 없으며, 시간에 구애 받지도 않으신다는 진리를 모두 언급하고 있는 성경 구절은 시편 102편 25-27절이다. 하나님의 영광스런 이름 가운데 하나는 '영원히 거하시는 지극히 높고 거룩하신 하나님'이다(사 57:15). 그분은 '영존하시는 하나님, 영원하신 아버지, 처음이자 마지막'이시다.

5) 하나님은 불변하신다. "그는 변함도 없으시고 회전하는 그림자도 없으시니라"(약 1:17). 이성과 계시는 이 중요한 진리를 한목소리로 증언한다. 하나님의 불변성은 그분의 절대적인 완전함에서 필연적으로 비롯한다. 변화가 있다면 더 좋아지거나 나빠지거나 둘 중에 하나다. 하나님은 더 좋게 변하실 수 없다. 만일 그러실 수 있다면 그전에는 불완전하셨다는 의미가 되기 때문이다. 하나님은 더 나쁘게 변하실 수도 없다. 만일 그러실 수 있다면 더 이상 완전하실 수 없기 때문이다. 그러므로 하나님은 항상 동일하셔야 한다. 성경은 곳곳에서 하나님의 절대적인 불변성을 증언한다(민 23:19, 33:11, 말 3:6).

하나님의 존재는 변하지 않는다. 그분은 모세에게 '스스로 있는 자'라고 자신의 이름을 밝히셨다. 이 이름은 자존과 독립은 물론 불변의 의미를 담고 있다. 하나님의 영광도 변하지 않는다. 영광의 나타남은 다양할지 몰라도 하나님 자신은 과거나 지금이나 영원토록 항상 영광스러우시다. 그분의 본질적 영광은 더 증가할 수도 없고, 더 줄어들 수도 없다.

하나님이 느끼시는 행복도 변하지 않기는 마찬가지다. 그분은 항상 스스로 즐거워하신다. 피조물의 행위가 하나님의 즐거움을 더 크게 하거나 더 줄어들게 하는 것은 불가능하다(욥 35:5-7). 하나님의 뜻과 계획도 변하지 않는다. 하나님은 "나의 뜻이 설 것이니 내가 나의 모든 기뻐하는 것을 이루리라 하였노라……내가 말하였은즉 반드시 이룰 것이요 계획하였은즉 반드시 시행하리라"(사 46:10-11)라고 엄숙히 선언하셨다.

하나님이 자기 백성에게 주시는 언약과 사랑과 약속도 변하지 않는다(사 54:10). 성경에서 '하나님이 후회하셨다'라는 표현이 발견될 때는 겉으로 볼 때 그분의 섭리가 방향을 틀었다는 뜻으로 이해해야 한다. 하나님이 계획이나 뜻을 바꾸셨다고 생각해서는 안 된다. 하나님이 변하신다는 것은 있을 수 없는 일이다. "그는 뜻이 일정하시니 누가 능히 돌이키랴"(욥 23:13).

6) 하나님은 전지하시다. 그분 앞에서는 만물이 벌거벗은 것처럼 드러난다. 하나님은 자기 자신을 온전하게 아신다. 하나님을 온전히 알 수 있는 존재는 그분 자신밖에 없다. 또한 하나님은 자기 자신 외에 다른 모든 것도 온전히 아신다. 인간의 시간 개념으로 말하면, 하나님은 모든 것의 과거와 현재와 미래를 한눈에 꿰뚫어 보신다. 그분은 가장 위대한 피조물부터 가장 미천한 피조물에 이르기까지 모든 피조물을 아신다. 그분은 은밀한 일이든, 밝혀진 일이든 피조물의 모든 행위와 말과 생각과 의도를 알고 계신다. 따라서 성경은 이렇게 선언한다. "여호와의 눈은 어디서든지 악인과 선인을 감찰하시느니라"(잠 15:3). "주께서 내가 앉고 일어섬을 아시고 멀리서도 나의 생각을 밝히 아시오며 나의 모든 길과 내가 눕는 것을 살펴보셨으므로 나의 모든 행위를 익히 아시오니 여호와여 내 혀의 말을 알지 못하시는 것이 하나도 없으시니이다"(시 139:2-4).

하나님은 우리 눈에 가장 불확실하고 우연한 일처럼 보이는 것도 다 알고 계신다. 그분 앞에서는 우연한 것이나 불확실한 것이 없다. 성경에 기록된 수많은 예언의 말씀을 생각하면 예언이 전달된 후 오랜 세월이 흘렀는데도 모든 것이 상황에 맞게 정확히 이루어졌다는 것을 확실하게 알 수 있다. 하나님은 정보 획득이나 이성적 추론, 혹은 일련의 개념들을 통해서가 아니라 직관을 통해 단번에 모든 것을 꿰뚫어 보신다. 그분은 모든 것을 한 치도 틀림없이 포괄적으로 알고 계신다.

7) 하나님은 지극히 자유롭고, 절대적인 존재이시다. "모든 일을 그의 뜻의 결정대로 일하시는 이의 계획을 따라"(엡 1:11)라는 말씀대로 하나님의 뜻은 무한히 자유롭다. "하늘의 군대에게든지 땅의 사람에게든지 그는 자기 뜻대로"(단 4:35) 행하신다. 그분은 자신이 기뻐하는 것은 무엇이든 행할 수 있는 절대적인 권한을 지니고 계신다. "그의 손을 금하든지 혹시 이르기를 네가 무엇을 하느냐고 할 자가 아무도 없도다"(단 4:35).

8) 하나님은 무한히 지혜로우시다. 하나님의 지혜는 만물에게 제각기 목적을 부여하고, 그 목적에 정확히 부응하도록 이끄는 그분의 완전한 속성이다. 그 목적이란 바로 하나님 자신의 영광이다. 하나님은 가장 탁월한 존재이시기 때문에 그분의 영광보다 더 탁월한 목적은 달리 있을 수 없다. 피조 세계에 드러난 하나님의 지혜는 참으로 놀랍기 그지없다. 하늘을 올려다보든, 땅을 내려다보든, 광물이나 식물이나 동물을 관찰하든 우리는 시편 저자와 함께 "여호와여 주께서 하신 일이 어찌 그리 많은지요 주께서 지혜로 그들을 다 지으셨으니"(시 104:24)라고 크게 외치지 않을 수 없다.

하나님이 무에서 이토록 다양한 피조물들을 각자의 목적에 꼭 맞게 창조하시고, 서로를 위해 이바지하게 하시고, 모든 것을 공통된 목적을 향해 이끄시는 것을 생각하면 그분의 지혜가 얼마나 경이로운지 알 수 있다. 하나님의 지혜는 세상을 경영해 나갈 때에도 탁월한 능력을 발휘한다. 인간의 사악함에도 불구하고 가장 힘없고 연약한 수단을 통해 가장 위대하고 영광스러운 일을 이루시는 것을 보면 특히 더 그렇다. "진실로 사람의 노여움은 주를 찬송하게 될 것이요 그 남은 노여움은 주께서 금하시리이다"(시 76:10). "깊도다 하나님의 지혜와 지식의 풍성함이여"(롬 11:33).
하나님의 완전한 지혜는 예수 그리스도의 구원 사역을 통해 가장 밝히 드러났다. "인애와 진리가 같이 만나고 의와 화평이 서로"(시 85:10) 입 맞춘 구원 사역보다 하나님의 거룩한 지혜가 더 확실하게 드러난 적은 없다. 구원 사역을 통해 "은밀한 가운데 있는 하나님의 지혜"(고전 2:7)가 나타났다. 그리스도께서는 "모든 지혜와 총명을 우리에게 넘치게"(엡 1:8) 하신다. 성경은 이런 놀라운 구원 계획을 통해 "하나님의 각종 지혜"(엡 3:10)가 알려졌다고 말한다.

9) 하나님은 무한히 전능하시다. 하나님은 자신의 완전한 속성과 만물의 본성에 모순됨이 없이 모든 일을 원하는 대로 이룰 능력을 지니고 계신다. 그분의 능력은 모순이나 억지가 없다. 천사는 동정녀 마리아에게 "하나님의 모든 말씀은 능하지 못하심이 없느니라"(눅 1:37)고 말했고, 예수님도 제자들에게 "하나님으로서는 다 하실 수 있느니라"(마 19:26)고 말씀하셨다.
이토록 아름다운 우주를 무에서 창조하신 하나님의 능력은 그 얼마나 위대한가! "여호와의 말씀으로 하늘이 지음이 되었으며 그 만상을 그의 입 기운으로 이루었도다……그가 말씀하시매 이루어졌으며 명령하시매 견고히 섰도다"(시 33:6, 9). 하나님의 능력은 지금도 여전히 세상을 유지하고 있다. 그분의 능력은 세상을 도덕적으로 통치하는 일, 특히 악인들이 그 뜻을 이루지 못하게 제한하는 일에 적용되고 있다. 성경은 "물결의 흔들림과 만민의 소요까지 진정하시나이다"(시 65:7)라고 말한다.
하나님의 능력은 예수 그리스도의 구원 사역을 통해 가장 분명하게 드러났다. 그리스도께서 동정녀의 몸에서 인간의 모습을 갖추시게 하신 일, 그분의 육체를 지탱해 우리의 허물을 위해 능히 진노의 무게를 감당하시게 하신 일, 그분을 죽은 자 가운데서 다시 살리신 일은 모두 하나님의 능력에 의해 이루어졌다. 죄인이 회심할 때 일어나는 변화도 하나님의 능력에서 비롯한다. 성경은 그것을 '새 창조'로 일컫는다. 신자들을 은혜 안에 보존하시는 일, 그들로 하여금 유혹을 극복하고 모든 의무를 성실하게 수행하며, 인내와 기쁨으로 혹독한 시련을 견딜 수 있게 하시는 일, 마지막 날에 그들의 죽은 몸을 영원히 썩지 않는 영광스러운 몸으로 변화시키시는 일도 모두 하나님의 능력에서 비롯한다.

설혹 하나님이 하실 수 없는 일이 있다 해도 그것은 그분의 능력이 불완전하기 때문이 아니다. 하나님은 자신의 본성에 모순되는 일은 하실 수 없다. 예를 들어, 하나님은 어떤 것을 동시에 존재하게도 하고, 존재하지 않게도 하실 수는 없다. 또한 하나님은 자신의 성품이나 본성의 완전함에 어긋나는 일을 행하실 수 없다. 그분은 자기 자신을 부인하거나, 거짓말을 하거나, 잠을 자거나, 고통을 느끼실 수 없다. 그분은 존재하지 않으실 수 없고, 또 죄를 차마 보실 수가 없다. 그렇다고 해도 그분의 능력에는 아무 결함이 없다. 하나님의 능력은 그분의 절대적인 완전함에서 비롯한다.

10) 하나님은 무한히 거룩하시다. 하나님의 거룩하심은 그분의 의로우신 속성에서 비롯한다. 하나님은 모든 도덕적 불순함으로부터 온전히 자유로우시다. 그분은 모든 일을 자신의 영예를 위해 행하시며, 자신의 본성과 뜻에 일치하는 일은 기뻐하시지만 그것을 거스르는 것은 혐오하신다. 거룩함은 하나님이 지니고 계시는 모든 완전한 속성의 빛이요, 영광이다. 하나님은 거룩함으로 영광스러우시다(출 15:11). 신성의 영광을 가장 잘 알고 있는 고귀한 천사들은 하나님의 거룩하심을 높이 찬양했다. 스랍들은 "거룩하다 거룩하다 거룩하다 만군의 여호와여"(사 6:3)라고 서로 화답했. 하나님은 거룩한 속성을 특별히 중요하게 여기신다. 그분은 거룩함으로 하신 맹세를 반드시 지키겠다고 하셨다(시 89:35). 하나님의 거룩하심은 이

성적인 피조물의 본래 상태에서도 분명하게 나타난다. 하나님이 처음 창조하신 인간은 온전히 거룩했다. 하나님이 죄인들에게 베푸시는 심판에서도 그분의 거룩하심이 여실히 드러난다. 하나님은 반역한 천사들을 하늘에서 내쫓으셨고, 인간이 죄를 짓자 낙원에서 추방하셨으며, 물로 옛 세상을 심판하셨고, 소돔과 고모라를 멸망시키셨다. 이런 모든 사례는 하나님이 죄를 극도로 가증스럽게 여기신다는 것을 분명하게 보여 준다.

하나님이 죄를 미워하신다는 사실은 독생자의 죽음과 고난을 통해 가장 분명하게 나타났다. 하나님은 죄악을 차마 보지 못하실 정도로 순결한 눈을 가지셨기 때문에 우리 허물이 독생자에게 전가되자 조금도 사정을 두지 않으셨다. 하나님은 어떤 경우에도 죄를 간과하실 수 없기 때문에 사랑하시는 독생자에게조차 진노를 쏟아내셨다. 그리스도께서는 성부 하나님의 말로 다할 수 없는 기쁨의 대상이시고, 개인적으로 아무런 죄도 짓지 않으셨지만 자기 백성의 죄를 대신 짊어지신 순간, 고난과 죽음을 피할 수 없으셨다. "여호와께서 그에게 상함을 받게 하시기를 원하사 질고를 당하게 하셨은즉"(사 53:10).

11) 하나님은 무한히 의로우시다. 하나님은 본성상 무한히 의로우시며, 피조물을 상대하실 때도 공정하고 공평하시다. "그의 모든 길이 정의롭고 진실하고 거짓이 없으신 하나님이시니"(신 32:4). 하나님은 스스로에게 의로우시기에 자신의 권한과 권위에 따라 모든 일을 온전한 속성과 본성에 어긋나지 않게 처리하신다. 또한 하나님은 피조물에게 의로우시기 때문에 그들에게 부여하신 율법에 따라 그들의 본성에 맞게 그들을 다스리신다. 하나님의 공의는 다양한 방법을 통해 행사되어 왔다. 먼저 하나님은 법률적 공의를 행사하시어 피조물이 지닌 본래의 능력에 맞는 의로운 율법을 수여하셨다. 그분은 율법을 통해 그들이 해야 할 일과 삼가야 할 일을 지시하신다. 그분의 율법은 거룩하고 의로우며 선하다(롬 7:12).

하나님은 분배의 공의를 행사하시어 율법에 따라 아무 차별 없이 모든 사람에게 제각기 합당한 몫을 나눠 주신다. 이 공의는 여러 가지 명칭으로 불린다. 그 가운데 하나는 '보상의 공의'다. 하나님은 예수 그리스도의 의를 믿음으로 받아들여 그분의 의가 전가된 사람들, 곧 그분이 의롭게 여기시는 사람들의 복종이 비록 불완전하더라도 진심에서 우러나온 것이라면 기꺼이 인정하고 상을 주신다. "진실로 의인에게 갚음이 있고"(시 58:11). "하나님은 불의하지 아니하사 너희 행위와 그의 이름을 위하여 나타낸 사랑으로 이미 성도를 섬긴 것과 이제도 섬기고 있는 것을 잊어버리지 아니하시느니라"(히 6:10). 이 보상은 빚이 아니라 값없이 주어지는 은혜다.

또 한 가지는 '징벌의 공의'다. 하나님은 죄인에게 죄의 형벌을 베푸신다. 이것도 형벌의 성격을 띤 분배의 공의에 해당한다. 이 공의는 때로는 '제재의 공의'로, 때로는 '보복의 공의'로 일컬어진다. 소시니우스주의자들의 주장과는 달리, 이 공의는 전횡적인 독재가 아니라 하나님의 온전한 본성에 온전히 일치한다. 죄가 들어오자마자 하나님의 공의가 즉각 발동된다. 하나님은 죄를 지은 당사자에게든, 그를 보증하는 보증인에게든 반드시 죗값을 물으신다. 이것은 하나님의 거룩하심 때문이다. 하나님은 거룩하시기 때문에 죄를 징벌하심으로써 죄에 대한 증오심을 드러내신다.

이 공의는 율법의 경고를 통해 드러난다. 하나님은 "네가 먹는 날에는 반드시 죽으리라"(창 2:17)고 경고하셨다. 율법이 정한 형벌의 성격을 분명하게 볼 수 있다. 하나님은 신실하시기 때문에 죄인을 징벌하시는 일을 반드시 이행하겠다고 약속하셨다. 양심이 모든 인간 내면에서 죄를 지으면 형벌을 피할 수 없다는 사실을 증언한다. 이것이 야만국가든, 문명국가든 모든 민족이 희생 제물을 바쳐 신의 분노를 달래려고 노력해 온 이유다.

아울러 이런 사실은 현세에서 죄를 짓는 국가나 개인에게 주어지는 하나님의 심판을 통해서도 분명히 드러난다. 특히 하나님은 죄인들의 보증인이신 독생자에게 징벌을 가하심으로써 그 의로우심을 밝히 드러내셨다.

그리스도께서는 죄인들의 죄를 대신 짊어지셨기 때문에 공의를 온전히 만족시키셔야 했다. "칼아 깨어서 내 목자, 내 짝 된 자를 치라"(슥 13:7)라는 말씀대로 하나님의 공의는 그리스도께 주어진 형벌을 통해 가장 두려운 위엄을 드러냈다. 하나님은 죄 있는 자를 결단코 용서하지 않으시며, 죄를 처벌하지 않은 채 방치하지 않으신다.

최근 '공공의 정의'라고 일컫는 것을 하나님의 속성으로 간주하는 학자들이 더러 있다. 정부가 지향해야 할 목적은 공공의 선을 이루는 것이다. 그러나 성경이나 이성은 그런 정의가 하나님의 도덕적 통치 행위에 속한다는 것을 뒷받침할 만한 근거를 제시하지 않는다. 그런 사상은 하나님의 통치가 형벌의 문제와 관련해 인간의 정부와 아무런 차이가 없다는 전제에 근거한다. 그러나 정의를 행하는 방식에 있어서 인간의 정부와 지극히 높으신 하나님은 서로 크고 분명한 차이가 있다.

12) 하나님은 무한히 선하시다. 하나님의 완전한 속성들이 모두 영광스럽지만, 이 속성은 특히 더 그렇다. 모세가 여호와의 영광을 보게 해달라고 간구했을 때 그분은 "내가 내 모든 선한 것을 네 앞으로 지나가게 하고 여호와의 이름을 네 앞에 선포하리라"(출 33:19)고 하셨다. 그러시고는 "그의 앞으로 지나시며 선포하시되 여호와라 여호와라 자비롭고 은혜롭고 노하기를 더디 하고 인자와 진실이 많은 하나님이라"(출 34:6)고 선포하셨다.

하나님의 선하심은 보는 관점과 그것이 적용되는 대상에 따라 여러 가지 명칭으로 일컬어진다. 비참한 자들을 돌아보시는 경우에는 '긍휼'이라고 불리고, 자격이 없는 사람이나 재앙 외에는 아무것도 받을 것이 없는 사람들에게 호의를 베푸실 때는 '은혜'라고 불린다. 또한 궁핍한 자들의 필요를 채워 주실 때는 '관대하심'이라고 불리고, 진노를 부추기는 반역자들에 대한 형벌을 연기하실 때는 '인내, 또는 오래 참으심'이라고 불린다. 이처럼 하나님의 선하심은 매우 포괄적인 의미를 지닌다. 이 말은 죄인이든, 의인이든 피조물인 인간에게 베풀어지는 여러 형태의 신적 호의를 모두 아우른다. 하나님의 선하심은 그분의 다른 속성들과 조화를 깨뜨리지 않는 범위 내에서 그분으로 하여금 피조물에게 많은 축복을 베푸시게 한다.

하나님이 선하심을 드러내신 사례는 셀 수 없이 많다. 하나님이 다른 피조물을 필요로 하지 않으시고 홀로 즐거워하는 존재이신데도 많은 피조물을 지으셨다면, 그것이 곧 그분의 선하심이 아니겠는가? 그들을 존재하게 하셨을 뿐 아니라 필요한 것까지 풍성하게 베푸셨다면, 그 또한 그분의 선하심이 아니겠는가? 하나님의 선하심은 그분의 다른 완전한 속성들처럼 죄인의 구원을 통해 가장 분명하게 드러났다. 구원 계획을 세워 처음부터 끝까지 실행하시는 하나님의 선하심은 세상과 하늘의 모든 존재를 놀라게 하기에 충분하다. 하나님의 선하심은 세상에서 보통 '사랑'이라는 말로 표현된다. 구원을 통해 드러난 사랑은 인간의 이해를 초월한다(요 3:16).

하나님의 선하심은 절대적인 측면과 상대적인 측면을 지닌다. 하나님 자신과 관련해서는 절대적이고, 피조물에게 그 선하심을 드러내실 때는 상대적이다(시 119:68). 또한 그분의 선하심은 공통적인 측면과 특별한 측면을 지닌다. 선하심의 공통적인 측면에는 모든 피조물이 다 참여하고(시 33:5, 145:9), 특별한 측면에는 선택 받은 백성만 참여한다(시 106:5).

13) 하나님은 무한히 진실하시고 신실하시다. 하나님은 진실하시기에 한 번 말씀하시면 반드시 이루신다. "그가 하신 일이 완전하고 그의 모든 길이 정의롭고 진실하고 거짓이 없으신 하나님이시니 공의로우시고 바르시도다"(신 32:4). 약속이든, 경고든 하나님이 하시는 말씀은 무엇이든 언젠가는 반드시 이루어진다. 하나님은 거짓말을 하실 수 없다. 하나님은 자신의 말을 이루는 데 아무런 어려움도 느끼지 않으신다. 하나님의 생각은 절대 바뀌지 않는다(민 23:19). 따라서 우리는 '여호와께서 말씀하신 선한 말씀이 하나도 남음이 없이 다 응할 것이다'라고 자신 있게 믿을 수 있다(수 21:45).

모든 것이 완전한 존재를 자기 아버지요, 하나님으로 부를 수 있는 사람들은 복스럽기 그지없다. 반면 세상에서 하나님 없이 살아가는 사람들은 비참하기 이를 데 없다. "살아 계신 하나님의 손에 빠져 들어가는 것"(히 10:31)은 참으로 두려운 일이다. 이런 불행을 피하고 하나님을 주님으로 섬기는 사람들의 행복에 참여하려면 그리스도를 통해 기꺼이 그분께 복종하고, 그분을 영원히 우리의 분깃으로 삼아야 한다. 이 책을 읽는 모든 독자가 진실한 마음으로 "하늘에서는 주 외에 누가 내게 있으리요 땅에서는 주밖에 내가 사모할 이 없나이다"(시 73:25)라고 외칠 수 있기를 기도한다.

3항 하나님의 단일한 신성 안에 영원하시고 본질과 능력이 동일하신 삼위 하나님, 곧 성부와 성자와 성령이 존재하신다(요일 5:7, 마 3:16-17, 28:19, 고후 13:13). 성부는 아무에게도 속하지 않으시고, 또 아무에게서 나시거나 나오지 않으시며, 성자는 성부에게서 영원히 나셨고(요 1:14, 18), 성령은 성부와 성자에게서 영원히 나오신다(요 15:26, 갈 4:6).

─ 해 설 ─

이 조항은 세 가지를 진술한다. 첫째, 단일한 신성 안에 삼위 하나님, 곧 성부, 성자, 성령이 존재하신다. 둘째, 삼위 하나님은 인격적 속성으로 구별되신다. 셋째, 삼위 하나님은 모두 참된 하나님이시다.

명제 1. 단일한 신성 안에 삼위 하나님, 곧 성부, 성자, 성령이 존재하신다.

이 명제는 삼위일체를 반대하는 사람들, 곧 하나님이 본질은 물론 인격에 있어서도 하나라고 주장하는 사람들을 논박한다. 여기에서 생각해야 할 용어는 '삼위일체'다. 이 용어는 성경에서는 발견되지 않지만, 이 심오한 신비를 표현하는 데 더할 나위 없이 적합하다. 이 용어는 '하나 안에 셋'을 뜻하는 라틴어에서 유래했다. 나뉘지 않으신 신성 안에 서로 구별되는 세 인격이 존재하신다.

이 교리를 반대하는 사람들은 스스로를 '단일신론자'라고 일컫는다. 이 말은 '하나님은 오직 하나'라는 그들의 신념을 반영한다. 그들은 삼위일체 교리를 믿는 사람들이 하나 이상의 신을 믿는다고 생각한다. 그러나 우리도 그들만큼이나 강하게 하나님은 한 분뿐이시라고 주장한다. 그러면서도 우리는 하나의 신성 안에 삼위가 계신다는 믿음이 유일신 개념과 완벽하게 일치한다고 믿는다.

이것은 신비이지만 이성에 모순되거나 불합리한 측면이 전혀 없다. 우리는 '셋이 동시에 하나'라는 식으로 말하지 않는다. 이 말은 그 자체로 모순을 안고 있다. 우리는 '인격은 셋이지만 본질은 하나'라고 말할 뿐이다. 이 말은 아무런 모순이 없다. 이 진리를 온전히 이해하는 것은 이성의 한계를 넘어선다. 우리가 사실이고 실제라고 알고 있는 것들 가운데는 이성의 한계를 넘어서는 것이 무수히 많다. 그러나 이 교리가 성경에 분명하게 계시되어 있다면 아무리 이해하기 어렵다 해도 기꺼이 믿지 않으면 안 된다.

이 교리를 이해하려면 먼저 사용된 용어들부터 살펴봐야 한다. '신성'은 거룩한 본성을 의미한다. 이것은 성경 용어다(롬 1:20, 골 2:9). 이 용어는 신앙고백에서도 성경에서처럼 무한하고, 영원하며, 변하지 않는 본성을 가리킨다. 이 본성은 성부, 성자, 성령 가운데 어느 한 분만이 아니라 성삼위 하나님 모두에게 공통된다. 신성 안에서의 구별은 '위'로 표현되는데, 이 말은 '인격'을 뜻하는 'person'을 번역한 것으로, 보통은 '동떨어져 독립해 있는 존재, 곧 그 존재나 행위가 다른 존재의 존재나 행위와 아무 관련이 없는, 생각하는 실존'으로 정의된다. 다시 말해, '다른 존재에 속하거나 다른 존재를 통해 유지되지 않으면서 홀로 행동하고 생각하는 지성적 존재'를 가리킨다.

그러나 성삼위 하나님께 이 용어가 적용될 때는 피조물에게 적용될 때와 똑같은 의미로 받아들여서는 안 된다. 두 경우는 전적으로 다르다.

세 사람의 인간은 각각 구체적인 본성을 공유하지만, 세 분 하나님은 서열상으로만 구분되는 본성을 공유하신다. 삼위일체를 반대하는 사람들은 세 분의 신성한 인격을 구분하는 것은 하나님을 셋으로 만들 뿐이라고 논박한다. 그들은 우리의 엄숙한 항변을 아랑곳하지 않고, 우리가 '인격'이라는 말을 인간에게 적용하는 의미로 하나님께 똑같이 적용한다고 주장한다.

그러나 우리는 그 말을 그런 의미로 사용하지 않는다. 우리는 따로 구별되는 세 개의 본질이 신비롭게 서로 연합했다고 가르치지 않는다. 우리는 성부와 성자와 성령이 서로에게서 분리된 상태로 거룩한 본성과 완전한 속성만을 소유하고 계신다고 믿지 않는다. 우리는 피조물 가운데서는 찾아볼 수 없는 구별이 신성 안에 존재하며, 신성의 본질 안에서 하나가 된다고 믿는다. 우리가 사용하는 '인격'이라는 용어는 그런 구별을 의미한다. 이 용어를 다른 존재들에게 적용하면 성삼위 하나님의 연합과는 모순되는 개념을 전달하기 때문에 반론을 제기할 이유가 될 수도 있다. 그러나 이것은 인간의 언어가 불완전한 데서 비롯하는 불가피한 결과다. 따라서 이 용어를 하나님께 적용할 때는 독립된 실존이라는 의미를 배제하고 사용해야만 오류를 피할 수 있다.

이처럼 신성 안에 삼위가 존재하신다는 말은 (비록 설명하기는 어렵지만) 본질의 연합을 깨뜨리지 않는 구별이 존재한다는 뜻이다.[2]

삼위일체 교리는 자연의 빛이나 이성의 추론으로는 발견할 수 없다. 이 교리는 오직 거룩한 계시를 통해서만 알 수 있다. 성경은 이 교리를 도처에

---

2) Dick, *Lectures on Theology*, vol. 2. pp. 64-65.

서 증언한다. 구약성경에는 신성 안에 복수 인격이 존재한다는 것을 입증하는 구절이 많다. 그런 성경 구절들을 살펴보면 성삼위 하나님이 서로에게, 또 서로에 대해 말씀하시는 것을 알 수 있다(창 1:26, 3:22, 11:7, 시 45:6-7, 110:1, 사 6:8). 그런 본문들은 신성 안에 복수 인격이 존재한다는 사실을 분명하게 밝히고 있다. 더욱이 성경은 단순히 복수 인격이 존재한다는 것을 증언하는 데 그치지 않고, 신성 안에 '삼위', 곧 '세 분의 인격'이 존재하신다고 가르친다.

우리 구원자이신 주님은 이사야 61장 1절에서 이렇게 말씀하셨다. "주 여호와의 영이 내게 내리셨으니 이는 여호와께서 내게 기름을 부으사." 성삼위 하나님 가운데 한 분이 '영'으로 일컬어지시는 인격과 '주 여호와'라고 일컬어지시는 인격을 언급하고 계시는 것을 알 수 있다. 세상의 창조는 성삼위 하나님 모두의 사역을 통해 이루어졌다. 시편 33편 6절은 "여호와의 말씀으로 하늘이 지음이 되었으며 그 만상을 그의 입 기운으로 이루었도다"라고 말한다. 이 말씀은 성삼위 하나님의 인격을 뚜렷하게 구별한다. '여호와'는 성부를, '말씀'은 성자, 곧 하나님의 아들을, '입 기운'은 성령을 각각 가리킨다.

이 교리는 신약성경에서 훨씬 더 분명하게 계시되었다. 예수님이 세례를 받으신 사건을 살펴보면 삼위일체의 신비가 분명하게 암시되어 있음을 알 수 있다(마 3:16-17). 성부는 하늘의 음성으로 인간의 몸을 입으신 구세주께 말씀하셨고, 인간의 몸을 입으신 성자가 세례 요한에게 세례를 받으실 때 성령이 눈에 보이는 형태로 성자 위에 임하셨다. 초기 교회 신자들은 삼위일체 교리를 의심하는 사람들에게 "요단 강에 가면 삼위일체가 무엇인지 알 수 있을 것이오"라고 말하곤 했다.

세례를 베풀 때 사용하는 말을 살펴보면 이 진리를 더욱 분명하게 알 수 있다. 예수님은 "아버지와 아들과 성령의 이름으로 세례를 베풀고"(마 28:19)라고 명령하셨다. 누군가의 이름으로 세례를 준다는 것은 곧 그의 권위로 세례를 주어 그를 섬기게 하는 것을 의미한다. 이런 일은 오직 신성을 지닌 존재만이 하실 수 있다. 성부가 인격이시라면 성자와 성령도 인격이신 것이 틀림없다. 왜냐하면 우리는 성부의 이름만이 아니라 성자와 성령의 이름으로 세례를 받기 때문이다.

사도들의 축도는 삼위일체 교리를 입증하는 또 하나의 증거다. 바울은 "주 예수 그리스도의 은혜와 하나님의 사랑과 성령의 교통하심이 너희 무리와 함께 있을지어다"(고후 13:13)라고 축복했다. 이 축복 기도를 하나님 외에 다른 존재를 향해 드리는 것은 지극히 불경한 우상 숭배에 해당할 것이다. 이 기도는 세 인격을 언급하고 있고, 그 세 인격은 우리의 부족함을 아시고, 우리의 간구를 들으시고, 우리가 구하는 것을 허락하실 수 있는 거룩하시고 완전하신 존재를 가리키는 것이 분명하다. 이 세 인격은 은혜와 사랑과 교통하심을 통한 모든 축복의 원천이시다.

삼위일체 교리를 가장 분명하게 증언하는 성경 구절은 요한일서 5장 7절이다. 요한은 "증언하는 이가 셋이니 성부와 말씀과 성령이라 이 셋은 하나이니라"(KJV)고 말했다. 이 구절의 진정성에 대해서는 논란이 많지만, 이미 살펴본 대로 삼위일체 교리의 진정성은 하나의 성경 구절에 의존하지 않는다. 삼위일체 교리는 단순한 사변이 아니다. 딕 박사는 이렇게 말했다.

이 교리를 알지 못하면 하나님의 사역 가운데 가장 위대한 사역인 구원 사역을 온전히 이해할 수 없다. 성삼위 하나님은 구원 사역에서 서로 뚜렷하게 구별되는 역할을 담당하셨다. 우리는 성부의 사랑과 성자의 겸손과 성령의 은혜로운 사역을 생각해야 한다. 구원 사역은 성삼위 하나님 가운데 어느 한 분이 아니라 세 분 모두에게 속한다. 성삼위 하나님 모두가 멸망해 가는 인류를 구원하는 일에 참여하셨다. 따라서 우리는 성삼위 하나님께 감사해야 하고, 그분 각자가 받으셔야 할 영광을 돌려 드려야 한다. 우리는 하나님께만 기도를 드리지 말고 성령의 도우심을 의지해 성자를 통해 성부께 기도를 드려야 한다. 기독교적 의무 체계는 이 교리에 근거한다. 이 교리를 믿지 않고는 올바른 믿음을 가질 수 없다. 이처럼 삼위일체 교리는 무익하기는커녕 실천적 신앙의 근간이 된다.

명제 2. 성삼위 하나님은 인격적 속성에 의해 서로 구별되신다.

성자를 낳으신 것은 성부만의 속성이다(시 2:7). 성부에게서 영원히 나신 것은 성자만의 속성이고(요 1:14), 성부와 성자에게서 영원히 나오시는 것은 성령만의 속성이다(요 15:26, 갈 4:6). 이는 모두 신성의 본질적 완전함과는 구별되는 인격적 속성에 해당한다. 성부와 성자와 성령은 본질적 완전함을 공유하시지만, 각자 독특한 인격적 속성을 소유하신다. 그 속성은 한 분에게만 국한될 뿐 나머지 두 분과는 아무 관련이 없다. 부성의 기원은 성부께, 발생은 성자께, 발현은 성령께 각각 해당된다. 이런 인격적 속성을 설명하려고 애쓸 필요는 없다. 성경의 표현을 그대로 인정하는 것이 가장 안전하다.

명제 3. 성삼위 하나님은 모두 참된 하나님이시다.

성부가 하나님이시라는 사실은 모두가 인정한다. 따라서 아무도 부인하지 않는 것을 입증하려고 애쓸 필요는 없다. 그러나 성자의 신성은 교회사 초창기부터 많은 논란과 반대에 부딪쳤다.

4세기 초에 모습을 드러낸 아리우스주의는 성자가 비록 탁월함과 시간적 순서상 다른 피조물들보다 월등히 앞서지만, 그럼에도 불구하고 시작이 있는 피조물이라고 주장했다. 6세기 말에 모습을 드러낸 소시니우스주의는 아리우스주의보다 한 걸음 더 나아가 성자는 동정녀의 몸에 잉태되기 전에는 존재한 적이 없고, 성부가 거룩한 진리를 전하는 사명을 주셨고, 죽음으로써 그 진리를 확증했으며, 부활 후에 그를 높여 우주를 다스리게 하셨기 때문에 하나님의 아들로 불리게 되었다고 주장했다.

스스로를 '단일신론자'라고 부르는 현대의 소시니우스주의자들은 프리스틀리 박사의 사상을 좇아 그리스도를 더욱더 깎아내렸다. 그들은 그리스도가 요셉과 마리아의 아들인 한갓 사람에 지나지 않기 때문에 숭배의 대상이 될 자격이 없고, 단지 하나님의 선지자들 가운데 가장 뛰어나고, 인간들 가운데 가장 탁월한 인격을 지닌 존재일 뿐이라고 주장했다. 그들은 예수님이 태어나기 전에는 존재하지 않았다는 옛 소시니우스주의자들의 주장에는 동의하지만, 부활 이후에 우주의 통치자로 격상되었다는 주장에는 반대 입장을 취하면서, 성자가 세상에 태어난 다른 인간과 조금도 다르지 않기 때문에 영들의 세계에서 인간들을 다스리거나 지배할 수 없다고 강조한다.

『웨스트민스터 신앙고백』은 이러한 이단들에 대해 성자는 영원하시고, 본질과 능력이 동일하신 하나님이시라고 진술한다. 이 명제는 다양한 논증으로 입증될 수 있지만, 여기에서는 최대한 간단하게 정리하고 넘어가겠다.

1) 하나님의 이름이 성자께 적용되었다. 성경은 성자를 '하나님'으로 일컫는다(요 1:1, 롬 9장). 구체적으로 말해, 성경은 그분을 "전능하신 하나님"(사 9:6), "참 하나님"(요일 5:20), "크신 하나님"(딛 2:13)으로 일컫는다. 하나님을 일컫는 '여호와', 또는 '주'라는 명칭이 성자께 자주 적용되었다(사 6:1, 40:3, 민 21:6-7, 요 1:23, 12:41, 고전 10:9).

2) 성부께 속하는 거룩한 속성이 성자께 적용되었다. 성자는 영원하시고(미 5:2, 계 1:8), 전능하시며(요 2:24, 21:17), 편재하시고(마 28:20), 전지하시며(계 1:8, 빌 3:21), 불변하신다(시 102:25-27, 히 1:10-12, 13:8).

3) 하나님만이 하실 수 있는 사역이 성자께 적용되었다. 예를 들어, 만물을 무에서 창조하신 사역(요 1:3), 만물의 보존과 통치(골 1:17, 히 1:3, 요 5:17, 27), 영원한 구원의 사역(히 9:12), 죄의 용서(막 2:5), 마지막 날에 죽은 자들을 살리시는 사역(요 5:28-29), 세상의 심판(롬 14:10) 등이다.

4) 성경은 성부께 드려야 할 경배를 성자께 드리라고 명령한다. "주 너의 하나님께 경배하고 다만 그를 섬기라"(눅 4:8)라는 말씀은 경배의 절대적 원칙이다. 그러나 성경은 그런 경배를 성자께 드리라고 분명하게 명령한

다(요 5:23). 천사들, 곧 창조된 피조물들 가운데 가장 탁월한 존재조차도 성자를 경배해야 한다(히 1:6). 성경에는 성자를 경배한 사례가 매우 많다(행 7:59, 고후 12:8, 살후 2:16).

5) 성자와 성부과 '동등하다'라는 표현이 분명하게 발견된다. 이것은 성자가 성부께 조금도 뒤지지 않는 하사님이시라는 사실을 입증하는 또 다른 증거이다. 성자는 자신이 하나님과 동등하다고 주장하셨다. 그런 이유로 그분은 유대인들에게 신성을 모독했다는 비난을 받으셨다. 그러나 예수님은 그런 그들에게 자신의 말을 잘못 이해했다고 변명하지 않으시고, 자신의 주장을 입증하는 기적적인 사건들을 언급하셨다(요 5:18, 10:30, 38). 성자는 성부의 본체이시다(빌 2:6). 영원하신 성부는 성자를 자기와 동등한 '짝'으로 여기셨다(슥 13:7).

"아버지는 나보다 크심이라"(요 14:28)라는 예수님의 말씀은 성부가 본질에 있어 더 위대하시다는 뜻이 아니라 단지 중보자인 자신의 직임을 가리키신 것이다. 그리스도께서는 성부 하나님의 명령을 수행하시며, 직임의 차원에서 그분의 종으로서 일하신다(사 42:1).

소시니우스주의자들은 성령의 신성도 아울러 부인한다. 성령의 신성 역시 성자의 신성을 입증하는 방식과 똑같이 입증될 수 있다.

1) 하나님의 이름이 성부와 성자의 경우와 마찬가지로 성령께 적용되었다. 성령은 '하나님'으로 불리신다. 베드로는 아나니아에게 "네가 성령을 속이고"라고 말하고 나서 "사람에게 거짓말한 것이 아니요 하나님께로다"라고 덧붙였다(행 5:3-4). 성령은 '하나님의 성전'인 참 신자 안에 거하신다(고전 3:16). 아울러 '여호와'라는 이름이 성령께 적용되었다(이사야 6장 8-9절과 사도행전 28장 25절을 비교해 보라).

2) 거룩한 속성이 성령께 적용되었다. 성령은 영원하시며(창 1:1-2), 편재하시며(시 139:7), 전지하시다(고전 2:10-11). 바울은 성령이 주권적인 의지와 전능하신 능력을 지니고 계신다고 증언했다(고전 12:11).

3) 하나님의 사역이 성령께 적용되었다. 성령은 세상과 인간의 창조에 관여하셨다(창 1:2, 욥 33:4). 성령도 성부와 성자처럼 만물을 보존하는 사역에 관여하신다(시 104:30). 성령은 특히 구원을 적용하는 사역을 담당하신다(딛 3:5, 고전 6:11).

4) 성령도 성부와 성자처럼 경배를 받으신다. 경배의 가장 엄숙한 요소 가운데 하나인 기도가 성령께 드려진다(계 1:4-5). 이 구절에 언급된 '일곱 영'은 피조물이 아니라 삼위 하나님 가운데 한 분이신 성령을 가리킨다. 그 이유는 성령의 은사와 선물이 다양하고 완전하기 때문이다. 성부와 성자는 물론 성령의 이름으로 세례가 베풀어진다. 사도의 축복 기도도 성령을 언급한다(고후 13:14).

서로 하나이신 세 분 하나님께 동일한 영광을 돌려야 마땅하다. 성자는 성부와 동등한 영광을 누리시고, 성령도 성부와 성자와 동등한 영광을 누리신다.

CHAPTER.3

OF GOD'S ETERNAL DECREE

하나님의
영원한 작정

모든 일을 그의 뜻의 결정대로 일하시는 이의 계획을 따라 우리가 예정을 입어 그 안에서 기업이 되었으니 (엡 1:11).

1항 하나님은 그 뜻하신 가장 지혜롭고 거룩한 계획에 따라 앞으로 일어날 모든 일을 영원 전에 자유롭고 확고하게 작정하셨다(엡 1:11, 롬 11:33, 히 6:17, 롬 9:15, 18). 그러나 하나님은 죄의 원인자가 아니시다(약 1:13, 17, 요일 1:5). 또한 피조물의 의지가 강압적으로 침해되지도 않고, 2차 원인의 우연성이나 자유가 제거되지도 않으며, 도리어 굳게 확립된다(행 2:23, 마 17:12, 행 4:27-28, 요 19:11, 잠 16:33).

2항 하나님은 예상되는 조건들에 의해 일어날 수 있는 일은 무엇이든 다 알고 계시지만(행 15:18, 삼상 23:11-12, 마 11:21, 23) 미래의 일, 곧 그런 조건들에 의해 일어날 일을 미리 아셨기 때문에 어떤 일을 작정하신 것은 아니다(롬 9:11-12, 16, 18).

해 설

'하나님의 작정'이란 미래의 일에 관한 그분의 의도 또는 목적을 의미한다.
다시 말해, 하나님은 자신이 해야 할 일이나 허용할 일을 그 확고한 뜻에 따라 영원 전에 미리 작정하셨다. 이것은 가장 심원하고 난해한 신학적 주제 가운데 하나다. 이 주제를 둘러싸고 교회 안에서 다양한 논쟁의 불씨가 지펴졌다. 이 교리의 세부 내용에 관해서는 견해가 다양할 수 있다. 그러나 "하나님을 지성적인 존재로 믿고, 그런 속성이 뜻하는 바를 알고 있는 사람은 그분의 작정을 부인하지 않을 것이다.

'지성적인 존재'란 알고 판단하고, 목적과 수단을 정하고, 계획을 세워 실천하고, 의도에 따라 행동하는 존재를 가리킨다. 고대 이방인들은 '행운의 여신'을 숭배했다. 행운의 여신은 아무런 규칙 없이 제멋대로 은총을 베풀기 때문에 눈을 가린 형상으로 종종 묘사되었다. 경건한 믿음은 고사하고 상식만 있어도 하나님이 비이성적으로 일을 처리하시리라는 생각은 안 할 것이다. 하나님은 자신의 능력으로 이룰 수 있는 모든 것을 알고 계시기 때문에 분명한 이유를 토대로 행할 일과 행하지 않을 일을 결정하실 것이 틀림없다. 그런 이유에 근거한 하나님의 선택, 그것이 곧 그분의 작정이다."[1]

하나님이 미래의 모든 일을 작정하셨다면 그것은 필연적으로 그분의 예지와 독립성과 불변성에 근거할 수밖에 없다.

> 작정은 하나님의 예지를 전제로 할 수밖에 없다. 왜냐하면 하나님이 일어날 일을 미리 작정하지 않으셨다면 그분이 그런 일을 미리 아시는 것이 불가능하기 때문이다.[2]

하나님은 독립적인 존재이시지만, 피조물은 모두 그분께 온전히 의존해 있다. 따라서 그들의 모든 행위는 하나님의 주권적인 뜻으로 결정되어야 한다. 또한 하나님이 아무도 변하게 할 수 없는 한 가지 생각을 품고 계신다면 섭리를 통해 베푸시는 모든 일의 목적이 이미 확고하게 결정되어 있을 수밖에 없다.

이 교리는 성경에 분명하게 나타나 있다. 성경은 하나님의 예지, 목적, 뜻, 확고한 계획, 예정에 관해 말한다. "하나님이 미리 아신 자들을 또한……미리 정하셨으니"(롬 8:29). "그 뜻의 비밀을 우리에게 알리신 것이요 그의 기뻐하심을 따라……때가 찬 경륜을 위하여 예정하신 것이니……모든 일을 그의 뜻의 결정대로 일하시는 이의 계획을 따라"(엡 1:9, 11). "그가 하나님께서 정하신 뜻과 미리 아신 대로 내준 바 되었거늘"(행 2:23).

---

1) Dick, *Lectures on Theology*, vol. 2, p. 167.
2) Edwards, *Miscellaneous Observations*, p.114.

하나님의 작정은 미래의 모든 일에 예외 없이 적용된다. 역사 속에서 이루어지는 일은 무엇이든 창세전에 미리 작정되었다. 하나님의 뜻은 크든 작든, 선하든 악하든 상관없이 모든 일에 적용된다. 물론 정하신 것과 허용하신 것을 구별하는 것이 필요하다. 또한 필연적인 것과 자유롭고 우연적인 것도 아울러 구별해야 한다. 물질의 운동은 필연적이고, 지성적인 피조물의 의지와 행위는 자유로우며, 우리가 '사고'라고 일컫는 일, 곧 우리가 뜻하지 않았고 이유를 알 수도 없는 일은 우연적이다. 하나님의 작정은 우리의 생명과 죽음, 현세와 내세에서의 상태를 결정한다. 간단히 말해, 하나님의 작정은 모든 피조물과 사건들을 아우르는 그분의 포괄적인 통치 행위에 해당한다.[3]

1. **하나님의 작정은 자유롭다.** 그분의 작정은 다급한 마음으로 내리는 결정과는 전혀 무관하다. 만일 그렇다면 그것은 곧 그분의 자기 충족성에 어긋난다. 또한 하나님의 작정은 외부의 강제적 요인에 영향을 받지 않는다. 만일 그렇다면 그분의 독립성이 훼손된다. 따라서 하나님의 작정은 자유로운 뜻에 따라 주권적으로 이루어지는 행위여야 한다. 이는 하나님의 결정이 마구잡이로 이루어진다는 뜻과는 거리가 멀다. 즉 하나님의 작정이 그 무엇의 지배도 받지 않고, 순전히 그분의 주권에 따라 이루어진다는 의미이다.

2. **하나님의 작정은 지혜롭다.** '그 뜻하신 계획'이라는 표현은 하나님이 자유로우시지만 항상 최상의 지혜를 발휘하신다는 의미이다. 하나님은 다른 존재와 협의하거나 조언을 구할 필요가 없으시지만 완전한 지혜를 발휘해 모든 것을 결정하신다. 바울은 "깊도다 하나님의 지혜와 지식의 풍성함이여, 그의 판단은 헤아리지 못할 것이며 그의 길은 찾지 못할 것이로다"(롬 11:33)라고 외쳤다.

---

3) Dick, *Lectures on Theology*, vol. 2. p.170.

가장 적절한 목적을 세우고, 그것을 이루는 데 가장 적합한 수단을 결정하는 것이 바로 지혜다. 하나님의 작정이 이런 성격을 띤다는 사실은 그 명백한 결과들을 통해 여실히 입증된다. 하나님이 작정하신 일이 우리에게 계시되었다. 하나님의 사역을 통해 드러나는 지혜의 증거들은 그분이 실천에 옮기시는 계획이 얼마나 지혜로운지를 분명하게 보여 준다.

3. **하나님의 작정은 영원하다.** 앞의 조항은 '앞으로 일어날 모든 일을 영원 전에 작정하셨다'고 진술한다. 이는 하나님의 작정이 일시적이라고 주장했던 소시니우스주의자들을 논박한다. 그들은 하나님의 작정이 인간의 일과 관련되어 있기 때문에 시간 속에서 이루어질 수밖에 없다고 주장한다. 그러나 성경은 어떻게 말하는가? 성경은 하나님이 일어난 모든 일과 앞으로 일어날 모든 일을 영원 전부터 알고 계셨다고 선언한다. "그의 모든 일이 영원 전부터 하나님께 알려졌다"(행 15:18, KJV). 하나님의 작정이 시간 속에서 이루어졌다는 생각은 그분의 지식이 한계가 있다고 생각하는 것과 다름없다. 하나님이 영원 전에 모든 일을 작정하셨다면 일어날 모든 일을 영원 전부터 알고 계셨을 수밖에 없다. 왜냐하면 미리 알고 있지도 않은 일을 미리 작정할 수는 없기 때문이다.

4. **하나님의 작정은 절대적이고 무조건적이다.** 하나님은 앞날의 일을 미리 아시고 모든 것을 작정하셨고, 작정된 일들의 실행 여부는 어떤 조건에도 구애 받지 않는다. 『웨스트민스터 신앙고백』은 이 교리를 분명하게 진술한다. 이 교리는 하나님의 작정에 관한 칼빈주의와 아르미니우스주의의 입장을 구분한다. 아르미니우스주의는 하나님의 작정이 절대적이 아니라 조건적이라고 주장한다.

물론 하나님의 작정은 작정된 사건이 일어나기 전에 일정한 상황이 조성되어야 한다는 점에서 생각하면 때로 조건적으로 보일 수 있다. 그런 경우에는 먼저 일정한 상황이 조성되지 않으면 작정된 사건이 일어나지 않는다.

예를 들어, 하나님은 바울 일행이 이달리야로 항해하는 도중에 그들을 구원하기로 작정하셨지만, 그 일은 선원들이 배에 타고 있어야 한다는 조건을 필요로 했다(행 27장). 그와 마찬가지로 하나님은 많은 사람을 진노의 심판으로부터 구원하기로 작정하셨지만, 그 일은 사람들이 그리스도를 믿고 죄에서 돌이켜야 한다는 조건을 필요로 한다. 하나님의 작정은 사건들이 성취되는 순서를 명확하게 결정한다. 목적과 수단의 관계가 정해지고, 수단이 확실하게 정해진다. 하나님은 바울 일행을 구원하기로 작정하셨을 때 선원들이 배를 버리고 떠나지 않아야 한다는 조건을 또한 작정하셨다. 또한 하나님은 바울에게 배에 탄 모든 사람이 안전할 것이라고 미리 알려 주셨다. 하나님은 믿는 자들을 구원하기로 작정하셨을 때도 그들에게 믿음을 허락하는 일을 아울러 작정하셨다. 하나님은 미리 정하신 자들을 또한 부르시어 성자와 관계를 맺게 하신다(롬 8:30).

아르미니우스주의자들은 "하나님의 작정은 인간의 의지에 의존한다. 인간이 주도권을 쥐고 있기 때문에 스스로의 뜻대로 어떤 일을 할 수도 있고, 하지 않을 수도 있다. 따라서 어떤 작정이든 조건적일 수밖에 없다"고 주장한다. 그러나 우리는 그런 주장을 받아들일 수 없다. 하나님은 "나의 뜻이 설 것이니 내가 나의 모든 기뻐하는 것을 이루리라"(사 46:10)고 말씀하신다. 만일 그분의 뜻이 조건에 따라 실행될 수도 있고, 그렇지 않을 수도 있다면 그렇게 말씀하셨을 리가 없다.[4]

하나님은 무한히 지혜로우실 뿐 아니라 피조물로부터 온전히 독립해 계신다. 그분은 인간의 자유의지나 행위에 의존하지 않으신다. 조건적인 작정은 그분의 지혜와 독립성을 훼손한다. 인간은 하나님이 작정하신 일이 어떻

---

4) Dick, *Lectures on Theology*, vol.2, pp.175-176, etc.

게 성취될지 확실히 알 수 없다. 그러나 성경은 "여호와의 계획은 영원히 서고 그의 생각은 대대에 이르리로다"(시 33:11)라고 말한다. 하나님의 뜻은 확고하게 결정되었다. 그분의 뜻은 반드시 이루어진다. "사람의 마음에는 많은 계획이 있어도 오직 여호와의 뜻만이 완전히 서리라"(잠 19:21)라는 말씀대로, 인간은 자신의 계획을 모두 이룰 능력이 없지만 하나님은 자신의 뜻을 온전히 이루신다.

『웨스트민스터 신앙고백』이 가르치는 하나님의 작정 교리에 관해 종종 제기되는 비판은 이 조항이 하나님을 죄의 원인자로 만든다는 것이다. 그러나 이 조항은 하나님이 미래의 일을 모두 작정하셨다고 선언하지만 그분이 죄의 원인자이시라고 생각할 수 있는 여지를 조금도 제공하지 않는다.

하나님의 작정은 효과적이거나 허용적이다. 하나님의 효과적인 작정은 미래에 일어날 선한 일과 관련되고, 허용적인 작정은 인간의 부패한 행위를 통해 드러나는 죄악과 관련된다. 순수한 행위와 부패한 행위를 구분하는 것이 필요하다. 하나님의 작정은 순수한 행위와 관련해서는 효과적이고, 도덕적인 악을 저지르는 부패한 행위와 관련해서는 허용적이다.

하나님이 미래의 일을 모두 작정하셨다면 인간의 자유가 사라진다는 비판도 종종 제기된다. 그러나 인간은 아무런 강압도 없는 상태에서 자신의 자유로운 선택에 따라 행동할 수 있는 자유를 충분히 누린다. 하나님의 작정은 인간의 생각을 강요하지 않는다. 그분의 작정은 미래의 일을 확고하게 결정한 것일 뿐 이성을 지닌 피조물들이 마치 작정된 일이 없는 것처럼 자유롭게 행동할 수 있도록 허용한다. 인간은 하나님의 작정에도 불구하고 온전한 행위의 자유를 누린다. 우리는 하나님이 사건들을 미리 정하신 일이 인간의 자유와 어떻게 양립할 수 있는지 궁금해한다. 딕 박사는 이렇게 말했다.

> 그 문제에 대해서는 스스로의 무지를 인정한다고 해도 부끄럽게 생각할 필요가 전혀 없다. 우리는 하나님의 작정과 인간의 자유를 조화시켜야 할 의무가 없다.

하나님이 미래의 일을 모두 작정하셨고, 인간은 자신의 행위에 대해 스스로 책임져야 한다는 것을 인정하는 것으로 족하다.

우리는 성경을 통해 이 두 가지 진리를 분명하게 알 수 있다. 후자는 양심의 증언을 통해 확증된다. 우리는 하나님께 의존해 있지만 온전히 자유롭다. 따라서 의무를 잘 이행했을 때는 양심의 자유를 느끼고, 의무를 등한시했을 때는 양심의 가책을 느낀다. 인간이 꼭두각시에 지나지 않는다고 생각하면 우리 자신이나 다른 사람들의 행위에 대해 양심의 자유나 가책을 전혀 느끼지 못할 것이 분명하다. "이 지식이 내게 너무 기이하니 높아서 내가 능히 미치지 못하나이다"(시 139:6)라는 말씀대로, 하나님의 작정과 인간의 자유가 어떻게 관계를 맺고 있느냐의 문제를 우리로서는 알 수 없다.

하나님이 미래의 일을 모두 확고하게 작정하셨다고 하더라도 2차 원인의 우연성이나 자유가 훼손되는 것은 아니다. 제비를 뽑는 일만큼 우연적인 것은 없다. 그러나 성경은 "제비는 사람이 뽑으나 모든 일을 작정하기는 여호와께 있느니라"(잠 16:33)라고 말한다.

3항 하나님은 자기 영광을 나타내기 위해 자신의 작정을 통해 어떤 사람들과 천사들은(딤전 5:21, 마 25:41) 영생에 이르도록 예정하셨고, 그 나머지는 영원한 죽음에 이르도록 미리 정하셨다(롬 9:22-23, 엡 1:5-6, 잠 16:4).

4항 이렇게 예정되고 미리 정해진 천사들과 사람들은 개별적으로 확고하게 결정되었고, 그 숫자는 확실하고 확정적이기 때문에 더 늘어나지도 줄어들지도 않는다(딤후 2:19, 요 13:18).

5항 하나님은 생명을 얻도록 예정된 사람들을 그 변하지 않는 영원하신 뜻과 그 마음의 은밀하신 계획과 선하신 기쁨에 따라 창세전에 그리스도 안에서 선택하시어 영원한 영광에 이르게 하시고(엡 1:4, 9, 11, 롬 8:30, 딤후 1:9, 살전 5:9), 그 영광스런 은혜를 찬미하게 하셨다(엡 1:6, 12). 하나님의 선택은 값없는 은혜와 사랑 안에서 이루어졌을 뿐 그들의 믿음이나 선한 행위나 인내, 또는 피조물 안에 있는 다른 무엇을 미리 아신 것이 원인이나 조건이 되어 이루어진 것이 아니고, 또 그분을 움직여 그렇게 하도록 강요한 원인도 없다(롬 9:11, 13, 16, 엡 1:4, 9).

─ 해 설 ─

천사들과 사람들의 영원한 상태와 관련된 하나님의 작정은 '예정'이라는 용어로 알려져 있고, 그 예정은 다시 '선택'과 '유기'라는 두 부분으로 나뉜다.
천사들 가운데 일부가 선택되었다는 사실은 선택된 천사들을 언급하고 있는 성경 구절을 근거로 추론할 수 있다(딤전 5:21). 베드로 사도와 유다서의 저자는 타락한 천사들에 관해 언급했다(벧후 2:4, 유 1:6). 이렇듯 성경은 천사들 가운데 일부가 선택되었다고 분명하게 가르친다. 역으로 말하면 선택 받지 못한 천사들이 존재한다는 뜻이다. 선택은 상대적인 용어이므로 그 안에는 유기의 개념이 내포되어 있다.

이 조항들은 인간과 관련해 선택의 작정이 이루어졌다고 분명하게 진술할 뿐 아니라 이른바 '유기의 작정'이라는 성경의 교리를 아울러 제시한다. 성경을 믿는다면 선택이 존재한다는 사실을 인정해야 한다. 그러나 그런 사실을 인정하면서도 성경이 가르치는 선택의 교리를 잘못 설명하는 경우가 많다.

어떤 사람들은 민족이나 교회와 같은 집단적인 선택만을 인정한다. 물론 성경은 그런 일반적인 선택을 가르친다. 그러나 성경은 거기에 그치지 않는다. 성경을 보면 개인적인 선택이 존재한다는 것을 분명히 알 수 있다. 예를 들어, 유대인은 집단적인 차원에서 세상의 다른 민족들과 구별되어 하나님의 백성이 되었다. 그러나 주님은 그들 가운데 남은 자들이 있다고 분명하게 암시하셨다(마 24:22). 바울 사도도 "그런즉 이와 같이 지금도 은혜로 택하심을 따라 남은 자가 있느니라"(롬 11:5)고 말했다. 바울은 선택 받은 이스라엘 민족에 관해 말하면서 그들 가운데 소수의 남은 자가 있다고 분명하게 언급했다. 그는 이스라엘 민족은 집단적인 차원에서, 남은 자는 개인적인 차원에서 각각 선택 받았음을 분명히 했다.

또 어떤 사람들은 선택이 외적 특권에만 국한된다고 주장한다. 그들은 성경이 공동체의 선택만을 언급하고 있다고 주장하면서 외적인 구원의 수단만을 누리도록 선택되었다고 말한다. 그러나 성경은 "영생을 주시기로 작정된 자는 다 믿더라"(행 13:48), "처음부터 너희를 택하사……믿음으로 구원을 받게 하심이니"(살후 2:13)라고 말한다.

이 밖에도 선택을 역사 속에서 개인과 세상을 구별하는 의미로 받아들여 그것을 소명이나 회심과 동일시하는 사람들도 있다. 그러나 성경은 선택과 소명을 분명하게 구별한다. 소명은 선택의 결과일 뿐이다. 사람들은 하나님의 뜻대로 부르심을 받는다. 하나님은 미리 정하신 이들을 또한 부르신다(롬 8:28-30). 예정과 하나님의 뜻은 소명과는 전혀 다르다. 소명은 예정에서 비롯하는 결과다. 원인과 결과는 서로 다르다. 선택을 그런 식으로 해석하는 것은 성경 용어를 왜곡시켜 그 명백한 의미와는 다른 의미를 주장하는 것이다.

선택에 관한 그릇된 견해를 일일이 나열하는 것은 지루하고, 아무 유익도 없다. 따라서 소시니우스주의자들과 아르미니우스주의자들의 견해를 언급하는 것으로 충분할 듯하다.

소시니우스주의자들은 자유로운 피조물의 결정과 같은 미래의 우연적 상황을 하나님이 미리 확실하게 알고 계신다는 사실을 부인한다. 그들은 영원 전에 인간의 구원이 확고하게 작정되었다는 말을 일반적이면서도 조건적인 작정으로 이해한다. 그들은 인간이 믿고 복음에 순종해야만 구원이 이루어질 수 있다고 생각한다. 그들은 개인에 관한 특별한 작정은 역사 속에서, 곧 사람들이 일반적인 작정에 포함된 조건을 충족시킬 때 비로소 이루어진다고 주장한다.

아르미니우스주의자들(항론파)은 소시니우스주의자들과는 달리 하나님이 인간의 결정과 행위와 같은 우연적 사건을 미리 알고 계신다는 것을 인정한다. 그러나 그들은 절대적이고 무조건적인 선택을 부인하고, 인간과 관련된 하나님의 작정은 무엇이든 그들의 행위를 미리 아신 지식에 근거한다고 주장한다. 그들은 하나님이 아담과 그의 후손이 죄를 지어 타락할 것을 미리 아셨기에 독생자를 보내 인간을 위해 죽게 하시고, 구원의 수단을 활용하는 데 필요한 은혜를 충분히 허락하기로 작정하셨다고 생각한다.

그들에 따르면, 하나님은 믿고 끝까지 인내할 자와 그렇지 못할 자를 미리 알고 계시기 때문에 전자는 영생을 얻도록 선택하시고, 후자는 영원한 정죄를 받는 상태로 방치하신다고 한다.

그러나 이런 주장을 펴는 그들 가운데도 의견이 분분하다. 그들 가운데 일부는 소시니우스주의자들과 마찬가지로 인간에 관한 하나님의 작정은 영원 전이 아니라 역사 속에서 이루어진다고 주장한다. 그들은 사람들이 믿은 후에 영생의 상속자로 선택되며, 불신앙과 강퍅함에 사로잡힐 경우에는 구원의 결정이나 작정이 취소된다고 생각한다.

『웨스트민스터 신앙고백』은 하나님이 인간의 믿음이나 선한 행위나 인내를 미리 아셨기 때문이 아니라 오로지 그 주권적인 뜻에 따라 창세전에 영생을 얻도록 사람들을 선택하셨고, 또 그들의 숫자를 미리 확실하게 확정하셨다는 진술로 이런 주장들을 논박한다. 더욱이 하나님의 뜻은 변하지 않기 때문에 선택 받은 자들 가운데 단 한 사람도 멸망하지 않는다. 이런 교리가 성경의 가르침과 일치한다는 것은 쉽게 입증될 수 있다.

1. 하나님이 선택하시고 예정하신 사람들의 숫자는 확실하게 확정되었다. 소시니우스주의자들은 '하나님이 사람들을 영생을 얻도록 예정하셨다'라는 말이 특정한 개인이 아니라 구원 받을 사람의 보편적인 특성(사람이 아니라 그 사람의 성품)을 묘사하는 것이라고 가르친다. 그러나 성경은 하나님이 확실한 숫자의 사람들을 인류의 나머지와 구별하시어 영생을 얻도록 작정하셨다고 분명하게 가르친다. 즉 성경은 "주께서 자기 백성을 아신다"(딤후 2:19)라고 말한다.

하나님은 자신이 선택하신 백성이 얼마인지 정확히 알고 계신다. 그들의 이름은 생명책에 일일이 기록되어 있다. 그 책에는 영생을 얻도록 선택된 개개인의 이름이 기록되어 있다. 이름은 그를 다른 사람들과 구별하는 가장 확실한 근거다. 따라서 이름이 책에 기록되어 있다는 것은 하나님이 선택하신 개인들을 정확하게 알고 계신다는 것을 암시한다.

2. 하나님은 선택하신 개인들이 영생을 얻도록 영원 전에 작정하셨다. 앞서 살펴본 대로 소시니우스주의자들과 일부 아르미니우스주의자들에 따르면, 구원의 선택이 시간 속에서, 즉 개인이 믿고 복음에 순종할 때 이루어진다고 한다. 그러나 시간 속에서 이루어지는 선택은 성경의 가르침과 정면으로 충돌한다. "창세전에 그리스도 안에서 우리를 택하사"(엡 1:4)라는 말씀은 선택이 영원 전에 이루어졌다는 것을 분명히 증언한다. 바울은 데살로니가 신자들에게 "하나님이 처음부터 너희를 택하사……구원을 받게 하심이니"(살후 2:13)라고 말했다.

'처음부터'라는 표현이 영원을 가리킨다는 것은 잠언 8장 23절을 통해 확인된다. 지혜이신 그리스도께서는 "만세 전부터, 태초부터, 땅이 생기기 전부터 내가 세움을 받았나니"라고 말씀하셨다. '처음부터', 곧 '태초부터'라는 말이 '만세 전부터', 곧 '영원 전부터'와 동의어로 취급되고 있는 것을 알 수 있다. 하나님의 지식이 결함이 있다거나 그분의 완전한 속성이 변할 수 있다는 생각은 여호와 하나님의 본성과 정면으로 충돌한다.

3. 하나님의 선택은 전적으로 그분의 주권적인 뜻에 따라 결정되었다. 개인의 믿음이나 다른 조건을 미리 아셨기 때문이 아니다. 아르미니우스주의자들은 인간의 구원에 관한 하나님의 작정이 미리 예견된 믿음과 선행에 근거한다고 주장한다.

아르미니우스주의자들은 "하나님의 작정은 시간상으로는 앞섰다고 하더라도 그 실제적인 효력은 인간의 행위가 이루어진 후에야 비로소 발효된다. 다시 말해, 선택은 인간의 의지적인 결정에 의존한다"고 주장한다. 그러나 하나님의 절대적인 권위와 최상의 통치권을 폄하하는 이런 주장은 성경의 가르침에 정면으로 위배된다. 선택은 행위와는 전혀 무관하다. 선택은 오직 은혜로 이루어진다. 은혜와 행위는 서로 양립할 수 없고, 상호 배타적이다.

"그런즉 이와 같이 지금도 은혜로 택하심을 따라 남은 자가 있느니라 만일 은혜로 된 것이면 행위로 말미암지 않음이니 그렇지 않으면 은혜가 은혜 되지 못하느니라"(롬 11:5-6). '인간의 선행을 미리 아신 것이 선택의 원인이다'라는 주장이 이런 성경 말씀과 어떻게 조화를 이룰 수 있겠는가? 조건적인 작정을 주장하는 사람들은 믿음과 거룩한 행위가 선택의 원인이라고 주장하지만, 성경은 그것들이 선택의 결과라는 사실을 분명하게 가르치고 있다(살후 2:13, 엡 1:4).

바울은 로마서 9장 10-13절에서 야곱과 에서의 경우를 예로 들어 이 주제를 구체적으로 설명했다. 그는 사람들을 축복이나 저주를 받도록 예정하는 일은 그들의 행위를 전혀 고려하지 않은 상태에서 전적으로 하나님의 주권에 의해 이루어진다고 말했다. 바울 사도는 이삭의 두 아들의 운명이 그들의 행위와 상관없이 결정되었듯 개인의 구원은 하나님의 기쁘신 뜻에 따라 결정된다고 말했다.[5]

---

5) Dick, *Lectures on Theology*, vol.2, pp.189-190.

"원하는 자로 말미암음도 아니요 달음박질하는 자로 말미암음도 아니요 오직 긍휼히 여기시는 하나님으로 말미암음이니라"(롬 9:16)라는 말씀과 "그런즉 하나님께서 하고자 하시는 자를 긍휼히 여기시고 하고자 하시는 자를 완악하게 하시느니라"(롬 9:18)라는 말씀도 선택이 인간의 행위가 아니라 하나님의 선하신 뜻에 달려 있다는 것을 분명하게 가르친다.

만일 "하나님이 행위에 따라 어떤 사람은 선택하시고, 어떤 사람은 거절하신다면 부당하다고 항의할 사람이 누가 있겠소? 하나님의 뜻이 절대적이며, 인간의 뜻이 아니라 그분의 뜻에 따라 모든 일이 결정된다면 어찌 인간을 탓할 수 있단 말이요?"라는 식으로 항변하더라도 아무 문제가 없을 것이고, 아마 바울도 "오해요. 선택은 하나님의 결정이 아니요. 그분은 자신이 원하시는 자가 아니라 자신을 원하는 자를 선택하신 것이요. 결정의 주체는 그분이 아니라 인간이요"라는 식으로 쉽게 대답했을 것이다.

그러나 바울은 그렇게 대답하지 않고 하나님의 주권 교리를 강력하게 옹호했다. 지금도 선택의 교리에 대해 그런 식의 주장이 끊임없이 제기되고 있다. 바울은 하나님의 주권 교리를 굳게 확신하고 있었기 때문에 그런 주장에 조금도 동조하지 않았다.[6]

4. **선택에 관한 하나님의 뜻은 변하지 않는다.** 아르미니우스주의자들은 성도가 은혜의 상태에서 벗어날 수 있다고 생각했기 때문에 오늘은 선택 받은 신자로 살아가지만, 내일은 유기된 자로 살아갈 수 있다고 주장했다. 그들은 '자신의 선택을 수포로 돌아가게 만들 수 있다', '신자가 불신자로 바뀌는 순간, 그에 대한 하나님의 작정도 바뀐다'고 가르쳤다.

그러나 성경은 "여호와의 계획은 영원히 서고 그의 생각은 대대에 이르리

---

6) Hodge, *Commentary on the Romans*.

로다"(시 33:11)라고 말한다. 아울러 "하나님의 견고한 터는 섰으니 인침이 있어 일렀으되 주께서 자기 백성을 아신다 하며"(딤후 2:19)라는 말씀은 하나님의 계획이 불변할 뿐 아니라 그분이 자기 백성을 아신다고 가르친다. 선택에 관한 하나님의 뜻은 변하지 않는다. 따라서 선택하신 자의 숫자도 더 늘어나거나 줄어들지 않는다.

선택과 관련된 문제 가운데 한 가지 더 짚고 넘어가야 할 것이 있다. 성경은 선택 받은 자들이 '그리스도 안에서 선택되었다'고 가르친다(엡 1:4). 이 말은 그리스도의 중보 사역이 그들의 선택을 결정짓는 원인이라는 뜻과는 거리가 멀다. 앞서 말한 대로, 선택은 하나님의 주권적인 뜻에서 비롯한다. 성경은 구원자이신 주님의 사역이 하나님의 사랑에서 비롯한 결과임을 분명히 한다(요 3:16).

그리스도의 중보 사역이 필요했던 이유는 하나님이 선택하신 자들에게 그 선택의 사랑이 효력을 발생하도록 하시기 위해서였다. 선택 자체는 전적으로 하나님의 주권적인 뜻에 의해 결정된다. 하나님의 선하신 뜻 외에 다른 원인은 존재하지 않는다(엡 1:5). 하나님의 뜻은 하나다. 그 안에 목적과 수단이 다 들어 있다. 그러나 순서상으로 따지면 목적이 먼저이고, 그다음에 그 목적을 이룰 수단이 결정된다. 이처럼 '그리스도 안에서 선택되었다'는 말은 하나님이 그리스도의 중보 사역을 선택의 원인이 아니라 선택의 뜻을 이루는 수단으로 결정하셨다는 의미를 담고 있다.

6항 하나님은 선택하신 자들을 영광에 이르도록 작정하신 것처럼 그 마음의 지극히 영원하고 자유로운 목적에 따라 영광에 이르는 모든 수단을 미리 정하셨다(벧전 1:2, 엡 1:4-5, 2:10, 살후 2:13). 따라서 선택 받은 자들은 아

담 안에서 타락했지만 그리스도를 통해 구속함을 받고(살전 5:9-10, 딛 2:14), 때가 되었을 때 성령의 역사하심을 통해 효과적으로 부르심을 받아 그리스도를 믿고, 의롭다 하심을 받고, 양자가 되고, 거룩해지고(롬 8:30, 엡 1:5, 살후 2:13), 성령의 능력으로 믿음을 통해 구원에 이르기까지 보존된다(벧전 1:5). 그리스도를 통해 구속함과 유효 소명을 받아 의롭다 하심을 받고, 양자가 되고, 거룩해져 구원을 받은 사람은 선택 받은 자 외에는 아무도 없다(요 17:9, 롬 8:28, 요 6:64-65, 10:26, 8:47, 요일 2:19).

― 해 설 ―

이 조항은 목적과 수단이 하나님의 뜻 안에서 서로 불가분의 관계를 맺고 있다고 진술한다. 하나님은 선택하신 자들을 영광에 이르도록 작정하신 것처럼 그리스도 안에서, 그분을 통해, 오직 그분의 공로로 영광을 얻는 수단을 미리 정하셨다(살전 5:9). 아울러 하나님은 그런 영광을 누리는 데 반드시 필요한 모든 수단, 곧 믿음, 성화, 견인 등을 모두 결정해 놓으셨다(살후 2:13).

그리스도의 중보 사역이 선택의 원인은 아니지만, 그분의 복종과 죽음이 그 영광스런 목적을 이루는 유일한 수단으로 정해졌다. 전능하신 하나님은 인간의 믿음과 거룩한 삶을 미리 아시고 그를 영광으로 선택하지는 않으셨지만, 자신이 선택하신 자들이 그런 지복을 누리기 전에 갖추어야 할 믿음과 성화의 수단을 영원 전에 미리 작정해 두셨다.

따라서 하나님이 작정하신 수단을 등한시하면서 그 목적을 이룰 수 있다고 생각하는 것은 선택의 교리를 심각하게 훼손하는 것이다. 일상생활에서도 어떤 목적을 이루려면 적절한 수단을 활용해야 한다. 따라서 그보다 무한히 더 중요한 목적을 이루려고 하면서 수단을 무시하는 것은 가장 큰 교만이요, 어리석음이 아닐 수 없다.

이 조항의 다음 내용은 선택 받은 자들을 영광에 이르게 만드는 수단을 언급한다. 그들은 그리스도를 통해 구속함을 받는다. 그분의 구속은 성령의 역사하심을 통해 그들에게 효과적으로 적용된다.

'그리스도를 통해 구속함을 받고'라는 말의 의미를 이해하려면 '구속함을 받고'가 여기에서 어떤 의미로 사용되었는지를 파악할 필요가 있다. 성경에서 '구속'이라는 용어는 죄와 그 형벌로부터 실제로 구원 받는 것을 종종 의미하지만, 근본적으로는 '속전을 지불하는 것'을 뜻한다. 따라서 신학자들은 속전에 의한 구원과 능력에 의한 구원을 구별한다. 후자는 실제적인 구원을, 전자는 속전을 지불하는 것을 각각 가리킨다. 그리스도께서는 자신의 공로로 속전을 지불하심으로써 자기 백성을 구원하셨다.

『웨스트민스터 신앙고백』이 작성될 당시, '구속'이라는 용어는 오늘날의 '속죄'라는 용어와 정확하게 같은 의미로 사용되었다. '일반 구속'과 '특별 구속'이라는 말도 '일반 속죄'와 '제한 속죄'라는 말과 의미가 똑같았다. 어떤 사람들은 이 조항에 사용된 '구속'이라는 용어가 속전을 지불하는 것이 아니라 속전을 지불해 얻은 구원을 가리킨다고 주장한다. 그들은 '구속함을 받고'라는 말이 '구원을 받고'라는 뜻이라고 생각한다.

그러나 이 조항은 선택 받은 자들이 구속함을 받는 것과 구원을 받는 것을 분명하게 구별한다. 즉, 그리스도를 통해 구속이 온전히 이루어졌기 때문에 그들이 효과적으로 부르심을 받아 그분을 믿는 믿음을 갖게 되었다고 진술한다. 그들의 칭의와 양자 됨과 성화와 마지막 구원은 그리스도의 죽음을 통해 그들에게 주어진 구원에서 비롯하는 복된 결과다.

이처럼 그리스도를 통한 구속은 구원이 아니라 구원을 가능하게 만든 '속전을 지불했다'는 의미이다. 그리스도를 통한 구속은 이미 완성되었다. 그리스도의 십자가를 통해 온전한 구속이 이루어졌다. 그러나 실제적인 구원은 '때가 되었을 때', 곧 그들이 믿음으로 그리스도와 연합했을 때 비로소 이루어진다.

이 조항을 통해 배울 수 있는 사실은 다음과 같다.

1. 그리스도의 죽음은 오직 자기 백성의 구원을 값 주고 확보한 결과를 낳았다. 모든 사람의 구원을 가능하게 하거나 모든 사람을 구원 받을 수 있는 상태로 이끈 것이 아니다(요 17:4, 히 4:12).

2. 그리스도께서는 선택 받은 자들만을 위해 죽으셨고, 오직 그들만을 위해 속전을 지불하셨다. 그분은 오직 선택 받은 자들만을 위해 속죄를 이루셨다. 그분은 선택 받지 않은 사람들을 위해 목숨을 내놓지 않으셨다. 이 조항은 '선택 받은 자들이 그리스도를 통해 구속함을 받았다'고 진술할 뿐 아니라 '그리스도를 통해 구속함을 받은 사람은 선택 받은 자 외에는 아무도 없다'고 잘라 말한다.

특별 구속, 즉 제한 속죄의 교리를 이보다 더 분명하게 설명하고 있는 표현은 없다. 이 내용은 "예수 그리스도의 죽음과 고난은 일반적으로는 모든 사람의 죄를 속죄하고, 특별하게는 모든 개인의 죄를 속죄하는 의미를 지닌다"고 주장하는 아르미니우스주의자들을 정면으로 논박한다. 그리스도의 죽음이 선택 받은 자들과 특별한 관계를 맺고 있고, 하나님의 뜻에 따라 그들의 구원을 틀림없이 보장하지만, 일반적인 차원에서도 모든 사람을 위해 동일한 속죄를 이루는 결과를 낳았다고 주장하는 사람들이 많다. 하지만 이 조항은 그런 주장을 용납하지 않는다. 일반 속죄를 선호했던 저명한 리처드 백스터는 다른 조항을 언급하며 이렇게 말했다.

> 나는 보편 구원을 반대하는 3장 6항과 8장 8항을 모두의 구원, 특별하게는 죄의 형벌을 짊어져 하나님의 공의를 만족시키는 것을 부인하는 의미가 아니라 단지 선택 받은 자들에게 특별히 주어지는 구원, 곧 적절한 때에 구원의 축복을 실제로 적용하려는 의도를 지닌 구원을 설명하는 의미로 이해한다. 만일 이런 해석

이 용인되지 않는다면 나는 동의하지 않겠다.[7]

내가 보기에 이 조항은 그런 해석을 용납하지 않는다. 더욱이 성경은 일반 구속(그리스도의 죽음을 일반적으로 적용하는 것)에 관해서는 일체 아무 말도 하지 않는다. 그리스도께서는 친히 "나는 양을 위하여 목숨을 버리노라"(요 10:15)라고 말씀하셨다. 그분은 자신이 목숨을 내어 준 양들이 하나님이 영원한 언약 안에서 선택하시어 자기에게 허락하신 한정된 숫자의 사람들을 가리킨다는 것을 분명하게 암시하셨다. 그분은 그들에게만 영생을 허락하신다(요 10:28-29).

기독교는 다음과 같은 점에서 유대교와 명백하게 구별된다. 유대교는 아브라함의 후손, 곧 한 민족과 한 국가 내에서만 통용되지만, 기독교는 모든 민족에게 전파된다. 기독교는 그리스도의 죽음을 온 세상에 전한다.

그러나 '모든 민족'이나 '온 세상'이라는 표현을 범위를 뜻하는 의미로 이해해서는 안 된다. 그런 식의 이해는 확실한 근거가 없다. 왜냐하면 우리가 아는 한 복음이 하늘 아래 있는 모든 민족에게 아직 다 전파되지 않았기 때문이다. 이 말은 복음이 한두 민족에게 국한되지 않는다는 것을 의미한다. 그 어떤 나라도 복음 전파의 대상에서 제외되지 않는다. 사도들은 성령이 이끄시는 대로 이곳저곳을 돌아다니며 복음을 전파했다. 따라서 칼빈주의자들은 그리스도의 죽음에 적용되는 그런 용어들도 그와 비슷한 의미로 이해해야 한다고 생각한다.

나라든, 개인이든 복음 전파의 대상에서 제외되는 경우는 없고, 그들 가운데 일부가 그리스도를 통해 구원 받는다. 그 이상의 의미를 주장한다면 하나님의 공의가 훼손될 수밖에 없다. 하나님이 온 세상의 죄를 위한 충분한 만족과 보상을 얻으셨다면 모든 사람이 그로 인해 구원을 받든지, 아니면 최소한 그들에게 구

---

[7] Baxter, *Confession of his Faith*, p.21.

원이 반포되어 그들이 그것을 받아들이는 여부에 따라 판결이 이루어져야만 공의의 원칙에 부합할 것이다.[8]

3. 이 조항은 하나님이 선택하시고 그리스도를 통해 구속함을 받은 사람들에게 성령을 통해 구원이 효과적으로 적용될 것이라고 진술한다. 선택 받은 자들은 때가 되면 성령의 능력을 통해 효과적으로 부르심을 받아 그리스도를 믿기에 이른다. "아버지께서 내게 주시는 자는 다 내게로 올 것이요"(요 6:37). "영생을 주시기로 작정된 자는 다 믿더라"(행 13:48).

선택 받은 자들은 모두 칭의와 양자 됨과 성화의 단계를 거쳐 은혜 안에서 끝까지 보존되어 결국에는 영광에 이른다. "또 미리 정하신 그들을 또한 부르시고 부르신 그들을 또한 의롭다 하시고 의롭다 하신 그들을 또한 영화롭게 하셨느니라"(롬 8:30).

『웨스트민스터 신앙고백』은 성경의 가르침에 따라 성삼위 하나님 모두가 인간의 구원이라는 영광스러운 사역에서 제각기 독특한 역할을 담당하신다고 진술한다. 성삼위 하나님의 계획과 사역은 서로 밀접하게 연관된다. 성부 하나님은 죄인들 가운데 일부를 선택해 영생을 주기로 결정하셨고, 성자 하나님은 창세전에 자기 안에서 선택 받은 자들을 위해 목숨을 내어 주심으로써 영원한 구원을 확보하셨으며, 성령 하나님은 적절한 때에 그들에게 구원을 적용하신다.

모든 것이 완벽한 조화를 이룬다. 성자는 성부의 뜻을 이루시고, 성령의 사역은 성부의 목적과 성자의 중보 사역에 정확히 일치한다. 그러나 일반 구속이나 보편 속죄의 경우에는 이런 조화로움이 완전히 깨어진다. 그런 경우에는 성부가 구원하실 의향이 없는 사람들을 위해 성자가 덧없이 피를 흘리

---

[8] Burnet, *The Thirty-Nine Articles*, Art. 17.

신 셈이 되고, 성령이 그리스도께서 목숨을 내주신 사람들에게 구원을 효과적으로 적용하실 수 없게 된다.

7항 하나님은 그 뜻하신 바 측량할 수 없는 계획에 따라 피조물들에게 행사하시는 주권적인 능력의 영광을 위해 그 기뻐하시는 대로 긍휼을 베풀기도 하시고, 거두기도 하신다. 그분은 선택 받지 못한 나머지 사람들은 버려두시고 그들의 죄로 인해 진노와 수치를 당하도록 작정하시어 자신의 영광스러운 공의를 찬미하게 하신다(마 11:25-26, 롬 9:17-18, 21-22, 딤후 2:19-20, 유 1:4, 벧전 2:8).

― 해 설 ―

이 조항은 흔히 '유기의 작정'으로 일컬어지는 교리를 진술한다.

『웨스트민스터 신앙고백』은 '유기'라는 용어를 사용하지 않는다(33장 "마지막 심판"에 '유기된 자들'이라는 표현이 한 차례 사용된 것을 제외하면 '유기'라는 말은 어디에도 나타나지 않는다-역주). 이 용어가 성경에서 사용되는 경우는 신학적인 의미와는 다른 의미를 갖는다. 이 용어는 하나님이 죄책과 불행을 짊어진 인류 가운데 일부를 선택하시고, 일부를 버리기로 작정하셨다는 것을 의미한다.

어떤 사람들은 영원한 선택은 인정하지만, 영원한 유기는 인정하지 않는다. 그러나 영원한 유기는 영원한 선택의 필연적인 결과다. 일부를 선택한다는 것은 곧 일부를 버린다는 것을 의미한다.

선택과 유기는 동전의 양면과 같다. 사람들은 생각할 수 없는 것을 억지로 생각할 때가 많다. 그들은 선택만 인정하고, 유기는 거부한다. 성경에는 이 교리를 가르치는 구절이 많다. 성경은 이름이 '기록되지 않은' 사람들이 있다고 말한다. 그런 사람들은 생명책에 '이름이 기록된' 사람들의 부류에 속하지 않는다. 그들은 "옛적부터 이 판결을 받기로 미리 기록된 자"(유 1:4)요, "멸하기로 준비된 진노의 그릇"(롬 9:22)이다. "그들이 말씀을 순종하지 아니하므로 넘어지나니 이는 그들을 이렇게 정하신 것이라"(벧전 2:8)라는 말씀도 그들을 가리킨다.

하나님은 선택하신 자들은 사랑하시지만, 그렇지 못한 사람들은 미워하신다. 로마서 9장과 11장을 차분하고 주의 깊게 읽어 보면 생명에 이르도록 작정된 사람들이 있고, 사망에 이르도록 작정된 사람들이 있다는 것을 분명하게 알 수 있을 것이다.[9]

이 조항은 하나님이 일부 사람들을 버려두시고, 진노를 당하도록 작정하셨다고 진술한다. 이 둘의 차이를 구별하는 것은 매우 중요하다. 하나님이 죄인 가운데 일부는 생명에 이르도록 선택하시고, 나머지는 버려두신 이유는 그 뜻하신 계획에 따른 것이다. 하나님은 그 기뻐하시는 대로 긍휼을 베풀기도 하시고, 거두기도 하신다.

하나님이 버려두신 자들은 타락한 죄인들임이 분명하다. 그러나 구원을 받기로 선택된 자들에게도 죄가 있기는 마찬가지다. 따라서 그들이 선택 받은 것은 전적으로 하나님의 뜻에 따른 것이다. "그런즉 하나님께서 하고자 하시는 자를 긍휼히 여기시고 하고자 하시는 자를 완악하게 하시느니라"(롬 9:18).

하나님이 온 인류를 죄를 지은 천사들처럼 내버려 두신다고 해도 그분은 온전히 공의로우시다. 따라서 그 가운데 일부를 선택하시어 생명을 주기로 작정하시고, 나머지는 버려두신다 해도 그분은 선택 받지 못한 이들에게 조

---

9) Dick, *Lectures on Theology*, vol 2, pp.197-198.

금도 불의를 행하지 않으시는 셈이다.

그러나 하나님이 버려두신 자들에 대해 진노와 수치를 당하도록 작정하신 이유를 묻는다면 그것은 그들 자신의 죄 때문이라고 대답할 수 있다. 하나님은 재판관으로서 죄인들에 대한 형벌을 미리 정하셨다. 이 작정의 목적은 공의의 자연스런 원칙을 따라 그들을 벌하는 데 있다. 그들이 마지막 멸망을 당하는 이유는 그들 자신의 죄 때문이다. 하나님은 그들을 부당하게 대하지 않으신다.

선택 받은 자들의 구원은 '영광스러운 은혜를 찬미하게 하시기 위한' 것이고, 선택 받지 못한 자들의 형벌은 '영광스러운 공의를 찬미하게 하시기 위한' 것이다.

8항 신비롭기 그지없는 예정 교리는 특별히 신중하고 조심스럽게 다루어야 한다(롬 9:20, 11:33, 신 29:29). 그 이유는 말씀에 계시된 하나님의 뜻에 유의하며 복종하는 사람들이 유효 소명의 확실성을 토대로 영원한 선택을 확신하게 하기 위해서다(벧후 1:10). 이 교리는 하나님을 찬양하고, 공경하고, 흠모하는 마음을 불러일으켜야 할 뿐 아니라(엡 1:6, 롬 11:33) 복음에 진지하게 복종하는 모든 사람에게 겸손과 성실함과 풍성한 위로를 일깨워 주어야 한다(롬 11:5-6, 20, 벧후 1:10, 롬 8:33, 눅 10:20).

~ 해 설 ~

예정 교리는 신비롭기 그지없다. 예정 교리는 인간의 연약한 지성으로는 온전히 이해하기 어려운 하나님의 은밀한 일 가운데 하나다. 이 교리를 탐구할 때는 불필요한 사변을 자제하고, 기록된 말씀을 넘어서지 않도록 조심해야 한다. 그러나 하나님은 이 교리를 말씀 안에 분명히 계시하셨다. 따라서 우리는 이 교리를 진지하게 탐구해야 하고, 강단에서 힘써 외쳐야 하며, 글을 써서 널리 전해야 한다. 칼빈은 "하나님이 은밀하게 숨겨 놓으신 것들은 탐구해서는 안 된다. 그러나 하나님이 널리 공포하신 것들은 결코 소홀히 해서는 안 된다. 다시 말해, 헛된 사변을 일삼아서도 안 되고, 감사하지 않는 마음으로 진리를 외면해서도 안 된다"고 옳게 말했다.

이 교리가 위험하거나 무익하다면 하나님은 이를 계시하지 않으셨을 것이다. 이 교리를 등한시하는 것은 하나님의 지혜를 무시하는 것이다. 그런 태도는 하나님이 미리 보시지 못한 위험을 인간이 막겠다고 주제넘게 나서는 것이나 다름없다. 칼빈은 "예정 교리를 거부하려고 애쓰는 자가 있다면 그는 하나님을 공공연히 모욕하는 자다. 그런 태도는 하나님이 교회를 해롭게 하는 것을 무심코 발설하셨다고 말하는 것이나 다름없다"[10]고 덧붙였다.

예정 교리는 특별한 판단력과 신중함을 요구한다. 인간의 사변을 자제하고, 성경에 명백하게 계시된 진리만을 붙잡아야 한다. 예정 교리를 신중하게 논의한다면 진리를 방탕한 것으로 바꾸거나 절망에 빠지는 위험을 피하고, 신자의 지식과 덕과 위로를 증진하는 데 큰 도움이 될 것이다.

회심하기 전에는 아무도 자신의 선택을 확신할 수 없다. 따라서 하나님의 은밀한 뜻을 알려고 애쓰기보다 그분의 계시된 뜻에 유의해야 한다. 스스로가 부르심을 받았다는 것을 알면 자신의 선택을 확신할 수 있다. 베드로 사도는 "더욱 힘써 너희 부르심과 택하심을 굳게 하라"(벧후 1:10)라는 권고의 말로 이 지식을 얻는 순서와 방법을 암시했다.

영원한 선택은 적절한 때에 유효 소명을 통해 알려지기까지는 깊은 비밀로 남는다. 그러나 유효 소명이 확실시되는 경우에는 자신의 선택이 영원 전에

---

10) Calvin, *Institutes*, book 3, ch. 21. sec. 4.

이루어졌다고 안전하게 결론지을 수 있다. 복음의 부르심에 응해 복음이 제시하는 것을 받아들이는 것은 선택의 여부를 아는 것과는 아무 상관이 없다. 복음 초청은 선택 받은 사람들이 아니라 멸망할 죄인들에게 주어지는 것이기 때문이다.

복음 초청에 응하는 것은 모든 사람의 의무다. "내게 오는 자는 내가 결코 내쫓지 아니하리라"(요 6:37)라는 그리스도의 격려의 말씀은 모두에게 똑같이 적용된다. 선택의 교리는 복음에 진지하게 복종하는 모든 사람에게 거룩함과 위로를 가져다준다. 또한 하나님을 향한 숭앙심과 감사를 일깨워 주고, 영원하신 주권자 앞에서 겸손히 머리를 조아리게 만들며, 신앙의 의무를 성실하게 이행하도록 격려하고, 삶의 시련과 유혹 속에서 풍성한 위로를 가져다주며, 영원한 영광을 바라는 소망을 생생하게 일깨워 준다.

CHAPTER.4

OF CREATION

창조

만물이 그에게서 창조되되 하늘과 땅에서 보이는 것들과 보이지 않는 것들과 혹은 왕권들이나 주권들이나 통치자들이나 권세들이나 만물이 다 그로 말미암고 그를 위하여 창조되었고 (골 1:16).

1항 성부와 성자와 성령 하나님은(히 1:2, 요 1:2-3, 창 1:2, 욥 26:13, 33:4) 그 영원하신 능력과 지혜와 선하심의 영광을 나타내시기 위해(롬 1:20, 렘 10:12, 시 104:24, 33:5-6) 태초에 세상과 그 안에 있는 모든 것들, 곧 보이는 것이나 보이지 않는 것들을 엿새 동안 무에서 창조하기를 기뻐하셨다. 창조하신 것은 모두 심히 좋았다(창 1장, 히 11:3, 골 1:16, 행 17:24).

── 해 설 ──

'창조'라는 말은 만물을 만들고 형성하는 것을 의미한다. 여기서 '만들다'와 '형성하다'라는 두 가지 용어를 사용한 이유는 창조가 일차적인 것과 이차적인 것, 즉 직접적인 것과 간접적인 것이라는 이중적 차원을 지니고 있기 때문이다.

'만들다'는 어떤 것을 무에서 창조하는 것을 의미하고, '형성하다'는 이미 존재하는 것을 이용해 어떤 것을 형성하는 것을 의미한다. 그러나 물질은 스스로를 창조할 수 없기 때문에 그 어떤 이차적인 원인에 의해 저절로 형태를 갖춘 것은 아무것도 없다.

이 조항이 가르치는 내용은 다음과 같다.

1. 세상은 시작이 있다. 이는 가장 명백한 진리 가운데 하나이지만 하나님은 계시를 통해 이 사실을 특별히 확증하셨다.

고대의 이방 철학자들은 세상이 영원 전부터 존재했다고 주장했다. 그들은 세상을 형성시킨 물질이 영원 전부터 존재했을 뿐 아니라 우리가 지금 보는 것과 같은 아름다운 형태로 계속 존속해 왔다고 생각했다. 또 어떤 사람들은 하늘과 땅이 현재의 모양을 유지하게 된 것에는 시작이 있지만, 그것을 형성한 물질은 영원 전부터 존재했다고 생각했다. 성경은 세상이 시작이 있다고 분명하게 말한다(창 1:1, 시 90:2). "창세전"(엡 1:4)이라는 표현도 세상의 시작을 분명히 암시한다.

일반적으로 받아들여지는 연대기에 따르면, 세상의 창조는 그리스도께서 탄생하시기 4,004년 전에 이루어졌다고 한다(이는 영국 성공회 어셔 주교가 주장한 연대다-역주). 이집트인들과 힌두인들과 중국인들의 계산이 옳다면, 우주가 현재의 형태로 지속된 세월은 수백만 년에 달한다. 그러나 그런 계산은 잘못된 것으로 판명되었다. 예술의 발명과 초창기 제국들의 건설이 그리 오래되지 않았기 때문에 오늘날의 세상이 존재한 지가 6,000년을 넘지 않았다(저자가 집필했던 1845년 기준-편집자주)는 강력한 추정을 근거로 그 기원을 얼마든지 추적할 수 있다는 지적이 종종 있어 왔다.

2. **창조는 하나님의 사역이다.** 하나님은 창조 사역을 신성의 영광을 드러내는 것으로 종종 언급하셨다(사 44:24, 45:12).

창조 사역은 성삼위 하나님의 공동 사역이다. 성부(고전 8:6)와 성자(요 1:3)와 성령(창 1:2, 욥 26:13) 하나님이 모두 창조 사역에 참여하셨다. 성삼위 하나님은 한 분 하나님이시다. 따라서 성부 하나님이 창조 사역의 주도자이시고, 성자와 성령 하나님은 그보다 열등한 대리자나 도구로 사용되셨다고 생각해서는 안 된다. 신성을 드러내시는 사역에 성삼위 하나님이 동등하게 참여하신다.

3. **창조 사역은 '세상과 그 안에 있는 모든 것들, 곧 보이는 것이나 보이지 않는 것들'을 포함한다.**

성경은 이 사실을 분명하게 증언한다. "우주와 그 가운데 있는 만물을 지으신 하나님께서는 천지의 주재시니"(행 17:24). "만물이 그에게서 창조되되 하늘과 땅에서 보이는 것들과 보이지 않는 것들과……만물이 다 그로 말미암고"(골 1:16). 여기에는 천사들도 포함된다. 천사들의 창조가 태초 이전에 이루어졌다고 생각해야 할 이유는 없다. 천사들이 첫째 날에 창조되었다는 것이 일반적인 견해다.

4. 세상과 그 안에 있는 모든 것들은 '엿새 동안' 창조되었다.

성경은 이 사실을 분명하게 증언한다. "이는 엿새 동안에 나 여호와가 하늘과 땅과 바다와 그 가운데 모든 것을 만들고"(출 20:11). 현대 지질학의 발견에 따르면, 지구를 형성한 물질이 모세가 기록한 엿새 동안의 창조 시기보다 더 일찍 만들어진 것으로 나타난다.

지질학적 발견과 모세의 기록을 조화시키기 위해 여러 가지 이론이 제기되었다. 어떤 사람들은 모세가 기록한 대로 지구가 형성되는 엿새 동안, 또는 그 이후에 물질에 많은 변화가 일어났다고 주장한다. 그러나 지질학을 통해 발견된 사실들은 그런 주장이 아무 근거가 없다는 것을 보여 준다.

또 어떤 사람들은 창조가 이루어진 날이 24시간으로 이루어진 자연적인 날이 아니라 분명하게 정해지지 않은 긴 시기를 가리킨다고 주장한다. 그러나 성경을 기록한 거룩한 역사가 모세는 그런 방만한 해석을 경계하기라도 하듯 하루가 지날 때마다 "저녁이 되고 아침이 되니"라는 말을 덧붙여 그날이 일상적인 날을 가리킨다는 것을 분명하게 암시했다. 이 말은 창조의 날이 일상적인 날이 아니라는 것을 전제로 하는 해석들을 불가능하게 만든다.

한편 어떤 사람들은 지구를 구성한 물질이 인간이 창조되기 이전의 불명확한 기간 동안 창조적 능력의 활동을 통해 미리부터 존재했다고 주장한다. 이들은 성경이 미리부터 존재했던 지구의 상태에 관해 아무런 정보도 제공하지 않는다는 사실 자체가 그것이 미리부터 존재했다는 신념을 가능하게 하는 여지를 남긴다고 말한다. 따라서 이들은 성경 외에 다른 출처를 통한 인간의 탐구에 의해 그 사실이 확인될 수도 있을 것이라고 추측한다.

이들은 창세기 1장 1절이 하나님이 그 전능하신 능력으로 우주를 구성하는 물질을 무에서 창조하셨다는 것을 암시한다는 전제 아래 그 후에 창조 사역이 본격적으로 시작될 때까지 일정하지 않은 세월이 존재했다고 해석한다. 이들의 견해에 따르면, 창세기 1장 2절 이하의 내용은 하나님이 엿새 동안 이미 존재하는 물질을 사용해 현재의 지구를 창조하시고, 식물과 동물을 만드신 과정을 기록한 셈이 된다.

이런 해석은 현존 인류가 창조되기 이전에 오랫동안 지질학적 사건들이 일어났을 가능성을 인정하고 있기 때문에 모세의 창조 기사와 지질학적 발견을 가장 잘 조화시킨 이론으로 받아들여지고 있는 듯하다.[1]

5. 창조된 만물은 심히 좋았다.

모든 것이 완벽했다. 왜냐하면 위대하신 건축가께서 그 무한하신 생각으로 영원 전에 설계하신 형태에 온전히 부합했기 때문이다. 만물은 제각기 창조의 목적에 정확하게 일치했고, 설계된 목적에 맞게 생성되었다.

6. 하나님은 자신의 영광을 나타내기 위해 만물을 창조하셨다.

하나님은 자신의 무한히 완전한 속성을 드러내기 위해 만물을 지으셨다. 그분이 행하신 모든 사역은 그분의 전능하신 능력과 한량없는 선하심과 측량할 수 없는 지혜를 드러낸다. 그분의 영광이 우주의 곳곳에서 밝게 빛난다. 그러나 피조물이 지성의 눈으로 우주를 깊이 관조하고, 전능하신 창조주를 찬양하지 않는다면 그 영광의 빛은 아무런 소용이 없다. 따라서 하나님은 인간을 창조하시고, 그를 위해 미리 준비하신 거주지에 거하게 하셨다.

다음 조항은 바로 그 사실을 진술한다.

---

[1] 에거시스의 지질학적 견해는 이 해석과 일치한다. 아울러 창세기 1장 20절에 대한 캔들리쉬의 해석과 던컨 박사의 견해를 참조하라. 던컨 박사의 견해는 다음 자료에서 발견할 수 있다. Ruthwell, *Geological Lecture to Young Men*, Glasgow, 1842.

2항 하나님은 다른 피조물을 모두 지으시고 나서 사람을 남자와 여자로 창조하시고(창 1:27), 그들에게 자신의 형상을 따라(창 1:26, 골 3:10, 엡 4:24) 이성적이며 불멸하는 영혼을 주셨고(창 2:7, 전 12:7, 눅 23:43, 마 10:28), 지식과 의와 진정한 거룩함을 부여하셨으며, 그들의 마음에 하나님의 율법을 기록하셨고(롬 2:14-15), 그 율법을 이룰 능력을 베푸셨다(전 7:29). 그러나 그들은 의지의 자유를 허락 받은 상태에서 죄를 지을 가능성 아래 놓여 있었고, 그들의 의지는 언제라도 변할 소지가 있었다(창 3:6, 전 7:29). 그들은 마음에 기록된 율법 외에 선악을 알게 하는 나무의 열매를 먹지 말라는 명령을 부여 받았고(창 2:17, 3:8-11, 23), 그 명령을 지키는 동안에는 하나님과 교통하는 행복을 누렸으며, 모든 피조물을 다스렸다(창 1:26, 28).

─ 해 설 ─

이 조항은 인간의 고귀한 신분과 창조주 하나님의 풍성한 은혜를 강조한다.

인간은 하나님이 다른 피조물을 모두 지으시고 난 뒤에 창조되었다. 인간이 창조되기 전에 그가 일시적으로 거하게 될 땅이 완전하게 준비되었고, 그가 거하는 데 필요한 모든 것이 풍성하게 갖추어졌다.

하나님은 인간을 남자와 여자로 창조하셨다. 남자는 흙에서 창조되었고, 여자는 남자의 갈빗대에서 창조되었다. 하나님은 다른 피조물의 경우에는 암수를 많이 만드셨지만, 인간은 남녀를 각각 한 사람씩만 만드셨다. 그리스도께서는 이 사실을 근거로 이혼을 불허하셨다(말 2:15, 마 19:4, 6).

1. 인간은 복합적인 존재로서 영혼과 육체로 이루어졌다. 인간의 육체는 보잘것없는 재질로 만들어졌지만, 참으로 정교하기 이를 데 없다. 인간의 본질

가운데 가장 고귀한 부분은 그의 영혼이다. 인간은 영혼으로는 하나님과 천사들과 같은 부류에 속하고, 육체로는 썩어 없어질 짐승들과 자신의 발아래 있는 흙과 같은 부류에 속한다.

  2. 인간은 본래 하나님의 형상으로 창조되었다. 이 말은 인간이 하나님의 본질을 부여 받았다는 뜻과는 아무 상관이 없다. 그 어떤 피조물도 하나님의 본질을 공유할 수 없다. 또한 이 말은 인간의 외모가 하나님을 닮았다는 뜻과도 아무 상관이 없다. 하나님은 육체를 가지고 계시지 않기 때문에 그분의 겉모습을 닮는 것은 불가능하다.

  하나님의 형상은 인간의 영혼이 지니는 영성과 관련된다. 하나님은 영, 곧 비물질적인 불멸의 존재이시다. 인간의 영혼은 영들의 아버지이신 하나님과는 비교조차 될 수 없지만, 그래도 영에 해당한다. 인간의 영혼도 비물질적이고 불멸한다는 점에서 하나님을 닮았다.

  3. 하나님의 형상을 지닌 인간은 세상에서 그분의 대리자요, 대표자로서 모든 피조물을 다스릴 수 있는 권한을 부여 받았다. 복되신 주권자이신 하나님은 인간에게 열등한 피조물을 다스릴 수 있는 권한을 위임하셨다. 그 결과 인간은 이 세상을 다스리는 통치자가 되었고, 모든 피조물은 인간을 존중하고 그 통치에 복종해야 했다. 물론 인간이 지닌 하나님의 형상의 가장 중요한 속성은 그분의 도덕적인 완전하심과 그 온전하신 성품을 닮은 것에 있다.

  신약성경에 기록된 성경 구절 두 곳을 살펴보면 인간이 처음에 지녔던 하나님의 형상, 곧 나중에 성령을 통해 다시 회복된 하나님의 형상이 의와 진리의 거룩함으로 이루어졌다는 것을 짐작할 수 있다(엡 4:24, 골 3:10).

  인간은 본래 지식을 가능하게 하는 지성과 의로움을 추구하는 의지와 거룩함을 좇는 감정을 지녔다. 인간의 지성 안에는 필요한 모든 지식이 들어 있었다. 인간은 하나님과 그분의 뜻을 알았고, 자기 자신과 하나님의 관계와 그분에 대한 의무를 의식했다. 또한 인간은 자신이 하나님께 의존해 있다는 것을 알았을 뿐 아니라 자연 세계에 대한 폭넓고 정확한 지식을 갖추었다. 인간은 자기 앞을 지나가는 다른 피조물들에게 독특한 이름을 붙여 줄 정도로 지식이 뛰어났다.

인간의 의지도 처음에는 하나님의 뜻에 온전히 순응했다. 인간은 자신의 의무를 알고, 그것을 힘써 이해하려는 의지를 가졌다. 인간의 감정도 처음에는 거룩하고 순수했다. 인간의 감정은 온당한 대상만을 추구하며 올바르게 기능했다. 도덕법을 돌판에 새겨 주실 필요가 전혀 없었다. 왜냐하면 인간의 마음에 명료하고 분명하게 새겨져 있었기 때문이다. 인간은 그 도덕법을 이룰 능력이 충분했다.

3. 그러나 인간의 의지는 본성의 빛과 거룩한 성향에 따라 기능을 발휘하거나 악으로 치우칠 수 있는 자유를 지녔다. 인간은 마음에 기록된 도덕법 외에 선악을 알게 하는 나무의 열매를 먹지 말라는 명령을 부여 받았다. 형벌 규정이 딸린 이 금지 명령은 나중에 자세히 살펴볼 예정이다. 여기에서는 인류의 첫 조상이 본래의 순전한 성품을 잃지 않은 상태에서 하나님이 부여하신 명령을 준수함으로써 행복한 삶을 영위했다는 사실만을 다루기로 하자.

4. 인간이 처음 거주했던 동산에는 필요한 모든 것이 잘 갖추어져 있었다. 인간은 주어진 일을 쉽고도 기쁘게 행할 수 있었다. 그들은 피로나 고통을 전혀 느끼지 않았다. 또한 죄책감이나 수치나 공포를 느끼지 않았고, 영혼을 혼란스럽게 하는 격한 분노에도 사로잡히지 않았다.

인간의 주된 행복은 하나님의 은혜를 누리는 것, 곧 그분과의 친밀한 교제에서 비롯했다.

이처럼 인간은 창조주 하나님이 지으신 참으로 탁월한 피조물이 아닐 수 없었다. 그러나 불행하게도 지금은 그 모든 것이 변했다. "하나님은 사람을 정직하게 지으셨으나 사람이 많은 꾀들을 낸 것이니라"(전 7:29).

CHAPTER.5

OF PROVIDENCE

섭리

여호와께서 그의 보좌를 하늘에 세우시고 그의 왕권으로 만유를 다스리시도다
(시 103:19).

1항 만물의 위대한 창조주이신 하나님은 무오하신 예지(행 15:18, 시 94:8-11)와 그 뜻하신 바 자유롭고 불변하는 계획에 따라(엡 1:11, 시 33:10-11) 가장 지혜롭고 거룩하신 섭리를 베푸시어(잠 15:3, 시 104:24, 145:17) 가장 큰 것에서부터 가장 작은 것에 이르기까지(마 10:29-31) 모든 피조물과 행위와 상황을 지탱하시고(히 1:3), 인도하시고, 독려하시고, 통치하심으로써(단 4:34-35, 시 135:6, 행 17:25-26, 28, 욥 38:41) 그 지혜와 권능과 공의와 선하심과 긍휼의 영광을 찬미하게 하신다(사 63:14, 엡 3:10, 롬 9:17, 창 45:7, 시 145:7).

해 설

이 조항은 만물을 보존하고 통치하시는 하나님의 섭리를 가르친다.

운명론자들은 하나님께서 우주를 창조하시면서 물질세계에는 자연법을, 인간에게는 도덕법을 각각 부여하시고, 세상에는 더 이상 간섭하지 않으시고 만들어진 대로 흘러가게 두신다고 주장하는 운명론자들을 논박한다. 만물의 위대한 창조주이신 하나님께서는 모든 피조물을 유지하고 통치하시며, 그분의 섭리가 가장 큰 것에서부터 가장 작은 것에 이르기까지 모든 피조물과 행위와 상황에 미친다.

1. 하나님의 섭리는 그분의 본성과 완전하신 속성, 피조물의 의존적 본성, 우주의 모든 것에서 확인될 수 있는 지속적인 질서와 조화, 악인들에게 임하는 놀라운 심판, 교회와 하나님의 백성에게 주어지는 구원, 미래 사건의 예언과 정확한 성취를 통해 자연스레 추론될 수 있다. 성경은 도처에서 하나님의 섭리를 증언한다. "여호와께서……그의 왕권으로 만유를 다스리시도다"(시 103:19). "모든 일을 그의 뜻의 결정대로 일하시는 이의 계획을 따라"(엡 1:11).

섭리의 개념은 두 가지, 곧 만물의 보존과 통치로 구성된다. 하나님은 만물이 그 존재를 유지하게 하심으로 그들을 계속 보존하신다. 성경은 "그의 능력의 말씀으로 만물을 붙드시며"(히 1:3), "만물이 그 안에 함께 섰느니라"(골 1:17)라고 분명하게 말한다. 하나님은 다양한 종류의 피조물을 보존하시고, 개개의 피조물을 모두 보존하신다. 따라서 성경은 하나님을 "사람과 짐승을 구하여"(시 36:6) 주시는 분으로 묘사한다.

또한 하나님은 만물을 본래 계획하신 목적에 맞게 인도하시고 독려하시며 그들을 통치하신다. "오직 우리 하나님은 하늘에 계셔서 원하시는 모든 것을 행하셨나이다"(시 115:3). "땅의 모든 사람들을 없는 것같이 여기시며 하늘의 군대에게든지 땅의 사람에게든지 그는 자기 뜻대로 행하시나니 그의 손을 금하든지 혹시 이르기를 네가 무엇을 하느냐고 할 자가 아무도 없도다"(단 4:35).

하나님의 통치는 이중적인 차원(자연적인 차원과 도덕적인 차원)을 지닌다. 하나님의 통치가 이중적인 차원을 지니는 이유는 통치의 대상이 두 가지이기 때문이다. 이성과 영혼이 없는 피조물은 자연적인 통치의 대상이고, 천사와 인간처럼 이성과 영혼이 있는 피조물은 도덕적인 통치의 대상이다.

2. 하나님의 섭리는 가장 큰 것에서부터 가장 작은 것에 이르기까지 모든 피조물과 행위와 상황에 영향을 미친다. 딕 박사는 이렇게 말했다.

어떤 사람들은 일반 법칙을 유지하시는 일반 섭리만을 인정하고, 개인들과 그들의 일을 간섭하시는 특별 섭리는 부인한다. 성경의 권위에 복종한다고 말하는 사람이 그런 견해를 받아들이는 것은 도저히 있을 수 없다. 성경은 참새 한 마리도 하늘에 계신 성부 하나님의 뜻이 아니고서는 땅에 떨어지지 않고, 그분이 우리 머리에 난 머리털 숫자까지 다 헤아리신다고 증언한다. 이성의 지시에 조용히 귀 기울이는 사람도 그런 견해를 받아들이지 않기는 마찬가지일 것이다. 하나님이 지성적인 피조물을 상대로, 또는 그들을 통해 무엇인가를 이룰 게획을 세우셨다면 그들의 상황과 행위와 사건에 특별히 관심을 기울이실 것이 틀림없지 않겠는가? 부분을 돌보지 않고 전체를 돌보는 것이나 개체를 무시한 채 종을 보존하는 것이 어떻게 가능하겠는가?

하나님의 섭리는 영혼이 없는 피조물까지 영향을 미친다. 자연법을 만드신 하나님은 그 기쁘신 뜻대로 모든 것을 유지하시거나 중단하신다. 자연 만물은 하나님의 지속적인 영향력에 의존하고, 그분의 통치에 복종한다. 이와 반대되는 주장을 펴는 것은 오직 하나님께만 속하는 독립적인 자유를 자연법을 따르는 사물에게 부여하는 결과를 낳는다(시 119:91, 104:14, 욥 38:31-38).

하나님의 섭리는 동물 세계 전체에 영향을 미친다. "삼림의 짐승들과 뭇 산의 가축이 다 내 것이며"(시 50:10). 동물들은 모두 하나님의 피조물이다. 그들은 그분의 섭리에 복종한다(시 104:27-28).

천사들도 하나님의 섭리에 복종한다. 선한 천사들은 언제라도 그분의 뜻에 복종할 준비가 되어 있다. 하나님은 천사들을 통해 세상에 있는 성도들에게 다양한 사역을 베푸신다(히 1:14). 악한 천사들도 그분의 통제를 받는다. 그들은 하나님의 허락이 없으면 아무런 해악도 끼칠 수 없다(욥 1:12).

하나님의 섭리는 인간의 일에도 영향을 미친다. 민족들의 일은 그분의 인도와 통치를 받는다. "민족들을 커지게도 하시고 다시 멸하기도 하시며 민족들을 널리 퍼지게도 하시고 다시 끌려가게도 하시며"(욥 12:23). 바벨론의 군주는 고통스런 경험을 통해 겸손해졌다. 그는 "지극히 높으신 이가 사람의 나라를 다스리시며 자기의 뜻대로 그것을 누구에게든지 주시는 줄을 아시리이다"(단 4:25)라고 인정하지 않을 수 없었다.

하나님의 섭리는 가정사에도 영향을 미친다. "하나님이 고독한 자들은 가족과 함께 살게 하시며"(시 68:6). "압박과 재난과 우환을 통하여 그들의 수를 줄이시며 낮추시는도다……궁핍한 자는 그의 고통으로부터 건져 주시고 그의 가족을 양 떼같이 지켜 주시나니"(시 107:39, 41). 하나님의 섭리는 개인과 그들의 가장 사소한 문제에까지 영향을 미친다. 개인의 출생과 그의 수명과 그의 인생에서 일어나는 모든 일이 하나님의 가장 지혜롭고 거룩하신 섭리 아래 이루어진다(행 17:28, 욥 14:5).

특별 섭리의 교리는 성경과 이성의 증언에 정확히 일치하기 때문에 인간을 위로하고 경건을 독려하기에 매우 유익하다. 하나님이 일반 법칙으로만 세상을 다스리신다면 그분을 우러러 존경할 수는 있어도 그분을 신뢰하고 감사하며 소망을 가질 수는 없을 것이다. 그런 것은 가장 작은 일까지도 모두 하나님의 섭리 아래 있다는 믿음을 가질 때만 비로소 가능하다. 하나님이 "나의 모든 길과 내가 눕는 것을"(시 139:3) 살펴보시고, 우리의 모든 발걸음을 지켜보시며, 우리에게 일어나는 모든 사건을 관장하시고, 우리를 인도하시고 보호하시며, 그 손으로 우리의 필요를 채워 주신다는 생각이 있어야만 헌신의 열정이 끊임없이 샘솟듯 솟아나고, 우리의 삶의 길에 기쁨의 빛이 환하게 비칠 수 있다. 우리는 하나님을 우리의 보호자요, 아버지로 생각한다. 우리는 그분의 보살피심 안에서 평안을 누린다. 그분을 신뢰하는 한 어떤 악도 우리를 해치지 못하고, 어떤 축복도 제한되지 않을 것이라고 확신한다.[1]

2항 제일원인인 하나님의 예지와 작정에 따라 만사가 변함없이 정확하게 이루어지지만(행 2:23), 하나님은 그 동일한 섭리를 통해 제이원인의 속성에 따라 그 모든 일이 필연적으로나 우연적으로, 또는 자유롭게 일어나도록 인도하신다(창 8:22, 렘 31:35, 출 21:13, 신 19:5, 왕상 22:28, 34, 사 10:6-7).

---

1) Dick, *Lectures on Theology*, vol. 2, p. 302.

해설

하나님은 모든 일을 예지와 작정에 따라 이루시고 인도하신다.

하나님은 창세전부터 모든 일을 알고 계셨다. 모든 일이 그분이 뜻하신 변함없는 계획과 하나님의 예지와 작정에 따라 한 치의 착오도 없이 정확하게 이루어진다. 그리고 동일한 섭리를 통해 그 일들이 제이원인의 속성에 따라 이루어지도록 인도하신다. 물질세계 구성체들의 움직임과 기능까지 모두 하나님의 뜻과 권능에 의존한다. 하나님은 '자연법'이라고 불리는 물리적인 법칙에 따라 물질세계를 다스리신다. 성경에서 말하는 '하늘의 법칙'(욥 38:33)은 제이원인인 물리적인 법칙, 곧 인과의 법칙과 조화를 이룬다.

또한 하나님의 섭리는 지성적인 피조물의 의지와 행위에 관여하지만 그들의 이성적인 자유를 침해하지 않는다. 그들은 강압을 받지 않고 자유롭게 행동한다. 이성적인 피조물은 자신의 의향에 따라 스스로가 누릴 수 있는 모든 자유를 향유한다. "내가 시초부터 종말을 알리며 아직 이루지 아니한 일을 옛적부터 보이고 이르기를 나의 뜻이 설 것이니 내가 나의 모든 기뻐하는 것을 이루리라 하였노라"(사 46:10)라고 말씀하시는 하나님께는 우연적인 사건이 존재하지 않지만, 인간인 우리나 제이원인의 경우에는 우연적이거나 우발적으로 보이는 사건들이 허다하다.

3항 하나님은 일반 섭리를 베푸실 때 여러 수단을 사용하시지만(행 27:31, 44, 사 55:10-11, 호 2:21-22) 그런 수단들이 없어도, 또 그것들을 초월하거나(롬 4:19-21) 역행하시면서(왕하 6:6, 단 3:27) 마음에 원하시는 대로 자유롭게 역사하신다(호 1:7, 마 4:4, 욥 34:10).

┈ 해 설 ┈

하나님의 섭리는 일반적일 수도, 기적적일 수도 있다.

하나님은 일반 섭리를 베푸실 때 수단을 사용하시고, 그 크신 지혜로 확립해 놓으신 일반 법칙을 따르신다. 따라서 우리는 그분이 정하신 수단들을 사용해야 한다. 그것들을 무시하면 원하는 목적을 이룰 수 없다. 하나님은 일반적으로는 이미 확립해 놓으신 법칙에 따라 사역하시지만, 경우에 따라서는 마음에 원하시는 대로 그런 법칙을 잠시 중단하거나 수정하기도 하신다.

하나님의 직접적인 개입을 통해 일반 법칙을 초월하거나 역행하는 결과가 나타날 때 우리는 그것을 '기적'이라고 일컫는다. 무신론자들 외에는 아무도 기적의 가능성을 부인하지 않는다. 자연의 법칙이 절대적이라는 주장, 곧 어떤 경우에도 그 법칙이 어긋나는 경우가 없다는 주장은 하나님이 세상을 통치하지 않으신다고 주장하는 것이나 같다. 그런 주장은 위대한 건축가이신 하나님조차도 통제하실 수 없는 특정한 법칙에 따라 우주라는 광대한 기계가 저절로 작동한다는 사상에 근거한다.

4항 하나님의 전능하신 능력과 측량할 수 없는 지혜와 무한히 선하심이 그분의 섭리를 통해 나타난다. 이 섭리는 인류의 첫 번째 타락과 천사들과 사람들의 죄에까지 영향을 미치지만(롬 11:32-34, 삼하 24:1, 대상 21:1, 왕상 22:22-23, 대상 10:4, 13-14, 삼하 16:10, 행 2:23, 4:27-28) 하나님은 이를 단순히 허용하는 데 그치지 않으시고(행 14:16) 다양한 통치 행위를 통해 가장 강력하고 지혜로운 제한을 가하기도 하시고(시 76:10, 왕하 19:28, 창 50:20), 또 주관하거나 다스리기도 하시어 거룩한 목적에 이바지하게 하신다(창 1:20, 사 10:6-7, 12). 그러나 죄는 하나님이 아니라 피조물에게서만 비롯한다. 지극히 거룩하시

고 의로우신 하나님은 죄의 원인자나 승인자가 아니시며, 또 그렇게 되실 수도 없다(약 1:13-14, 17, 요일 2:16, 시 50:21).

~ 해설 ~

이 조항은 피조물의 죄와 관련된 하나님의 섭리를 언급하고 있다.

요셉의 형제들은 그를 미디안 사람들에게 팔아넘기는 사악하고 부당한 행위를 저질렀다. 그러나 요셉은 자기 형제들에게 "당신들이 나를 이곳에 팔았다고 해서 근심하지 마소서 한탄하지 마소서 하나님이 생명을 구원하시려고 나를 당신들보다 먼저 보내셨나이다"(창 45:5)라고 말했다.

인간의 손으로 저지른 가장 잔학한 범죄 행위는 영광의 주님을 십자가에 못 박은 일이다. 그러나 하나님은 손에 그분의 거룩한 피를 묻힌 사악한 자들에게서 그분을 구원하셨다. "그가 하나님께서 정하신 뜻과 미리 아신 대로 내준 바 되었거늘 너희가 법 없는 자들의 손을 빌려 못 박아 죽였으나"(행 2:23).

하나님이 죄의 원인자나 승인자가 아니시라는 사실은 너무나도 명백하다. 신학자들은 이 문제와 관련된 난제를 해결하기 위해 행위 자체와 행위의 속성을 구별한다. 행위 자체는 하나님에게서 비롯한다. 왜냐하면 하나님의 섭리가 아니면 어떤 행위도 일어날 수 없기 때문이다. 그러나 그 행위의 죄악성은 전적으로 피조물에게서 비롯한다. 피조물의 죄와 하나님의 섭리를 연관시켜 말할 때는 대개 "하나님이 죄를 허용하시거나 제한하시어 자신의 거룩한 목적에 이바지하도록 다스리신다"라는 표현을 사용한다. 그러나 모든 어려움을 제거하고 이 난제를 명료하게 밝히는 일은 인간의 한계를 넘어선다. 우리는 "하나님이 피조물의 모든 행위를 주관하시지만 죄의 원인자가 되실 수는 없다"고 말하는 것으로 만족해야 한다.

5항 지극히 지혜로우시고, 의로우시고, 은혜로우신 하나님은 때로 잠시 동안 자기 자녀들이 여러 가지 유혹에 치우쳐 그 마음의 부패한 대로 행하도록 버려두심으로 그들이 전에 지은 죄를 징계하시거나 그들의 심히 거짓되고 부패한 마음이 얼마나 강력한 힘을 지니고 있는지를 깨우쳐 겸손하게 하시고(대하 32:25-26, 31, 삼하 24:1), 늘 자신을 더욱 가까이 의지하게 하시며, 더욱 깨어 앞으로 있을 모든 죄에 대비하게 하심으로써 의롭고 거룩한 목적을 이루도록 이끄신다(고후 12:7-9, 시 73편, 77:1, 10, 12, 막 14:66-72, 요 21:15-17).

6항 의로운 재판장이신 하나님은 악하고 불경건한 자들의 눈을 어둡게 하시고, 그들을 강퍅하게 하시어 그들이 지은 죄를 심판하신다(롬 1:24, 26, 28, 11:7-8). 하나님은 그들의 생각을 밝히고 마음에 영향을 미칠 은혜를 허락하지 않으실 뿐 아니라(신 29:4) 때로는 그들이 가지고 있던 은사들을 거두기도 하시고(마 13:12, 25:29), 그들을 버려두사 스스로의 부패함으로 인해 죄를 짓게 만들기도 하시며(신 2:30, 왕하 8:12-13), 그들 자신의 정욕과 세상의 유혹과 사탄의 권세에 넘겨주기도 하신다(시 81:11-12, 살후 2:10-12). 그 결과 그들은 하나님이 다른 사람들의 마음을 부드럽게 하시기 위해 사용하시는 수단들 아래서조차 스스로를 강퍅하게 만들고 만다(출 7:3, 8:15, 32, 고후 2:15-16, 사 8:14, 벧전 2:7-8, 사 6:9-10, 행 28:26-27).

― 해설 ―

하나님은 때로 죄를 벌하시기 위해 또 다른 죄를 짓도록 허용하심으로 의로운 심판을 베푸신다.

하나님은 사람을 유혹하거나 미혹해 죄를 짓게 만드실 수 없다. 그런 행위는 그분의 순결하신 본성에 어긋난다(약 1:13-14). 그러나 하나님은 의로운 심판을 베푸심으로 의무를 이행하지 않는 자녀들을 대하신다. 그분은 자기 자녀들을 잠시 유혹과 그들 자신의 정욕에 넘겨주사 그들을 겸손하게 만드시고, 깨어 있는 마음으로 더욱 열심히 기도하도록 독려하신다.

하나님은 히스기야가 자신의 심중에 있는 것을 알게(또는 드러내게) 하시기 위해 그를 시험하셨다(대하 32:31). 하나님이 때로 그런 식으로 자기 자녀들을 대하시는 이유는 그들이 지은 죄를 징계하시기 위해서다. "여호와께서 다시 이스라엘을 향하여 진노하사 그들을 치시려고 다윗을 격동시키사 가서 이스라엘과 유다의 인구를 조사하라 하신지라"(삼하 24:1).

성경을 보면 하나님이 종종 사악한 자들의 죄를 징벌하시기 위해 그들을 강퍅하게 하신 것을 알 수 있다. 물론 하나님이 그들의 마음속에 사악한 생각을 불어넣으시거나 그들의 영혼에 직접 영향력을 행사해 그들을 완고하게 만드시는 것은 아니다. 하나님은 그들의 마음을 부드럽게 하는 데 필요한 은혜를 거두는 방법을 사용하신다. 하나님은 마음에 원하시는 대로 은혜를 베푸시거나 거두실 수 있다. 하나님은 그들을 그 마음의 정욕과 세상의 유혹과 사탄의 권세에 넘겨주신다. 하나님은 그들을 그런 상황에 처하게 하시거나 그들의 부패한 성향으로 인해 죄를 짓게 만드시고자 그들 앞에 그런 대상들을 제시하신다.

7항 하나님의 섭리가 일반적으로 모든 피조물에게 미치는 것처럼, 그분은 또한 가장 특별한 방법으로 교회를 돌보시고, 만사를 섭리해 교회에 유익하게 하신다(딤전 4:10, 암 9:8-9, 롬 8:28, 사 43:3-5, 14).

해 설

하나님의 일반 섭리는 모든 피조물에게 적용되고 특별 섭리는 하나님의 교회와 그분의 백성에게 특별히 적용된다.

"여호와의 눈은 온 땅을 두루 감찰하사 전심으로 자기에게 향하는 자들을 위하여 능력을 베푸시나니"(대하 16:9). 하나님은 자기 백성에게 필요한 것을 늘 염두에 두신다. 그분은 무엇이 그들을 가장 행복하게 만들 수 있는지 알고 계신다. 그분은 선악 간의 모든 일이 서로 협력해 그들을 유익하게 하는 데 이바지하게 하신다(롬 8:28). 하나님은 지금까지 자신의 교회를 항상 각별하게 보살펴 오셨다. 때로는 교회를 매우 열악한 상태에 처하게도 하시지만, 놀라운 구원을 베풀기도 하신다.

하나님은 그 놀라운 섭리로 교회의 원수들이 교회를 해치기 위해 사용하는 수단들을 통해 오히려 교회가 더욱 크고 굳건해지는 역사를 이루신다(행 8:4). 지옥의 악의와 적대 행위를 비롯해 온갖 유해한 오류와 피비린내 나는 박해가 교회를 파멸시키려고 준동해도 교회는 건재하게 보존된다.

이것은 모세가 목격했던 기적, 곧 불이 붙었지만 타지 않은 가시떨기만큼이나 굉장한 기적이 아닐 수 없다. 우리 모두 지옥의 권세가 교회를 해치지 못할 것이라는 그리스도의 약속을 굳게 믿고, 그 안에서 기뻐하자.

CHAPTER.6

OF THE FALL OF MAN, OF SIN, AND OF THE PUNISHMENT THEREOF

인간의 타락과 죄와 형벌

그러므로 한 사람으로 말미암아 죄가 세상에 들어오고 죄로 말미암아 사망이 들어왔나니 이와 같이 모든 사람이 죄를 지었으므로 사망이 모든 사람에게 이르렀느니라 (롬 5:12).

1항 우리의 첫 조상은 사탄의 간교한 유혹에 미혹되어 금단의 열매를 따 먹고 죄를 지었다(창 3:13, 고후 11:3). 하나님은 그 지혜롭고 거룩하신 계획에 따라 그들의 죄를 허용하기를 기뻐하셨는데, 이는 그 일을 통해 자신의 영광을 드러내려는 의도가 있으셨기 때문이다(롬 11:32).

― 해 설 ―

보편적인 관찰과 경험이 입증하는 대로, 인간은 심히 거짓되고 부패한 상태에 놓여 있다. 창조주 하나님의 성품을 생각하면 인간은 본래 그렇게 타락한 상태로 창조되지 않았던 것이 분명하다. 성경은 인간이 처음에 하나님의 형상, 즉 온전히 의로운 상태로 창조되었다고 증언한다.

그렇다면 도덕적인 악은 세상에 어떻게 생겨나게 된 것일까? 이성은 이 중요한 질문에 만족스럽게 대답할 수 없다. 이방 철학자들도 인간의 본성이 부패했다는 사실을 외면할 수 없었다. 그들은 온갖 슬픈 경험을 통해 세상에 악이 존재한다는 사실을 실감해야 했다. 그러나 그들은 악의 근원에 관한 올바른 지식을 갖기가 불가능했다. 그들은 여러 가지 추측을 시도했지만 모두 진리와는 거리가 멀었다. 그러나 하나님의 계시는 이 문제를 명확하고 분명하게 해결한다.

이 조항은 성령의 영감으로 기록된 성경을 토대로 인류의 첫 조상이 유혹의 덫에 걸려 하나님께 불순종한 탓에 죄가 세상에 들어왔다고 진술한다.

인간은 '금단의 열매를 따 먹고 죄를 지었다.' 이 말은 특정한 나무의 열매를 먹는 것이 금지되었다는 것을 전제로 한다. 인간이 처음 창조될 때 도덕법이 그의 마음에 새겨졌다. 그 법에 온전히 복종하는 것이 인간의 의무였다. 그러나 하나님은 그런 도덕법 외에 또 하나의 법을 인간에게 부여하셨다. 그것은 에덴동산에 있는 특정한 나무의 열매를 먹지 말라는 명령이었다. "여호와 하나님이 그 사람에게 명하여 이르시되 동산 각종 나무의 열매는 네가 임의로 먹되 선악을 알게 하는 나무의 열매는 먹지 말라 네가 먹는 날에는 반드시 죽으리라 하시니라"(창 2:16-17).

하나님은 도덕법에 온전히 복종하라는 명령 외에 이 한 가지 명령을 더하셨다. 그분은 인간이 지켜야 할 의무를 특정한 나무의 열매를 먹지 말라는 명령으로 간단히 요약하시어 그의 복종을 시험하셨다. 금지된 열매는 그 자체로는 선악 간에 아무런 영향력도 발휘하지 못했다. 중요한 것은 하나님의 주권적인 뜻에 따라 그런 금지 명령이 주어졌다는 것이다. 그것은 하나님의 권위에 대한 인간의 복종을 시험하는 목적을 지녔다.

주권자이신 하나님의 분명한 명령을 인간이 거역하게 된 계기는 사탄의 유혹이었다. 창세기 저자는 3장에서 뱀이 인류의 첫 조상을 유혹했다고 증언한다. "처음부터 살인한 자"(요 8:44)요, "옛 뱀"이자 "용"(계 12:9, 20:2)으로 불리는 사탄이 인간의 타락을 부추긴 장본인이었다. 유혹자인 사탄이 뱀을 도구로 삼아 유혹의 미끼를 던졌다.

성경을 보면 사탄이 온갖 교활하고 거짓된 방법을 사용해 자신의 간계를 이룬 사례를 종종 발견할 수 있다. 성경에는 그런 사례가 여러 곳에서 구체적으로 예시되어 나타난다.[1] 강요나 강압에 의해서가 아니라 "뱀이 그 간계로 하와를 미혹"(고후 11:3)했다. 하와가 유혹자에게 미혹되어 "그 열매를 따먹고 자기와 함께 있는 남편에게도 주매 그도"(창 3:6) 먹었다.

이처럼 금단의 열매를 먹은 것이 인간이 세상에서 지은 최초의 죄였다. 그들은 손으로 직접 죄를 짓기 전에 이미 마음속에서 죄를 지었던 것이 분명하다. 금단의 열매를 먹은 것은 마음속에서 이미 저지른 죄가 겉으로 드러난

---

1) Berry Street, *Sermons*, serm. 10. Dwight, *Theology*, serm. 27.

것에 불과했다. "욕심이 잉태한즉 죄를 낳고 죄가 장성한즉 사망을 낳느니라"(약 1:15).

나무의 열매를 따 먹은 것은 매우 사소한 일처럼 보일지도 모른다. 이런 이유로 이 중차대한 문제를 조롱거리로 삼으려는 시도가 많았다. 그러나 인류의 첫 조상이 저지른 행위는 지극히 높으신 하나님이 엄히 내리신 명령을 거역하는 죄였다는 점을 잊어서는 안 된다. 선악을 알게 하는 나무의 열매를 먹지 말라는 명령은 그들의 충성심을 시험하기 위한 규칙이었다. 그들이 그 나무의 열매를 먹은 것은 곧 모든 도덕법을 파기하는 행위였다. 그 이유는 그것이 도덕법을 수여하신 하나님과 그분의 권위를 거스르는 반역이었기 때문이다.

한 현명한 저술가는 이렇게 말했다.

작은 열매 하나를 먹는 행위는 가장 평범하고 사소한 일처럼 보인다. 그러나 이 일을 그 본질적인 성격에 비춰 보면 하나님의 명백한 명령을 거역한 큰 범죄가 아닐 수 없다. 그것은 인간의 순수한 사랑과 감사와 복종을 시험하기 위해 특별히 정해져 명령된 계명이었다. 따라서 그것은 가장 가증스런 범죄에 해당했다. 그 안에는 극악한 불순종과 배은망덕한 마음과 가증스런 교만이 하나로 결집되어 있다.[2]

또 어떤 저술가는 이렇게 말했다.

인간이 거슬러 죄를 지은 존재는 너그러운 시혜자이시요, 관대한 주인이신 하나님이셨고, 죄를 지은 인간은 그분의 손에 의해 죄 없는 상태로 창조되어 온갖 혜택을 누렸던 사람이었으며, 죄를 지은 장소는 온갖 식물과 피조물과 만상이

---

[2] Principal Blackwell, *Sacred Scheme*, p.199.

주님의 관대하심을 드러내는 곳이었고, 그로 인한 결과는 그들 자신에게 국한 되지 않고 후손에게까지 영향을 미쳤다. 그들은 일시적인 만족을 얻으려다가 영원히 멸망했다.[3]

그렇다면 어떻게 정직하게 창조된 인간이 그런 큰 범죄를 저지를 수 있었을까? 인간은 온전히 거룩하게 지으심을 받았지만 변할 수밖에 없는 유한한 존재였다. 인간은 설 수 있는 힘이 있었지만, 넘어질 가능성도 없지 않았다. 하나님은 인간이 스스로의 뜻대로 자유롭게 행동하도록 허용하셨고, 인간은 그 자유를 남용했다.

물론 하나님이 원하셨다면 성령의 영향력을 통해 인간의 타락을 얼마든지 막으실 수 있었다. 성령의 영향력은 타락을 막는 데 가장 효과적인 기능을 발휘했을 것이다. 그러나 하나님은 그렇게 할 의무가 없으셨다. 하나님은 인간에게 스스로의 의무를 행하는 데 필요한 능력을 부여하셨고, 그 능력을 임의로 거두지 않으셨다.

또한 그분은 인간의 마음에 악한 성향을 부추기지 않으셨다. 하나님은 단지 더 많은 은혜를 베풀어 인간의 타락을 막아 주는 일을 자제하셨을 뿐이다.

하나님이 인간의 타락을 허용하신 이유는 무엇인가? "아마도 이 질문에 대한 가장 훌륭한 대답은 "옳소이다 이렇게 된 것이 아버지의 뜻이니이다" (마 11:26)라는 그리스도의 말씀에서 찾을 수 있을 것이다. 그리스도께서는 인류에 대한 하나님의 섭리를 온전히 인정하셨다. 따라서 인류의 타락은 무한히 지혜로우시고 전지하신 하나님이 허용하신 것으로, 우주를 창조하신 그분의 선하신 목적을 이루는 데 필요한 일이었다고 생각하는 것이 바람직하다."[4]

---

3) Belfrage, *Exposition of the Shorter Catechism*, vol. 1, p. 178.
4) Dwight, *Theology, Serm*. 27.

2항 이 죄로 인해 그들은 본래의 의와 하나님과의 교제를 상실했다(창 3:6-8, 전 7:29, 롬 3:23). 그들은 죄 가운데 죽었고(창 2:17, 엡 2:1), 영혼과 육체의 모든 기능과 부분들이 온전히 오염되었다(딛 1:15, 창 6:5, 렘 17:9, 롬 3:10-18).

─ 해설 ─

이 조항은 우리의 첫 조상이 지은 죄가 그들에게 미친 결과를 진술한다.

그들은 '본래의 의를 상실했고', 영혼의 기능과 육체의 부분들이 모두 오염되었다. 한때는 등불처럼 환하게 빛났던 총명이 이제는 어두워졌고, 한때는 하나님의 뜻에 복종하며 그분께 충실했던 의지가 이제는 왜곡되어 강퍅해졌으며, 한때는 순수하고 조화로웠던 감정이 이제는 더럽고 무질서해졌다. 육체도 오염되었고, 그 지체들은 죄를 짓는 불의의 도구들로 전락했다.

인류의 첫 조상은 전에 누렸던 모든 행복을 상실했다. 그들은 하나님이 마련해 주신 풍요롭고 쾌적한 거주지에서 쫓겨났고, 땅도 저주를 받아 황폐해졌다. 그들은 수고롭고 슬픈 삶을 살아야 했고, 마침내는 그들이 생겨났던 흙으로 다시 돌아가야 했다.

그러나 이것은 그들이 당한 불행의 일부에 지나지 않았다. 그들은 가장 큰 행복인 하나님과의 교제를 상실했다. 그들은 하나님의 은혜를 잃어버렸고, 그분의 의로우신 분노를 자극했다. 그들은 죄 가운데서 죽었다. 하나님은 "네가 먹는 날에는 반드시 죽으리라"(창 2:17)라는 말씀으로 불순종할 경우 그에 대한 형벌로 죽음을 내리겠다고 분명하게 경고하셨다. 그 말씀대로 죄의 삯인 사망이 그들의 운명이 되었다. 여기에서 죽음은 영혼과 육체가 분리되는 '일시적인 죽음'과 영혼과 육체가 하나님으로부터 영원히 분리되는 '영원한 죽음' 둘 다를 포함한다.

우리의 첫 조상이 죄를 지은 바로 그날에 죽음이 선고되었다. 당시에는 죽음이 즉각 온전히 집행되지 않았지만, 그들은 그때부터 죽음의 지배를 받기 시작했다. 그들은 유한한 존재로 전락했고, 체질이 손상되어 온갖 심신의 부조화에 시달려야 하는 상태가 되었다. 그들은 영원한 진노를 당할 운명에 처했다. 중보자가 나타나지 않으면 흙으로 되돌아가 하나님의 면전과 그분의 영광으로부터 영원히 추방될 수밖에 없는 운명이 되고 말았다.

3항 그들은 인류의 근원이기 때문에 그 죄책과(창 1:27-28, 2:16-17, 행 17:26, 롬 5:12, 15-19, 고전 15:21-22, 45, 49) 죄로 인한 사망과 부패한 본성이 일반적인 출생을 통해 그들의 후손으로 태어나는 모든 사람들에게 고스란히 전가된다(시 51:5, 창 5:3, 욥 14:4, 15:14).

4항 이런 원초적 부패로 인해 우리는 선을 행하고자 하는 마음도 없고, 선을 행할 능력도 없을 뿐 아니라 모든 선을 거부하며(롬 5:6, 8:7, 7:18, 골 1:21), 오로지 악을 행하려는 성향에 사로잡혀(창 6:5, 8:21, 롬 3:10-12) 실질적인 범죄를 저지르기에 이르렀다(약 1:14-15, 엡 2:2-3, 마 15:19).

~ 해 설 ~

이 조항들은 첫 조상의 죄가 후손에게 미치는 결과를 진술한다.

죄의 결과는 '일반적인 출생을 통해 그들의 후손으로 태어나는 모든 사람들'에게 국한된다. 이런 제한 조항을 설정한 이유는 주 예수 그리스도를 제외시키기 위해서다. 그리스도께서는 아담의 후손으로 태어나셨지만 일반적인 출생을 통해 그들의 후손이 되지 않으셨다. 그리스도의 계보는 아담에게까지 거슬러 올라가지만(눅 3:38) 그분의 인성은 성령의 능력으로 동정녀의 몸에서 초자연적으로 형성되었다(눅 1:35). 따라서 예수님은 삶은 물론 출생에 있어서도 "거룩하고 악이 없고 더러움이 없고 죄인에게서 떠나"(히 7:26) 계신다.

이 조항은 죄책과 부패한 본성이 그들에게 전가된다고 말한다.
아담이 지은 죄의 결과는 자연적인 과정을 통해 출생하는 그의 모든 후손에게 미친다. 이를 흔히 '원죄'라고 일컫는다. 이 표현은 아담에게서 우리에게 전가된 부패한 본성을 가리키는 데 주로 사용되지만, 넓게 생각하면 죄책의 전가라는 의미까지 아울러 포함한다.

원죄 교리는 5세기 초까지 교회 안에서 보편적으로 인정되었다. 펠라기우스는 "우리의 첫 조상들의 죄는 그들에게만 영향을 미치고 후손에게는 전가되지 않는다. 우리는 그들의 타락으로 인해 더럽혀지지 않은 상태로, 즉 아담이 창조주의 손에 처음 빚어진 때처럼 순결하고 흠 없는 상태로 태어난다"[5]고 주장했다. 6세기에 소시니우스가 이 견해를 채택했다. 현대의 소시니우스주의자들도 이 견해를 지지한다. 7세기의 성직자 아르미니우스를 지지하는 추종자들은 아담의 후손이 그처럼 순결하고 흠 없는 상태로 태어난다고 주장하지는 않지만, 그들의 본성이 전적으로 부패했다거나 선을 행할 능력을 완전히 상실했다고 생각하지는 않는다.

이 조항은 타락한 본성이 아담의 모든 후손에게 전가되어 '선을 행하고자 하는 마음도 없고, 선을 행할 능력도 없을 뿐 아니라 모든 선을 거부하며, 오로지 악을 행하려는 성향에 사로잡힌 상태가 되었다'는 말로 그 모든 견해를 논박한다.

---

5) Mosheim, *Church History*, cent. 5, p.2, ch.5.

마음의 부패가 영혼이나 본질적 속성의 부패, 또는 실질적인 악이 주입된 상태를 가리킨다는 것은 성경의 교리도 아니고, 우리의 신조도 아니다. 종교개혁자들은 "본래의 의는 아담의 죄에 대한 형벌로 인해 상실되었다. 그런 결함 때문에 죄를 지으려는 부패한 성향, 곧 본성의 부패가 발생한다. 원죄는 소극적인 의미로는 의의 상실을 뜻하고, 적극적인 의미로는 본성의 부패를 뜻한다. 본성의 부패는 죄 자체가 주입된 것이 아니라 죄를 짓고자 하는 성향이나 의도를 가리킨다. 이것은 의를 상실한 데서 비롯한 결과다"[6]라고 가르쳤다.

성경은 인류의 보편적 타락을 상세히 증언한다. "사람의 마음이 계획하는 바가 어려서부터 악함이라"(창 8:21). "내가 죄악 중에서 출생하였음이여 어머니가 죄 중에서 나를 잉태하였나이다"(시 51:5). "악인은 모태에서부터 멀어졌음이여 나면서부터 곁길로 나아가 거짓을 말하는도다"(시 58:3). "육으로 난 것은 육이요"(요 3:6). "육신의 생각은 하나님과 원수가 되나니 이는 하나님의 법에 굴복하지 아니할 뿐 아니라 할 수도 없음이라"(롬 8:7). 이 밖에도 성경은 여러 곳에서 모든 사람이 부패한 본성에 영향을 받고 있다고 가르친다.

성경은 이런 부패의 원인이 아담에게 있다고 말한다. 첫 사람은 하나님의 형상으로 창조되었지만, 타락한 후에는 "자기의 모양 곧 자기의 형상과 같은 아들을"(창 5:3) 낳았다. 바울은 "그러므로 한 사람으로 말미암아 죄가 세상에 들어오고 죄로 말미암아 사망이 들어왔나니"(롬 5:12)라고 말했다.

성경이 가르치는 본성의 부패는 온 세상의 모든 사람이 다양한 상황에서 죄를 짓는다는 사실을 통해서도 분명하게 입증된다.

우리가 말하는 성향이나 의도라는 개념은 다양한 상황 속에서 일반적으로 항상 이루어지는 사실을 관찰한 것에 근거한다. 모든 인류가 예외 없이 그런 상태로,

---

[6] Hodge, *The Romans*, p. 158

즉 죄를 지으려는 보편적인 성향을 지니고 세상에 태어난다. 도덕적인 존재로서 세상에서 활동하는 사람은 누구나 정도의 차이는 있더라도 모두 죄를 지으며 살아간다. 인간의 생각은 보편적으로 항상 일어나는 일을 행하려는 자연적 성향이나 속성을 지닌다. 이것이 곧 부패한, 또는 타락한 성향이다.[7]

펠라기우스주의자들의 주장과는 달리, 죄가 보편적으로 유행하는 현상은 단지 몇 가지 나쁜 본보기의 영향만으로는 다 설명할 수 없다. 조나단 에드워즈 학장은 "세상이 부패한 것은 세상의 보편적인 부패를 통해서만 설명할 수 있다"고 옳게 말했다. 도덕적인 타락은 매우 일찍, 어렸을 때부터 나타난다. 사람은 어렸을 때부터 다른 사람들의 행위를 보고 그들을 모방하는 능력을 가지고 있을 뿐 아니라 아무도 보여 주지 않은 악을 스스로 저지르는 성향을 드러낸다. 더욱이 세상에는 덕스러운 본보기들이 많지만 사람들은 그런 본보기를 자주, 쉽게 모방하지 않는다. 그 이유는 그들의 마음이 사악하기 때문이다. 이런 사실은 인간이 악을 저지르려는 본성을 지니고 태어난다는 것을 분명하게 보여 준다.

원죄의 또 다른 결과는 아담이 처음 저지른 죄가 그의 후손에게 전가되는 것이다. 원초적 부패를 인정하는 사람들 가운데도 이 점을 부인하는 사람들이 많다.[8] 아담이 처음 저지른 죄가 전가된다는 말은 그가 개인적으로 지은 죄가 후손이 개인적으로 지은 죄가 되었다는 뜻과는 거리가 멀다. 이 말은 그의 죄로 인한 죄책이 전가되었다는 것을 의미한다. 다시 말해, 아담이 인류의 대표자로서 처음 저지른 죄의 책임만 후손에게 전가된다. 아담이 그런

---

7) Edwards, *Original Sin*, Part 1, sect. 1, 2. 다음 자료는 에드워즈 학장이 능숙하게 제시한 이 주장을 그 설득력 있는 어조를 그대로 살려 잘 설명하고 있다. Chalmers, *Lectures on the Romans*, vol. 1, pp. 367-370.
8) 17세기에 라플라스는 "원죄는 인류에게 직접적이 아니라 간접적으로 전가되었다"고 주장했다. 다음 자료를 참조하라. Mosheim, *Church History*, cent. 17, sect. 2, p. 2, ch. 2. 이 말은 아담의 개인적인 죄가 인류에게 전가된 것이 아니라 그로부터 부패한 본성을 물려받았다는 것, 곧 부패한 성향이 전가되었다는 것을 의미한다. 최근의 저자들 가운데 이런 견해에 동조하는 사람으로는 드와이트 박사를 꼽을 수 있다. 그는 아담이 처음 저지른 죄가 후손들에게 전가된다는 것을 부인함으로써 아담의 타락으로 인한 결과를 도덕적 부패의 전이에 국한시켰다. serm. 32.

죄를 저지르고 난 이후에 지은 죄의 책임은 후손에게 전가되지 않는다.

전가의 근거는 아담이 그의 모든 후손의 근원이요, 머리이자 대표자라는 사실에 있다. 이 조항은 '근원'이라는 표현만 사용했다. 아마도 그 이유는 아담이 행위 언약 안에서 인류를 대표한다는 사실을 아직 언급하지 않았기 때문인 듯하다. 그러나 이 주제는 다음 장에서 분명하게 언급된다. 『웨스트민스터 대요리 문답』(22문)과 『소요리 문답』(16문)은 아담이 행위 언약 안에서 인류를 대표한다는 사실이 그가 처음 저지른 죄의 죄책이 후손에게 전가되는 원리적 근거가 된다고 확실하게 진술한다.

아담이 처음 저지른 죄의 책임이 인류에게 전가되었다는 것을 인정하지 않고서는 인류의 보편적 타락을 설명할 길이 없다. 하나님이 징벌하시는 죄, 곧 본래의 의를 상실하게 만든 죄가 반드시 있어야 한다. 그것은 바로 아담이 처음 저지른 죄다. 성경은 전가의 교리를 분명하게 가르친다. 바울은 특히 로마서 5장에서 이 교리를 자주 언급하며 그 타당성을 입증했다. 따라서 우리는 이 교리를 사도의 교리로 인정해야 한다. 이 교리를 입증하는 근거는 죄의 결과가 보편적으로 영향을 미치는 현상이다. 유아들의 사망이 그 대표적인 경우다. 바울 사도는 가장 확실한 말로 죽음이 죄의 결과라고 말했다(롬 5:12).

성경은 물론 우리의 경험을 통해서도 모든 인간은 죽는다는 사실을 분명하게 알 수 있다. 실질적인 죄를 지을 수 없는 사람들도 죽음을 피할 수 없다. 왜냐하면 "아담으로부터 모세까지 아담의 범죄와 같은 죄를 짓지 아니한 자들까지도 사망이 왕 노릇"(롬 5:14) 하기 때문이다. 이 말씀은 대개 아담이 했던 대로 개인적으로나 실질적으로 죄를 지을 수 없는 유아들을 가리키는 의미로 이해된다. 유아들은 개인적으로 어떤 법도 어길 수 없는 상태이기 때문에 그들의 죽음은 아담의 죄가 그들에게 전가되었다고밖에는 달리 설명할 길이 없다.

아울러 이 교리는 바울 사도가 같은 장에서 진술하고 있는 대로, 아담과 그리스도를 비교하는 말씀을 통해 분명하게 확증된다. 바울은 로마서 5장 14절에서 "아담은 오실 자의 모형이라"고 말했다. 그는 다음 절, 특히 18-19절에서 이 비유의 의미를 상세히 설명했다. "그런즉 한 범죄로 많은 사람이 정죄에 이른 것같이 한 의로운 행위로 말미암아 많은 사람이 의롭다 하심을 받아 생명에 이르렀느니라 한 사람이 순종하지 아니함으로 많은 사람이 죄인 된 것같이 한 사람이 순종하심으로 많은 사람이 의인이 되리라"(롬 5:18-19).

찰머스 박사는 이렇게 말했다.

이 구절들은 아담의 죄가 전가되었다는 것을 확실하게 논증한다. 아담의 정죄가 우리에게 미친 것처럼, 그리스도를 통한 의가 우리에게 주어졌다. 그분의 공로가 우리에게 전가되었다. 그렇지 않았더라면 과거의 죄를 아무리 깊이 속죄하고, 이 세상에서 후대의 본보기가 될 정도로 마음이나 삶을 아무리 혁신한다고 하더라도 하나님께 인정받지 못할 것이다. 설혹 그렇게 된다고 해도 우리는 아담의 죄책을 떨쳐 버릴 수 없다. 이 구절들이 말하는 비유는 이런 결론을 내릴 수밖에 없게 만든다.

우리가 죄인이라는 판결을 받게 된 이유는 우리의 대표자의 실질적인 죄책이 우리에게 전가되었기 때문이고, 우리가 의인이라는 판결을 받게 된 이유는 또 다른 대표자의 실질적인 의가 우리에게 전가되었기 때문이다. 우리가 개인적으로 죄를 짓지 않았더라도 대표자의 불순종으로 죄인이 되었고, 우리가 개인적으로 의를 행하지 않았더라도 대표자의 순종으로 의인이 되었다. 우리는 아담을 통해 죄를 짓게 되었고, 그의 타락한 본성을 물려받았다. 또한 우리는 그리스도를 통해 거룩해졌다. 그분의 탁월하신 성품을 반영하는 은혜들은 그분의 충만하심으로부터 비롯한다.

그러나 우리가 이 세상에 사는 한 우리는 온전히 거룩해질 수 없다. 하나님 앞에 서려면 그 이상의 무엇이 필요하다. 그 이상의 무엇이란 그리스도의 의가 우리에게 전가되어 우리의 상급이 되는 것을 의미한다. 아담은 그와 정반대되는 것을 우리에게 물려주었다. 즉 그의 죄책이 우리에게 전가되어 우리의 형벌이 되었다. 그의 부패한 본성이 우리에게 주입되었고, 그의 죄책이 우리에게 전가되었다.[9]

아담은 단지 부패한 후손을 낳은 부패한 부모가 아니다. 그의 후손은 그가 세상의 모든 가족들을 오염시킨 부패한 본성 때문에 죄를 지을 뿐 아니라 그 안에서 그와 함께 죄를 지었다. 왜냐하면 우리의 옛 성직자들이 표현한 대로, 그는 그들의 머리, 곧 하나님이 그와 맺으신 언약의 대표자이기 때문이다. 하나님은 그를 통해 그의 모든 후손과 언약을 맺으셨다.[10]

5항 거듭난 자들도 이 세상에 있는 한 이러한 본성의 부패로부터 자유롭지 못하다(요일 1:8, 10, 롬 7:14, 17-18, 23, 약 3:2, 잠 20:9, 전 7:20). 그리스도를 통해 용서 받고, 극복되었다고 해도 그러한 본성 자체와 거기에서 비롯하는 모든 행위는 엄연한 죄에 해당한다(롬 7:5, 7-8, 25, 갈 5:17).

─ 해설 ─

이 조항은 거듭난 자들도 이 세상에 있는 한 본성의 부패로부터 자유로울 수 없다고 가르친다.

이 조항은 '신자의 완전함'과 관련된 모든 주장을 논박한다. 성경은 이 사실을 분명하게 가르친다. "만일 우리가 죄가 없다고 말하면 스스로 속이고 또 진리가 우리 속에 있지 아니할 것이요"(요일 1:8).

---

9) Chalmmers, *Lectures on the Romans*, vol. 2, pp. 22-23.
10) Ibid., vol. 1, p. 422.

바울도 "내 속에 거하는 죄니라……선을 행하기 원하는 나에게 악이 함께 있는 것이로다"(롬 7:17-21)라고 말했다. 바울이 자신의 감정을 말한 것인지, 아니면 다른 사람의 경험을 말한 것인지를 둘러싸고 많은 논쟁이 있어 왔다. 우리는 바울이 거듭난 자신의 상태를 비롯해 거듭난 모든 사람들의 상태를 언급하고 있다고 확신한다.

이 교리는 이 구절만을 근거로 하지 않는다. 이 구절에서 바울이 말한 갈등은 참 신자들에게만 적용될 수 있는 성경의 다른 구절들에서도 똑같이 언급되고 있다. 예를 들어, 갈라디아서 5장 17절은 "육체의 소욕은 성령을 거스르고 성령은 육체를 거스르나니 이 둘이 서로 대적함으로 너희가 원하는 것을 하지 못하게 하려 함이니라"라고 말한다.

또한 이 조항은 거듭난 자들의 경우에도 부패한 본성 자체와 거기에서 비롯하는 모든 행위가 엄연한 죄에 해당한다고 진술한다. 죄책이 그리스도의 보혈로 제거되고, 죄의 권세가 성령과 은혜로 깨어졌지만 그 본성 자체는 죄의 성격을 고스란히 보유하고 있다.

이 조항은 로마 가톨릭교회의 주장을 논박한다. 로마 가톨릭교회의 저술가들은 우리가 본성의 부패라고 일컫는 '보편적인 죄의 성향'을 '욕망'(concupiscence)이라고 부른다. 그들은 욕망은 원죄의 일부가 아니며 그 자체로는 아무런 죄에 해당하지 않는다고 주장한다.

그들은 원죄가 세례를 통해 제거된다고 믿지만, 거듭난 자들에게도 이 부패한 성향이 남아 있다는 것을 알기에 그것은 원죄의 일부가 아니고 아담 안에 처음부터 존재했던 자연스런 본성이라고 결론짓는다. 그들은 본래는 아담에게 그런 본성을 억제할 수 있는 초자연적인 도움이 주어졌지만 죄를 지은 탓에 그런 도움이 그와 그의 후손으로부터 사라졌다고 믿는다.

그러나 신약성경은 욕망, 또는 정욕을 죄라고 말한다. 바울은 로마서 7장 7절에서 "율법으로 말미암지 않고는 내가 죄를 알지 못하였으니"라고 말하고 나서 "곧 율법이 탐내지 말라 하지 아니하였더라면 내가 탐심을 알지 못하였

으리라"고 덧붙였다. 여기에서 그는 탐심을 죄라고 분명하게 언급했다.[11]

6항 원죄든, 본죄든 모든 죄는 하나님의 의로우신 율법을 거역하고 반대하는 것으로(요일 3:4), 본질상 죄인에게 죄책을 부여한다(롬 2:15, 3:9, 19). 그로 인해 죄인은 하나님의 진노와(엡 2:3) 율법의 저주 아래 놓여(갈 3:10) 죽음을 당하게 되고(롬 6:23), 영적 불행과(엡 4:18) 현세의 불행과(롬 8:20, 애 3:39) 영원한 불행(마 25:41, 살후 1:9) 등 온갖 불행을 짊어진다.

해설

이 조항은 죄의 보응을 다룬다. 하나님의 율법을 어기는 행위는 본질상 죄인에게 죄책을 부여해 형벌을 당하게 만든다.

죄인이 하나님의 진노를 당하는 이유는 '불순종의 자녀'는 '진노의 자녀'이기 때문이다. 죄인은 하나님의 진노를 당해야 마땅하다. 아울러 죄인은 율법의 저주 아래 있기 때문에 율법을 어기면 형벌을 받을 수밖에 없다는 사실을 이해하게 된다.

죄인은 율법을 어긴 대가로 하나님의 진노에서 비롯하는 온갖 불행에 속박된다. 죄인은 영혼과 육체의 신비로운 결합이 해체되는 죽음을 맞이한다.

펠라기우스주의자들과 소시니우스주의자들은 죽음이 죄의 형벌이 아니라고 주장한다. 그들은 아담이 처음부터 유한한 존재로 창조되었기 때문에 그의 후손도 똑같이 유한하다고 믿는다. 또 어떤 사람들은 아담이 당한 형벌

---

11) Burnet, *The Thirty-Nine Articles*, Art. 9. Hill, *Lectures in Divinity*, vol. 2. p. 16.

은 일시적인 죽음이었다고 주장한다. 그들은 그의 죄로 인해 일시적인 죽음이 찾아왔다고 말한다.

이 두 가지 견해는 성경의 가르침과 명백히 모순되기 때문에 진지하게 고려할 가치가 없다.

이 조항은 죄인이 현세와 내세에서 온갖 불행을 짊어진다고 말한다.
『웨스트민스터 신앙고백』의 작성자들은 죄인이 현세에서 당하는 영적(내적) 불행을 '어두운 생각, 유기된 느낌, 강한 미혹, 강퍅한 마음, 양심의 공포, 악한 감정'으로 일컬었다. 아울러 그들은 현세의(외적) 불행은 '피조물에게 임한 하나님의 저주와 우리의 육체와 명예와 관계와 직업 활동과 관련된 모든 불행'을 가리킨다고 설명했다(『웨스트민스터 대요리 문답』, 28문).

마지막으로, 그들은 내세에서 당하게 될 불행은 '하나님과의 평화로운 관계에서 영원히 분리되어 지옥의 불길 속에서 끊임없이 영혼과 육체가 가장 극심한 고통을 겪는 것'을 의미한다고 말했다(『웨스트민스터 대요리 문답』, 29문).

아담이 타락으로 인해 잃어버린 것과 그의 죄책과 부패한 본성이 우리에게 전가된 사실과 현세와 내세에서 우리가 당하게 될 온갖 불행을 생각하면 죄가 얼마나 무섭고 악한지 분명하게 알 수 있다. 죄는 우리가 당하는 모든 불행의 근원이다.

죄가 세상에 들어와 첫 조상이 지은 죄책을 짊어지도록 허용하셨다며 하나님께 불평하거나 그분의 선하심이나 공정하심을 의심하지 않도록 조심하라. 우리는 오히려 둘째 아담을 허락하신 하나님의 지혜와 은혜를 찬미해야 한다. 첫째 아담의 불순종으로 우리가 죄인이 되었듯이, 둘째 아담의 순종하심으로 우리가 의인이 되었다.

진심으로 그리스도를 받아들여라. 그분 안에서 발견된다면 첫째 아담의 죄로 인한 죄책을 면제 받을 수 있을 뿐 아니라 "은혜와 의의 선물을 넘치게 받는 자들은 한 분 예수 그리스도를 통하여 생명 안에서 왕 노릇"(롬 5:17) 할 것이다.

CHAPTER.7

OF GOD'S COVENANT WITH MAN

인간과 맺으신 하나님의 언약

그런즉 한 범죄로 많은 사람이 정죄에 이른 것 같이 한 의로운 행위로 말미암아 많은 사람이 의롭다 하심을 받아 생명에 이르렀느니라 (롬 5:18).

1항 하나님과 피조물의 격차는 너무나도 크기 때문에 이성적인 피조물이 창조주이신 그분께 온전히 복종한다고 해도 그분께 축복이나 상급을 요구할 수 없고, 그분이 자원해 허락해 주셔야만 비로소 그것들을 얻을 수 있다. 하나님은 이를 언약으로 나타내기를 기뻐하셨다(사 40:13-17, 욥 9:32-33, 삼상 2:25, 시 113:5-6, 100:2-3, 욥 22:2-3, 35:7-8, 눅 17:10, 행 17:24-25).

2항 인간과 맺으신 첫 번째 언약은 행위 언약이었다(갈 3:12). 완전하고 인격적인 복종을 조건으로(창 2:17, 갈 3:10) 아담과 그의 후손에게 생명이 약속되었다(롬 10:5, 5:12-20).

─ 해 설 ─

인간은 본성상 하나님의 율법 아래 있을 수밖에 없다. 이는 하나님과 인간 사이에 존재하는 변할 수 없는 필연적 관계에서 비롯하는 결과다. 하나님은 창조주이시고, 인간은 피조물이다. 따라서 하나님은 마음에 원하시는 대로 인간에게 가능한 모든 복종을 요구하실 수 있다.

하나님은 순수한 본성을 유지하며 모든 즐거움을 누리게 해주겠다거나 복종에 대한 보상으로 더 큰 행복을 허락하겠다고 약속하지 않으시고도 얼마든지 복종을 요구하실 수 있다. 또한 인간은 단 한 번의 실수도 없이 오랫동안 복종을 실천하더라도 창조주 하나님께 보상을 요구하거나 그런 보상을 받을 권리가 없다.

그러나 하나님은 은혜롭게도 스스로 자원하여 인간과 언약을 맺으셨고, 행복을 누릴 권리를 안전하게 확보할 수 있는 기회를 허락하셨다. 그것은 약속, 즉 계약에 근거한 권리였다. 저명한 신학자 비치우스는 이렇게 말했다.

언약을 받아들여 그 조건을 충족시키는 순간, 하나님께 약속 이행을 요구할 수 있는 권리를 갖게 된다. 왜냐하면 하나님이 약속을 통해 자신을 인간의 채무자로 만드셨기 때문이다. 이를 하나님께 좀 더 합당한 표현으로 바꾸어 말하면, 약속 이행을 마치 빚처럼 스스로에게 부과하시어 그 선하심과 의로우심과 진실하심을 드러내기를 기뻐하셨다고 말할 수 있다. 언약에 충실하면 하나님이 약속을 이행하심으로써 그 선하심과 의로우심과 진실하심을 드러내시기를 기대하고, 또 요구할 수 있는 권리가 인간에게 주어진다.[1]

언약은 대개 일정한 조건을 달아 쌍방의 합의를 이끌어 내는 것으로 정의된다. 어떤 언약이든 언약 당사자는 둘이고, 언약의 내용도 조건과 약속이라는 두 가지로 구성된다. 한쪽에서 조건을 충족시키면 다른 쪽에서 약속을 이행해야 한다. 양쪽 가운데 한쪽이 언약을 어기면 종종 벌칙이 주어지지만, 이것은 언약의 본질에 해당하지 않는다.

여기에서 우리가 관심을 기울여야 할 중요한 진리는 두 가지다. 첫째, 하나님은 아담과 언약을 맺으시고, 완전하고 인격적인 복종을 조건으로 그에게 생명을 약속하셨다. 둘째, 이 언약은 아담만이 아니라 그의 모든 후손과 맺어졌다.

명제 1. 하나님은 아담과 언약을 맺으시고, 완전하고 인격적인 복종을 조건으로 그에게 생명을 약속하셨다.

하나님은 아담이 죄를 짓지 않은 상태에서 그와 언약을 맺으셨다. 창세기 2장 16-17절은 이렇게 말한다. "여호와 하나님이 그 사람에게 명하여 이르시되 동산 각종 나무의 열매는 네가 임의로 먹되 선악을 알게 하는 나무의 열매는 먹지 말라 네가 먹는 날에는 반드시 죽으리라 하시니라."

---

1) Witsius, *The Economy of the Covenants*, book 1, ch. 1, sect. 14.

이 말씀은 분명한 표현으로 언약을 언급하지는 않지만, 언약의 필요조건을 모두 갖추고 있다. 우선, 하나님과 인간이라는 양쪽 언약 당사자가 존재한다. 또한 언약의 조건, 즉 선악을 알게 하는 나무의 열매에 관한 계명이 분명하게 명시되어 있다. 하나님은 그것으로 인간의 복종심을 시험하기 원하셨다. 마지막으로, "네가 먹는 날에는 반드시 죽으리라"는 말씀으로 언약을 어길 경우 주어질 형벌이 언급되었다. 이런 경고의 말씀에는 분명하지는 않지만 약속도 아울러 포함된다. 왜냐하면 죽음이 불순종의 결과라면 복종의 대가로는 생명이 주어질 것이 분명하기 때문이다.

인간의 복종에 생명의 약속이 주어졌다는 사실은 모세가 율법의 의를 언급한 말에서도 나타난다. "모세가 기록하되 율법으로 말미암는 의를 행하는 사람은 그 의로 살리라 하였거니와"(롬 10:5). 예수님은 무엇을 해야 영생을 얻을 수 있느냐고 묻는 젊은 관원에게 "네가 생명에 들어가려면 계명들을 지키라"(마 19:17)고 대답하셨다. 바울도 "생명에 이르게 할 그 계명"(롬 7:10)이라고 말했다. 따라서 우리는 하나님과 아담 사이에 언약이 체결되었다고 말할 수 있다. 호세아 6장 7절은 "그들은 아담처럼 언약을 어기고"라고 말한다. 이 말씀은 아담과 언약이 맺어졌고, 그가 그 언약을 어겼다는 것을 보여 준다.

명제 2. 이 언약은 아담만이 아니라 그의 모든 후손과 맺어졌다.

이 교리는 많은 반대에 부딪쳐 왔다. 펠라기우스주의자들과 소시니우스주의자들은 이 교리를 부인한다. 그들은 이 언약이 아담 혼자만의 것이었고, 타락의 결과도 그에게만 국한되었다고 주장한다. 아르미니우스주의자들은 첫 번째 죄가 온 인류에게 영향을 미쳤지만, 아담이 인류의 대표자였다는 명제는 거부한다.

그러나 이 교리는 쉽게 입증될 수 있다. 성경은 아담을 그리스도의 모형으로 일컫는다(롬 5:14). 그리스도와 아담은 어떤 점에서 서로 닮았을까?

그 대답은 간단하다. 아담은 자연적으로 출생하는 모든 후손을 대표하는 행위 언약의 머리였고, 그리스도께서는 영적으로 출생하는 모든 후손을 대표하는 은혜 언약의 머리셨다. 고린도전서 15장 45, 47절은 전자를 "첫 사람 아담", 후자를 "마지막 아담"으로 부른다. 전자는 '첫째 사람'이었고, 후자는 '둘째 사람'이었다. 그리스도께서 둘째 사람이시라는 것은 그분이 자신의 후손을 대표하는 머리가 되신다는 뜻이다. 마찬가지로 첫째 사람도 자연적으로 출생하는 모든 후손을 대표하는 머리가 된다. 아담이 처음 저지른 죄의 결과가 그의 모든 후손에게 영향을 미친다는 사실도 그가 그와 맺어진 언약 안에서 그들의 대표자가 됨을 입증하는 또 하나의 강력한 증거다. 로마서 5장은 그의 모든 후손에게 죄와 죽음이 전가되었다고 분명하게 가르친다.

언약의 대표자라는 아담의 공적 지위를 인정하지 않으면, 그가 나중에 저지른 죄나 우리와 좀 더 가까운 조상이 저지른 죄로는 영향을 받지 않는데 유독 그가 처음 저지른 죄에 의해서만 영향을 받는 이유를 달리 설명할 길이 없다. 성경은 "아들은 아버지의 죄악을 담당하지 아니할 것이요"(겔 18:20)라고 말한다. 만일 아담이 한 사람의 개인이었다면, 우리 부모가 저지른 죄처럼 그가 저지른 죄가 우리에게 아무런 영향을 미치지 못했을 것이다. 따라서 우리 첫 조상의 행위는 자기 자신만을 위한 것이 아니라 행위 언약의 대표자로서 모든 후손을 대표하는 의미를 지닌다고 결론지을 수밖에 없다.

불경스런 사람들은 이런 하나님의 처사를 종종 비판한다. 그들은 하나님이 우리가 존재하기 오래전에 우리의 동의를 구하지도 않으시고 아담을 우리의 대표자로 세워 언약을 맺으신 것은 그분의 선하심과 도덕적인 공의와 공정성에 어긋난다고 생각한다. 그런 비판에 대해서는 그것이 하나님의 제안이자 방식이었기 때문에 온전히 적합하고 공정했다고 대답하는 것으로 충분하다. 다시 말해, "세상을 심판하시는 이가 정의를 행하실 것이 아니니이까"(창 18:25) 하고 묻는다면 "그의 모든 길이 공의롭고 진실하고 거짓이 없으신 하나님이시니 공의로우시고 바르시도다"(신 32:4)라고 대답하는 것으로 족하다. 우리는 하나님이 하시는 일의 타당성을 의문시할 수 없다. 왜냐하면 그것은 곧 그분의 뜻이기 때문이다.

그러나 그 외에 다양한 각도에서 생각해 보더라도 그분의 처사는 온전히 공정할 뿐 아니라 선하신 은혜를 충만하게 드러낸다. 아담이 행위 언약의 조건을 충족시켜 자기 자신과 후손에게 행복을 가져다주었다면 그가 인류의 대표자로 세우심을 받은 것을 불평할 사람이 아무도 없을 것이다. 결과가 좋았다면 아무 불만도 없었을 일이 그렇게 되지 않았다고 해서 불만의 이유가 된다면 과연 옳은 일이겠는가?

하나님의 형상으로 창조된 아담은 언약을 지킬 능력이 있었다. 그가 언약의 조건을 충족시키는 일은 후손을 위한 것만큼이나 그 자신을 위한 것이었다. 즉 그것은 후손의 행복 못지않게 그의 행복이 걸린 일이었다. 또한 그는 자신이 대표하는 후손과 밀접한 관계를 맺고 있기 때문에 자기 자신은 물론 수많은 후손을 염두에 두었어야 마땅했다. 이렇듯 아담은 하나님이 요구하신 복종을 실천에 옮겨야 할 충분한 동기와 이점을 확보해 놓은 상태였다.

따라서 우리가 만일 언약이 체결될 때 그 자리에 함께 있었더라면 우리 자신보다는 우리의 대표자인 인류의 첫 조상이 언약의 조건을 충족시켜 우리를 위해 영원한 행복을 확보하는 것이 훨씬 더 안전하고 바람직하다는 것에 기꺼이 동의했을 것이 틀림없다. 더욱이 하나님은 행위 언약을 파기한 결과로부터 우리를 다시 회복시키시기 위해 월등히 더 나은 또 하나의 언약을 제공하셨다. 그러니 아담이 우리의 대표자로서 행위 언약을 지킬 의무가 있었다는 것을 누가 감히 불평할 수 있겠는가?

3항 인간은 타락했기 때문에 행위 언약을 통해 주어지는 생명을 얻을 수 없게 되었다. 이에 하나님은 흔히 은혜 언약으로 불리는 두 번째 언약을 체결하기를 기뻐하셨다(갈 3:21, 롬 8:3, 3:20-21, 창 3:15, 사 42:6). 하나님은 이 언

약을 통해 예수 그리스도로 말미암는 생명과 구원을 죄인들에게 값없이 베푸시고, 구원을 받으려면 그리스도를 믿으라고 요구하시며(막 16:15-16, 요 3:16, 롬 10:6, 9, 갈 3:11), 생명을 얻도록 작정된 모든 이들에게 성령을 허락하시어 기꺼이 믿을 수 있게 하겠다고 약속하신다(겔 36:26-27, 요 6:44-45).

─ 해설 ─

이 조항을 해설하기에 앞서『웨스트민스터 신앙고백』이 작성될 당시 인간의 구원과 관련해 두 개의 언약이 존재했다는 것이 당대의 뛰어난 성직자들의 일반적인 견해였다는 사실을 간단히 짚고 넘어가자. 그들은 그 두 언약을 '구속 언약'과 '은혜 언약'으로 일컬었다. 구속 언약은 영원 전에 그리스도와 맺어진 언약이고, 은혜 언약은 역사 속에서 죄인들과 맺어진 언약이다. 전자의 조건은 그리스도의 의이고, 후자의 조건은 믿음이다.

그러나 대다수 복음주의 목회자들은 성경의 확실한 근거가 없으므로 그 후로 지금까지 오랫동안 그런 구분을 인정하지 않았다. 아담은 둘째 아담으로 불리시는 그리스도의 모형이다. 아담과 맺으신 언약, 곧 그가 지켜야 할 조건을 명시한 언약과 그의 후손과 맺으신 언약, 곧 그들이 지켜야 할 조건을 명시한 언약은 따로 존재하지 않았다. 하나의 언약이 그와 그의 후손에게 모두 적용된다. 아담이 그의 후손의 대표자가 되고, 그의 후손은 그를 대표자로 삼아 언약을 맺었다. 마찬가지로 하나의 언약이 그리스도와 그분의 영적 후손에게 모두 적용된다. 성경은 그 언약을 하나의 언약으로 취급한다.

그리스도의 피는 '언약들의 피'가 아니라 "언약의 피"(히 10:29, 13:20)로 일컬어진다. 구속 언약의 조건과 은혜 언약의 근거가 따로 존재했다면 '언약들'이라고 일컬어졌을 것이 분명하다. 그리스도께서는 동일한 언약의 피로 하나님의 공의를 만족시키셨고, 우리는 그로써 구원을 받는다(슥 9:11). 따라서 우리는 타락한 인간의 구원을 위한 언약은 창세전에 그리스도와 맺어진 단 하나의 언약뿐이라고 믿는다.[2] 성경은 종종 하나님이 신자들과 언약을 맺으셨다고 말하지만, 그런 구절들은 언약의 단일성을 토대로 쉽게 설명될 수 있다. 한 현명한 저술가는 이렇게 말했다.

> 엄밀히 말해 은혜 언약은 그리스도와 맺어졌다. 왜냐하면 그분은 언약의 당사자가 되시어 그 조건을 온전히 성취하셨기 때문이다. 신자와 은혜 언약이 맺어졌다는 것은 그들이 그 언약에 참여해 실제로 그 혜택을 누리게 되었다는 것을 의미한다. 이 점은 사도들의 말을 통해서도 확실하게 입증된다. "다윗의 거룩하고 미쁜 은사를 너희에게 주리라"라는 사도행전 13장 34절 말씀은 "내가 너희를 위하여 영원한 언약을 맺으리니 곧 다윗에게 허락한 확실한 은혜이니라"라는 이사야 55장 3절을 달리 표현한 것이다.
>
> 이렇듯 하나님이 신자들과 언약을 맺으셨다는 것은 그들에게 언약의 축복을 요구할 수 있는 권한이나 근거를 허락하시기 위해 그들에게 무엇을 요구하셨다는 뜻이 아니라 그들에게 그런 근거와 권한을 값없는 선물로 주셔서 믿음으로 그 축복을 소유하게 하셨다는 뜻이다.[3]

죄인인 인간의 구원을 위한 언약이 두 개라는 견해는 여러 가지 난점에 부딪친다. 한 가지 예를 들면 이렇다. 모든 언약은 두 가지 중요한 부분, 곧 조건과 약속으로 구성된다. 따라서 그리스도와 맺어진 언약 외에 죄인들과 맺어진 언약이 따로 존재한다면 그들이 충족시켜야 할 조건이 있어야 한다. 앞서 말한 대로 옛 성직자들은 믿음을 죄인들과 맺어진 언약의 조건으로 제시

---

2) 오웬, 차르녹, 플라벨을 비롯해 많은 사람들이 구속 언약과 은혜 언약을 구별했다. 그들은 하나님의 완전하신 속성과 은혜에 어긋나지 않는 방식으로 이를 설명했다. 그러나 다른 사람들은 구속 언약을 하나님이 죄인과 맺으신 또 다른 언약, 곧 믿음과 회개와 진정한 복종을 조건으로 하는 언약의 근거로 제시한다. 보스턴, R. 어스킨, E. 어스킨, 애덤 깁, 런던의 힐, 해딩턴의 브라운, 딕, 벨프라지를 비롯해 현대의 모든 복음주의 목회자들은 그리스도와 맺어진 언약과 신자들과 맺어진 언약이 하나의 똑같은 언약이라고 주장한다.
3) Wilson(of London), *Sermons*, p.72.

했다. 그러나 그들은 믿음을 공로가 아니라 단순히 선행 조건으로 간주했다. 딕 박사는 이렇게 말했다.

이들 성직자가 은혜 언약이라고 부른 것은 그들이 구속 언약이라고 부른 것에서 발생하는 효과, 곧 그 언약이 의도한 사람들에게 그 축복을 전달하는 효과를 설명하기 위한 성격을 띠었다. 따라서 은혜 언약은 적절한 조건을 포함하고 있지 않기 때문에 온전한 언약으로 간주될 수 없다.

웨스트민스터 총회는 이 조항에서 은혜 언약을 구속 언약과 구별되는 것으로 진술했다. 그러나 그들은 구원의 보증인이신 주님과 영원 전에 맺어진 언약과 역사 속에서 죄인들과 맺어진 두 개의 언약을 고려했지만, 그것을 하나의 동일한 언약으로 간주했던 것이 분명한 듯하다. 그들은 "은혜 언약은 둘째 아담이신 그리스도와 그분 안에서 그분의 후손인 선택 받은 모든 자와 맺어졌다"(『웨스트민스터 대요리 문답』, 31문)라고 말했다.

이 흥미로운 주제에 함축되어 있는 정통 교리를 설명하면 다음과 같다.

1. 여호와이신 성부 하나님과 영원하신 성자 하나님 사이에서 죄인인 인간의 구원을 위한 언약이 체결되었다. "나는 내가 택한 자와 언약을 맺으며 내 종 다윗에게 맹세하기를"(시 89:3)이라는 말씀이 이런 언약을 분명히 증언한다. 말씀에서 화자는 시편 서두에 언급된 여호와이시다. 또한 이 말씀이 예수 그리스도 안에서 궁극적으로 성취되었음은 의심할 수 없는 사실이다. 이스라엘의 왕 다윗과 맺으신 충성의 언약은 그리스도와의 언약을 예표한다.

언약이라는 용어를 분명하게 사용하고 있지는 않지만 언약의 주요 요소를 모두 포함하고 있는 말씀이 성경의 다른 곳에서도 발견된다. 즉 이사야 53장 10절은 조건과 약속이라는 언약의 두 가지 주요 요소를 진술하고 있다. "그의 영혼을 속건 제물로 드리기에 이르면 그가 씨를 보게 되며 그의 날은 길 것이요 또 그의 손으로 여호와께서 기뻐하시는 뜻을 성취하리로다"(사 53:10). 이 두 영광스러우신 언약의 당사자들 가운데 한 분은 힘든 조건을 충족시키시고, 다른 한 분은 그 보배로운 약속을 이루신다.

2. 이 언약은 영적 후손의 머리이자 대표자이신 그리스도와 체결되었다. 이 사실은 바울 사도가 진술하는 대로, 그리스도와 아담을 비교할 때 분명하게 드러난다(롬 5장, 고전 15:45, 47). 이 성경 구절들은 그리스도와 아담이 각자의 후손을 대표하는 머리라는 공적 지위를 유지하고 있다고 증언한다. 그리스도와 그분의 영적 후손은 동일한 이름으로 불린다(사 49:3). 이는 하나님이 그리스도를 언약의 대표자로 간주하고 계신다는 명백한 증거다. 그리스도께서는 또한 "언약의 보증"(히 7:22)으로 불리신다. 언약의 약속은 그분께 가장 먼저 적용되었다(갈 3:16, 딛 1:2).

3. 이 언약은 하나님의 주권적인 뜻과 값없는 은혜에서 비롯했다. 성경은 이 언약이 모든 것을 그 뜻하신 계획에 따라 결정하심으로 그의 은혜의 영광을 찬송하게 하시는 하나님의 선하신 뜻에 따라 이루어졌다고 일관되게 증언한다(엡 1:3-6). 이 언약은 하나님의 값없는 은혜에서 기원했고, 죄인에게 값없이 구원의 축복을 가져다준다. 따라서 이 언약은 은혜 언약으로 불리기에 조금도 손색이 없다.

4. 이 언약은 영원 전에 체결되었다. 은혜 언약을 두 번째 언약으로 부르는 이유는 아담과 맺으신 행위 언약과 구별하기 위해서다. 그러나 언약이 나타나서 이루어진 시기는 두 번째에 해당할지라도 그 체결된 시기나 순서에 있어서는 첫 번째에 해당한다. 언약의 머리이신 그리스도께서는 "만세 전부터, 태초부터, 땅이 생기기 전부터 내가 세움을 받았나니"(잠 8:23)라고 말씀하신

다. 그분은 중보자로서의 직임과 사역을 위해 따로 세우심을 받았다. 즉 그분은 영원 전에 은혜 언약 안에서 자신의 영적 후손의 머리가 되셨다. 영생의 약속이 "영원 전부터"(딛 1:2) 그리스도 안에서 우리에게 주어졌다. 이런 이유로 이 언약은 종종 "영원한 언약"(히 13:20)으로 불린다.

5. 하나님은 이 언약을 집행하시면서 '예수 그리스도로 말미암는 생명과 구원을 죄인들에게 값없이 베푸시고, 구원을 받으려면 그리스도를 믿으라고 요구하신다.' 그리스도께서는 이 언약 안에서 한정된 숫자의 인류, 곧 '창세전에 그분 안에서 선택된 자들'만을 대표하신다.

그러나 언약을 집행하는 과정에서 예수 그리스도를 통해 주어지는 값없는 구원의 초청은 모든 죄인에게 보편적으로 무한정 이루어진다(요 6:32, 사 55:1, 계 22:17). 백스터의 주장대로, 복음의 초청은 분별 있는 죄인들이나 스스로의 죄를 의식하고 구세주를 필요로 하는 사람들에게만 국한되지 않는다. 복음의 초청은 스스로의 불행함과 부족함을 전혀 의식하지 못하는 사람들에게도 똑같이 전달된다(계 3:17-18). 나중에 복음을 받아들이게 될 사람들은 물론 결국에는 그것을 거부하게 될 사람들에게도 똑같이 복음의 초청이 주어진다. 만일 그렇지 않다면 복음을 듣기만 하고 믿지 않은 사람들이 불신앙으로 정죄 당할 근거가 마련될 수 없을 것이다(요 3:18-19).

'하나님은 구원을 받으려면 그리스도를 믿으라고 요구하신다'라는 말은 아무런 논쟁도 허용하지 않는다. 그러나 믿음의 역할에 대해서는 지금까지 많은 논란이 있어 왔다. 많은 훌륭한 성직자들이 구속 언약과 은혜 언약을 구별한 결과, 믿음을 은혜 언약의 조건으로 간주하지 않을 수 없게 되었다. 그러나 그들이 사용한 용어는 믿음이 구원을 얻기 위한 공로나 근거라는 뜻이 아니라 단순히 구원의 선행 조건(그 단계를 거치지 않으면 구원이 이루어지지 않는 것)임을 암시할 뿐이다. 그들은 믿음을 단지 순서나 관계상의 조건, 즉 복음에 제시된 구원을 얻는 수단(도구)으로 이해했다.

이것은 아르미니우스주의자들과 신율법주의자들이 사용하는 말과는 의미가 사뭇 다르다. 그들은 믿음을 약속의 성취 여부를 결정짓는 조건으로 간주했다.[4] 웨스트민스터 총회는 다른 곳에서 하나님이 '죄인들로 하여금 그리스도께 관심을 기울이게 하는 조건으로' 그들에게 그분을 믿는 믿음을 요구하신다고 말했다(『웨스트민스터 대요리 문답』, 32문). 그러나 이 말은 믿음을 은혜 언약의 조건으로 삼는 것과는 아무 상관없다. 믿음은 그리스도께 관심을 기울여 개인적으로 언약에 참여해 구원을 얻고자 할 때 반드시 필요한 수단에 해당한다. 이것은 가장 중요한 진리 가운데 하나이며, 웨스트민스터 총회에 참석한 모든 위원들이 의도했던 바다.

그들은 '조건'을 '수단'과 동의어로 사용했던 것으로 보인다. 왜냐하면 한 곳에서는 믿음을 '죄인들로 하여금 그리스도께 관심을 기울이게 하는 조건'으로 언급하고 있고, 다른 곳에서는 '오직 믿음만이 칭의의 유일한 수단이다'라고 말하고 있으며(『참회록』), '믿음은 하나님 앞에서 죄인을 의롭게 한다. 믿음은 죄인이 그리스도를 영접하고 그분의 의를 적용하게 만드는 수단이다'라고 가르치기 때문이다(『웨스트민스터 대요리 문답』, 73문). 조건이라는 말은 애매모호해 오해되기 쉽다. 이 말은 위험하고 불건전한 의미로 사용될 때가 많기 때문에 오늘날의 복음주의자들은 이 말을 더 이상 사용하지 않는다.

6. 하나님은 선택하신 백성에게 성령을 허락하심으로써 그들로 하여금 언약의 축복에 특별한 관심을 기울이게 만드신다. 이 말은 한정된 숫자의 사람들이 영생을 얻도록 작정되었고, 그들 모두가 적절한 때에 그리스도를 믿게 될 것을 의미한다(행 13:48). 또한 이 말은 그들이 스스로는 그리스도를 기꺼이 믿을 수 있는 능력이 없다는 것을 암시한다(요 6:44). 하나님은 그런 그들

---

[4] 프레이저 박사는 비치우스의 『사도신경 해설 제1권』에 실린 훌륭한 각주(44번)에서 이 중요한 주제에 관한 여러 저술가들의 견해를 제시했다. 그가 언급한 저술가들의 이름에 보스턴을 추가할 수 있을 것이다. 다음 자료를 참조하라. Boston, *View of the Covenant of Grace*, head 3, sect. 1. Wilson(of London), *Sermons*, p. 71. Dick, *Lectures*, vol. 2, p. 434.

에게 성령을 허락하시어 기꺼이 믿을 수 있게 하겠다고 약속하신다(겔 36:26). 따라서 믿음은 은혜 언약의 조건이 아니라 언약의 약속에 해당한다(롬 15:12). 믿음은 우리에게 기꺼이 믿고자 하는 마음을 일깨워 주는 하나님의 선물이다(엡 2:8, 빌 2:13).

4항 은혜 언약은 유언자이신 예수 그리스도의 죽으심과 유업으로 상속되는 영원한 기업과 거기에 속한 모든 것과 관련해 성경에서 종종 '유언'이라는 말로 표현된다(히 9:15-17, 7:22, 눅 22:20, 고전 11:25).

킹제임스 역(KJV) 신약성경은 은혜 언약을 종종 유언으로 칭한다. 원어가 언약과 유언의 의미를 둘 다 지니고 있기 때문에 그렇게 번역해도 아무 상관없다. 유언으로 번역하는 것이 가장 적당한 성경 구절은 히브리서 9장 16-17절이다. 일부 비평가들은 이 구절에서도 이 용어를 사용해서는 안 된다고 힘써 주장하지만, 대다수의 사람들은 이 번역이 아무런 문제가 없다고 생각한다.[5]

5항 이 언약은 율법의 시대와 복음의 시대에 서로 다르게 집행되었다(고

---

5) 프레이저 박사가 비치우스의 『사도신경 해설 제1권』을 번역하면서 덧붙인 장문의 훌륭한 각주(42번)를 참조하면 이 주제에 대한 비평가들의 견해가 잘 요약되어 있는 것을 발견할 수 있다. 학식 있는 교수인 앤도버의 스튜어트도 자신의 히브리서 주석에서 이 구절에서도 언약이라는 용어를 사용해야 한다고 주장하는 주석학자들을 언급하면서 그런 견해를 인정하기가 매우 어렵다는 입장을 밝혔다.

후 3:6-9). 율법의 시대에는 약속, 예언, 제사, 할례, 유월절 어린 양을 비롯해 유대인들에게 주어진 다른 여러 가지 의식과 예표를 통해 집행되었다. 그 모든 것은 장차 오실 그리스도를 예표했다(히 8-10장, 롬 4:11, 골 2:11-12, 고전 5:7). 이것들은 당시에 성령의 역사를 통해 약속된 메시아를 믿는 믿음 안에서 선택 받은 백성을 가르치고 든든히 세우는 데 충분히 효과적이었다(고전 10:1-4, 히 11:13, 요 8:56). 그들은 약속된 메시아를 통해 온전한 죄 사함과 영원한 구원을 얻었는데, 이를 '구약'으로 일컫는다(갈 3:7-9, 14).

6항 복음의 시대에는 실체이신 그리스도께서(골 2:17) 나타나셨고, 말씀 선포와 성례, 곧 세례와 성찬이 언약을 집행하는 의식이 되었다(마 28:19-20, 고전 11:23-25). 의식의 숫자는 줄어들었고, 겉으로 보면 단순하고 덜 영광스럽지만, 유대인과 이방인을 포함한 모든 민족에게(마 28:19, 엡 2:15-19) 미치는 영적 효력은 더욱 충만하고 명백하다(히 12:22-27, 렘 31:33-34). 이것이 곧 '신약'이다(눅 22:20). 따라서 실체가 다른 두 개의 언약이 존재하는 것이 아니라 하나의 동일한 언약이 다양한 시대에 걸쳐 나타나는 것뿐이다(갈 3:14, 16, 행 15:11, 롬 3:21-23, 30, 시 32:1, 롬 4:3, 6, 16-17, 23-24, 히 13:8).

─ 해 설 ─

이 두 조항이 제시하는 교리는 다음과 같다.

1. 실체가 다른 두 개의 은혜 언약이 존재하는 것이 아니다. 구약과 신약은 동일한 언약을 다루는 두 개의 시대를 가리킬 뿐이다. 유대인들의 시대는 '구약'으로, 기독교인들의 시대는 '신약'으로 각각 일컬어진다(히 8:7, 13).

2. 구약 시대에 살았던 신자들도 복음 아래 사는 신자들처럼 그리스도를 믿는 믿음으로 구원 받았고, 복된 영생을 바라며 살다가 죽었다.

3. 신약 시대는 많은 점에서 그리스도께서 육신으로 오시기 이전의 시대에 비해 월등히 뛰어나다. 현재는 모든 것이 더욱 분명하게 나타났다는 점에서 과거보다 더 우월하다. 구체적으로 말해, 그리스도의 죽으심을 통해 언약의 실질적인 내용이 확고하게 비준되었고, 성령이 더욱 풍성하게 역사하시며, 예배가 더욱 신령해졌고, 복음이 모든 민족에게 전달되었다.[6]

이처럼 은혜 언약은 첫 번째 언약을 파기함으로써 멸망 당한 사람들의 상황에 놀라울 정도로 잘 들어맞는다. 영광스런 보증인께서 언약의 조건을 충족시키심으로 온전한 구원이 죄인들의 괴수들에게 값없이 주어졌다. 그러나 우리가 개인적으로 은혜 언약에 관심을 기울여 그 귀하디귀한 축복에 실제로 참여하지 않는다면 아무리 영광스런 언약이 나타났다고 해도 무슨 소용이 있겠는가? 그러므로 하나님의 언약을 굳게 붙잡자. 이 복된 언약에 참여한 사실을 입증해 줄 확실한 증거를 얻기 위해 힘쓰자. 그러면 인생의 모든 시련 가운데서도 우리 하나님을 힘입어 용기를 얻을 수 있을 것이다.

다윗은 모진 시련을 겪으며 목숨이 경각에 달린 상황에서도 놀라운 위로를 경험했다. 마찬가지로 다른 모든 것이 우리를 좌절하게 만들 때 우리도 그런 위로를 경험할 수 있을 것이다. 다윗은 그 모든 일을 돌아보며 "내 집이 하나님 앞에 이 같지 아니하냐 하나님이 나와 더불어 영원한 언약을 세우사 만사에 구비하고 견고하게 하셨으니 나의 모든 구원과 나의 모든 소원을 어찌 이루지 아니하시랴"(삼하 23:5)라는 마지막 말을 남겼다.

---

[6] 칼빈은 신구약 시대의 은혜 언약이 동일하다는 것을 비롯해 구약성경의 장점과 한계 및 신약성경의 우월한 지위를 자세하게 설명했다. 다음 자료를 참조하라. Calvin, *Institutes*, book 2, ch. 9-11. Witsius, *Economy of the Covenants*, book 4, ch. 11-13, 15.

CHAPTER. 8

OF CHRIST THE MEDIATOR

중보자이신 그리스도

내가 비옵는 것은 세상을 위함이 아니요 내게 주신 자들을 위함이니이다 (요 17:9).
하나님은 한 분이시요 또 하나님과 사람 사이에 중보자도 한 분이시니 곧 사람이신 그리스도 예수라 (딤전 2:5).

1항 하나님은 그 영원하신 목적에 따라 독생자이신 주 예수님을 하나님과 사람 사이의 중보자로 택정하셨고(사 42:1, 벧전 1:19-20, 요 3:16, 딤전 2:5) 그분을 선지자요(행 3:22), 제사장이요(히 5:5-6), 왕이요(시 2:6, 눅 1:33), 교회의 머리이자 구원자요(엡 5:23), 만유의 상속자요(히 1:2), 세상의 재판관으로(행 17:31) 세우기를 기뻐하셨다. 하나님은 영원 전에 그분께 한 백성을 후손으로 주셨고(요 17:6, 시 22:30, 사 53:10) 때가 되자 그분을 통해 구속함과 부르심을 받고 칭의와 성화와 영화를 얻게 하셨다(딤전 2:6, 사 55:4-5, 고전 1:30).

해 설

중보자란 두 당사자 사이에 불화가 있을 때 그 사이에 개입해 화해를 주선하는 사람을 가리킨다. 인간의 타락 이전에는 하나님과 사람 사이에 중보자가 필요하지 않았다. 하나님과 인간은 본질상 무한한 괴리가 있었지만, 그때만 해도 두 당사자 사이에 불화는 없었다. 그러나 인간의 타락으로 인해 상황이 바뀌었다. 하나님의 영광이 훼손되고, 그분의 분노가 불처럼 일어났다. 인간은 하나님에게서 소외되어 그분의 심판을 받아야 할 처지가 되었다.

인간은 주권자이신 하나님의 분노를 누그러뜨리고 다시 회복하기 위해 자신이 범한 하나님의 율법의 요구를 충족시켜야 했지만 그럴 능력이 없었다. 따라서 그의 죄책을 대신 감당하고 화해의 근거를 마련해 줄 사람이 필요하기에 이르렀다. 그런 직임과 사역이 하나님과 사람 사이의 중보자이신 예수 그리스도께 할당되었다.

이 조항은 하나님이 그리스도를 중보자로 세우시고, 그분께 한 백성을 후손으로 주셨다고 진술한다.

1. 하나님은 영원 전에 자신의 독생자인 주 예수님을 하나님과 사람 사이의 중보자로 택정하셨다. 인간이 죄를 저질러 하나님께 잘못을 범했기 때문에 그분은 또 다른 사람을 세우사 그 허물을 상쇄해 만족을 얻을 권한을 갖게 되셨다.

그러나 하나님은 대리자를 통한 만족을 얻는 데 그치지 않으시고 그 기쁘신 뜻에 따라 무한한 은혜와 사랑을 베푸시어 자신과 동등한 존재, 곧 자신의 아들에게 중보자의 직임을 맡기셨다. 성부 하나님의 특별한 소명과 지시가 없었다면 그리스도께서는 중보 사역을 행하지 않으셨을 것이다.

그리스도께서는 영원 전에 하나님과 사람 사이의 중보자로 택정되셨다. 그분은 땅이 생기기 전부터 세움을 받으셨고(잠 8:23), "창세전부터 미리 알린 바"(벧전 1:20) 되셨다. 예수님은 성부가 특별히 지시하신 대로 그분의 뜻을 받들어 우리를 위해 구원 사역을 완수하기 위해 세상에 왔다고 종종 말씀하셨다(요 6:38). 그리스도께서 중보자의 직임을 맡으신 것은 성부 하나님의 사랑을 보여 주는 놀라운 증거가 아닐 수 없다.

성부 하나님은 "우리 죄를 속하기 위하여 화목 제물로 그 아들을"(요일 4:10) 보내시어 우리가 그리스도를 믿을 수 있는 확고한 근거를 마련하셨다. 성부가 그리스도를 중보자로 세우지 않으셨다면 그분의 사역은 우리의 구원을 위한 합법적인 근거가 되지 못했을 것이다. 그리스도께서는 하나님이 세우신 중보자이시기 때문에 하나님은 그분의 사역을 온전히 인정하신다. 이런 확신은 그리스도께서 우리의 영원한 구원을 위해 이루신 사역을 온전히 의지할 수 있도록 격려한다.

2. 성부는 영원 전에 그리스도께 한 백성을 후손으로 주셨고, 그들이 그분을 통해 영광에 이르도록 작정하셨다. 인류 가운데서 하나님이 주권적인 은

혜로 선택하신 한정된 숫자의 사람들이 그리스도께 주어졌다는 것은 그들이 세상과 구별된 존재라는 사실을 통해 분명하게 드러난다. 그리스도께서는 그들을 "세상 중에서 내게 주신 사람들"(요 17:6)이라고 일컬으시고, "내가 비옵는 것은 세상을 위함이 아니요 내게 주신 자들을 위함이니이다"(요 17:9)라고 기도하셨다. 이 말씀에서 '세상'은 그리스도께 주어진 사람들과 대척을 이룬다. 따라서 상식적으로 생각해도 그리스도께 주어진 사람들이 세상 사람들 중에서 하나님이 선택하신 한정된 숫자의 사람들을 가리킨다는 것을 알 수 있다. 그들은 그리스도의 후손으로 그분께 주어졌다.

그리스도께서 자신을 섬기는 백성을 소유하게 되신 것은 그분이 행하신 중보 사역에 대한 보상임이 틀림없다. 성경은 그리스도께서 자신의 '씨', 곧 후손을 갖게 되실 것이고, 그들 안에서 자기 영혼의 수고한 것을 보고 만족하게 여기실 것이라고 분명하게 말한다(사 53:10-11).

그들이 그리스도께 주어진 목적은 그들을 구속하사 영광에 이르게 하시기 위해서다. 그리스도께서는 그들을 위해 구원의 가능성을 확보하셨을 뿐 아니라 마지막에 있을 완전한 구원을 보장하신다. 그분께 주어진 자들은 단 한 사람도 멸망하지 않을 것이다. 그리스도께서는 "나를 보내신 이의 뜻은 내게 주신 자 중에 내가 하나도 잃어버리지 아니하고 마지막 날에 다시 살리는 이것이니라"(요 6:39)고 말씀하셨다.

2항 성삼위 하나님 가운데 2위이신 성자는 참되고 영원하신 하나님으로 성부와 동등하시며 본질이 같으시다. 그분은 때가 되자 인간의 본성과(요 1:1, 14, 요일 5:20, 빌 2:6, 갈 4:4) 그 본질적 속성과 공통된 연약함을 모두 취하셨지만, 죄는 없으셨다(히 2:14, 16-17, 4:15). 그분은 성령의 권능으로 동정녀 마리아의 몸에 잉태되시어 그녀의 본질을 취하셨다(눅 1:27, 1:31, 35, 갈 4:4).

그 결과 온전하고 완전한 두 개의 본성, 곧 인성과 신성이라는 서로 다른 두 개의 본성이 변환, 합성, 혼동 없이 한 인격 안에서 불가분의 관계를 맺게 되었다(눅 1:35, 골 2:9, 롬 9:5, 벧전 3:18, 딤전 3:16). 이 인격은 참 하나님이요, 참 인간이지만 한 분이신 그리스도요, 하나님과 사람 사이의 유일한 중보자이시다(롬 1:3-4, 딤전 2:5).

─ 해설 ─

중보자의 인격이 지니는 특성을 진술하고 있는 이 조항은 그리스도께서 한갓 인간에 지나지 않으며, 동정녀의 몸에서 태어나기 전에는 존재한 적이 없었다고 주장하는 소시니우스주의자들과 단일신론자들을 비롯해 그리스도의 선재하심을 인정하면서도 그분이 피조물이며, 성육신 이전에는 천사와 같은 영의 상태로 존재했다고 주장하는 아리우스주의자들을 논박한다.

이 조항에 따르면 그분은 본성은 둘이지만 인격은 하나이신 참 하나님이요, 참 인간이시다.

그리스도께서는 성육신 이전부터 존재하셨을 뿐 아니라 영원 전부터 성부와 동등하시며 본질이 같은 하나님이시다. 그리고 그분은 때가 되자 인성과 신성이 온전히 결합된 상태로 세상에 오셨다.

1. 예수 그리스도께서는 성육신 이전에 존재하셨을 뿐 아니라 하나님의 영원하신 아들로서 성부와 동등하시고 본질이 같으시다. 성경은 곳곳에서 그리스도의 선재하심을 증언한다. 세례 요한은 그리스도께서 자기보다 먼저 계셨다고 말했다. 그는 예수님에 대해 증언하여 이르기를, "내 뒤에 오시는 이가 나보다 앞선 것은 나보다 먼저 계심이라"(요 1:15)고 말했다. 그리스도께서

는 유대인들에게 "아브라함이 나기 전부터 내가 있느니라"(요 8:58)라는 말씀으로 자신이 아브라함이 태어나기 이전부터 존재했다고 증언하셨다. 베드로 사도는 "그가 또한 영으로 가서 옥에 있는 영들에게 선포하시니라 그들은 전에 노아의 날 방주를 준비할 동안 하나님이 오래 참고 기다리실 때에 복종하지 아니하던 자들이라"(벧전 3:19-20)라는 말로 예수님이 홍수 이전에 존재하셨다는 사실을 암시했다.

예수님이 세상이 창조되기 이전에 존재하셨다는 것도 분명하다. 성경은 만물이 예수님에 의해 창조되었다고 가르친다. 예수님도 고별 기도를 통해 "아버지여 창세전에 내가 아버지와 함께 가졌던 영화로써 지금도 아버지와 함께 나를 영화롭게 하옵소서"(요 17:5)라고 말씀하심으로써 그 사실을 언급하셨다. 또한 예수님은 자신이 하늘에서 내려왔고, 이전에 있던 곳으로 올라간다고 말씀하셨다(요 6:38, 62). 이들 말씀은 그리스도께서 인간의 본성을 취하시기 이전부터 하늘에 존재하셨다는 것을 분명하게 암시한다.[1]

그리스도께서 성육신 이전에 어떤 상태로 존재하셨는지에 대해 불필요한 사변을 일삼는 것은 바람직하지 않다. 성경은 단지 "그는 근본 하나님의 본체시나 하나님과 동등됨을 취할 것으로 여기지 아니하시고"(빌 2:6), "태초에 말씀이 계시니라 이 말씀이 하나님과 함께 계셨으니 이 말씀은 곧 하나님이시니라"(요 1:1)라고만 말한다.

그리스도의 신성에 관해서는 앞에서 다루었기 때문에 여기에서는 다시 언급하지 않겠다. 그러나 그리스도께서 하나님의 아들이시라는 것에 관해서는 간단히 짚고 넘어가는 것이 좋을 듯하다. 성경에서 '하나님의 아들'이라는 호칭은 다양한 존재들에게 적용되었다. 그러나 그리스도께 적용된 경우에는 그분만의 고유한 성격을 띤다. 그분은 '하나님의 독생자'로 불리신다.

많은 사람들이 생각하는 것과 달리 그리스도께서 하나님의 아들이 되신

---

1) 그리스도의 선재하심을 잘 다룬 자료를 몇 가지 소개하면 다음과 같다. Archbishop Magee, *Atonement-Illustrations*, No. 1. Hill, *Lectures*, vol. 1, p. 289. Wilson, *The Person of Christ*, Ch. 2.

것은 그분이 수행하신 사명이나 기적을 통한 잉태나 부활에 근거하지 않는다. 그리스도께서는 성부로부터 필연적으로, 영원히 발생하셨다. 성경은 여러 곳에서 이 진리를 증언한다. 많은 학자들이 그런 성경 구절들을 성자의 영원한 발생에 적용하는 것을 지지한다.[2] 예를 들어, 시편 2편 7절, 잠언 8장 24-25절, 미가 5장 2절, 요한복음 1장 14절 등이다.

그리스도의 영원한 발생을 부인하면 삼위일체 교리가 무너질 뿐 아니라 구원 사역의 영광도 퇴색되고 만다. 왜냐하면 성자가 인간의 육신을 취하시어 고난과 복종의 길을 걸어가는 은혜를 베푸신 것과 성부가 성자를 세상에 보내시어 우리를 위해 고난과 죽음을 당하게 하는 사랑을 베푸신 것을 비롯해 성자가 이루신 속죄의 무한한 가치가 모두 성자의 신성에 의존하기 때문이다.

성자의 영원한 발생을 온전히 설명할 방법은 없지만, 우리가 이해할 수 없다는 이유로 그것을 부인하는 것은 터무니없는 일이 아닐 수 없다. 그 사실을 부인하면 단일한 신성 안에 서로 구별되는 삼위가 계신다는 교리도 아울러 부인해야 할 것이다. 성자의 영원한 발생은 우리가 이해할 수 없는 신비이지만, 우리가 확신할 수 있는 한 가지는 성자가 성부와 동등한 존재이시라는 사실이다. 유대인들은 그리스도께서 스스로를 하나님과 동등한 존재로 내세워 신성을 주장하고 계신다고 이해했다. 그리스도께서는 "나와 아버지는 하나이니라"(요 10:30)라는 말씀으로 그들이 자신의 말을 옳게 이해했다고 인정하셨다.

2. 때가 되자 성자는 인간의 본성을 취해 자신의 신성과 하나로 결합하셨다. 그동안 여러 이단들이 이 조항을 거부해 왔다. 이 조항은 여러 시대에 모습을 드러낸 이단들을 논박하기 위한 목적으로 작성되었다.

---

[2] 다음 자료를 참조하라. Witsius, *The Creed*, Diss. 12. Gib, *Contemplations*, pp. 207-227.

1) 성자는 인간의 본성(완전하고 참된 인성)을 취하셨다. 초기 교회 당시 다양한 이단들이 이 교리를 부인했다. 가현설을 주장했던 이단은 그리스도가 참된 육체를 지닌 존재가 아니라 환영에 지나지 않았다고 말했고, 또 다른 이단은 그리스도가 영혼은 없고 육체만 지녔다고 주장했다.[3]

그러나 성경은 "말씀이 육신이 되어"(요 1:14), "하나님이 그 아들을 보내사 여자에게서 나게 하시고"(갈 4:4), "자녀들은 혈과 육에 속하였으매 그도 또한 같은 모양으로 혈과 육을 함께 지니심은"(히 2:14)이라고 말한다. 그리스도께서 참된 인간의 본성을 지니셨다는 것을 이보다 더 확실하게 증언하는 표현은 어디에도 없다.

예수님과 친밀하게 지냈던 사도들은 자신들이 본 것이 환영이 아니라는 것을 분명하게 의식했다. 그들은 예수님이 자신들과 똑같은 육체를 지니고 계셨다는 것을 결코 의심할 수 없었다. "태초부터 있는 생명의 말씀에 관하여는 우리가……자세히 보고 우리의 손으로 만진 바라"(요일 1:1). 그리스도께서 인간의 영혼을 지니셨다는 것도 부인할 수 없는 사실이기는 마찬가지다. 그분은 "지혜와 키가 자라"(눅 2:52) 가셨다. 그분의 육체도, 영혼도 모두 성장하셨다. 또한 그리스도께서는 극심한 고통을 느끼시면서 "내 마음[영혼]이 매우 고민하여 죽게 되었으니"(마 26:38)라고 말씀하셨고, 십자가에서는 "아버지 내 영혼을 아버지 손에 부탁하나이다"(눅 23:46)라고 외치셨다.

2) 그리스도께서는 인성의 공통된 연약함을 지니고 계셨지만, 죄는 없으셨다. 그분은 굶주림과 고통과 피로를 비롯해 인간의 자연적인 연약함을 모두 느끼셨다. 이런 이유로 성경은 그분이 "죄 있는 육신의 모양으로"(롬

---

3) 아리우스주의자와 에우노미우스주의자는 그리스도께서 육신 외에는 인간의 본성을 아무것도 취하지 않으셨으며, 영혼이 있어야 할 곳에 말씀이 거했다는 주장을 펼쳤다. 아폴리나리우스주의자는 인간을 세 부분(육체, 감각적 영혼, 이성적 영혼)으로 구별했다. 그들은 그리스도께서 이성적 영혼을 소유하지 않으셨고, 말씀이 그 자리를 대체했다고 주장했다. 다음 자료를 참조하라. Newlands, *Analysis of the Thirty-Nine Articles*, p. 57.

8:3) 세상에 오셨다고 말한다. 여기에서 죄 있는 육신의 '모양'이라고 표현한 것은 실제로는 그분에게서 아무런 죄가 발견되지 않기 때문이다. 이것이 그분이 '거룩하신 자', '거룩하신 아기 예수', '흠과 점이 없는 어린양'으로 불리시는 이유다. 예수님의 인성이 죄가 없는 완전한 상태여야만 그분이 중보자로서의 사역을 행하실 수 있었다. 예수님 자신이 죄인이셨다면 다른 사람들의 죄를 위한 속죄 제물이 되실 수 없었을 것이다. "이러한 대제사장은 우리에게 합당하니 거룩하고 악이 없고 더러움이 없고 죄인에게서 떠나 계시고 하늘보다 높이 되신 이라"(히 7:26).

3) 그리스도의 인성은 성령의 권능으로 동정녀 마리아의 몸에서 잉태되었고, 그녀의 본질에 의해 형성되었다. 그리스도의 육체는 무에서 창조되지 않았고, 하늘에서 내려오지도 않았다. 그분의 육체는 성령의 역사를 통하여 동정녀의 몸 안에서 형성되었다. 따라서 마리아는 '예수님의 어머니'로 불리우고, 예수님은 "태중의 아이"(눅 1:42), "여자의 후손"(창 3:15)으로 불리신다.[4]

4) 성자는 인성을 취하시어 신성과 결합하셨다. 그 결과 인성과 신성이라는 서로 다른 두 개의 본성이 한 인격 안에서 불가분의 관계를 맺게 되었다. 이 명제는 5세기에 등장했던 이단을 논박한다. 네스토리우스주의는 "그리스도 안에 두 개의 인격이 존재하는데, 그 가운데 하나는 신성, 곧 영원하신 말씀이고, 다른 하나는 인성에 해당하는 인간 예수다"라고 주장했다. 유티키안파는 이런 주장에 반발해 또 다른 극단에 치우쳤다. 그들은 "그리스도 안에는 오직 하나의 본성만이 존재한다"고 주장했다. 다시 말

---

[4] 고대의 이단들 외에 종교개혁 당시에 영국에서 출현한 일부 재세례파 신자들도 그리스도께서 하늘에서 인성을 취해 내려오셨고, 햇빛이 유리를 통과하는 것처럼 마리아를 거치셨을 뿐이라고 주장했다.

해, 그들은 인성이 신성에 흡수되었다고 생각했다.[5]

신성과 인성이 그리스도라는 인격 안에서 불가분의 관계를 맺게 되었다는 진술은 그리스도께서 두 개의 본성을 지니신다는 성경의 가르침을 통해 분명하게 확증된다(사 9:6, 롬 9:5, 마 1:18). 그리스도의 인성은 그 자체로 동떨어진 존재나 인격으로서가 아니라 처음에 형성될 때부터 성자의 인격과 밀접하게 결합되었고, 그 안에 존재했다. 이것을 가리켜 '실재적, 또는 인격적 연합'이라고 일컫는다.

이것은 매우 밀접한 연합을 뜻하지만, 그렇다고 해서 두 개의 본성이 서로 혼합되는 것은 아니다. 각각 자신의 고유한 속성을 그대로 유지한다. 그러나 이런 연합의 결과로 각각의 본성에 속하는 속성과 행위는 그리스도께서 지니신 하나의 인격에서 모두 비롯한다. 그분은 인성을 지니신 상태로 복종하셨고, 고난을 당하셨지만 그 복종과 고난은 또한 성자, 곧 영광의 주님으로서 그분이 지니고 계시는 신성에 근거한다(히 5:8, 고전 2:8). 구세주의 인성을 신성과 분리시켜 생각하는 것은 그분의 복종과 고난이 지니는 고유한 가치를 제거해 그분의 보혈로 선택 받은 신자들이 구속되었다는 구원의 교리를 부인하는 것과 다름없다. 따라서 우리의 복되신 구세주께서는 '참 하나님이요, 참 인간이지만 한 분이신 그리스도이시다'[6]라는 신앙의 명제는 너무나도 중요하다.

또한 이 조항은 거기에 '하나님과 사람 사이의 유일한 중보자이시다'라는 명제를 덧붙였다. 교황주의자들은 성인들과 천사들이 그리스도와 함께 중보 사역을 행한다고 주장한다. 그들은 구원 사역을 이룬 중보자는 오직 그리스도 한 분뿐이시지만, 중보 기도의 사역에는 다른 중보자들이 동참한다고 말한다. 그러나 성경은 그렇게 구분하지 않는다. 오히려 성경은 하

---

5) Mosheim, *Eccl. Hist.* cent. 5, p.2, ch. 5.
6) 이 주제에 대해 좀 더 자세히 알고 싶으면 다음 자료를 참조하라. Hurrion, *Sermons*, vol.1. Owen, *The Person of Christ*, chap, 18.

나님이 오직 한 분이시듯 중보자도 오직 한 분이시라고 가르친다(딤전 2:5).

3항 신성과 결합된 인성을 지니고 계시는 주 예수님은 성령으로 거룩하게 되시고, 한량없이 기름 부음을 받으셨다(시 45:7, 요 3:34). 그분 안에 지혜와 지식의 모든 보화가 감추어져 있고(골 2:3), 하나님은 모든 충만으로 그분 안에 거하게 하기를 기뻐하셨다(골 1:19). 이는 그분이 거룩하고, 흠이 없고, 순결하고, 은혜와 진리로 충만하시어(히 7:26, 요 1:14) 중보자와 보증인의 직임을 수행하기에 조금도 부족함이 없게 하시기 위해서였다(행 10:38, 히 12:24, 7:22). 이 직임은 그분이 스스로 취하신 것이 아니라 성부가 맡기신 것이었다(히 5:4-5). 성부는 그분의 손에 모든 권세와 심판권을 맡기시고, 그것을 수행하라고 명령하셨다(요 5:22, 27, 마 28:18, 행 2:36).

─ 해 설 ─

이 조항은 중보자의 직임을 수행하시는 데 필요한 그리스도의 자격 조건을 진술한다.

그분께 중보 사역을 맡기신 성부는 그 일을 수행하는 데 필요한 모든 자격 조건을 허락하셨다. 성부는 고난과 죽음을 감당하실 수 있도록 그분을 위해 한 육체를 예비하셨고, 그분의 인성 위에 성령의 은사와 은혜를 한량없이 부어 주시어 중보자의 직임을 수행하는 데 조금도 부족함이 없게 하셨다. "하나님이 성령을 한량없이 주심이니라"(요 3:34).

그리스도의 인성은 성령의 권능을 통해 잉태되신 순간부터 가장 완전하게 형성되었다. 그리스도께서 인성을 지니시고 공적 사역을 처음 시작하고

자 하실 때도 그분의 사명을 보증하시고, 그 사역을 위한 자격을 부여하시기 위해 성령이 눈에 보이는 형상으로 그분 위에 임하셨다(눅 3:21-22).[7]

4항 주 예수님은 이 직임을 기꺼이 맡으셨으며(시 40:7-8, 히 10:5-10, 요 10:18, 빌 2:8), 이 직임을 이행하시기 위해 율법 아래 나셨고(갈 4:4), 율법을 온전히 이루셨다(마 3:15, 5:17). 그분은 영혼 안에서 느껴지는 가장 극심한 고통과(마 26:37-38, 눅 22:44, 마 27:46) 육체 안에서 느껴지는 가장 고통스런 아픔을(마 26-27장) 감내하셨고, 십자가에 못 박혀 죽으셨으며(빌 2:8), 장사되어 사망의 권세 아래 머무셨지만 썩음을 당하지 않으시고(행 2:23-24, 27, 13:37, 롬 6:9), 고난을 당하실 때의 그 육체 그대로(요 20:25, 27) 사흘 만에 죽은 자 가운데서 살아나셨으며(고전 15:3-5), 하늘에 오르시어 성부 하나님의 오른편에 앉으셨다(막 16:19). 그분은 그곳에서 중보 기도를 드리시며(롬 8:34, 히 9:24, 7:25), 세상의 마지막에 다시 오시어 사람들과 천사들을 심판하실 것이다(롬 14:9-10, 행 1:11, 10:42, 마 13:40-42, 유 1:6, 벧후 2:4).

─ 해 설 ─

그리스도께서는 죄인들의 보증인으로서 참으로 담대한 마음으로 하나님께 가까이 다가가신다(렘 30:21). 물론 그분은 인류 전체가 아니라 성부가 자기에게 주신 자들, 곧 자신의 영적 후손으로 받아들인 자들만을 위한 보증인이시다.

---

7) 다음 자료를 참조하라. Owen, *The Holy Spirit*, Book 2, chapter 4.

이 조항은 그리스도께서 중보자의 직임은 물론 보증인의 직임까지 기꺼이 맡으셨다고 진술한다.

보증인이란 다른 사람이 진 빚을 대신 갚아 주거나 다른 사람이 감당해야 할 형벌을 대신 감당하는 사람을 가리킨다. 그리스도께서는 우리를 위해 그런 보증인이 되셨다. 그분은 영원한 언약을 통해 선택 받은 자들이 갚아야 할 무한한 빚을 대신 갚아 하나님의 율법과 공의를 만족시킬 보증인으로 택정되셨다. 성부가 그분을 보증인으로 택정하시고, 그분이 기꺼이 받아들이셨기 때문에 선택 받은 자들의 죄가 그분께 전가되었고, 그분은 하나님 앞에서 자신이 대표자로 나선 사람들을 대신해 복종과 고난의 길을 걸어가셨다.

소시니우스주의자들은 그리스도께서 우리의 보증인이 되신다는 것을 부인한다. 그들은 그리스도께서 고난을 당해 죽으신 것은 우리를 대신하기 위한 것이 아니라 단지 우리를 유익하게 하시기 위해, 곧 고난을 당할 때 하나님의 뜻에 복종하며 인내해야 한다는 교훈을 가르치시기 위해서였다고 주장한다. 신율법주의자들도 그리스도께서 우리의 보증인이 되신다는 것을 부인한다. 그들은 "그리스도께서는 죄인들을 위해 하나님의 공의를 만족시키셨지만, 그분은 단지 하나님의 명예를 존중하는 데 필요한 한도에서만 죄인들을 구원하겠다는 조건에 합의하셨다"라고 주장한다. 이 밖에도 우리의 죄가 그리스도께 전가되었다는 교리를 거부하는 사람들과 일반 속죄를 주장하는 사람들도 이 교리를 부인하기는 마찬가지다.[8]

그들은 그리스도께서 죄인들의 대리자이시고, 그분의 고난이 대리 속죄의 의미를 지니고 있다는 것은 인정하지만 그분이 보증인이시라는 교리, 곧 선택 받은 백성의 죄책이 그분께 전가되었고, 그분이 그들이 초래한 형벌을 대

---

8) Stevenson, *The Offices of Christ*, p.140.

신 감당하셨다는 교리는 절대 인정하지 않는다. 그러나 성경은 '보증'이라는 용어를 그리스도께 직접 적용한다(히 7:22). 소시니우스주의자들의 주장과 달리 그리스도께서는 하나님을 위한 보증인(곧 하나님으로 하여금 우리에게 하신 약속을 확실하게 실행하시게 하기 위한 보증인)이 아니라 하나님께 대한 보증인(곧 선택 받은 죄인들을 위한 보증인)이시다.

그분은 그들이 율법(행위 언약)에 빚진 복종의 빚을 대신 치르시고, 그 죄로 인한 형벌의 빚을 대신 갚아 주셨다. "여호와께서는 우리 모두의 죄악을 그에게 담당시키셨도다"(사 53:6)라는 말씀은 선택 받은 백성의 죄가 그리스도께 전가되었다고 분명히 증언한다. 그리스도께서는 불의한 자들, 곧 자기 백성의 죄를 위해 고난 당하셨다. 그 이유는 그분이 그들의 죄책을 대신 짊어지셨기 때문이다(벧전 3:18, 사 53:8).

율법의 시대에 하나님이 명령하신 희생 제사는 모두 그리스도의 죽음을 가리키는 예표였다. 모든 희생 제사는 대리적인 의미를 지닌다. 범죄자의 죄책이 속죄 제물에게 전가되었다. 제물의 머리에 안수하는 것으로 그 사실을 상징했다. 그런 예표는 주님이 자기 백성의 죄를 대신 짊어지심으로 온전히 실현되었다. 성경은 그분이 친히 나무에 달려 그 몸으로 우리 죄를 담당하셨다고 말한다(벧전 2:24).

보증인의 교리를 인정하지 않고서는 하나님의 선하심과 공의의 원칙에 따라 이루어진 그리스도의 고난과 죽음을 달리 설명할 길이 없다. 이 교리가 분명해야만 그리스도께서 하나님의 공의를 만족시키신 공로가 그분의 백성에게 전가된다는 교리도 온전히 성립될 수 있다. 그리스도께서는 그들의 보증인으로서 복종하셨고, 고난 당하셨다. 그분이 행하시고 고난 당하신 것이 그들의 공로가 되어 그들에게 구원을 가져다준다(고후 5:21).

보편 구원을 인정하지 않는다면 이런 교리들은 결국 그리스도께서 성부가 허락하신 한정된 숫자의 백성만을 위해 고난 당하고 죽으셨다는 결론으로 귀결될 수밖에 없다. 만일 그리스도께서 인류 전체를 위한 보증인이시라면 모든 인류가 구원을 받거나, 또는 그리스도께서 자신에게 주어진 임무를 온전히 이루지 못하셨거나 둘 중의 한 가지 결론만이 가능하다.

아울러 이 조항은 그리스도께서 낮아지심과 높아지심의 상태에서 모두 중보자의 직임을 수행하셨다고 진술한다.

1. 그리스도께서는 율법 아래 나셨고, 율법을 온전히 이루셨다. 여기에서 율법은 삶의 규범이 아니라 생명을 얻는 조건으로서 완전한 복종을 요구하는 언약의 율법을 가리킨다. 그리스도께서는 율법의 조건과 도덕적 원칙을 모두 만족시켜 인간의 죄를 속량하셨다. 그리스도께서는 본래 율법에 아무 빚도 지지 않으셨지만, 죄인들의 보증인으로서 자발적으로 율법에 복종하셨다. 그분은 율법의 계명을 이루셨고, 그 형벌을 감당하셨다. 그분이 율법의 종이 되어 복종과 고난의 길을 걸어가신 것은 그분 자신을 위한 것이 아니라 전적으로 자기에게 주어진 백성을 위한 것이었다. 그분은 단지 율법을 성취하는 데 그치지 않으시고, 율법을 "크게 하며 존귀하게"(사 42:21) 하셨다.

2. 그리스도께서는 영혼과 육체로 고난 당하셨다. 그분의 고난은 다양했고, 그 정도는 매우 극심했다. 그분은 일생 동안 "간고를 많이 겪었으며 질고를 아는 자"(사 53:3)로 살아가셨다. 그분은 원수들은 물론 친구를 자처하는 사람들로부터도 많은 고난을 당하셨으며, 사탄의 유혹에 시달리셨다. 더욱이 그분은 피조물들에게 고난 당하는 데 그치지 않으시고, 재판관이신 하나님의 손에 의해 직접 많은 고난을 당하셨다. "여호와께서 그에게 상함을 받게 하시기를 원하사 질고를 당하게 하셨은즉"(사 53:10).

소시니우스주의자들은 주님의 고난이 형벌의 성격을 띤다는 것을 부인하기 때문에 그분이 피조물들이 가한 고난만을 당하셨다고 주장한다. 그러나 그리스도의 영혼이 진노하신 하나님, 곧 그분이 대신하는 사람들의 죄에 대해 만족스런 배상을 요구하시는 재판관의 손에 의해 직접 고난을 당하셨다는 것을 부인하면, 그분이 겟세마네 동산에서 극심한 고뇌를 견디셔야 했던 일과 십자가에게 애타게 부르짖으셨던 일을 달리 설명할 근거가 없다.

그리스도께서는 성부 하나님의 사랑이 잠시 중단되는 고통을 견디시고, 죄를 징벌하시는 하나님의 무서운 심판을 감당하셔야 했다. 따라서 그리스도께서는 "내 마음이 매우 고민하여 죽게 되었으니"(마 26:38), "나의 하나님, 나의 하나님, 어찌하여 나를 버리셨나이까"(마 27:46) 하고 슬프게 탄식하지 않으실 수 없었다.

3. 그리스도께서는 십자가에 못 박혀 죽으셨다. 죽음은 율법의 형벌이요, 정당한 죗값이다. 따라서 죄인들의 보증인이신 예수님은 죽음을 감당하셔야 했다. 그리스도께서는 율법의 계명에 복종하셨고, 세상에 계시는 동안 가장 혹독한 고난을 당하셨다. 그러나 그분이 죽지 않으셨다면 그 모든 것이 아무 소용이 없게 되어 우리는 구원 받지 못했을 것이다. 그리스도께서는 "죽기까지 복종"(빌 2:8)하셨다. 그분은 가장 길고, 고통스럽고, 수치스러운 죽음, 곧 십자가의 죽음을 당하셨다. 그것은 저주 받은 죽음이었다. 성경은 "나무에 달린 자는 하나님께 저주를 받았음이니라"(신 21:23)라고 말한다. 성경이 그런 형태의 죽음을 저주와 연관시킨 이유는 그리스도께서 당하실 죽음의 성격을 미리 암시하기 위해서인 듯하다(갈 3:10).

인간의 편에서 보면 그분의 죽음은 폭압적이었다. 왜냐하면 악인들의 손에 의해 죽음을 당하셨기 때문이다. 그러나 그리스도의 죽음은 그분의 편에서 보면 자발적인 것이었다(요 10:18). 우리는 그리스도의 죽음이 대리적인 성격을 띤다는 점을 잊어서는 안 된다. 그분의 죽음이 그런 성격을 띠지 못했다면 선지자와 사도들과 순교자들의 죽음과 별다른 차이가 없어 우리에게 아무런 유익이 되지 못했을 것이다. 바울은 "성경대로 그리스도께서 우리 죄를 위하여 죽으시고"(고전 15:3)라고 말했다.

4. 그리스도께서는 장사되어 잠시 동안 사망의 권세 아래 머무셨다. 그리스도의 시신을 십자가에서 끌어내리자마자 그분이 살아나셨다면 원수들은 그분이 실제로 죽지 않으셨다고 생각했을 것이 뻔하고, 또 그분을 따랐던 이들도 그분이 실제로 죽으셨다는 확실한 증거를 얻지 못했을 것이다.

그리스도의 죽음은 그분의 백성을 위한 희망과 행복이 걸려 있는 중대한 사안이었다. 따라서 하나님은 그리스도께서 죽으셨다는 것을 확실하게 입증하시기 위해 그분을 무덤에 장사해 사흘 낮밤을 사망의 권세 아래 머물게 하셨다. 그리스도께서 장사되신 또 하나의 이유는 무덤이 부활의 때까지 육신이 조용히 휴식을 취할 수 있는 곳이라는 사실을 그분을 믿는 이들에게 일깨워 주시기 위해서였다.

죄의 대가가 얼마나 무섭고 끔찍한 것인지는 잊어서는 안 된다. 죄 때문에 우리의 구원자이신 주님이 고난과 죽음을 당하셨다. 우리 모두 주 예수 그리스도의 은혜를 찬양하자. 그분은 부요하신 분이지만 우리를 위해 가난하게 되셨고, 그 가난함으로 우리가 부요하게 되었다(고후 8:9).

그리스도께서는 오직 인성만으로 고난과 죽음을 당하셨다. 우리는 그분의 고귀한 희생을 잊어서는 안 된다. 갈보리에서 십자가에 못 박혀 죽으신 그리스도께서는 "영광의 주"(고전 2:8)이셨다. 그분은 아리마대 요셉의 무덤에 장사되셨을 때도 여전히 주님이셨다(마 28:6).

성령은 구약 시대의 선지자들을 통해 그리스도의 고난과 그 뒤에 있을 영광을 예고하셨다. 그리스도께서는 한없이 낮아지셨다가 다시 영광스럽게 높아지셨다. 그분은 세상에서 행하신 사역에 대한 보상으로 말로 다할 수 없는 영광을 얻으셨고, 교회를 유익하게 하기 위해 계속해서 중보 사역을 행하신다.

그리스도의 높아지심은 몇 단계를 거쳐 이루어졌다. 각각의 단계를 간단히 설명하면 다음과 같다.

1) 그리스도께서는 사흘 만에 죽은 자 가운데서 살아나셨다. 구약의 예언과 예표가 이루어지고, 십자가를 통한 공의의 만족과 의로움이 온전해지려면 그리스도의 부활이 반드시 필요했다. 그리스도의 부활은 확실하게 입증된 사실이다. 무엇보다 증인들의 숫자가 충분했다. 그들은 스스로 현혹되지도 않았고, 다른 사람들을 현혹시킬 의도도 전혀 없었다. 왜냐하면 자신들의 목숨이 위태로운데도 그 사실을 힘써 알렸기 때문이다. 그들 가운데는 그리스도의 부활을 증언하다가 죽은 이들도 많았다.

예수님은 십자가에 못 박혀 무덤에 장사되었던 그 육체 그대로 부활하셨다. 이것은 그분의 부활하신 몸에 못 자국과 창 자국이 나 있는 사실로 분명히 입증된다(요 20:20). 제자들은 부활하신 주님을 보고 크게 기뻐했다. 그분의 부활은 그분을 믿는 모든 신자들에게 말로 다할 수 없는 기쁨의 근원이 된다. 그분의 지고하신 신성이 부활로 확실하게 입증되었다.

또한 그리스도의 부활은 하나님이 그분이 드리신 희생을 기쁘게 받아들이셨고, 그분의 죽음이 구원의 효력을 발생시키기에 충분하다는 증거였다. 그리스도께서는 부활을 통해 죽음과 무덤에 대해 결정적인 승리를 거두셨다. 이로써 신자들은 자신들도 장차 영광스럽게 부활해 영생을 누리게 될 것이라는 확실한 보증과 증거를 갖게 되었다.

2) 그리스도께서는 하늘에 오르셨다. 그분은 부활하신 후에 40일 동안 세상에 계시면서 제자들에게 자신이 고난을 받고 다시 살아났다는 확실한 증거를 보여 주셨고, 그들에게 하나님 나라에 속한 일들을 가르치셨다. 그런 다음 감람 산이라고 불리는 곳에서 제자들이 보는 앞에서 천사들의 영광스러운 호위를 받으며 세상을 떠나 하늘로 올라가셨다. 천국의 거주자들은 환호하며 그분을 맞이했다(시 47:5).

그리스도께서는 하늘 높이 오르시어 자신이 마땅히 받아야 할 영광을 얻으셨다. 그분은 하늘에서 성령을 보내시어 경이로운 은사들과 거룩하게 하시는 능력을 교회와 신자들에게 베푸시게 하신다. 또한 높임 받으신 왕으로서 자기 백성을 보호하고 다스리시며, 그들을 위해 중보 기도를 드리시고, 그들이 있을 곳과 그들에게 주실 하늘의 기업을 예비하신다.

3) 그리스도께서는 하나님의 오른편에 앉아 계신다. 이 말은 비유적인 의미로 이해해야 한다. 왜냐하면 영이신 하나님은 육체가 없으시기 때문이다. 인간 세상에서 오른편은 사람들에게 존경 받는 영예의 자리를 뜻한다. 그리스도께서 하나님의 오른편에 앉아 계신다는 것은 신성과 인성을 지니신 그분이 말로 다할 수 없는 영광과 위엄을 갖추게 되셨고, 통치자로서의 주권적인 권위를 부여 받으셨다는 것을 의미한다(엡 1:20, 22). 또한 그리스도께서 하나님의 오른편에 앉아 계신다는 것은 그분이 모든 적대자들에게서 안전하게 벗어나 온전한 안식을 누리시며, 영원히 영광스러운 상태로 존재하신다는 것을 암시한다(히 10:12).

그리스도께서는 지극히 높이 되셨다. 따라서 그분의 십자가를 부끄러워해야 할 이유는 없다. 그분은 "십자가를 참으사……하나님 보좌 우편에"(히 12:2) 앉으셨다. 세상에 있는 그분의 교회는 온전히 보존될 것이고, 그분과 교회를 대적하는 원수들의 음모는 모두 허사가 되고 말 것이다(시 2:1-4). 그리스도께서는 자기 백성의 머리요, 대표자로서 하늘에 오르시어 하나님의 오른편에 앉으셨다. 우리는 그리스도의 높아지심을 통해 장차 우리도 그렇게 높아지리라는 확실한 보증을 발견할 수 있다(엡 2:6).

4) 그리스도께서는 지금 자기 백성을 위해 중보 기도를 드리고 계신다. 그분은 자기 백성을 대신해 하나님 앞에 나가 속죄의 희생을 통한 공로를 그들을 대신해 기도하는 근거로 제시하시며, 높아지신 상태에 합당한 태도로 소원을 말씀하신다. 다시 말해, 그리스도께서는 자신이 그들을 위해 값 주고 사신 축복을 그들이 누릴 수 있게 해달라고 기도하신다.

그분은 세상이 아니라 하나님이 자기에게 주신 자들을 위해 기도하신다
(요 17:9). 그분은 각 사람의 다양한 상황에 맞게 그들을 위해 구체적으로
기도하신다(눅 22:32). 그리스도의 중보 기도는 새 언약의 약속과 그분이 값
주고 사신 축복들만큼이나 광범위하다.

그분은 아직 회심하지 않은 자들을 위해서는 진리를 아는 지식을 깨닫게
해달라고 기도하시고, 이미 회심한 자들을 위해서는 유혹을 당할 때 넘어
지지 않고 항상 은혜 안에 머물게 해달라고 기도하신다. 또한 그리스도께
서는 하나님이 그들의 인격과 섬김을 받아들여 주시기를 기도하고, 그들
이 차츰 거룩해지다가 정한 때에 영화롭게 되기를 간구하신다(요 17장).

그분의 중보 기도는 항상 응답을 받는다(시 21:2, 요 11:42). 그리스도의 중보
기도가 그런 효력을 발휘하는 이유는 그분이 권위 있는 중보자이시며, 성
부 하나님과 친밀한 관계를 맺고 계시기 때문이다. 성부는 중보자이신 성
자를 지극히 사랑하실 뿐 아니라 그분이 대신해 기도하시는 자들에게도
특별한 사랑을 베푸신다(요 16:27).

자기 백성을 위한 그리스도의 중보 기도는 항상 성부 하나님의 뜻과 일치
한다. 그분의 중보 기도는 그분이 드리신 희생에 근거한다. 성부는 그리스
도의 기도를 항상 기쁘게 받아주실 뿐 아니라 그분의 모든 요구를 들어주
겠다고 약속하셨다. 하나님이 그리스도와 맺으신 언약은 절대 깨지지 않
는다. 하나님은 항상 신실하시다.

따라서 우리는 온 마음을 다해 그리스도를 사랑해야 한다. 우리의 마음을
세상에서 하늘로 향하게 하고, 위의 것을 사모해야 한다. 또한 은혜의 보
좌 앞에 담대히 나가야 하고, 세상에서 그리스도를 위해 살며, 그분의 대
의를 추구하고, 그분이 원하시는 일을 널리 행해야 한다.

5) 그리스도께서는 세상의 마지막에 다시 오시어 사람들과 천사들을 심판
하실 것이다. 성경은 이 진리를 분명하게 계시하며, 확실하게 증언한다.

아담의 7대손 에녹이 이 사실을 엄숙하게 예언했다(유 1:14). 그리스도의 초림과 재림에 관한 약속의 말씀이 구약성경 도처에서 발견된다(시 50:3, 96:13, 98:9). 사도들도 한목소리로 이 진리를 전했다(살전 4:16, 살후 1:7-9). 천사들도 똑같은 진리를 전했다(행 1:11). 그리스도의 확실한 증언도 이 진리를 확증한다(마 26:64, 계 22:7, 12, 20).

그리스도께서는 큰 권능과 영광을 지니시고 눈에 보이는 모습으로 재림하실 것이다. 성삼위 하나님은 그리스도께서 재림하실 날을 알고 계실 테지만, 우리는 그날을 알 수 없다. 그날은 마치 가까이 임박한 것처럼 뜻하지 않은 순간에 갑작스레 임할 것이다(마 25:13, 약 5:8-9). 그리스도의 재림은 곧바로 심판으로 이어질 것이다. 그분은 사람들과 천사들의 마지막 운명을 선고하시고 자기 백성의 구원을 온전히 이루실 것이다(히 9:28).

우리는 주님의 재림을 자주 진지하게 생각하는 습관을 길러야 한다. 우리가 주님의 재림에 깊이 관심을 기울여야 하는 이유는 "우리가 다 반드시 그리스도의 심판대 앞에 나타나게 되어 각각 선악 간에 그 몸으로 행한 것을 따라 받으려 함이라"(고후 5:10)라는 말씀이 그날에 현실로 이루어질 것이기 때문이다.

우리는 주님이 오실 때까지 우리의 은사를 선용해 그분으로부터 "잘하였도다 착하고 충성된 종아……네 주인의 즐거움에 참여할지어다"(마 25:23)라는 칭찬을 들어야 할 것이다.

우리 모두 그리스도의 재림을 준비하는 마음으로 각자에게 주어진 은사를 열심히, 힘껏 활용하자(눅 12:35-36). 요한 사도는 "자녀들아 이제 그의 안에 거하라 이는 주께서 나타내신 바 되면 그가 강림하실 때에 우리로 담대함을 얻어 그 앞에서 부끄럽지 않게 하려 함이라"(요일 2:28)라고 권고했다.[9]

---

9) 다음 자료를 참조하라. Hurrion, *Sermons*, vol. 2.

5항 주 예수님은 영원하신 성령을 통해 하나님께 단번에 드리신 희생과 완전한 복종으로 성부 하나님의 공의를 온전히 만족시키셨고(롬 5:19, 히 9:14, 16, 10:14, 엡 5:2, 롬 3:25-26), 성부가 자기에게 주신 모든 자들을 위해 천국의 영원한 기업과 하나님과의 화목을 값 주고 사셨다(단 9:24, 26, 골 1:19-20, 엡 1:11, 14, 요 17:2, 히 9:12, 15).

─ 해 설 ─

이 조항은 그리스도의 복종과 희생을 통해 얻어진(또는 이루어진) 결과를 진술한다.

1. 그리스도께서는 성부 하나님의 공의를 온전히 만족시키셨다.

하나님은 도덕적인 통치자이시기 때문에 반드시 공의의 보복을 가하신다. 죄가 세상에 들어온 순간, 하나님은 곧바로 공의의 심판을 단행하셨다. 그리스도께서는 성부가 자신에게 주신 이들의 보증인으로서 그들을 대신해 그들이 당해야 마땅한 형벌을 대신 감당하심으로 하나님의 공의를 온전히 만족시키셨다. "이제 자기를 단번에 제물로 드려 죄를 없이 하시려고 세상 끝에 나타나셨느니라"(히 9:26). "허물이 그치며 죄가 끝나며 죄악이 용서되며"(단 9:24). "그리스도께서 우리를 위하여 저주를 받은 바 되사 율법의 저주에서 우리를 속량하셨으니"(갈 3:13).

우리 주님이 우리의 중보자로서 당하신 고난은 죄를 벌하는 공의를 온전히 만족시키는 데 필요한 모든 요건을 갖추었다. 오직 하나님만이 보증인이 죄인을 대신해 치른 희생을 인정할 권한을 가지고 계신다. 그런 하나님이 주님을 보증인으로 세우셨다. 주님은 죄를 지었던 인간의 본성을 지니고 고난을 당하셨다. 그분의 고난은 자발적인 복종을 통해 이루어졌기 때문에 거룩한 율법의 명예가 훼손된 것을 보상할 수 있는 충분한 도덕적 효력을 지닌다. 생명의 주님이신 그리스도께서는 자신의 생명을 다른 사람들을 대신해 기꺼이 내주셨다. 그분의 고난은 그 지고하신 인격의 권위에서 비롯한 것이기 때문에 우리의 죄를 속량할 수 있는 무한한 가치를 지닌다.

그리스도의 희생이 하나님의 공의를 온전히 만족시켰다는 것은 의심할 수 없는 사실이다. 바울 사도는 그분의 고난과 죽음이 하나님께 드리는 "향기로운 제물과 희생 제물"(엡 5:2)이 되었다고 말했다. 그리스도께서도 십자가에서 "다 이루었다"(요 19:30)는 말씀으로 공의가 온전히 만족되었다고 선언하셨다. 그리스도의 부활과 승천은 그분의 희생이 하나님의 공의를 만족시켰다는 가장 결정적인 증거가 아닐 수 없다.

2. 그리스도께서는 자기 백성을 위해 화목을 이루셨다.

이것은 공의를 만족시킨 일로부터 자연스레 나타나는 결과다. 하나님의 공의가 온전히 만족되었기 때문에 그분의 진노도 가라앉을 수밖에 없다. 하나님과 죄인들 사이를 갈라놓은 것은 바로 죄다. 그리스도께서는 죄(관계 단절의 원인)에 대한 하나님의 공의를 만족시킴으로 화목을 이루셨다. 그리스도의 죽음은 단지 화목의 가능성을 열어 놓는 데 그치지 않고, 하나님과 죄인의 온전한 화목을 이루어 냈다. 화목의 가능성만 열렸다면 죄인의 행위가 화목을 위한 근거가 되어야 할 것이다. 그러나 그런 생각은 복음의 증언을 거부하는 것이다. 복음은 도처에서 그리스도께서 죽으심으로 화목을 이루셨다고 선언한다(롬 5:10).

물론 이것은 선택 받은 자들이 태어나는 순간부터, 또는 그리스도께서 죽으신 순간부터 실질적으로 하나님과 화목을 이루었다는 뜻은 아니다. 성경은 선택 받은 자들도 "다른 이들과 같이 본질상 진노의 자녀"(엡 2:3)라고 말한다. 그리스도의 죽음은 그들의 화목을 위한 확실한 토대를 마련했다. 그러나 그들과 하나님 사이의 실질적인 화목은 하나님이 허락하시는 믿음을 통해 복음 안에서 값없이 주어지는 용서와 평화(그리스도께서 이루신 용서와 평화)를 받아들일 때 비로소 이루어진다. 바울 사도는 "이제 우리로 화목하게 하신 우리 주 예수 그리스도로 말미암아 하나님 안에서 또한 즐거워하느니라"(롬 5:11)고 말했다.

3. 그리스도께서는 선택 받은 백성을 위해 천국의 영원한 기업을 값 주고 마련하셨다.

그리스도께서는 자기 백성을 죄의 정죄로부터 구원하시기 위해 율법의 형벌을 남김없이 감당하셨을 뿐 아니라 그들에게 영원한 기업을 물려받을 권리를 주시기 위해 그 계명을 온전히 이루셨다.

물론 율법의 형벌을 감당하신 것과 율법의 계명에 복종하신 것은 서로 구별되어야 마땅하지만, 그렇다고 해서 서로 분리될 수는 없다. 이 두 가지를 통해 선택 받은 자들이 온전한 구원을 받을 수 있는 의의 기초가 마련되었다. 바울은 "은혜도 또한 의로 말미암아 왕 노릇 하여 우리 주 예수 그리스도로 말미암아 영생에 이르게 하려 함이라"(롬 5:21)고 말했다. 비치우스는 "그리스도께서 하나님의 공의를 만족시키심으로써 죄로부터의 구원과 형벌의 면제라는 행복한 결과가 선택 받은 자들에게 단번에 주어졌다"[10]고 말했다.

6항 구속 사역은 그리스도께서 인간의 몸을 입으시고 나서야 비로소 이루어졌지만, 그 효능과 효력과 유익은 그분이 뱀의 머리를 상하게 하실 여자의 후손이시고, 창세전에 죽임을 당하신 어린양, 곧 어제나 오늘이나 영

---

10) Witsius, *The Economy of the Covenatns*, book 2. ch. 7. 또한 다음 자료를 참조하라. Turretin, *Dissertations*, vol. 4 - *De Satisfactione Christi*.

원토록 동일하신 분이시라는 사실을 암시하는 약속과 예표와 희생 제사를 통해 모든 세대의 선택 받은 백성에게 세상이 처음 창조된 때부터 계속해서 주어져 왔다(갈 4:4-5, 창 3:15, 계 13:8, 히 13:8).

⌒ 해설 ⌒

이 조항은 그리스도께서 죽으신 이후는 물론 그전부터 그분의 죽음이 죄인들의 구원을 위해 효력을 발휘했다고 진술한다.

예수님이 육신을 입고 나타나셔서 죄를 짊어지고 희생하시기까지 4,000년이 흘렀지만, 그분은 세상이 처음 창조된 때부터 약속과 예언과 예표를 통해 계시되셨다. 따라서 구약 시대의 신자들도 신약 시대의 신자들과 마찬가지로 그리스도의 희생의 공로로 구원을 받았다. 아브라함은 그리스도의 때를 보고 기뻐했고(요 8:56), 그분을 믿는 믿음으로 의롭다 하심을 받았다. "그리스도의 죽음은 과거나 현재나 영원토록 동일한 효력을 발휘한다. 왜냐하면 그분은 어제(과거)나 오늘(현재)이나 앞으로(미래)나 영원토록 동일하시기 때문이다"(히 13:8 참조).[11]

우리는 그리스도의 죽음이 항상 똑같은 효력과 효능을 지닌다는 사실을 기뻐해야 한다. 그 열매와 결과를 믿음으로 우리에게 적용하는 것보다 더 중요한 것은 없다.

 그리스도께서는 두 가지 본성에 따라 중보 사역을 행하신다(히 9:14,

---

11) Charnock, *Works*, vol. 2, p. 563.

벧전 3:18). 이 두 가지 본성은 제각기 고유한 속성을 발휘하지만, 그리스도께서 하나의 통일된 인격을 지니시는 관계로 성경에서는 이따금 한 본성의 고유한 속성이 다른 본성으로 지칭된 인격에게 적용되어 나타나기도 한다(행 20:28, 요 3:13, 요일 3:16).

해 설

이 조항은 그리스도께서 두 가지 본성에 따라 일하는 중보자이시라고 진술한다.

이로써 그분이 인성으로만 중보자의 직임을 수행하신다고 주장하는 로마 가톨릭교회를 논박한다. 성경은 그리스도께서 인성을 취하시기 전부터 중보자로 일하셨다고 가르친다. 하나님의 뜻을 전하는 선지자의 행위도 중보자의 사역에 해당한다. 그리스도께서는 신약 시대는 물론 구약 시대에도 똑같이 계시의 전달자이셨다. 교회를 위해 중보 기도를 드리는 것도 중보자의 사역에 해당하기는 마찬가지다. 그리스도께서는 인간의 몸을 입으시기 오래전부터 중보 기도를 드리셨다(슥 1:12). 그리스도께서는 인간의 몸을 입으신 후로는 신성과 인성을 동시에 지니신 중보자로 일하셨다.

각각의 본성이 지니는 고유한 속성이 그리스도의 인격 안에서 통일되어 나타난다. 그런 관계로 성경은 그리스도의 죽음과 고난은 오직 인성만으로 이루어진 일인데도 "만일 알았더라면 영광의 주를 십자가에 못 박지 아니하였으리라"(고전 2:8), "하나님이 자기 피로 사신 교회를 보살피게 하셨느니라"(행 20:28)라는 식의 표현을 사용한다. 이런 사실은 우리의 특별한 관심을 요구한다. 왜냐하면 그리스도의 중보 사역이 지니는 고유한 가치가 우리의 보증인이신 그리스도의 인격 안에서 이루어지는 두 본성의 교류에 의해 결정되기 때문이다.

8항 그리스도께서는 구속하신 모든 자들에게 구원을 확실하고 효과적으로 적용하시고(요 6:37, 39, 10:15-16), 그들을 위해 중보 기도를 드리시며(요일 2:1-2, 롬 8:34), 말씀 안에서, 말씀을 통해 그들에게 구원의 신비를 계시하시고(요 15:13, 15, 엡 1:7-9, 요 17:6), 성령으로 그들을 효과적으로 권유하시어 믿어 복종하게 하시며, 말씀과 성령으로 그들의 마음을 다스리시고(요 14:16, 히 12:2, 고후 4:13, 롬 8:9, 14, 15:18-19, 요 17:17), 놀랍고 기이한 섭리에 합당한 방법으로 전능하신 능력과 지혜를 발휘하시어 그들의 모든 원수들을 정복하신다(시 110:1, 고전 15:25-26, 말 4:2-3, 골 2:15).

─ 해 설 ─

그리스도의 죽음이 적용되는 대상을 명시하고 있는 이 조항은 그분이 구원 받을 자들은 물론 멸망 받을 자들을 포함한 모든 사람을 위해 죽으셨다고 주장하는 아리우스주의를 논박한다. 이 조항은 구원의 성취와 적용이 똑같은 한계를 지닌다고 강조한다. 앞서 살펴본 대로, 5항은 그리스도께서 '성부가 자기에게 주신 자들'만을 위해 구속을 이루셨다고 가르친다. 이 조항도 '그리스도께서는 구속하신 모든 자들에게 구원을 확실하고 효과적으로 적용하신다'라고 진술한다.

『웨스트민스터 신앙고백』이 작성될 당시에는 '구속을 이루다'라는 말은 '죄를 속량하다'라는 말과 거의 같은 의미로 사용되었다. 그리스도의 속죄가 특정하고 한정적인 차원을 지닌다는 것, 곧 그분께서 이루신 구속이 보편적이거나 무한하지 않고 그분을 통해 하나님께서 내리시는 진노로부터 구원을 받게 될 선택 받은 자들에게만 국한된다는 것을 이보다 더 명확하게 표현한 말이 또 어디에 있겠는가?

   그리스도의 희생은 그 지고하신 인격의 권위에서 비롯한 것이기 때문에 우리의 죄를 속량할 수 있는 무한한 가치를 지닌다. 따라서 하나님이 온 인류를 구원할 의도가 있으셨다면 모든 사람의 죄를 다 속죄하시고도 남았을 것이다. 그러나 한정된 숫자의 사람들의 죄를 속죄하시는 것이 성부 하나님의 뜻이요, 그리스도의 의도였다. 그런 사람들만 궁극적인 구원을 얻게 될 것이다.

이 중요한 진리를 뒷받침하는 증거를 몇 가지 살펴보면 다음과 같다.

   1. 성경은 그리스도의 죽음이 적용되는 대상을 가리킬 때 종종 한정적인 의미의 용어를 사용한다. "그가 많은 사람의 죄를 담당하며"(사 53:12). "자기 목숨을 많은 사람의 대속물로 주려 함이니라"(마 20:28). 이런 구절들은 그리스도께서 '모든 사람'이 아니라 '많은 사람'을 위해 죽으셨다고 말한다.

   2. 그리스도의 죽음이 적용되는 대상들은 서로 다른 속성에 의해 다른 사람들과 구별된다. 그들은 "양"(요 10:15), "교회"(엡 5:25), "택하신 자들"(롬 8:33), "하나님의 자녀"(요 11:52)로 불린다.

   3. 그리스도께서 자기 피로 구속하신 자들은 '사람 가운데에서 속량함을 받은 자들'로 불린다(계 14:4). 그리스도께서 모든 사람을 구속하셨다면 이런 표현은 무의미하고 모순될 것이다. 또한 그들은 '백성과 나라 가운데에서 피로 사신 자들'이라고 불린다(계 5:9). 이 말은 모든 백성과 나라 가운데 일부만을 가리키는 것이 분명하다.

   4. 그리스도께서 이루신 구원은 '그리스도 안에서 택하심을 받은 자들', 곧

하나님이 그리스도께 주셔서 구원하게 하신 자들에게만 국한되는 것이다(엡 1:4, 7, 요 17:2).

5. 그리스도께서는 보증인의 신분으로 죽으셨다. 따라서 그분은 자신이 대표하는 이들, 곧 자신의 영적 후손만을 위해 목숨을 내주셨다(사 53:10).

6. 그리스도께서 생명을 내주신 이유는 자기 백성에게 구원의 가능성만을 열어 주시기 위해서가 아니라 실제로 그들을 구원해 영원한 구원을 소유하고 누리게 하시기 위해서였다(엡 5:25-26, 딛 2:14, 벧전 3:18, 살전 5:10). 따라서 그리스도께서는 자기 안에서 영원한 구원을 소유하게 될 사람들만을 위해 죽으셨다고 결론짓지 않을 수 없다.

7. 그리스도의 중보 기도는 그분이 드린 속죄의 희생을 근거로 이루어진다. 따라서 그 적용 대상의 범위도 그와 똑같을 수밖에 없다. 그리스도께서는 온 세상이 아니라 세상에서 자기에게 주어진 사람들만을 위해 기도하신다. 따라서 그리스도의 희생도 그런 한정된 숫자의 사람들에게만 적용되어야 마땅하다(요일 2:1-2, 요 17:9).

8. 바울 사도는 죄인들을 위해 독생자를 내어주신 하나님의 위대하신 사랑을 생각하며 그분이 그들에게 구원의 축복을 기꺼이 베풀어 주실 것이라고 말했다. 이런 사실도 그리스도께서 온 인류를 위해 죽지 않으셨다는 사실을 뒷받침한다(롬 8:32).

9. 바울 사도는 그리스도의 죽음으로 하나님과 화목하게 된 사실을 토대로, 그리스도의 살아나심으로 구원을 얻게 될 것이라고 확신했다. 그리스도의 살아나심으로 모든 사람이 구원 받는 것이 아니기 때문에 여기에서도 그분의

죽으심으로 모든 사람이 하나님과 화목하게 된 것은 아니라는 결론을 도출할 수 있다(롬 5:10).

10. 그리스도께서는 죽으심으로 자기 백성을 위해 구원을 이루셨을 뿐 아니라 그 구원을 온전히 누리게 하신다. 그분이 죽으신 목적은 온 인류가 아니라 회개하고 믿는 사람들을 구원하시기 위해서였다.

11. 그리스도께서 모든 사람을 위해 죽으셨다는 주장은 결국에는 모든 사람이 다 구원을 받는 것은 아니기 때문에 그분의 피가 쓸데없이 낭비되는 모순된 결과를 낳을 수밖에 없다.

다시 말해, 그런 주장은 그리스도께서 인류 가운데 얼마만큼의 사람들이 구원 받을지 도무지 예측할 수 없는 상태에서 무작정 자기 목숨을 내어주셨다는 의미밖에 되지 않는다. 사실 그분이 죽으시는 순간에도 수많은 사람이 영원한 멸망의 구렁텅이로 떨어졌다. 그리스도께서는 자신이 중보하지 않는 사람들이나 구원의 수단을 허락하지 않으신 사람들을 위해 죽지 않으셨다. 그분은 심지어 어떤 사람들에게는 복음을 전하지 말라고 명령까지 하셨다(마 10:5, 롬 10:14).

그리스도의 죽음으로 모든 사람을 위한 공의가 온전히 충족되었는데도 하나님이 그 가운데 많은 사람에게 영원한 형벌을 가하신다면 그보다 더 부당한 일은 없을 것이다. 따라서 이런 모순된 주장을 내세우는 것은 비성경적이요, 신성모독이다.

물론 성경은 이따금 그리스도의 죽음과 관련해 보편적인 표현을 사용한다. 그러나 이성과 상식만을 따르더라도 그런 보편적인 표현은 문맥 안에서 오직 하나의 구체적인 해석만을 허용한다는 것을 알 수 있다.

다시 말해, 성경이 그리스도의 죽음과 관련해 보편적이고 불명확한 용어를 사용하고 있는 이유는 그 죽음의 효과가 유대인과 이방인을 포함한 모든 민족 가운데서 부르심을 받은 사람들, 곧 각양각색의 사람들에게 적용된다는 사실을 암시하기 위해서라고 이해할 수 있다.[12]

---

12) 최근에 이 주제를 다룬 책들이 여러 권 출판되었다. 그 가운데 초기에 나온 자료로는 라임스트리트 강연회에서 전달된 휴리언의 네 편의 설교가 포함된다. 아울러 오웬의 책도 이 주제를 상세히 다루었다. Owen, *Salus Electorum, Sanguis Jesu*.

CHAPTER.9

OF FREE WILL

자유의지

그러므로 내가 한 법을 깨달았노니 곧 선을 행하기 원하는 나에게 악이 함께 있는 것이로다 (롬 7:21).
너희 안에서 행하시는 이는 하나님이시니 자기의 기쁘신 뜻을 위하여 너희에게 소원을 두고 행하게 하시나니 (빌 2:13).

1항 하나님은 인간의 의지에 생득적인 자유를 부여하셨다. 이 자유는 강압이나 절대적인 필연성에 의해 선이나 악을 행하도록 강요되지 않는다.
(마 17:12, 약 1:14, 신 30:19).

— 해 설 —

하나님은 도덕적 존재인 인간에게 선택에 따라 행동할 수 있는 능력인 자유의지를 주셨다.

조나단 에드워즈 학장이 지적한 대로, 칼빈주의자들과 아르미니우스주의자들 사이에서 일어나는 논쟁의 대부분은 "도덕적인 존재의 필수 요건인 자유의지는 어떻게 구성되어 있는가?"라는 문제를 어떻게 결론짓느냐에 달려 있다.

아르미니우스주의자들은 인간의 자유의지가 세 가지로 구성된다고 주장한다. 첫째, 자유의지는 스스로 결정하는 능력, 즉 자기 자신과 자신의 행위를 주권적으로 결정하는 능력을 지닌다. 한마디로 자유의지는 스스로의 의지적 행위를 결정한다. 둘째, 무심한 상태, 곧 평정 상태란 의지에 아무런 선입견이 없는 상태(사전에 어느 쪽으로든 전혀 치우치지 않은 상태)를 가리킨다. 셋째, 의지적 행위는 외부의 억압이나 모든 필연성이나 그 존재의 이유나 근거를 미리 결정하는 원칙과는 전혀 무관하게 우연적으로 이루어진다.

그러나 칼빈주의자들은 스스로의 뜻을 결정하는 의지의 능력이 아무 원인 없이 발생한다고 생각하는 것은 무의미한 주장이자 철학의 제1원리에도 어긋난다고 지적한다. 의지가 무심한 상태나 평정 상태에 있으면서 선택을 하거나 무엇을 선호하는 의지를 드러낸다는 주장은 터무니없는 자가당착이라는 것이 칼빈주의자들의 생각이다. 원인 없이 일어나는 것은 아무것도 없기 때문에 의지적 행위도 필연성과 무관하게 우연적으로 이루어질 수 없다. 여기에서 필연성이란 결과의 필연성(곧 어떤 결과가 앞서 있는 것에서 필연적으로 발생한다는 것)을 의미한다.[1]

칼빈주의자들에 따르면, 도덕적 존재의 자유는 선택에 따라 행동할 수 있는 능력을 가리킨다. 그런 행동은 외부의 강요나 억압과 상관없이 스스로의 마음속에서 결정한 것에서 비롯하는 결과다.

인간의 의지와 행동이 마음의 생각과 성향에 일치할 수밖에 없다는 것은 이성적 본성에 속하는 자유와 온전히 일치한다. 무한하신 하나님도 그 절대적으로 완전하신 본성에 따라 뜻하시고, 행동하시며, 최상의 자유를 누리시고, 천사들도 그 완전한 본성에 따라 뜻하고, 행동하며, 온전한 자유를 누린다. 이런 필연성의 개념은 자유의지를 절대 훼손하지 않는다. 오히려 자유의지의 완전함은 그런 필연성 안에 놓여 있다. 자유의지의 본질은 외부적인 강요나 억압이 아니라 이성적 이해와 자연적 성향이 이끄는 내적 원리에 따라 의식적으로 행동하고, 선택하고, 거절하는 데 있다.[2]

2항 인간은 무죄한 상태에서는 하나님이 선하게 여기시며 기뻐하실 일을 원하거나 행할 자유와 능력을 지녔지만(전 7:29, 창 1:26), 변하여 타락할 가능성이 있었다(창 2:16-17, 3:6).

3항 인간은 죄를 지어 타락한 탓에 구원을 가져다줄 영적 선을 이룰 능력을 온전히 상실했다(롬 5:6, 8:7, 요 15:5). 따라서 자연인은 그런 선을 혐오

---

1) 다음 자료를 참조하라. Edwards, *Inquiry into Freedom of Will*.
2) Adam Gib, *Liberty and Necessity; Contemplations*, p. 484.

하며(롬 3:10, 12), 죄 가운데 죽은 상태이기 때문에(엡 2:1, 5, 골 2:13) 자신의 힘으로는 스스로 회개하거나 그렇게 할 준비를 갖출 수 없다(요 6:44, 65, 엡 2:2-5, 고전 2:14, 딛 3:3-5).

4항 하나님은 죄인을 회개시켜 은혜의 상태로 옮기실 때 죄 아래 속박되어 있는 자연 상태에서 그를 자유롭게 하시고(골 1:13, 요 8:34, 36), 오직 은혜로 영적 선을 바라고 행할 수 있는 능력을 주신다(빌 2:13, 롬 6:18, 22). 그러나 인간은 아직 부패함이 남아 있는 관계로 선한 것만을 완전하게 행하거나 바라지 못하고, 악한 것을 아울러 바라고 행한다(갈 5:17, 롬 7:15, 18-19, 21, 23).

5항 인간의 의지는 영화의 상태에서만 완전하고 변함없이 자유롭게 되어 오직 선만을 추구한다(엡 4:13, 히 12:23, 요일 3:2, 유 1:24).

─ 해 설 ─

인간의 의지는 독자적으로 기능하지 않는다. 그것은 영혼의 기능 가운데 하나다. 선이든 악이든, 또 그 둘의 혼합이든 도덕적인 성향을 발휘하는 것은 인간의 영혼이 지니는 고유한 특성이다. 영혼 안에서 어떤 도덕적인 성향이 우세한가에 따라 도덕적인 행위가 결정된다. 따라서 인간의 상태가 어떠한가에 따라 의지의 자유도 달라진다.

무죄한 상태에서, 인간의 의지는 자연적으로 선을 추구하도록 되어 있었지만, 유혹의 힘에 의해 변할 수 있는 가능성을 가지고 있었다. 즉 악을 선택할 수 있는 자유가 있었다.

부패한 상태에서, 인간의 의지는 아무런 강요나 강압 없이 자유롭게 악을 선택할 수 있다. 죄의 속박 아래 있기 때문에 그렇게 하지 않을 도리가 없다.

은혜의 상태에서, 인간은 선도 행하고, 악도 행할 수 있는 자유를 갖는다. 이 경우에는 서로 반대되는 두 가지 도덕적인 성향이 혼합되어 나타나는데, 어떤 성향이 더 우세한가에 따라 때로는 선을 행하기도 하고, 때로는 악을 행하기도 한다.

영화의 상태에서, 인간은 온전히 자유롭게 선만을 선택한다. 온전히 거룩해진 상태에서는 오직 선한 것만을 바라게 된다.

3항은 인간이 타락한 상태에서는 영적으로 선한 것을 바라거나 행할 능력이 없다고 진술한다. 이 중요한 진리는 다양한 이단의 반대에 부딪쳐 왔다.

펠라기우스주의자들은 "인간은 죄를 뉘우치고 행동을 교정할 수 있는 능력을 지닌다. 인간은 타고난 기능과 능력을 활용해 지극히 경건하고 덕스러운 단계에 올라설 수 있다"고 주장한다.

반(牛)펠라기우스주의자들은 신앙의 의무를 이행하는 데 은혜의 도움이 필요하다고 인정하면서도 "처음에 회개하고 행위를 고칠 때는 영혼 안에 죄를 억제하는 내적 은혜가 필요하지 않다. 모든 인간은 타고난 기능을 발휘하는 것만으로도 얼마든지 그런 결과를 만들어 낼 수 있고, 또 그리스도를 믿을 수 있으며, 거룩하고 진지한 복종을 실천할 수 있다"[3]고 주장했다.

아르미니우스주의자들은 말로는 죄인의 회개를 하나님의 은혜로 돌리지만, 궁극적으로는 인간의 의지를 전면에 내세운다.

이 조항은 '인간은 죄를 지어 타락한 탓에 구원을 가져다줄 영적 선을 이룰 능력을 온전히 상실했다. 따라서 자연인은 자신의 힘으로는 스스로 회개하거나 그렇게 할 준비를 갖출 수 없다'는 말로 다양한 오류를 논박한다.

이 명제를 뒷받침하는 증거를 살펴보면 다음과 같다.

---

3) Mosheim, cent 5, 2. ch. 5.

1. 성경에는 죄인의 자연적 상태를 묘사하는 구절이 많다. 자연인은 '허물과 죄로 죽은 상태'다. 단지 영혼의 눈이 먼 것이 아니라 '어둠' 자체다. 자연인은 죄의 종이요, 하나님의 원수이기 때문에 그분의 율법에 복종하지도 않고, 복종할 수도 없다(엡 2:1, 5:8, 롬 6:17, 8:7, 골 1:21).

2. 성경은 인간이 스스로의 힘으로 그리스도를 믿거나 영적으로 선한 것을 행할 수 없다고 분명히 말한다(요 6:44, 15:5).

3. 하나님은 죄인의 회개를 자신의 사역으로 일컬으시고, 그 사역을 친히 이루겠다고 약속하셨다(겔 11:19-20, 36:26-27, 렘 31:33).

4. 성경은 죄인의 회개를 항상 하나님의 은혜로 말미암은 결과로 간주한다(행 16:14, 살전 1:5).

5. 성경은 죄인의 회개를 비유적인 표현으로 언급할 때도 그것이 하나님의 사역이라는 사실을 분명하게 암시한다. 죄인의 회개는 '새 창조'(엡 2:10), '부활'(요 5:21), '새 탄생'(요 1:13) 등으로 불린다.

6. 죄인이 스스로 회개할 수 있다면 자신을 자랑할 근거를 갖게 될 것이고, 또 은혜를 받고서도 마치 받지 않은 양 자랑하는 잘못을 범하게 될 것이다(고전 1:29-30, 4:7).

7. 성경은 신자가 믿음과 거룩함 안에서 성장하는 것도 하나님의 사역으로 간주한다. 그런 일을 처음 시작하신 분도 하나님이시다(빌 1:6, 2:13, 히 13:20-21).

물론 인간이 도덕적으로 무능력한 탓에 영적으로 선한 것을 바라거나 행할 수 없다고 해서 그의 책임이 면제되는 것은 아니다.

CHAPTER.10

OF EFFECTUAL CALLING

유효 소명

하나님이 우리를 구원하사 거룩하신 소명으로 부르심은 우리의 행위대로 하심이 아니요 오직 자기의 뜻과 영원 전부터 그리스도 예수 안에서 우리에게 주신 은혜대로 하심이라 (딤후 1:9).

1항 하나님은 생명을 주려고 예정하신 모든 사람들, 오직 그들만을 자신이 정한 적당한 때에 말씀과 성령으로(살후 2:13-14, 고후 3:3, 6) 그들이 본래 처한 죄와 죽음의 상태에서 효과적으로 부르시어(롬 8:30, 11:7, 엡 1:10-11) 예수 그리스도를 통한 은혜와 구원을 허락하기를 기뻐하셨다(롬 8:2, 엡 2:1-5, 딤후 1:9-10). 또한 그들의 생각을 영적, 구원적으로 밝혀 하나님의 일을 이해하게 하시고(행 26:18, 고전 2:10, 12, 엡 1:17-18), 돌 같은 마음을 없애고 살 같은 마음을 주시며(겔 36:26), 그들의 의지를 새롭게 하시어 그 전능하신 능력으로 선한 것을 추구하게 하시고(겔 11:19, 빌 2:13, 신 30:6, 겔 36:27), 그들을 예수 그리스도께 효과적으로 이끄신다(엡 1:19, 요 6:44-45). 그러나 그들은 하나님의 은혜로 기꺼운 마음이 되어 가장 자유롭게 나온다(아 1:4, 시 110:3, 요 6:37, 롬 6:16-18).

2항 이 유효 소명은 하나님이 거저 베푸시는 특별한 은혜에서 비롯하는 것일 뿐 인간에게서 미리 예견된 것을 근거로 하지 않는다(딤후 1:9, 딛 3:4-5, 엡 2:4-5, 8-9, 롬 9:11). 그 점에서 인간은 성령에 의해 새롭게 소생되어 그 소명에 응답하고(고전 2:14, 롬 8:7, 엡 2:5), 그것을 통해 제시되고 전달된 은혜를 받아들이기 전까지는 전적으로 수동적이다(요 6:37, 겔 36:27, 요 5:25).

해 설

복음의 영원한 부르심에 응하는 사람은 모두 그리스도와 사귐을 갖고, 그분 안에서 값없이 주어지는 온전한 구원을 받는다(사 55:1). 이 부르심은 선택 받은 자들이나 자신의 죄를 의식하며 구원자가 필요하다고 생각하는 사람, 그리고 다른 사람들과 구별되는 선한 자질을 소유한 사람들에게만 국한되지 않는다. 이 부르심은 아무런 구별이나 예외 없이 죄인인 인류 전체에게 주어진다. 신분이나 상태와는 관계없이 인간이라면 누구나 복음의 부르심을 받는다. "사람들아 내가 너희를 부르며 내가 인자들에게 소리를 높이노라"(잠 8:4). "땅의 모든 끝이여 내게로 돌이켜 구원을 받으라"(사 45:22). '땅의 모든 끝'은 신분이나 상태와 관계없이 모든 민족의 죄인들을 가리킨다.

복음의 한계 없는 부르심과 특별한 선택 및 제한 속죄의 교리를 조화시키는 것은 인간의 이해력을 넘어서는 일처럼 보인다. 그러나 성경은 이 두 교리를 분명하게 가르치고 있다. 따라서 우리는 주저하지 말고 이 두 교리를 받아들여야 한다. 복음의 부르심이 무한정이며 보편적이라는 것, 만민에게 복음을 전하는 것이 하나님의 엄숙한 뜻이라는 것, 복음의 부르심을 받아들이는 사람들은 모두 구원 받는다는 것 등은 의심할 수 없는 성경의 진리다.

그러나 복음의 외적 부르심은 그 자체로는 효과가 없다. 복음의 부르심은 예외 없이 모든 사람에게 적용되지만, 그 부르심에 응하지 않는 사람이 대다수를 차지한다. 이것이 예수님이 "청함을 받은 자는 많되 택함을 입은 자는 적으니라"(마 22:14)고 말씀하신 이유다. 복음의 부르심을 받아들이기로 결심하는 사람들은 적다. 외적 소명과 더불어 성령의 내적 소명이 이루어져 인간의 영혼이 새롭게 되어야 한다. 이 소명을 '유효 소명'이라고 부른다.

성령의 효과적인 사역이 소명으로 불리는 이유는 그것이 그리스도와의 관계가 단절된 자연인을 이끌어 그분과 사귐을 갖게 만들기 때문이다. 그들은 '본래 처한 죄와 죽음의 상태에서 부르심을 받아 예수 그리스도를 통한 은혜와 구원으로 인도된다.' 다시 말해, 어두운 데서 불려 나와 기이한 빛에 들어가고, 속박의 상태에서 풀려나 영광스런 자유를 누리는 상태에 들어가며, 죄의 상태에서 벗어나 거룩한 상태가 되고, 진노의 상태에서 벗어나 영원한 영광의 소망을 지니는 상태로 바뀐다.

이 조항은 유효 소명에 관해 다음과 같이 가르친다.

1. 오직 선택 받은 자들만 유효 소명을 받는다. '하나님은 생명을 주려고 예정하신 모든 사람들, 오직 그들만을 효과적으로 부르기를 기뻐하셨다.' 성경은 이 사역의 대상을 '하나님의 뜻대로 부르심을 입은 자들'이라고 일컫고, '하나님이 미리 정하신 그들을 또한 부르셨다'고 말한다(롬 8:28, 30, 딤후 1:9).

말씀을 전하는 자들은 누가 '은혜의 선택'을 받았는지 알 수 없기 때문에 복음의 부르심과 초청을 모든 사람에게 제시해야 한다. 그들은 닥치는 대로 말씀의 화살을 날리지만, 누가 자기 백성인지 아시는 하나님이 그 화살을 인도하시어 창세전에 그리스도 안에서 선택하신 자들의 마음에 정통으로 꽂히게 하신다.

2. 유효 소명은 하나님의 주권적인 의지와 기쁘신 뜻에 따라 가장 적당한 때에 이루어진다. 하나님은 '자신이 정한 적당한 때에' 선택하신 자들을 부르신다. 어떤 사람들은 제3시에 포도원에 부르심을 받고, 어떤 사람들은 제6시와 제9시에 부르심을 받는다. 선한 오바댜처럼 태어나면서부터 하나님을 경외하는 사람도 있고, 다소의 사울처럼 때가 되었을 때 거듭나는 사람도 있다.

소명을 받는 방식도 사람마다 제각기 다르다. 루디아처럼 은밀한 성령의 역사로 그리스도를 영접하는 사람도 있고, 그런 복된 변화가 언제, 어떻게 시작되었는지도 모르는 채 구원을 받는 사람도 있으며, 빌립보 간수처럼 한동안 하나님을 몹시 두려워하다가 무서워 떨면서 "내가 어떻게 하여야 구원을 받으리이까"(행 16:30) 하고 부르짖는 사람들도 있다.

3. 유효 소명은 말씀과 성령으로 이루어진다. 말씀은 외적 수단이고, 사람들을 은혜의 나라로 이끌어 들이는 일은 항상 성령의 몫이다. 언제라도 복음의 부르심이 결실을 맺는다면 그것은 복음을 전하는 사람의 경건한 믿음이나 뛰어난 언변 덕분이 아니다(고전 3:7). 또한 인간이 복음의 부르심을 들을 당시에 자유의지를 선용했기 때문도 아니다(롬 9:16). 그런 결과가 나타나는

이유는 말씀의 외적 부르심에 성령의 권능이 뒤따랐기 때문이다(살전 1:5).

성령은 율법을 통해 인간의 부패함을 일깨워 그가 어떤 위험에 처해 있는지 알려 주시고, 그가 스스로 행하는 의로운 행위를 하나님 앞에서 인정받을 수 있는 희망과 신뢰의 근거로 삼을 수 없다는 것을 깨닫게 하신다. 그와 동시에 성령은 복음을 통해 그들의 생각을 밝히사 그리스도를 알게 하시고, 그분의 영광스러운 인격과 그 완전한 의와 그 직임의 적합성과 은혜의 온전함을 이해하게 하신다. 그 결과 죄인은 그리스도께서 자신을 온전히 구원하실 수 있고, 그분이 자신의 상태에 가장 적합한 사역을 행하시며, 그 앞에 나오는 자들을 모두 기꺼이 환영하신다는 사실을 깨닫기에 이른다. 아울러 성령은 돌 같은 마음을 없애고 부드러운 살 같은 마음을 주시고, 의지를 새롭게 하시며, 그리스도를 구주로 영접하도록 효과적으로 이끄신다.

4. 유효 소명은 인간의 의지를 강요하지 않는다. 성령은 죄인을 그리스도께 효과적으로 이끄시는 동안 그들의 이성적 본성에 가장 적합한 방법으로 '하나님의 은혜로 기꺼운 마음이 되어 가장 자유롭게 나올 수 있도록' 인도하신다. 의지의 자유는 결코 침해되지 않는다. 만일 그렇게 된다면 의지의 본성 자체가 파괴되는 결과가 초래될 것이다. 성령은 단지 의지의 강퍅하고 왜곡된 속성만을 제거하시어 영혼이 구세주께 강력한 매력을 느끼게 이끄신다. 성령의 능력이 강력하고 효과적으로 역사하는 동안 영혼의 복종이 자발적으로 이루어진다. "주의 권능의 날에 주의 백성이 거룩한 옷을 입고 즐거이 헌신하니"(시 110:3).

5. 유효 소명을 일으키시는 성령의 사역은 불가항력적이다. 아르미니우스주의자들은 하나님이 모든 인간에게 충분한 은혜를 주시기 때문에 실수만 저지르지 않고 그 은혜를 적절히 활용하기만 하면 구원 받을 수 있다고 주장한다. 또한 그들은 회심할 때 성령의 역사가 있더라도 죄인이 거기에 순응할

수도 있고, 그렇지 않을 수도 있다고 말한다.

이런 주장은 성령이 행하시는 사역의 성공 여부가 인간의 자유의지에 달려 있기 때문에 복음의 부르심을 거부하지 않고 받아들인다고 해서 하나님의 능력에 더 많은 빚을 지는 것은 아니며, 오히려 자신에게 주어진 능력을 더 잘 활용했기 때문에 칭찬을 받아야 마땅하다는 의미를 내포한다. 그러나 이것은 "원하는 자로 말미암음도 아니요 달음박질하는 자로 말미암음도 아니요"(롬 9:16)라는 성경의 가르침에 정면으로 위배된다.

물론 성령의 일반 사역은 죄인을 회개로 이끌지 않지만, 성령의 특별 사역은 모든 장애 요인을 제거하고, 죄인을 복음이 전하는 예수 그리스도께 효과적으로 인도한다. 성령의 특별 사역이 불가항력적이지 않고 인간의 의지로 거부할 수 있는 것이라면 인간이 믿음을 갖게 될지의 여부가 불확실해질 뿐 아니라 궁극적으로는 그리스도께서 구원 사역을 이루기 위해 고난과 죽음을 당하신 것이 모두 허사가 되고 말 것이다.

6. 유효 소명은 하나님의 값없는 은혜에서 비롯한다. '은혜'라는 용어는 때로 인간의 마음에 미치는 성령의 영향력을 가리키기도 하고, 피조물의 공로와 대조되는 하나님의 관대한 호의를 가리키기도 한다. '유효 소명은 하나님이 거저 베푸시는 특별한 은혜에서 비롯하는 것일 뿐 인간에게서 미리 예견된 것을 근거로 하지 않는다'라는 명제는 은혜를 후자의 의미로 사용했다.

인간은 유효 소명이 이루어지기 전에는 영적으로 선한 것을 행할 능력이 없고, 회심한 뒤에 이루어지는 가장 훌륭한 행위조차도 불완전하기 때문에 어떤 보상도 주장할 권리가 없다. 따라서 죄인에게 주어지는 하나님의 은혜는 그가 이미 행한 선한 사역이나 앞으로 행할 것이라고 예견된 행위를 근거로 하지 않는다(딤후 1:9, 딛 3:5). 유효 소명은 전적으로 하나님의 값없는 은혜에서 비롯하며, 그 은혜의 지극히 풍성함을 드러낸다. 하나님은 때로 죄인 중에 괴수를 부르시는 것을 기쁘게 여기신다.

7. 유효 소명이 이루어지는 동안 죄인은 성령에 의해 새롭게 소생되기까지는 전적으로 수동적이다. 여기에서 중생과 회심을 구별하는 것이 필요하다. 죄인은 전자의 경우에는 전적으로 수동적이지만, 후자의 경우에는 능동적으로 하나님의 은혜와 협력한다. 중생은 본성을 새롭게 변화시킨다. 죄인은 거듭나기 전에는 도덕적인 활동을 할 수 없다. 왜냐하면 성경이 말하는 대로 '허물과 죄로 죽은' 상태이기 때문이다. 그러나 회심은 하나님께로 돌이키는 행위, 곧 활동을 의미한다. 물론 이때 죄인은 자기 안에서 "소원을 두고 행하게"(빌 2:13) 하시는 하나님을 따라 행할 뿐이다.

3항 선택 받은 유아는 유아일 때 죽더라도 원하시는 때에, 원하시는 장소에서, 원하시는 방법으로(요 3:8) 역사하시는 성령을 통해 그리스도로 말미암아 거듭나고 구원 받는다(눅 18:15-16, 행 2:38-39, 요 3:3, 5, 요일 5:12, 롬 8:9). 선택 받은 자들 가운데 말씀의 사역을 통해 외적으로 부르심을 받을 수 없는 상황에 처한 모든 자들도 마찬가지다(요일 5:12, 행 4:12).

― 해 설 ―

성령은 대개 수단을 통해 역사하신다. 말씀을 읽거나 전하는 것은 성령이 죄인들을 구원하실 때 사용하시는 가장 일반적인 수단에 해당한다. 그러나 성령은 일반적인 수단을 사용하지 않으시고 인간의 마음에 직접 역사하시어 구원의 역사를 일으키실 수 있다. "유아들은 성경의 가르침을 배울 수 없기 때문에 그들의 중생은 아무런 수단 없이 성령이 그들의 영혼에 직접적으로 영향을 미치심으로써 이루어진다. 성인들의 경우에도 이성을 사용할 수 없는 상태에서는 그런 식으로 중생이 이루어진다. 이성을 사용할 수 없는 상태라는 이유로 그들을 구원에서 배제하는 것은 가혹하고도 부당한 처사일 것이다. 그런 사람도 하나님의 선택을 받은 백성이라면 유아의 경우처럼 구원 받을 것이다."[1]

4항 선택 받지 못한 사람들은 말씀의 사역을 통해 부르심을 받고(마 22:14) 성령의 일반적인 사역을 경험할지라도(마 7:22, 13:20-21, 히 6:4-5) 그리스도께 진정으로 나와 구원 받을 수 없다(요 6:64-66, 8:24). 더욱이 기독교 신앙을 고백하지 않는 사람들은 본성의 빛과 그들이 믿는 종교의 원리에 따라 부지런히 삶을 가꾸어 나간다고 해도 절대 구원 받을 수 없다(행 4:12, 요 14:6, 엡 2:12, 요 4:22, 17:3). 따라서 자신들이 구원 받을 수 있다고 주장하는 것은 매우 악하고도 가증스러운 일이다(요이 1:9-11, 고전 16:22, 갈 1:6-8).

～ 해 설 ～

이 조항이 가르치는 교리를 정리하면 다음과 같다.

1. 선택 받지 못한 사람들은 선택 받은 사람들과 마찬가지로 복음의 외적 부르심을 받지만 '그리스도께 진정으로 나와 구원 받을 수 없다.'

2. '성령의 일반적인 사역'은 자연인 상태에서도 양심의 법을 통해 죄를 깨

---

1) Dick, *Lectures on Theology*, vol. 3, p. 265.

닫게 하고, 복음을 통해 마음을 즐겁게 하지만 회심을 이끌어 내지는 않는다.

3. 하나님의 참된 계시를 받지 못한 사람들은 구원 받을 수 없다. 하나님의 신성을 드러내는 자연 계시는 거기에 순종하지 않는 이들을 핑계하지 못하게 만들기에는 충분하지만(롬 1:20), 구원을 얻게 하기에는 충분하지 못하다. 자연 계시는 부끄러워하지 않을 산 소망을 줄 수 없다. 그것은 오직 복음을 통해서만 계시된다. 이런 이유로 성경은 이방인을 가리켜 '세상에서 소망이 없는 자'라고 일컫는다(엡 2:12).

자연 계시는 하나님을 즐거워하는 참된 길을 알려 주지 않는다. 그리스도를 믿는 믿음 외에는 그 길을 알 수 없다. 자연 계시는 하나님을 예배하고 기쁘시게 할 수 있는 태도나 그분이 인정하시는 일을 행하는 방법을 가르쳐 주지 않는다. 간단히 말해, 자연 계시는 본질상 하나님을 아는 구원의 지식을 제공할 수 없다. "모든 믿는 자에게 구원을 주시는 하나님의 능력"(롬 1:16)은 오직 복음뿐이다.

우리는 예수님이 없으면 구원 받을 수 없다고 확신한다(행 4:12). 그리스도와 관계를 맺으려면 그분을 믿어야 하고(엡 3:17), 그분을 믿으려면 그분을 알아야 하며(요 17:3), 그분을 알려면 복음에 귀를 기울여야 한다(롬 10:14). 자연 속에서는 복음을 발견할 수 없다. 왜냐하면 복음은 "영세 전부터"(롬 16:25) 감추어진 비밀이기 때문이다.[2]

복음을 통해 아무 대가 없이 그리스도에 관한 계시를 접하게 된 것은 참으로 감사하지 않을 수 없는 일이다. 우리 모두 더욱 힘써 우리의 부르심과 택하심을 굳게 하자. 우리가 "하늘의 부르심"(히 3:1)을 받았다면 '부르심을 받은 일'과 '우리를 부르사 자기 나라와 영광에 이르게 하시는 하나님께 합당히' 행하자(살전 2:12, 엡 4:1).

---

2) Witsius, *Economy of the Covenants*, book 3, ch. 5, sect. 13, 14.

CHAPTER.11

OF JUSTIFICATION

칭의

또 미리 정하신 그들을 또한 부르시고 부르신 그들을 또한 의롭다 하시고 의롭다 하신 그들을 또한 영화롭게 하셨느니라 (롬 8:30).

1항 하나님은 유효하게 부르신 이들을 또한 값없이 의롭게 여기신다(롬 8:30, 3:24). 칭의는 그들에게 의를 주입하시는 것이 아니라 그들의 죄를 용서하시고, 그들을 의롭게 여겨 받아들이시는 것으로 이루어지며, 그들 안에서 이루어진 것이나 그들이 행한 일 때문이 아니라 오직 그리스도 때문에 이루어진다. 하나님은 믿음 자체나 믿는 행위나 그 외의 다른 복음적인 순종을 그들의 의로 여기지 않으시고, 그리스도의 복종과 구속을 그들에게 전가시키시어(롬 4:5-8, 고후 5:19, 21, 롬 3:22, 24-25, 27-28, 딛 3:5, 7, 엡 1:7, 렘 23:6, 고전 1:30-31, 롬 5:17-19) 그들로 하여금 그분과 그분의 의를 의지하게 하신다. 이 믿음은 그들에게서 난 것이 아니라 하나님의 선물이다(행 10:44, 갈 2:16, 빌 3:9, 행 13:38-39, 엡 2:7-8).

2항 이와 같이 그리스도와 그분의 의를 받아들여 의지하는 믿음만이 칭의 유일한 방편이다(요 1:12, 롬 3:28, 5:1). 그러나 믿음은 의롭다 하심을 받은 사람 안에만 머물러 있지 않고, 항상 다른 모든 구원 은사와 더불어 역사한다. 믿음은 죽은 믿음이 아니며 사랑으로 역사한다(약 2:17, 22, 26, 갈 5:6).

─ 해설 ─

이신칭의는 가장 중요한 기독교 교리 가운데 하나다. 루터는 이 교리를 '교회의 성패를 결정하는 시금석'이라고 옳게 표현했다. 로마 가톨릭교회는 이 교리를 가장 심하게 왜곡시켰다. 종교개혁자들은 이 교리를 전함으로써 교황주의를 극복하는 위업을 달성했다. 그러나 개신교 교회 내에서도 이신칭의 교리에 대한 그릇된 오류가 널리 확산되어 여러 시대를 거치면서 신랄한 논쟁을 야기해 왔다.

이 조항은 이신칭의 교리를 다양한 형태의 오류로부터 정확하게 구별했다. 지금부터 이 조항의 취지를 설명하면서 그런 오류들을 하나씩 살펴보겠다.

1. 칭의는 하나님의 법정적인 행위에 해당한다. 즉 본성이 아니라 율법과 관련된 죄인의 상태가 변화되는 것이다. 로마 가톨릭교회는 칭의를 성화와 혼동해, 칭의를 인간의 영혼 안에 의를 주입시켜 그들을 실제로 의롭게 만드는 물리적인 행위로 이해한다.

칭의와 성화는 불가분의 관계이지만, 서로 온전히 구별된다. 이 둘을 혼합하는 것은 율법과 복음을 혼합하는 것이다. 성경에 따르면, 칭의는 법정적인 의미로 이해해야 한다. 칭의는 세상 사법 체계에서 유래한 법률 용어다. 죄인을 실제 의롭게 만드는 것이 아닌 법률상 의롭다고 선언한다는 의미이다.

이 말의 법정적인 의미는 그와 정반대되는 '정죄'라는 용어를 통해 종종 명백하게 드러난다(신 25:1, 잠 17:15, 롬 5:16, 8:33-34). 정죄는 사람에게 죄를 주입하는 것이나 그를 죄인으로 만드는 것과는 아무 상관없다. 정죄는 법을 위반한 행위에 대해 법적인 판결을 선고하는 것이다. 그와 마찬가지로 칭의도 사람에게 의를 주입하는 것이 아니라 법적인 차원에서 그를 의롭다고 선언하는 것이다. 칭의는 재판관의 판결처럼 즉각 효력을 발휘한다.

소시니우스주의자들은 칭의를 죄 사함의 의미에 국한시킨다. 그러나 이 조항은 하나님이 유효하게 부르신 이들의 '죄를 용서하시고, 그들을 의롭게 여겨 받아들이시는 것'이라고 진술한다. 물론 죄 사함이 칭의의 중요한 일부라는 것은 의문의 여지가 없다. 칭의는 죄책을 제거해 법을 어긴 결과로 죄인에게 주어지는 형벌을 사면하는 효력을 발생한다. 하나님의 용서는 온전하고 완전하다. 죄가 아무리 많고, 또 그 정도가 아무리 심하고, 그 규모가 아무리 크다 해도 모든 죄는 용서 받는다. 하나님은 "내가 그들을 내게 범한 그 모든 죄악에서 정하게 하며 그들이 내게 범하며 행한 모든 죄악을 사할 것이라"(렘 33:8)고 말씀하셨다. 신자의 죄는 칭의를 통해 죄 사함이 이루어지는 순간에 모두 용서 받는다. 과거의 죄도 법적으로 용서 받고, 미래의 죄도 용서 받기 때문에 신자는 결코 정죄를 당하지 않는다(시 32:1-2, 요 5:24).

단지 죄 사함은 신자를 타락하기 전의 아담과 같은 상태로 회복시키는 데 그친다. 그 상태로는 영생을 얻을 법적인 자격을 얻을 수 없다. 하나님이 죄인을 의롭게 여기실 때는 그의 죄책과 영원한 죽음의 형벌을 면제하실 뿐 아니라 그를 의롭다고 선언하시어 영생을 얻을 자격을 부여하신다. 이것이 칭의가 '생명의 칭의'로 일컬어지는 이유다. "의의 선물을 넘치게 받는 자들은 한 분 예수 그리스도를 통하여 생명 안에서 왕 노릇 하리로다"(롬 5:17).

2. 하나님 앞에서 개인의 의를 내세워 부분적으로든, 완전하게든 의롭다 하심을 받을 수 있는 사람은 아무도 없다. 로마 가톨릭교회와 소시니우스주의자들과 펠라기우스주의자들은 개인의 고유한 의나 행위를 통해 의롭다 하심을 받는다고 주장한다.[1] 이 조항은 '그들 안에서 이루어진 것이나 그들이 행한 일 때문이 아니라 오직 그리스도 때문에 이루어진다'는 말로 그런 주장을 논박한다.

우리가 고유한 의를 통해 의롭다 하심을 받을 수 없다는 것은 자명하다. 그 이유는 다음과 같다.

1) 의롭다 하심을 받으려면 완전한 의에 근거해야 하는데, 우리의 고유한 의는 불완전하기 때문이다. 성경은 "범죄하지 아니하는 사람이 없사오니"(왕상 8:46)라고 말한다.

2) 우리가 의롭다 하심을 받는 의는 우리 것이 아니기 때문이다(빌 3:9).

---

1) 로마 가톨릭교회는 이중적 칭의를 가르친다. 그들은 죄의 용서와 속사람의 회복으로 구성된 첫 번째 칭의는 믿음으로 이루어지고 인간의 공로와 기존의 심리적 성향을 배제하지 않는다고 가르치며, 우리에게 영생을 선언하는 두 번째 칭의는 첫 번째 칭의를 통해 주입된 은혜의 도움으로 실행되는 행위와 내재적 의에 의해 이루어진다고 가르친다. Concil. Tredent., sess. 6, *de justificatione*.

3) 칭의의 선언은 성화보다 앞서 일어난다(이 순서는 시간상의 순서가 아니라 본질상의 순서다).

4) 고유한 의를 통해 의롭다 하심을 받는다면 성경이 하나님을 "경건하지 아니한 자를 의롭다 하시는 이"라고 일컫지 않았을 것이다(롬 4:5).

우리가 우리의 행위로 의롭다 하심을 받지 못한다는 것도 자명하다. 그 이유는 다음과 같다.

1) 우리의 복종이 율법의 요구를 절대 충족시킬 수 없기 때문이다. 율법은 모든 면에서 완전한 복종을 요구한다. 그러나 우리는 '실수가 많다'(약 3:2).

2) 우리의 복종이 설혹 율법의 높은 요구를 충족시킨다고 해도 과거의 죄를 해결할 수는 없기 때문이다. 율법은 계명을 지키는 것을 요구할 뿐 아니라 죄에 대한 형벌을 부과한다. 성경은 "피 흘림이 없은즉 사함이 없느니라"(히 9:22)고 말한다.

3) 우리가 은혜로 값없이 의롭다 하심을 받기 때문이다. 은혜와 행위는 서로 정반대된다(롬 3:24, 11:6).

4) 행위로 의롭다 하심을 받는다면 하나님의 은혜가 헛되고, 그리스도의 죽음이 무용지물이 되어 아무런 효과도 없기 때문이다(갈 2:21).[2]

5) 우리가 의롭다 하심을 받아도 스스로 자랑할 수 없기 때문이다(롬 3:27).

---

[2] 이에 관해서는 다음 자료를 참조하라. Robert Trail, *Sermons*.

6) 행위로 의롭다 하심을 받는다는 것은 성경의 일관된 증언과 정면으로 충돌하기 때문이다. 바울 사도는 로마서와 갈라디아서에서 칭의를 설명했다. 그는 두 서신에서 "율법의 행위로 그의 앞에 의롭다 하심을 얻을 육체가 없나니"(롬 3:20, 갈 2:16 참조)라고 분명하게 선언했다.

바울이 행위가 하나님 앞에서 의롭다 하심을 받는 근거가 아니라고 말한 것은 도덕에 관한 율법이 아니라 의식에 관한 율법을 염두에 둔 것이라는 주장이 종종 제기되어 왔다. 칼빈은 이런 주장을 "말다툼을 좋아하는 논쟁자들이" 오리게누스를 비롯해 과거의 저술가들로부터 빌려온 "교묘한 속임수"라고 말하면서, "율법이 죄인을 의롭게 할 수 없다는 말은 율법 전체를 염두에 두고 한 말이 틀림없다"고 덧붙였다.[3] 홀데인은 이렇게 말했다.

이는 하나님이 말씀을 통해 주셨거나 인간의 마음에 새겨 주신 모든 율법을 가리킨다. 이방인들은 자기 마음에 새겨진 율법을 어겼고, 유대인들은 절도와 간음과 신성모독 죄를 저질러 율법을 어겼다. 율법은 그들의 악한 비방과 살인과 중상과 불의와 불신앙을 정죄한다. 한마디로, 앞 구절에서 말한 대로 이것은 온 세상의 입을 막아 하나님 앞에서 모든 인간을 정죄하는 율법을 가리킨다.[4]

또 어떤 사람들은 바울이 행위가 의롭다 하심을 받는 근거가 아니라고 말한 것은 믿음으로 행하지 않는 행위를 염두에 둔 것이라고 주장한다. 이런 주장도 설득력이 없기는 마찬가지다. 바울은 아무런 구별이나 예외를 두지 않고 모든 종류의 행위를 배제했다(엡 2:9-10). 가장 훌륭한 신앙 위인들조차 자신의 행위를 의지하기를 거부하고, 자신이 행한 가장 뛰어난 행위를 자랑하지 않았다(시 143:2, 빌 3:8-9).

---

3) Calvin, *Institutes*, book 3, ch. 11, sect. 19.
4) Haldane, *The Romans*, vol 1, p. 261. 다음을 참조하라. Owen, *Justification*, ch. 14. Jonathan Edwards, *Sermons*, pp. 35-52. Rawlin, *Justification*, p. 39. Chalmers, *The Romans*, pp. 193-199.

아르미니우스주의자들은 믿음 자체나 믿는 행위가 의롭다 하심을 받는 근거라고 주장한다. 이 조항은 '하나님은 믿음 자체나 믿는 행위나 그 외의 다른 복음적인 순종을 그들의 의로 여기지 않으시고'라는 말로 그런 주장을 논박한다. 믿음은 우리가 행하는 행위의 일종으로, 율법에 복종하는 행위와 하나도 다를 바 없다. 따라서 믿는 행위로 의롭다 하심을 받는다는 것은 곧 행위로 의롭다 하심을 받는 것과 같다. 그러나 이런 생각은 성경의 명백한 증언에 위배된다. 성경은 칭의와 관련해 모든 종류의 행위를 배제한다(갈 2:16).

더욱이 믿음은 우리를 의롭게 한 의와 분명하게 구별된다. 우리는 "예수 그리스도를 믿음으로 말미암아 모든 믿는 자에게 미치는 하나님의 의"(롬 3:22), 곧 "믿음으로 하나님께로부터 난 의"(빌 3:9)로 의롭다 하심을 받는다. 의와 믿음이 서로 별개라는 사실을 이보다 더 분명하게 밝힌 표현은 없다. 홀데인은 "믿음을 의를 대신하는 것으로 간주하거나 죄인을 구원하는 의로 인정하는 것보다 진리를 더 크게 왜곡시키는 것은 없다. 믿음은 의가 아니다. 의는 율법을 성취하는 것이다"[5]라고 말했다.

신율법주의자들은 행위 율법이 요구하는 완전한 의를 이룰 수는 없지만 하나님이 그리스도를 통해 우리에게 새로운 율법을 허락하시어 진지한 복종과 믿음과 회개를 가능하게 하셨고, 우리를 의롭게 하는 의로 삼으셨다고 한다. 그러나 본래 주어진 행위 율법을 대신해 좀 더 수월한 율법을 주셨다고 암시하는 말씀은 성경 어디에서도 발견할 수 없다. 그리스도께서는 율법을 폐하기 위해서가 아니라 온전히 이루기 위해 오셨다(마 5:17). 복음은 하나님이 완전한 복종이 아니라 진지한 복종을 받아들이신다고 가르치지 않는다. 복음은 죄인들을 "모든 믿는 자에게 의를 이루기 위하여 율법의 마침이"(롬 10:4) 되신 그리스도께로 인도한다. 인간 본성의 현재 상

---

5) Haldane, *The Romans*, vol. 1, p. 350.

태에 적합한 새로운 율법이라는 개념은 율법과 율법 수여자이신 하나님을 크게 모욕하는 것이다. 왜냐하면 율법 수여자이신 하나님이 변할 수 있으실 뿐 아니라 처음에 인간에게 주어진 율법이 너무 가혹했다는 의미를 담고 있기 때문이다.

3. 죄인이 하나님 앞에서 의롭다 하심을 받을 수 있는 근거는 오직 예수 그리스도의 의뿐이다. 물론 이 의는 그리스도께서 하나님으로서 지니시는 본질적 의와는 아무 상관이 없다.[6] 우리는 신성의 본질적 의를 공유할 수 없다. 이 조항이 '복종과 구속'이라고 말하는 대로, 그리스도께서 우리의 중보자이자 보증인으로서 지니시는 의가 우리에게 주어질 뿐이다.

죄인이 이 의에 근거해 의롭다 하심을 받는다는 것은 다양한 논증을 통해 입증될 수 있다. 완전한 의가 없으면 아무도 의롭다 하심을 받을 수 없다. 왜냐하면 율법의 요구를 완화하거나 무시할 수 없기 때문이다. 죄인을 의롭다고 하시는 하나님의 판결이 율법의 요구에 적합한 의를 근거로 하지 않으면 진리를 따른 판결이라고 말하기 어렵다.

구약성경은 메시아를 "여호와 우리의 공의"(렘 23:6)로 일컬으며, 그분이 영원한 의를 드러내실 것이라고 예언했다(단 9:24). 신약성경은 그리스도께서 우리에게 의로움이 되셨다고 말한다(고전 1:30). 우리는 "그 안에서 하나님의 의"(고후 5:21)가 된다. "한 의로운 행위로 말미암아 많은 사람이 의롭다 하심을 받아……한 사람이 순종하심으로 많은 사람이 의인이 되리라"(롬 5:18-19).

4. 하나님은 그리스도의 의를 죄인에게 전가시켜 그것을 믿음으로 받아들이게 하심으로써 그들을 의롭게 하신다. 따라서 죄인은 의롭다 하심을 받기

---

[6] 이것은 종교개혁이 처음 시작될 무렵 독일에서 활동했던 오시안데르의 견해였다. 그는 학식이 많은 사람으로, 그의 사상은 루터와 멜란히톤을 무척이나 곤혹스럽게 만들었다. 다음 자료를 참조하라. Mosheim, cent. 16, sect. 3, p. 2, ch. 1, c. 35.

위해 그리스도의 의에 깊은 관심을 기울여야 한다. 교황주의자들과 소시니우스주의자들은 물론 다양한 견해를 지닌 여러 저술가들은 그리스도의 의가 전가된다는 교리를 거부한다.[7] 그러나 우리는 그리스도의 의가 가져다주는 결과만을 인정하는 것이 아니라 그 의 자체가 전가된다고 믿는다.

> 그리스도의 의, 즉 그분의 복종과 고난이 그 결과만을 우리에게 전가시킨다고 말하는 것은 그로 인한 유익만을 인정하고 전가 자체는 부인하는 것과 같다. 이것이 소시니우스주의자들의 견해다. 그들은 그런 식으로 진실하고 참된 전가의 교리를 온전히 부인한다.[8]

그리스도의 의의 결과가 우리에게 전달될 수 있는 이유는 그분의 의 자체가 우리에게 전가되기 때문이다. 많은 사람이 전가의 교리를 부인하는 이유는 그 고유한 본질을 오해하기 때문이다. 전가는 거룩한 본성을 주입하거나 그리스도의 의가 실제로 신자들에게 전이되어 그들 안에 고유한 본성으로 자리 잡는 것을 의미하지 않는다. 그런 일은 절대 있을 수 없다.

전가는 하나님이 그리스도의 의를 죄인의 의로 간주하시고, 그것에 근거해 그들을 마치 의인처럼 대우하신다는 뜻이다. 하나님은 죄인이 그런 의를 이루었다고 생각하지 않으신다. 왜냐하면 그런 생각은 진리를 따른 판단과는 거리가 멀기 때문이다. 찰머스 박사는 이렇게 말했다.

> 신학 전문 용어 가운데 그 본래 의미가 왜곡되어 받아들여지는 용어가 몇 개 있다. '전가'도 그 가운데 하나다. 로마서 4장 6절에 사용된 '전가하다'(한글 개역개정 성경은 '여기다'로 번역했다-역주)라는 말이 바울이 "그가 만일 네게 불의를 하였거나 네게 빚진 것이 있으면 그것을 내 앞으로 계산하라"(몬 1:18)고 말한 의

---

7) 여기에 언급된 저술가들 가운데는 드와이트 박사와 스튜어트 교수도 포함될 수 있다.
8) Owen, *Justification*, ch. 7.

도와 정확하게 일치한다는 점을 이해하면 그 의미가 확연해질 것이다.[9]

성경은 그리스도의 의가 전가된다는 교리를 분명하게 가르친다. 아담의 불순종으로 우리가 죄인 된 것처럼, 우리는 그리스도의 순종하심으로 의인이 된다. 이런 일은 오직 전가를 통해서만 가능하다(롬 5:19). 그리스도께서 우리를 위해 죄가 되셨기 때문에 우리는 그분 안에서 하나님의 의가 된다. 이런 일도 오직 전가를 통해서만 가능하다(고후 5:21). 하나님은 행위와는 상관없이 죄인을 의롭다고 여기신다(롬 4:6).

이런 전가가 가능한 이유는 신자가 영원 전에 그리스도와 연합했고, 때가 되어 그 연합이 역사 속에서 실제로 실현되었기 때문이다. 그리스도께서는 자신의 영적 후손의 보증인으로서 영원 전에 그들을 위해 의를 이루기로 언약하셨고, 인간의 본성을 입으시고 그들을 대신해 그 언약을 온전히 이루셨다. 신자들이 성령과 믿음으로 그분과 실제로 연합하는 순간, 하나님은 그분의 의를 그들의 의로 여기신다.

5. 죄인을 의롭게 하는 수단은 오직 믿음뿐이다. 성경은 우리가 믿음으로 의롭다 하심을 받는다고 분명하게 증언한다. 하나님의 말씀을 믿음의 규칙으로 받아들이는 사람이라면 그 누구도 이 사실을 부인하지 않을 것이다. 그러나 죄인의 칭의와 관련된 믿음의 역할에 관해서는 의견이 다양하다.

어떤 사람들은 죄인을 의롭다 하는 믿음을 죄인이 행하는 행위로 간주한다. 그런 주장은 믿음이 율법이 요구하는 완전한 복종을 대신할 수 있는 것처럼 들린다. 우리는 앞에서 이것을 이미 논박했다. 비치우스는 "개혁교회는 칭의의 문제와 관련해 믿음을 우리의 사역이나 행위로 간주해야 한다고 주장했던 아르미니우스와 그의 추종자들을 단죄했다"[10]고 말했다.

---

9) Chalmers, *Lectures on the Romans*, vol. 1, p. 208.
10) Witsius, *The Economy of the Covenants*, book 8, ch. 3, sec. 51.

또 어떤 사람들은 믿음을 칭의의 조건으로 간주한다. '조건'이라는 말은 그것을 충족시켰을 때 본질적인 공로나 언약적인 공로가 발생해 약속된 것을 차지할 수 있는 권리나 권한이 우리에게 주어진다는 의미를 내포한다. 믿음을 칭의의 조건으로 간주하는 것은 하나님의 은혜를 무시하고 인간의 공로를 내세워 복음을 철저히 파괴하는 결과를 낳는다.

물론 일부 훌륭한 목회자들은 믿음을 조건으로 일컬으면서도 인간의 행위에 의해 충족되는 조건이라는 의미, 곧 인간의 행위에 근거해 하나님의 은혜로운 언약에 따라 칭의를 보상으로 얻을 수 있는 권리를 부여한다는 의미와는 전혀 무관한 의미로 그것을 이해한다. 다시 말해, 그들이 인정하는 조건은 믿음이 없이는 의롭다 하심을 받을 수 없다는 의미, 곧 믿음이 시간상으로나 본질상으로 칭의에 선행한다는 의미를 지닐 뿐이다.

그러나 '조건'이라는 용어는 매우 애매모호하고, 무지한 자를 그릇 인도할 가능성이 높기 때문에 가급적 사용하지 않는 것이 좋다.

한편 교황주의자들은 믿음이 사랑과 선행을 동반할 때 칭의가 이루어진다고 주장한다. 그러나 종교개혁의 영웅이었던 루터는 갈라디아서 2장 16절을 주석하면서 이렇게 말했다.

> 이것이 신자가 되어 율법의 행위가 아니라 예수 그리스도를 믿는 믿음으로 의롭다 하심을 받는다는 것의 참된 의미다. 우리는 사랑과 선행이 뒤따르는 믿음을 통해 의롭게 된다는 스콜라 학자들의 그릇된 견해를 받아들여서는 안 된다. 궤변론자들은 그런 해로운 견해를 통해 이 구절을 비롯해 오직 그리스도를 믿는 믿음으로 의롭다 하심을 받는다고 분명하게 말하는 바울 서신의 다른 구절들의 진의를 왜곡하고 오염시킨다.
>
> 오직 그리스도만을 믿어야 한다는 말을 듣고서도 사랑이 뒤따르지 않으면 믿음만으로는 의롭다 하심을 받을 수 없다고 생각해 차츰 믿음에서 멀어져 '사랑이 없는 믿음은 칭의의 효력을 발휘할 수 없어. 그런 믿음은 무익하고 헛될 뿐이

야. 오직 사랑만이 우리를 의롭게 할 수 있어. 사랑이 없는 믿음은 아무것도 아니야'라는 식으로 생각한다면 그보다 더 어리석은 일은 없다.

따라서 우리는 그런 그릇된 견해를 가장 치명적이고 악의적인 독소로 간주하고, 바울과 함께 '우리는 사랑을 동반하는 믿음이 아니라 오직 믿음으로만 의롭다 하심을 받는다'고 결론지어야 한다.[11]

이 조항은 '이와 같이 그리스도와 그분의 의를 받아들여 의지하는 믿음만이 칭의의 유일한 방편이다'라는 말로 믿음과 칭의의 관계에 관한 이런 왜곡된 견해들을 논박한다. 어떤 사람들은 이 말을 하나님이 죄인을 의롭게 하시는 도구로 믿음을 사용하신다는 의미로 오해한다. 그러나 이 말에는 믿음이 하나님이 사용하시는 도구라는 의미가 전혀 담겨 있지 않다. 믿음은 우리가 사용하는 도구다. 그러나 믿음을 칭의를 받아들이는 도구로 생각하는 것은 옳지 않다. 믿음은 그리스도와 그분의 의를 받아들이는 도구다. 이 조항은 믿음을 '그리스도와 그분의 의를 받아들여 의지하는 방편'이라고 말한다.[12] 트레일은 "이것은 오랜 전통을 지닌 개신교의 핵심 교리에 해당한다. 믿음은 그리스도의 의를 받아들이는 유일한 손, 곧 도구다. 우리는 오직 믿음으로 의롭다 하심을 받는다"[13]고 말했다.

현대 복음주의 신학자들의 말도 이 '오랜 전통을 지닌 개신교의 핵심 교리'와 정확히 일치한다. 홀데인은 "믿음은 우리를 의롭게 하는 의의 행위가 아니라 그리스도와 그분의 의를 받아들이는 수단이다"[14]라고 말했고, 찰머스 박사는 "믿음으로 의롭다 하심을 받는다는 말은 곧 믿음이 이 위대한 특권을 붙잡는 수단이라는 것을 의미한다"[15]고 말했다. 또 콜퀴훈 박사도 "그 이유

---

11) Luther, *Commentary on the Galatians*. 트레일은 루터의 책에 "다른 일부 성직자들이 쓴 많은 책보다 더 건전하고 명확한 복음이 담겨 있다"고 말했다.
12) 다음 자료를 참조하라. Edwards, *Sermons*, p.13.
13) Traill, *Works*, vol. 1, p. 298.
14) Haldane, *The Romans*, vol. 1, p. 333.
15) Chalmers, *The Romans*, vol. 1, p. 272.

는 그것이 음식을 육체에 적용하는 수단과 같은 것이기 때문이다. 믿음은 그리스도의 의를 우리에게 적용시켜 우리를 의롭게 하는 손(또는 수단)이다"[16]라고 말했다.

이 조항은 믿음을 단지 수단(방편)이라고 말하는 데 그치지 않고 그 앞에 '유일한'이라는 수식어를 덧붙였다. 이는 의롭다 하심을 받게 하는 믿음 안에 소망과 사랑과 회개가 포함되어 있다고 주장하는 교황주의자들을 정면으로 논박한다. 오직 믿음만으로 의롭다 하심을 받는다는 것은 다음과 같은 논증을 통해 충분히 입증된다.

우리는 행위가 아닌 믿음으로 의롭다 하심을 받는다(롬 4:2-3). 오직 믿음으로만 그리스도의 의를 받아들여 적용한다. 우리는 은혜로 값없이 의롭다 하심을 받는다. 따라서 칭의가 은혜에 속한 것이 되려면 오직 믿음으로만 이루어져야 한다(롬 3:24, 4:16). 아브라함은 오직 믿음으로 칭의의 축복을 받았다. 그는 믿음으로 의롭다 하심을 받는 자들의 조상이 되었다(갈 3:6-9).

오직 믿음으로만 의롭다 하심을 받는다는 교리를 지지했던 사람들은 마치 선행의 필요성을 부인하는 것처럼 비난을 받았다. 그런 잘못된 비난을 논박하기 위해 이 조항은 '믿음만이 칭의의 유일한 방편이다. 그러나 믿음은 의롭다 하심을 받은 사람 안에만 머물러 있지 않고'라고 진술한다. 칭의 믿음은 살아 있는 능동적인 원리로서 사랑으로 역사하고, 마음을 정화하며, 복종을 독려한다. 믿음은 다른 모든 은혜와 협력해 선한 행위를 이끌어 낸다.

루터는 "칭의를 논할 때 행위는 고려할 필요가 없다. 그러나 태양이 빛을 내뿜듯 참된 믿음은 행위를 유발시킨다"라고 말했다. 이것은 바울과 야고보의 모순을 해결할 수 있는 근거를 제공한다. 그러나 여기에서는 이 주제를 다루지 않겠다.[17]

---

16) Colquhoun, *Sermons*, p. 147.
17) 다음 자료를 참조하라. Owen, *Justification*, ch. 20. Dick, *Lectures*, vol. 3, pp. 380-385. Hill, *Lectures*, vol. 2, pp. 284-285. Turretin, *Inst. Theo.*, L. 16, Q. 8. Turretin, *Exerc. Theol*, text - *De Concord. Paul et Jac*.

3항 그리스도께서는 복종과 죽으심을 통해 의롭다 하심을 받은 모든 자들의 빚을 온전히 갚아 주셨고, 그들을 대신해 성부 하나님의 공의를 온전히, 충분하게 만족시키셨다(롬 5:8-10, 19, 딤전 2:5-6, 히 10:10, 14, 단 9:24, 26, 사 53:4-6, 10-12). 그러나 성부가 그리스도를 내주셨고(롬 8:32), 그분의 복종과 공의의 만족을 그들을 대신해 받아들이셨다(고후 5:21, 마 3:17, 엡 5:2). 그들의 칭의는 그들 안에 있는 무엇 때문이 아니라 값없이 은혜로 주어진 것이기 때문에(롬 3:24, 엡 1:7) 하나님의 공정한 공의와 풍성한 은혜가 죄인들의 칭의를 통해 영광스럽게 드러난다(롬 3:26, 엡 2:7).

─ 해설 ─

그리스도께서 자기 백성을 대신해 하나님의 공의를 온전히 충분하게 만족시키셨다.

소시니우스주의자들은 이 교리를 부인함으로써 죄인의 구원에 은혜가 개입할 여지를 남기지 않았다. 다양한 종류의 현대 사상가들도 그리스도께서 보응의 공의를 만족시키셨다는 것을 부인하고, 그분이 단지 공적인 공의만을 만족시키셨다고 주장한다. 따라서 그들은 그리스도께서 의롭다 하심을 받은 자들의 빚을 갚아 주지 않으셨고, 그들을 대신해 공의를 온전히, 충분하게 만족시키셨다는 것도 아울러 부인한다. 그들은 복종의 빚이나 형벌의 빚은 본질상 다른 사람에게로 이전될 수 없다고 주장한다. 그들은 그 빚이 그리스도께 이전될 수 없고, 또 그분에 의해 갚아질 수 있는 성질도 아니라고 생각한다.

다시 말해, 하나님이 율법의 요구를 직접 집행하지 않으시고, 그리스도께서 행하신 복종과 공의의 만족을 통해 그것을 충족시키셨다면 이는 결국 하나님의 주권적인 행위에 의해 율법의 요구가 정지되고, 폐지되고, 기각되는 결과를 낳을 수밖에 없다는 것이 그들의 지론이다. '하나님의 공의가 온전히, 충분하게 만족되었다'는 교리를 반대하는 이들의 논리는 죄인이 구원 받는 과정에서 보증인을 지명해 세우신 것을 제외하고는 다른 은혜의 개입을 모두 배제하는 결과를 낳는다.

이 조항은 이 견해를 정면으로 논박한다. 우리는 성경의 명백한 증언을 통해 이를 분명하게 입증할 수 있다. "한 사람이 순종하심으로 많은 사람이 의인이 되리라"(롬 5:19). 이 말씀보다 그리스도께서 의롭다 하심을 받은 자들이 감당해야 할 복종의 빚을 대신 갚아 주셨다는 사실을 더 잘 입증하는 증거가 또 어디에 있겠는가?

"나의 의로운 종이 자기 지식으로 많은 사람을 의롭게 하며 또 그들의 죄악을 친히 담당하리로다"(사 53:11). "그리스도께서 우리를 위하여 저주를 받은 바 되사 율법의 저주에서 우리를 속량하셨으니"(갈 3:13). 그리스도께서 율법을 어긴 대가로 주어지는 형벌을 감당하심으로 자기 백성을 대신해 '성부 하나님의 공의를 온전히, 충분하게 만족시키셨다'는 사실을 이보다 더 명확하게 증언하는 말씀은 없다.

그리스도 예수 안에 있는 구속함을 통해 죄인이 의롭다 하심을 받는다는 교리는 구원의 과정에서 나타나는 은혜의 영광을 배제하거나 어둡게 하지 않고, 오히려 그 영광을 더욱 밝히 드러낸다. 하나님이 보증인의 의를 받아들이기로 양해하셨다는 사실은 은혜를 온전하게 드러낸다. 더욱이 하나님은 친히 보증인을 제공하셨고, 무엇보다 자신의 독생자를 우리의 죄를 위한 속죄 제물로 내주셨다. 그리스도의 의를 받아들이는 수단인 믿음까지도 하나님의 선물이다(엡 2:8).

복음의 영광은 은혜가 의로 말미암아 왕 노릇 하는 데 있다. 이 은혜는 그리스도의 의를 통해 우리에게 주어진다. 그것은 우리에게 주어지는 은혜다. 이 은혜를 통해 우리의 모든 빚이 청산되었다. 이것은 하나님이 무한히 공의로우시며, 또한 자비로우시다는 것을 보여 준다. 하나님이 공의로우신 이유는 공의의 온전한 보상을 요구하시기 때문이고, 그분이 자비로우신 이유는 속전을 지불한 당사자가 죄인이 아니라 그분 자신이시기 때문이다.[18]

4항 하나님은 영원 전부터 선택 받은 백성을 의롭게 여기려고 작정하셨다(갈 3:8, 벧전 1:2, 19-20, 롬 8:30). 그리스도께서는 때가 되자 그들의 죄를 위해 죽으셨다가 그들의 의롭다 하심을 위해 다시 살아나셨다(갈 4:4, 딤전 2:6, 롬 4:25). 그러나 그들의 칭의는 성령이 적절한 때에 그리스도를 그들에게 실제로 적용하실 때 비로소 이루어진다(골 1:21-22, 갈 2:16, 딛 3:4-7).

─ 해 설 ─

칭의는 믿음으로 그리스도와 연합할 때 의루어진다.

이 조항은 율법폐기론자들의 오류를 논박한다. 율법폐기론자들은 선택 받은 자들은 영원 전에, 또는 그리스도께서 그들의 구원을 위한 대가를 지불하시는 순간에 의롭다 하심을 받았다고 주장한다. 하나님이 영원 전부터 선택 받은 백성을 의롭게 여기려고 작정하신 것은 사실이다. 하지만 그들은 성령의 유효 소명이 있기 전까지는 정죄를 받아 진노 아래 있는 상태다. "전에는 우리도 다 그 가운데서 우리 육체의 욕심을 따라 지내며 육체와 마음의 원하는 것을 하여 다른 이들과 같이 본질상 진노의 자녀이었더니"(엡 2:3).

---

18) Haldane, *The Romans*, vol. 1, p. 320.

"그를 믿는 자는 심판을 받지 아니하는 것이요 믿지 아니하는 자는 하나님의 독생자의 이름을 믿지 아니하므로 벌써 심판을 받은 것이니라"(요 3:18).

  그들을 의롭게 하는 의는 그리스도의 죽음을 통해 이루어졌고, 그 의의 완전함은 그분의 부활을 통해 밝히 드러났다. 그리스도께서 그들의 머리요, 대표자로서 죗값을 모두 치르고 놓여나셨을 때 그들은 사실상 의롭다 하심을 받은 것이나 다름없지만, 그럼에도 불구하고 공식적이고 실질적으로 의롭다 하심을 받는 일은 믿음으로 그리스도와 연합할 때 비로소 이루어진다.

5항 하나님은 의롭다 하심을 받은 자들의 죄를 계속해서 용서하신다(마 6:12, 요일 1:7, 9, 2:1-2). 그들은 칭의의 상태에서는 절대 벗어나지 않지만(눅 22:32, 요 10:28, 히 10:14) 죄를 지어 하나님의 부성적 진노를 자극할 수는 있다. 하나님은 그들이 스스로를 겸손하게 하고, 죄를 고백하며, 용서를 구하고, 믿음과 회개를 새롭게 할 때까지는 자신의 은혜로우신 얼굴빛을 그들에게 비추지 않으신다(시 89:31-33, 51:7-12, 32:5, 마 26:75, 고전 11:30, 32, 눅 1:20).

─ 해설 ─

칭의는 단번에 완성되기 때문에 의롭다 하심을 받은 자들은 다시 정죄 당하지 않는다.

  "그러므로 이제 그리스도 예수 안에 있는 자에게는 결코 정죄함이 없나니"(롬 8:1). 나중에 죄를 짓더라도 하나님이 그들에게 은혜롭게 베푸신 죄 사함은 결코 취소되지 않는다. 그러나 그들의 죄는 하나님의 부성적 진노를 자극해 일시적인 징계를 불러올 수 있다(시 89:30-33).

이미 잘 알려진 대로, 우리는 여기에서 법정적 진노와 부성적 진노의 차이를 발견할 수 있다. 하나님은 재판관의 재량으로 값없이, 무조건적으로 신자들의 죄를 모두 용서하신다.

하지만 하나님이 칭의를 통해 자신의 자녀로 삼으신 자들에게 아버지로서 허락하시는 용서는 그들 편에서 그런 특권을 받아들여 소중히 간직하기 위해 성심을 다하지 않는 경우에는 온전히 이루어지지 않는다. 따라서 그들은 하나님 앞에서 스스로를 겸손하게 하고, 죄를 진심으로 고백하며, 믿음과 회개를 새롭게 하고, 하나님께 부성적 진노를 거두시고 아버지로서의 사랑을 다시 허락해 달라고 간구해야 한다.

6항 구약 시대에 이루어진 신자의 칭의는 신약 시대에 이루어진 신자의 칭의와 모든 면에서 아무 차이가 없었다(갈 3:9, 13-14, 롬 4:22-24, 히 13:8).

─ 해설 ─

구약 시대의 신자들의 칭의는 신약 시대의 신자들의 칭의만큼이나 분명하고 확실했다.

소시니우스주의자들은 정반대로 말한다. "율법과 선지자들에게 증거를 받은"(롬 3:21) 하나님의 의는 신약 시대에 이르러서 더욱 분명하게 나타났다.

하지만 바울은 아브라함의 칭의를 모든 시대의 신자들이 칭의를 받는 방식을 보여 주는 본보기로 내세웠다. "성경이 무엇을 말하느냐 아브라함이 하나님을 믿으매 그것이 그에게 의로 여겨진 바 되었느니라"(롬 4:3). 하나님의 영원한 의는 그리스도께서 죽기까지 복종하셨을 때 비로소 이루어졌지만, 그분의 죽음은 신약 시대는 물론 구약 시대의 신자들에게까지 효력을 미쳤다.

칭의는 너무나도 은혜롭고 영광스런 특권이 아닐 수 없다. 행위의 공로 없이 하나님 앞에서 의롭다 하심을 받은 사람은 지극히 복되다. 율법의 끔찍한 저주에서 구원 받아 하나님으로부터 은혜와 사랑을 받는 상태로 바뀌는 순간, 신자가 마셔야 할 고난의 잔에서 모든 형벌이 제거되고, 죽음 자체도 더 이상 위협이 되지 못하며, 모든 것이 합력해서 선을 이룬다.

그리스도의 의라는 영광스런 옷을 입고 심판대 앞에 당당하게 설 때면 영화롭게 되신 구주요, 재판관이신 주님이 "내 아버지께 복 받을 자들이여 나아와 창세로부터 너희를 위하여 예비된 나라를 상속 받으라"(마 25:34)라는 말씀으로 하나님이 준비하신 영원한 지복의 상태에 들어가게 하실 것이다.

그러나 불경한 죄인들은 인자가 영광의 보좌 위에 앉아 그들을 엄위로운 심판대 앞에 세우시고 마지막 심판을 선언하실 때 과연 어떻게 될까? 회개하지 않고 믿지 않은 이들, 곧 하나님의 의에 복종하지 않은 사람들은 어떤 태도를 취할까? 그들은 "산들과 바위에게 말하되 우리 위에 떨어져 보좌에 앉으신 이의 얼굴에서와 그 어린 양의 진노에서 우리를 가리라"(계 6:16)라고 말하게 될 것이다.

지금까지 스스로의 의를 세우기 위해 노력해 왔다면 이제 그런 노력을 모두 중단하라. 복음이 제시하는 의의 선물을 받아들이고, 그리스도의 영광스럽고 완전한 의를 덧입어라.

또한 현세에서나 내세에서나 오직 그리스도의 의만을 의지해 은혜의 하나님께 모든 것을 구하려고 노력하라. 더 이상 자신의 의를 세우려고 노력하지 말고, 바울처럼 "내가 가진 의는 율법에서 난 것이 아니요 오직 그리스도를 믿음으로 말미암은 것이니 곧 믿음으로 하나님께로부터 난 의라"라고 외치며 "그리스도를 얻고 그 안에서 발견"(빌 3:8-9)되기를 원하라.

CHAPTER. 12

OF ADOPTION

양자 됨

그 기쁘신 뜻대로 우리를 예정하사 예수 그리스도로 말미암아 자기의 아들들이 되게 하셨으니 (엡 1:5).

1항 하나님은 의롭다 하심을 받은 모든 자들이 독생자 예수 그리스도 안에서, 또 그분을 위해 양자 됨의 은혜에 참여하도록 허락하신다(엡 1:5, 갈 4:4-5). 그들은 양자 됨을 통해 하나님의 자녀들이 되고, 자녀로서의 자유와 특권을 누린다(롬 8:17, 요 1:12). 하나님의 이름이 그들에게 기록된다(렘 14:9, 고후 6:18, 계 3:12). 그들은 양자의 영을 받으며(롬 8:15), 은혜의 보좌 앞에 담대히 나가고(엡 3:12, 롬 5:2), 하나님을 아빠, 아버지라고 부를 수 있으며(갈 4:6), 긍휼과(시 103:13) 보호를 받고(잠 14:26), 필요한 것을 공급 받으며(마 6:30, 32, 벧전 5:7), 아버지로서 내리시는 징계를 받으나(히 12:6) 버림을 당하지는 않고(애 3:31), 구원의 날까지 인치심을 받아(엡 4:30) 영원한 구원의 상속자로서(벧전 1:3-4, 히 1:14) 약속들을 기업으로 받는다(히 6:12).

─ 해설 ─

창조의 관점에서 보면 인류 전체가 하나님의 자녀다. "우리가 그의 소생이라"(행 17:28). "우리는 한 아버지를 가지지 아니하였느냐 한 하나님께서 지으신 바가 아니냐"(말 2:10).

보이는 교회의 지체들은 형식상으로는 모두 하나님의 자녀다. 그들은 겉으로 드러난 하나님의 가족이며, 특별한 권리를 누린다. 인류의 초창기에도 참 신앙을 고백한 사람들은 "하나님의 아들들"(창 6:2)로 불렸다. 하나님은 이스라엘을 자기 백성으로 선택하셨고, 다른 민족들에게는 허락하지 않으신 많은 특권을 허락하셨다. 그 결과, 다른 민족들은 무지와 우상 숭배에 빠져들 때 그들은 참 하나님을 알고, 그분을 경배하는 복을 누렸다. 이스라엘 민족은 '하나님의 자녀'로 불렸다. 하나님은 바로에게 "이스라엘은 내 아들 내 장자라"(출 4:22)고 말씀하셨다. 이것은 참으로 놀라운 축복이지만, 그런 축복을 누리는 사람들 가운데는 하나님의 자녀가 아닌 이들이 적지 않다. 그들은 결국에는 어둠 속에 내쳐지고 말 것이다(요 8:44, 마 8:12).

의롭다 하심을 받은 자들은 그런 모든 자들과는 다른 차원에서 하나님의 자녀로 불린다. 그들은 양자 됨의 은혜에 참여한다.

인간 세상에서 양자란 다른 사람의 자녀를 입양해 자기 자녀의 특권을 제공하는 것을 의미한다. 영적 양자도 마찬가지다. 하나님은 죄인을 자기 가족으로 받아들이시고, 자녀의 모든 특권을 누릴 수 있는 권리를 부여하신다. 죄인들은 본질상 하나님의 가족과는 무관한 '마귀의 자식들'이요, 진노의 상속자들이다. 그러나 그들은 양자 됨을 통해 사탄의 가족에서 천국의 가족으로 옮겨졌으며, 맏형이 되시는 하나님의 독생자 예수 그리스도를 비롯해 세상과 천국에 있는 모든 성도와 교제를 나눈다.

세상에서의 양자와 영적 양자는 서로 유사한 점이 많지만, 몇 가지 다른 점이 있다. 사람들은 자식이 없는 결함을 메우기 위해 낯선 이의 자녀를 입양하지만, 하나님은 아담의 후손을 자녀로 입양하실 이유가 없다. 왜냐하면 하나님은 스스로 무한히 복되실 뿐 아니라 이미 '사랑하시는 독생자', 곧 말로 다할 수 없는 기쁨을 주시는 아들을 두고 계시기 때문이다. 사람들은 대개 상속자를 얻기 위해 누군가를 아들로 삼지만, 하나님은 셀 수 없이 "많은 아들들을 이끌어 영광에 들어가게"(히 2:10) 하신다. 사람들은 대개 상대방이 특별한 장점을 지니고 있어야만 친절을 베풀려는 동기를 느끼지만, 하나님이 양자로 삼으시는 사람들은 그분의 은혜를 입을 만한 특별한 자격이나 조건을 전혀 갖추지 않은 상태다.

양자 됨은 상태의 변화로서, 즉각 완성된다. 그리스도를 진심으로 믿는 사람들은 모두 똑같이 양자 됨의 특권을 누린다(갈 3:26, 28). 하나님의 자녀들 가운데는 다른 사람들에 비해 은사나 영적 자질이 뛰어난 사람들이 있지만, 하나님의 자녀라는 점에서는 모두 아무런 차이가 없다. 이 귀한 특권은 값없이 베풀어지는 하나님의 주권적인 은혜에서 비롯한다. 하나님은 그런 축복을 통해 말로 다 표현할 수 없는 사랑과 은혜를 드러내시어 이 은혜에 참여하는 사람들의 경탄을 자아내신다. "보라 아버지께서 어떠한 사랑을 우리에게 베푸사 하나님의 자녀라 일컬음을 받게 하셨는가"(요일 3:1).

그러나 하나님의 은혜는 공의의 요구와 율법의 영예를 무시하지 않는다. 하나님이 죄의 형벌을 만족시킬 것을 요구하지 않으시고, 무작정 죄인들에게 은혜를 베푸시어 그들을 가족으로 받아들이신다면 하나님의 온전하신 속성이 지니는 영광이 더럽혀질 뿐 아니라 그들이 어긴 율법의 영예가 실추될 수밖에 없다. 하나님이 이런 은혜를 베푸시는 이유는 그리스도의 복종이 공로가 되어 공의를 만족시켰기 때문이다. "때가 차매 하나님이 그 아들을 보내사 여자에게서 나게 하시고 율법 아래에 나게 하신 것은 율법 아래에 있는 자들을 속량하시고 우리로 아들의 명분을 얻게 하려 하심이라"(갈 4:4-5).

주 예수 그리스도께서 스스로를 낮추시어 율법의 저주를 감당하심으로 우리가 잃었던 아들의 지위를 되찾게 된 것은 참으로 놀랍기 그지없는 은혜가 아닐 수 없다. 그리스도께서는 값을 따질 수 없는 대가를 치르시고 우리를 위해 이런 놀라운 특권을 확보하셨다. 우리는 믿음으로 그리스도와 연합하는 순간, 이 놀라운 특권에 실제로 참여한다. "영접하는 자 곧 그 이름을 믿는 자들에게는 하나님의 자녀가 되는 권세를 주셨으니"(요 1:12).

하나님의 자녀라는 이 놀라운 특권이 무엇을 의미하는지 간단히 살펴보자.

1. 하나님의 자녀가 된 자들은 새 이름을 얻는다. 낯선 이의 자녀가 입양되면 입양자의 성을 따라 새 이름이 주어지듯, 하나님이 양자로 삼으신 자들은 "새 이름으로 일컬음이 될"(사 62:2) 것이다. 다시 말해, 그들은 전능하신 하나님의 아들과 딸이라는 영광스럽고 사랑스런 이름을 얻는다(고후 6:18).

2. 하나님의 자녀가 된 자들은 양자의 영을 받는다(롬 8:15, 갈 4:6). 성령이

그들에게 자녀의 마음을 허락하시어 하나님의 사랑스런 독생자의 형상을 닮게 하신다. 성령은 그들의 영과 더불어 그들이 하나님의 자녀라고 증언하시고(롬 8:16), 구원의 날까지 그들에게 인을 치시며(엡 1:13), "그 얻으신 것을 속량"(엡 1:14)하실 때까지 그들을 위한 기업의 보증이 되신다.

3. 하나님의 자녀가 된 자들은 은혜의 보좌 앞에 담대히 나갈 수 있다. 하나님은 하나님 곁으로 당신의 자녀를 이끄시기 위해, 그리고 하나님 앞에 그들의 마음을 드리게 하시기 위해 그들의 기도를 그분께 토로하도록 허락하시는데, 그들은 이 사실을 감사히 여길 것이다. 만일 그들이 하나님의 뜻대로 구하면 그분이 들으실 것이다.

4. 하나님의 자녀가 된 자들은 하나님의 부성적 사랑과 긍휼의 대상이 된다. 하나님은 그들의 이름을 아시며, 그들이 한갓 진토에 지나지 않는다는 것을 기억하신다. 그들을 징계할 필요가 있다고 느끼실 때는 아버지가 자식을 긍휼히 여김같이 그들을 긍휼히 여기신다(시 103:13).

5. 하나님의 자녀가 된 자들은 하늘에 계신 아버지의 보호를 받는다. 그들을 노리는 영적 원수들이나 그들이 노출된 위험은 너무나도 많다. 그러나 졸지도 않고 주무시지도 않는 하나님은 결코 지치시는 법이 없이 늘 한결같이 그들을 지키시고 보호하신다. 하나님은 천사들에게 그들을 보호하라고 명령하신다. 천사들은 우리가 의식하지 못하는 사이에 우리를 에워싸고 우리를 위해 많은 일을 행한다(시 34:7, 히 1:14).

6. 하나님의 자녀가 된 자들은 하늘에 계신 아버지로부터 필요한 것을 공급받는다. 하나님은 자기 자녀들이 세상에서 무엇을 필요로 하는지 잘 알고 계신다. 하나님은 그런 은혜를 베풀기를 주저하지 않으신다(마 6:30-32, 시 34:9-

10). 하나님은 말씀으로 그들의 영혼을 먹이시고, 때에 맞게 적절한 은혜를 공급해 주신다(빌 4:19).

7. 하나님은 부성적 징계가 필요할 때는 그들을 기꺼이 징계하신다(히 12:6). 신자들은 하나님의 징계를 특권이 아닌 형벌로 간주하는 경향이 있지만 그분의 징계는 부성적 사랑에서 비롯하는 것으로, 그들을 유익하게 하는 축복이다(시 89:30-34). 그런 징계는 당장에는 기쁘지 않고 슬프지만, 그들을 영적으로 유익하게 해준다. 하나님의 자녀들 가운데는 그런 행복한 경험을 통해 고난 받는 것이 자기에게 유익했다고 말하는 사람들이 많다(시 94:12, 119:67, 71, 욥 5:17).

8. 양자 됨과 그와 더불어 주어지는 특권이 상실되는 법은 절대 없다. 하늘에 계신 아버지께서는 그들을 내쫓지 않으시며, 그들도 그분을 온전히 떠나지 않을 것이다(렘 32:40).

9. 하나님의 자녀가 된 자들은 모든 약속을 물려받을 상속자다. 이 약속들은 지극히 위대하고 보배로울 뿐 아니라 하나님의 자녀들이 처할 수 있는 모든 상황에 적합하다. 이 약속들을 허락하신 하나님은 지극히 신실하시다(히 6:12, 17).

10. 하나님의 자녀가 된 자들은 자기들을 위해 하늘에 예비된 풍성하고 영광스러운 기업을 물려받을 상속자다(벧전 1:4). 그들은 '구원 받을 상속자'(히 1:14), '생명의 은혜를 함께 이어받을 자'(벧전 3:7), '약속하신 나라의 상속자'(약 2:5), '하나님의 상속자'(롬 8:17)로 불린다.

참 신자들은 명예롭기 그지없다. 하나님의 자녀가 누리는 영예보다 더 큰 영예는 없다. 이 영예는 세상 사람들 앞에 잘 드러나지 않고, 신자들 자신도 늘 의식하지 못하지만 예수 그리스도께서 재림하시는 날은 "하나님의 아들들이 나타나는"(롬 8:19) 날이 될 것이다. 그날에 그리스도께서는 온 세상 앞에서 그들을 자기 형제로 인정하시고, 그들을 위해 앞서 준비해 두신 모든 기업을 온전히 누리게 하실 것이다.

우리 모두 그리스도께서 영광스럽게 나타나실 날을 사모하자. 그리고 그날을 기다리는 동안 우리의 고귀한 성품과 영광스런 기대에 합당한 삶을 살아가자. 흠 없고 책망할 것이 없는 하나님의 자녀들로서 행동하며, 세상에 빛을 드리우자.

CHAPTER.13

OF SANCTIFICATION

성화

그런즉 사랑하는 자들아 이 약속을 가진 우리는 하나님을 두려워하는 가운데서 거룩함을 온전히 이루어 육과 영의 온갖 더러운 것에서 자신을 깨끗하게 하자 (고후 7:1).

1항 유효 소명을 받아 거듭남으로써 그 내면에서 새 마음과 새 영이 창조된 사람들은 그리스도의 죽음과 부활의 효력과 그들 안에 거하는 말씀과 성령을 통해(요 17:17, 엡 5:26, 살후 2:13) 실제로, 또 인격적으로 더욱 거룩해진다(고전 6:11, 행 20:32, 빌 3:10, 롬 6:5-6). 온몸을 주관하는 죄의 권세가 깨어지고(롬 6:6, 14), 거기에서 비롯하는 여러 가지 정욕이 차츰 약화되거나 억제되어(갈 5:24, 롬 8:13) 구원의 은혜 가운데서 더욱더 활기와 능력을 얻어(골 1:11, 엡 3:16-19) 진정으로 거룩한 삶을 살아가게 된다. 이런 거룩함이 없으면 주님을 볼 수 없다(고후 7:1, 히 12:14).

2항 성화는 전인에 영향을 미치지만(살전 5:23), 이 세상에서는 불완전하다. 모든 부분에 부패함의 잔재가 남아 있어(요일 1:10, 롬 7:18, 23, 빌 3:12) 결코 화해될 수 없는 싸움이 계속된다. 육신의 소욕은 성령을 거스르고, 성령은 육체를 거스르신다(갈 5:17, 벧전 2:11).

3항 이 싸움에서 잠시 동안은 잔존하는 부패함이 크게 우세할 수 있지만(롬 7:23) 성결하게 하시는 그리스도의 영으로부터 계속 공급되는 힘을 통해 거듭난 부분이 승리를 거두기에 이른다(롬 6:14, 요일 5:4, 엡 4:15-16). 그 결과, 성도들은 은혜 안에서 성장하며(벧후 3:18, 고후 3:18) 하나님을 두려워하는 가운데서 거룩함을 온전히 이룬다(고후 7:1).

--- **해 설** ---

성경에서 '성화'라는 말은 다양한 의미를 지닌다. 이는 속된 것에서 구별되어 거룩한 용도로 쓰임을 받는 것이나 하나님을 섬기는 일에 봉헌되는 것을

의미한다. 제단, 성전, 제사장, 신성한 도구들은 모두 거룩하게 구별되었다. 또한 이 말은 의식적인 불결함을 정화하는 것을 의미한다(히 9:13). 그러나 이 장에서 다루는 신자들의 성화는 죄의 오염으로부터 그들을 정화시켜 그들의 본성을 새롭게 해 하나님의 형상을 닮게 만드는 것을 의미한다.

율법폐기론자들은 신자는 그리스도의 거룩하심이 그들에게 전가됨으로써 거룩해질 뿐 그들 안에 실제로 거룩함이 주입되는 것이 아니고, 또한 그런 거룩한 상태를 요구 받지도 않는다고 주장한다. 이것은 참으로 크고 위험한 오류가 아닐 수 없다. 이 조항들은 신자들이 '실제로, 또 인격적으로' 거룩해진다는 말로 그런 주장을 논박한다. 신자들의 성화에는 '그들의 지체 안에 있는 죄를 죽이는 일'이 포함된다. 신자는 성화를 통해 "사랑과 희락과 화평과 오래 참음과 자비와 양선과 충성과 온유와 절제"(갈 5:22-23)라는 성령의 열매를 맺는다. 이것은 모두 인격적인 성품에 해당한다. 이런 성품들이 신자들의 마음속에서 역사해 그들의 태도와 삶을 통해 밖으로 드러난다. 따라서 그런 성품들이 그리스도 안에 있고, 고스란히 신자에게 전가된다는 주장은 터무니없다. 그것들은 우리 안에서 이루어지는 성령의 역사에서 비롯한다. 그리스도께서는 "내가 주는 물은 그 속에서 영생하도록 솟아나는 샘물이 되리라"(요 4:14)라는 말씀으로 그런 성령의 역사를 비유하셨다.

앞에서 지적한 대로, 교황주의자들은 칭의와 성화를 혼동하는 탓에 다양한 위험을 초래한다.

칭의와 성화의 차이점을 몇 가지 설명하면 다음과 같다.

1. 칭의와 성화는 본질이 다르다. 칭의는 관계상의 변화를 가리키고, 성화는 전인, 곧 영혼과 육체 안에서 일어나는 실질적인 변화를 가리킨다.

2. 칭의와 성화는 순서가 다르다. 시간상의 순서는 아니더라도 본질상 칭

의가 성화에 앞선다. 왜냐하면 실제로 거룩함이 이루어지려면 의가 전가되는 것이 선행되어야 하기 때문이다.

3. **칭의와 성화는 내용이 다르다.** 칭의는 그리스도의 의가 전가되는 것을, 성화는 내재적인 의가 이루어지는 것을 각각 의미한다.

4. **칭의와 성화는 성격이 다르다.** 칭의는 죄인을 의롭다고 선언하는 법정적인 행위에 해당하고, 성화는 영혼의 성품 안에서 실질적인 변화를 일으키는 도덕적이고 물리적인 행위에 해당한다.

5. **칭의와 성화는 속성이 다르다.** 칭의는 즉각 완성되고, 모든 신자에게 정도의 차이 없이 적용되지만 성화는 처음에는 불완전할 뿐 아니라 신자 개인에 따라 성취되는 정도가 모두 다르다. 이것이 종종 전자를 행위, 후자를 사역으로 일컫는 이유다.

이외에도 다른 차이점들이 많지만 그 가운데 하나만 더 지적하면, 칭의는 천국에 갈 수 있는 권리를 부여하고, 성화는 천국에 합당한 자질을 갖추어 그곳의 삶을 누릴 능력을 부여한다.

성화는 특권이자 의무다. 성화는 하나님의 사역이면서 또한 인간의 사역이다. 인간은 초자연적인 은혜에 힘입어 하나님의 사역에 협력한다. 성화의 특권은 복음 안에 은혜롭게 약속되었고(겔 36:27), 성화의 의무는 율법에 의해 규정되었다. 하나님은 우리에게 "마음과 영을 새롭게"(겔 18:31) 하고, "거룩함을 온전히 이루어 육과 영의 온갖 더러운 것에서 자신을 깨끗하게"(고후 7:1) 하라고 명령하신다.

성화는 처음에 시작되어 차츰 발전한다. 최초의 성화는 우리를 "새로운 피조물"(고후 5:17)로 만드는 중생("이전 것은 지나갔으니 보라 새것이 되었도다")과 동일하다. 점진적인 성화는 옛 사람의 정욕이 점점 약화되고 억제되는 과정을 가리킨다.

　최초의 성화가 이루어지는 순간에 그리스도의 영이 마음속에 들어오시어 온갖 은사를 씨앗처럼 심으신다. 그런 은사들이 점진적인 성화를 통해 점차 더욱 활기와 능력을 얻는다. 최초의 성화를 통해 영적 생명의 원리가 심기고, 영혼 안에서 하나님의 형상이 희미하게 모습을 드러낸다. 그리고 점진적인 성화를 통해 영적 생명이 증대되고, 하나님의 형상이 차츰 뚜렷해지기 시작한다. 간단히 말해, 중생을 통해 시작된 사역은 새로운 피조물이 그리스도 안에서 온전한 사람으로 거듭날 때까지 성화를 통해 계속 진행된다(빌 1:6).

　성화는 전인, 곧 영혼의 모든 기능과 육신의 모든 지체에까지 영향을 미친다(살전 5:23). 우리의 본성은 본래 하나님의 형상으로 창조되었다. 그러나 죄가 들어오면서 그 형상이 완전히 상실되었다. 타락으로 부패해진 본성을 '옛 사람'으로 일컫는 이유는 죄가 전인, 곧 영혼과 육신을 모두 오염시켰기 때문이다. 원죄로 인한 부패가 전인을 오염시켰기 때문에 거룩하게 하는 은혜도 모든 부분에까지 영향을 미친다. 하나님의 형상을 따라 새롭게 된 신자의 본성을 '새사람'으로 일컫는 이유는 성화를 통해 주어진 거룩함의 원리가 전인을 주관해 고귀하게 변화시키기 때문이다.

　성화는 이 세상에서는 불완전하다. 이 세상에서 죄가 없는 완전한 상태에 도달할 수 있다고 주장하는 사람들이 과거에도 있었고, 지금도 있다. 그리스도의 완전하신 거룩함이 신자들에게 전가되었다고 주장하는 율법폐기론자들이 대표적인 경우다. 교황주의자들과 소시니우스주의자들도 신자들이 완전한 내재적 거룩함을 지니고 있거나 그런 상태에 도달할 수 있다고 주장한다.[1] 감리교의 설립자도 죄 없는 완전한 상태가 가능하다고 믿었다. 그를 따르는 사람들도 여전히 그런 견해를 지지한다.[2]

---

1) 이런 견해들에 대해 좀 더 상세히 알고 싶으면 다음 자료를 참조하라. Hill, *Lectures*, p. 303.
2) Richard Watson, *Theol. Institutes*, vol. 4, p. 140.

그러나 이 조항은 성화가 '이 세상에서는 불완전하다'는 말로 그런 모든 주장을 논박한다. 성화는 전인에 영향을 미치지만, '모든 부분에 부패함의 잔재가 남아 있다.' 성경에는 죄 없는 완전한 상태를 부인하는 성경 구절들이 많다(전 7:20, 약 3:2, 잠 20:9, 요일 1:8).

'완전하다'라고 불리는 성도들이 더러 있지만, 그 말은 상대적인 의미를 지닌다. "노아는 의인이요 당대에 완전한 자라"(창 6:9)라는 말씀이나 "너는 내 앞에서 행하여 완전하라"(창 17:1)와 같은 말씀에서 발견되는 '완전하다'라는 말은 진실하고 정직하다는 의미를 지닌다. 성경에 등장하는 가장 훌륭한 신앙 위인들도 죄에서 온전히 자유롭지 못했다. 그들의 행위는 많은 결함과 허물을 드러냈다. 그들 스스로도 죄 없는 완전한 상태에 도달했다고 감히 생각하지 않았다(욥 9:20, 시 19:12, 빌 3:12). 참된 신자라면 누구나 완전한 상태를 갈망할 테지만, 그 누구도 이 세상에서는 절대적인 완전함에 이를 수 없다.

모든 신자 안에는 부패함의 잔재와 은혜가 동시에 존재하기 때문에 그 두 가지 원리 사이에서 결코 화해될 수 없는 싸움이 계속된다. 성경은 그런 갈등을 분명하게 언급한다(롬 7장). "육체의 소욕은 성령을 거스르고 성령은 육체를 거스르나니 이 둘이 서로 대적함으로 너희가 원하는 것을 하지 못하게 하려 함이니라"(갈 5:17). 이 두 가지 원리는 항상 우열을 다투지만, 궁극적으로는 은혜가 승리할 것이다.

성화의 동기나 충동은 하나님의 값없는 은혜를 통해 주어지고(딛 3:5), 그것의 공로가 되는 근거는 예수 그리스도의 보혈과 의이며(딛 2:14), 그것의 효과를 일으키는 힘은 성령으로부터 비롯하고(벧전 1:2, 살후 2:13, 고전 6:11), 그것을 이루는 내적 수단은 그리스도를 믿는 믿음이며(행 15:9, 26:18), 그것의 외적 수단은 말씀과 성례와 기도다(요 17:17, 벧전 2:2). 섭리, 특히 징계의 섭리는 신자들의 성화를 독려하는 데 도움을 준다(롬 8:28, 5:3-5).

성화는 천국 가는 권리를 부여하지는 않지만, 결코 없어서는 안 된다. 성화가 필요한 이유는 하나님이 그것을 절대 불변의 원칙으로 정하셨기 때문이다. "거룩함을 따르라 이것이 없이는 아무도 주를 보지 못하리라"(히 12:14).

하나님은 더러운 것은 무엇이든 하늘의 도성에 들어올 수 없다는 것을 불변의 원칙으로 정하셨다(계 21:27). 성화는 천국에 들어가기 위한 준비 과정으로서 반드시 필요하다. 천국에서의 삶에 참여해 그 기쁨을 누리려면 그곳에 들어갈 수 있는 권리는 물론 그런 삶에 합당한 자질을 갖추어야 한다. 예수님은 "마음이 청결한 자는 복이 있나니 그들이 하나님을 볼 것임이요"(마 5:8)라고 말씀하셨다.

은혜의 수단을 부지런히 활용하면서 거룩해지려고 노력하라. "하나님의 뜻은 이것이니 너희의 거룩함이라"(살전 4:3). 하나님은 "내가 거룩하니 너희도 거룩할지어다"(레 11:45)라고 명령하셨다. 하나님은 영화롭게 하기로 작정하신 자들을 위해 성화를 영화의 수단으로 삼으셨다. 성화가 없으면 영화에 도달할 수 없다. "곧 창세전에 그리스도 안에서 우리를 택하사 우리로 사랑 안에서 그 앞에 거룩하고 흠이 없게 하시려고"(엡 1:4).

성화는 예수 그리스도를 통한 구원의 목적이기도 하다(엡 5:25-26). 그리스도께서는 우리를 진노에서 구원하실 뿐 아니라 죄에서 구원하기 위해 죽으셨다. 거룩함은 인간이 본래 지녔던 영광스런 속성이었다. 그 영광을 되찾아 우리를 창조하신 하나님의 형상을 회복해야 마땅하지 않겠는가? 거룩함은 하나님의 가장 특별한 속성이기도 하다. 그러니 우리도 그분의 거룩하심을 본받아야 하지 않겠는가?

거룩함은 우리를 "빛 가운데서 성도의 기업의 부분을 얻기에 합당하게"(골 1:12) 만든다. 이 세상에서 그리스도를 본받으려는 간절한 소원과 진지한 노력이 없이 장차 그리스도를 볼 것을 기대하는 것은 주제넘은 몽상이다. "주를 향하여 이 소망을 가진 자마다 그의 깨끗하심과 같이 자기를 깨끗하게 하느니라"(요일 3:3).

CHAPTER. 14

OF SAVING FAITH

구원 신앙

내가 그리스도와 함께 십자가에 못 박혔나니 그런즉 이제는 내가 사는 것이 아니요 오직 내 안에 그리스도께서 사시는 것이라 이제 내가 육체 가운데 사는 것은 나를 사랑하사 나를 위하여 자기 자신을 버리신 하나님의 아들을 믿는 믿음 안에서 사는 것이라 (갈 2:20).

1항 선택 받은 자들이 영혼을 구원할 수 있는 믿음을 가지려면 믿음의 은사가 필요하다(히 10:39). 이 은사는 그들의 마음속에서 이루어지는 성령의 사역에서 비롯하는데(고후 4:13, 엡 1:17-19, 2:8) 대개 말씀의 사역을 통해 일어나며(롬 10:14, 17), 성례의 집행과 기도와 말씀의 사역을 통해 더욱 강화되고 증가된다(벧전 2:2, 행 20:32, 롬 4:11, 눅 17:5, 롬 1:16-17).

― 해 설 ―

그리스도께서는 "믿고 세례를 받는 사람은 구원을 얻을 것이요 믿지 않는 사람은 정죄를 받으리라"(막 16:16)고 엄숙히 선언하셨다. 이 장이 믿음에 깊은 관심을 기울이는 이유는 믿음이 구원과 관련해 중요한 역할을 하기 때문이다. 타락한 죄인들이 구원 받으려면 구세주가 필요하고, 그들이 구원을 실제로 누리려면 구세주를 믿는 믿음이 필요하다. 따라서 구원 신앙의 본질에 관한 성경의 가르침을 이해하는 것은 너무나도 중요한 일이 아닐 수 없다.

구원 얻는 믿음에 관한 이 조항에서 배울 수 있는 가르침은 다음과 같다.

1. 믿음의 주체는 선택 받은 죄인들이다. 하나님이 영원 전에 영생을 주기로 작정하신 자들은 때가 되면 영혼을 구원할 수 있는 믿음을 갖게 된다. "영생을 주시기로 작정된 자는 다 믿더라"(행 13:48). "아버지께서 내게 주시는 자는 다 내게로 올 것이요"(요 6:37).

하나님이 선택하신 자들의 믿음은 다른 종류의 믿음과는 판이하다. 구원 신앙은 초자연적이다. 구원 신앙은 새롭게 된 영혼의 행위요, 살아 있는 원리로서 마음을 정결하게 하고, 사랑으로 역사하며, 세상을 이긴다. 따라서 이 믿음은 자연적이거나 죽은 믿음, 또는 속된 신념과는 사뭇 다르다. 성경은 이 믿음을 '보배로운 믿음', '거짓이 없는 믿음', '하나님의 역사로 인한 믿음'으로 일컫는다. 성경이 이 믿음을 여러 가지 표현으로 일컫는 것으로 미루어 볼 때 이 믿음은 어디에서도 찾아볼 수 없는 독특한 속성을 지니고 있는 것이 분명하다.

성경을 읽어 보면 믿는 모든 사람이 다 구원 신앙을 가진 것은 아니라는 사실을 발견할 수 있다. 마술사 시몬도 믿었고, 아그립바 왕도 믿었으며, 돌밭에 뿌려진 씨앗에 비유된 청중도 믿었다. 많은 사람이 예수님이 행하시는 기적을 목격하고 믿었지만 "예수는 그의 몸을 그들에게 의탁하지"(요 2:24) 않으셨다. 왜냐하면 친히 모든 사람을 아셨기 때문이다. 따라서 믿음은 모두 생각에서 우러나는 신념이나 견해에 해당하기 때문에 종류와 상관없이 그 본질이 다 똑같다고 말하는 것은 정확하지도, 신중하지도, 안전하지도 않다는 것을 알 수 있다.

사람들의 증언에 근거해 일반적인 사실을 믿는 믿음을 구원 신앙과 동일시하는 것은 매우 위험하다. 또한 성경에 기록된 어떤 교리나 사실에 관해 사람들이나, 심지어는 귀신들이 동의하는 것을 받아들이는 것, 즉 성경이 가르치고 강조하는 구원 신앙의 필수 요건이 많이 결여된 것을 받아들이는 것도 위험천만하기는 마찬가지다.[1]

2. 구원 신앙은 선택 받은 자들의 마음속에서 성령의 사역을 통해 이루어진다.

어떤 사람들은 성령의 역사가 없어도 복음을 믿을 수 있는 능력이 인

---

1) Bruce (of Whitburn), *Evangelical Discourses*, p. 106. 에드워즈 학장의 『잡기』(雜記)에 보면 이 점을 훌륭하게 논의하고 있는 내용이 발견된다. 그는 몇 가지 논증을 통해 "구원 신앙이 그 본질과 핵심에 있어 일반적인 신앙과 다르다는 것"을 입증하고 나서 "일반적인 신앙과 구원 신앙이 본질적인 차이가 없다면서 둘 다 신앙의 교리를 머리로 이해해 동의하는 것을 의미한다고 가르치는 이론은 무엇이든 경계해야 한다. 지금까지 논의한 내용은 그런 이론이 잘못되었다는 것을 보여 준다. 만일 그런 이론이 잘못 되었다면 극도로 위험할 것이 틀림없다."라고 덧붙였다. 믿음의 개념을 단순화하려는 생각 때문에 구원 신앙을 진리를 믿는 단순한 믿음으로, 곧 행위라는 측면에서 일반적인 역사적 사실을 믿는 단순한 신념과 조금도 다르지 않은 것으로 설명하려는 후대의 저술가들이 더러 있었다. 믿음에 관한 그런 견해를 받아들이기를 좋아하는 사람들은 에드워즈의 정확한 논증을 깊이 숙고해 보는 것이 좋을 것이다.

간에게 있다고 주장한다. 또 어떤 사람들은 성령의 역사가 필요하다는 것을 인정하는 것처럼 말하면서도 성령의 특별하고 직접적인 사역의 필요성을 부인함으로써 결국에는 인간의 자유의지를 통해 믿음을 가질 수 있다고 결론짓는다. '인간은 죄를 지어 타락한 탓에 구원을 가져다줄 영적 선을 이룰 능력을 온전히 상실했다'는 사실은 앞에서 이미 다루었기 때문에 여기에서는 성경의 분명한 증언에만 초점을 맞추는 것이 좋을 듯하다.

성경은 믿음을 '하나님의 선물'이요, '하나님의 역사로 인한 것'이라고 말한다. 믿음을 가지려면 "그의 힘의 위력", 곧 "그리스도 안에서 역사하사 죽은 자들 가운데서 다시" 살리신 하나님의 능력이 필요하다(엡 1:19-20, 2:18, 골 2:12). 성령은 그리스도께서 이루신 구원을 사람들에게 적용하신다. 그분은 선택 받은 자들의 마음속에서 믿음의 역사를 일으키신다.

3. 믿음은 선택 받은 자들의 마음속에서 대개 말씀의 사역을 통해 일어난다. "믿음은 들음에서 나며 들음은 그리스도의 말씀으로 말미암았느니라"(롬 10:17). 어떤 사람들은 외적 수단 외에 다른 영향력이나 수단을 인정하지 않는다. 믿음이 하나님의 직접적인 영향력에 의해 발생한다고 성경이 분명하게 가르치고 있는데도 이를 부인하고, 하나님이 진리의 말씀과 그 증거만을 허락하시고 더 이상 아무런 개입도 하지 않으신다고 주장한다.

그들의 해석에 따르면 "나를 보내신 아버지께서 이끌지 아니하시면 아무도 내게 올 수 없으니"(요 6:44)라는 그리스도의 말씀은 하나님이 사람들에게 성경을 주셨다는 의미밖에 되지 않는다. 이런 주장은 수단을 실제로 효력을 일으키는 요인으로 간주한다. 믿음이 외적 수단만으로 생겨날 수 있다면 성령의 사역을 믿음을 일으키는 요인이라고 말하는 것은 부적절할 것이다.

그러나 이 조항은 성령의 사역과 말씀의 사역을 분명하게 구별한다. 믿음을 가지려면 성령의 사역이 마음에 직접 영향을 미쳐야 한다. 그러나 성령은 대개 수단을 통해 사역하신다. 말씀을 읽거나 선포하는 것은 하나님이 정하신 수단으로, 성령은 그것을 통해 영향력을 행사하신다. 루디아는 다른 사람들과 마찬가지로 바울이 전하는 말씀을 들었다. 그러나 그녀의 마음을 열어주신 분은 하나님이셨다. 바울 사도는 복음과 복음을 효력 있게 만드는 능력을 분명하게 구별했다. "이는 우리 복음이 너희에게 말로만 이른 것이 아니라 또한 능력과 성령과 큰 확신으로 된 것임이라"(살전 1:5).

2항 신자는 이 믿음으로 말씀 안에서 친히 말씀하시는 하나님의 권위를 믿고, 그 안에 계시된 것은 무엇이든 참된 것으로 받아들이며(요 4:42, 살전 2:13, 요일 5:10, 행 24:14), 각 구절이 가르치는 것에 따라 행동하고, 명령에 복종하며(롬 16:26), 경고를 두려워하고(사 66:2), 현세와 내세를 위한 하나님의 약속을 붙잡는다(히 11:13, 딤전 4:8). 그러나 구원 신앙의 중요한 역할은 은혜 언약의 효력을 토대로 칭의와 성화와 영생을 위해 오직 그리스도만을 영접하고, 받아들이고, 의지하는 데 있다(요 1:12, 행 16:31, 갈 2:20, 행 15:11).

─ 해 설 ─

1. 구원 신앙의 대상은 하나님의 모든 말씀이다. 일반적으로 믿음이란 증언에 근거한 진리에 동의하는 것을 의미한다. 따라서 구원 신앙이란 성경의 증언에 근거한 진리에 동의하는 것을 가리킨다. 구원 신앙은 하나님의 말씀에 계시된 모든 진리, 곧 율법이나 복음과 관련된 모든 진리를 온 마음을 다해 받아들이는 신앙을 말한다. 이 신앙은 사람이나 교회가 증언했거나 이성의 원리에 일치한다는 이유만으로 진리를 받아들이지 않고, 오직 성경 안에서 친히 말씀하시는 하나님의 권위에 의지해 성경의 자명한 진리, 곧 생각을

밝히는 진리의 빛과 능력을 의지한다.[2]

2. 구원 신앙의 인격적인 대상은 주 예수 그리스도이시다. 구원에 이르는 지식이란 그리스도와 그분 안에 나타나신 하나님을 아는 지식을 가리킨다. 성경은 때로 구원 신앙을 그런 식으로 설명한다(요 17:3). 이 믿음은 '예수 그리스도를 믿는 믿음'으로 불린다. 바울 사도는 "유대인과 헬라인들에게 하나님께 대한 회개와 우리 주 예수 그리스도께 대한 믿음을 증언한 것이라"(행 20:21)라는 말로 구원 신앙의 본질을 밝혔다.

이 신앙은 성자와 그분 안에 있는 생명에 관해 성부가 증언하신 것을 믿는 신앙을 가리킨다. 구원 신앙은 그리스도에 대한 계시, 특히 복음 안에서 값없이 제공되어 분명하고 확실하게 나타난 그리스도에 대한 지식에 따라 그분의 인격과 성품을 의지하는 것을 의미한다. 구원 신앙은 그리스도를 '임마누엘', 곧 우리와 함께 계시는 지고하신 하나님으로 알고, 그분이 감당하신 모든 구원의 직임을 인정해 그분을 예수님이요 구원자로, 주님이요 왕으로, 대제사장이자 메시아요 그리스도로 받아들이는 것을 뜻한다. 또한 구원 신앙은 그리스도께서 죄인인 인간들을 유익하게 하시기 위해 그 모든 직임을 온전히 수행하시고, 그들과 하나가 되시기 위해 그들의 본성을 취하시어 보증인으로서의 역할을 감당하시고, 그들을 위해 복종하시고, 죽으시고, 공로를 세우시고, 중보하시는 일을 감당하셨다는 것을 인정한다.[3]

구원 신앙의 대상을 교리적인 명제에 국한시켜서는 안 된다. 구원 신앙의 대상은 하나님의 아들이신 예수님, 곧 육신으로 세상에 오신 예수 그리스도이시다. 구원 신앙은 그리스도께서 성경대로 우리의 죄를 위해 죽으셨다는

---

2) Owen, *Treatise on the Reason of Faith*. Halyburton, *Essay on Faith*.
3) Bruce, *Evangelical Discourses*, p. 108.

것을 믿는다. 일반적인 신앙은 기껏해야 특정한 교리에 동의하는 것에 그치지만, 구원 신앙은 그리스도의 인격을 믿을 뿐 아니라 그리스도는 물론 그분 안에 있는 모든 축복과 은혜를 소유하는 데까지 나간다.[4]

3. 구원 신앙의 중요한 역할은 그리스도를 영접하고, 받아들이고, 의지하는 데 있다. 교황주의자들은 믿음을 단지 '성경에 계시된 진리에 동의하는 것'에 국한시킨다. 종교개혁자들은 그 견해를 강력히 반대했다. 스코틀랜드 '국민 서약'도 "일반적이고 의심스런 신앙"이라는 제목으로 이를 논박했다.

그러나 오늘날 구원 신앙을 단지 성경에 기록된 교리적인 진리에 동의하는 것으로 간주하는 개신교 신자들이 너무나도 많다. 그들은 구원 신앙을 머리로 진리를 이해하는 데 국한시킨다. 그러나 이미 말한 대로, 구원 신앙은 하나님의 모든 말씀을 전적으로 믿고, 특히 성자이신 예수 그리스도에 대한 성부 하나님의 증언을 의지할 뿐 아니라 '그리스도를 영접하고, 받아들이고, 의지하는' 역할을 수행한다.

참 신앙은 증언에 대한 신념을 의미하지만, 그 신념은 받아들인 증언의 본질과 일치해야 한다. 복음이 단지 사변적인 진리를 진술한 것이나 인격적인 관심을 기울일 필요가 없는 사실들을 기록한 것이라면 그런 진리에 마음으로 동의하고, 그런 사실들을 신뢰하는 것만으로도 복음 신앙을 가질 수 있을 것이다. 그러나 복음은 역사적 사실이나 구세주에 관한 추상적인 교리를 단순히 진술하는 것에 그치지 않는다. 복음은 그리스도와 그분을 통한 구원이 복음을 듣는 모든 죄인에게 값없이 주어졌다고 증언한다. 따라서 구원 신앙이 그 믿는 증언과 일치하려면 복음이 우리에게 제시하는 그리스도를 진심을 다해 영접해야 한다.

성경은 그리스도를 다양한 비유를 통해 묘사한다. 따라서 그분을 믿는 믿

---

4) Cudworth, *Aphorismes on the Assurance of Faith*. 1829년에 출판된 이 책에는 작고한 휘트번의 존 브라운 목사가 쓴 추천의 글과 미국의 성직자들이 쓴 신앙에 관한 논문 두 편이 포함되었다. 이 책은 E. 어스킨과 아메리카의 앤더슨 박사가 쓴 신앙에 관한 논문과 함께 최근에 다시 출판되었다.

음도 똑같이 다양하게 표현될 수 있다. 예를 들어, '그리스도께 나온다', '그분을 피난처로 삼아 도망친다', '그분의 살을 먹고 그분의 피를 마신다', '그분을 영접한다', '그분을 의지한다' 등이다. 이 조항에 사용된 용어도 다른 종류의 믿는 행위를 가리키는 것이 아니라 단지 동일한 행위를 다양하게 표현한 것뿐이다.

그리스도를 믿는다는 것은 하나님이 죄인들에게 값없는 선물로 제공하신 그리스도를 받아들이는 것을 의미한다. 또한 그리스도를 의지한다는 표현을 사용한 이유는 그분이 복음 안에서 확실한 토대로 묘사되었기 때문이다. 죄인은 그 토대 위에서 굳건한 믿음으로 영원한 구원을 확신할 수 있다. 구원 신앙에 관한 성경의 비유적인 표현들은 모두 그리스도께 특별히 적용된다.

구원 신앙은 자아의 구원을 위해 그리스도를 신뢰하는 것을 의미한다. 어떤 이들은 이를 '믿음의 전유(專有)'라고 일컫는다. 성경의 표현에 따르면, 믿음은 단지 이해의 동의에 국한되지 않고, 그리스도를 받아들이고 신뢰하는 의지의 행위를 포함한다. 죄인이 자신이 선택되었다는 사실을 사전에 알았기 때문에, 또는 그리스도께서 다른 사람들보다 자기 자신을 위해 특별히 죽으셨다고 확신하기 때문에 구원 신앙을 가질 수 있는 것은 아니다. 믿기 전에 그런 사실을 미리 아는 것은 불가능하다.

또한 구원 신앙은 그리스도께서 모든 사람을 위해 죽으셨기 때문에 나도 그 안에 포함된다는 생각이나 스스로가 다른 사람들에 비해 선한 자질을 타고났다는 생각에서 비롯하지 않는다. 구원 신앙은 오직 죄인의 괴수에게 주어진 복음의 값없는 약속과 무한한 초청을 받아들이는 데서 비롯한다.

4. 참 신자는 구원 받기 위해 오직 그리스도만을 영접하고 의지한다. 구원의 희망을 그리스도의 중보 사역 없이 스스로의 의로운 행위나 그리스도의 의와 스스로의 행위를 혼합시킨 상태에서 찾으려고 하는 사람들, 곧 구원 받

기 위해 하나님의 일반 은총만을 의지하는 사람들과 참 신자는 이 점에서 확연히 구별된다.

5. 참 신자는 온전한 구원을 받기 위해 그리스도를 영접하고 의지한다. 참 신자는 진노에서만이 아니라 죄에서 구원 받기 위해 그리스도를 신뢰한다. 참 신자는 죄책에서만이 아니라 죄의 오염과 권세에서 구원 받기를 원한다. 참 신자는 내세의 행복만이 아니라 현세에서의 거룩함을 추구한다. 이 조항은 '칭의와 성화와 영생을 위해' 그리스도를 의지한다고 말한다. 아울러 '은혜 언약의 효력을 토대로'라는 말은 은혜 언약을 통해 나타나고 보장된 축복들을 가리킨다.

3항 이 믿음은 정도의 차이가 있어 약하기도 하고 강하기도 하며(히 5:13-14, 롬 4:19-20, 마 6:30, 8:10), 자주 여러 모양으로 공격을 받아 약해질 수도 있지만 마침내는 승리한다(눅 22:31-32, 엡 6:16, 요일 5:4-5). 이 믿음은 믿음의 창시자요, 완성자이신(히 12:2) 그리스도를 통해 여러 각도에서 성장을 거듭해 온전한 확신에 이른다(히 6:11-12, 10:22, 골 2:2).

~ 해 설 ~

확신에 대한 이 조항은 해석이 다양하다. 어떤 사람들은 "여기에서 확신은 구원 신앙의 열매요, 결과일 뿐 본질적 행위와는 무관하다"[5]고 주장한다.

---

5) 해도 학장이 1719년 파이프 총회에서 요한복음 5장 11-12절을 본문으로 삼아 전달한 설교를 참조하라.

또 어떤 사람들은 여기에서 말하는 확신은 구원 신앙의 본질에 해당한다고 믿고, 강하든 약하든 모든 신자에게 적용되며, 항상 믿음의 정도에 비례한다고 주장한다. 저명한 보스턴은 "믿음의 본질 안에 확신이 포함되어 있지 않으면 어떻게 믿음이 온전한 확신에 이를 수 있는지, 나로서는 이해하기 어렵다"고 말했다. 또 어떤 사람은 이 견해를 좀 더 확대해 "믿음의 본질에 확신이 포함되어 있지 않으면 결코 온전한 확신에 이를 수 없을 것이다. 어떤 것이 성장하면서 다른 본질을 취한다는 것은 불가능하다. 같은 본질이 좀 더 많이 증가되는 것일 뿐 다른 종류로 자라나는 것은 아니다"[6]라고 말했다.

아마도 이런 견해가 차이나는 까닭은 '확신'이라는 용어를 서로 다른 의미로 생각하는 데서 비롯하는 듯하다. 확신이 믿음의 본질에 속한다는 것을 부인하는 사람들은 어떤 사람이 이미 구원의 상태에 있다는 확신을 가리키는 의미로 이해한다. 그러나 확신이 믿음의 본질에 속한다고 주장하는 사람들은 그런 견해를 인정하지 않는다. 후자의 견해를 지지하는 한 목회자는 이렇게 말했다.

믿음의 확신과 감각의 확신을 옳게 이해해 전한다면 이 주제를 좀 더 확실하게 이해할 수 있을 것이다. 확신을 믿음의 본질에 속하는 것이라고 말하는 우리의 견해를 스스로가 죽음에서 생명으로 옮겼다는 사실을 의식하지 못하거나 자신이 그리스도께 진정한 관심을 기울이고 있다는 것을 굳게 확신하지 못한 채 "내 사랑하는 자는 내게 속하였고 나는 그에게 속하였도다"(아 2:16)라는 말씀대로 그리스도의 사랑을 누리지 못하는 사람은 절대 참된 신자가 될 수 없다는 의미로 이해하는 사람들이 많다.

그러나 하나님은 자기 자녀들을 노엽게 하는 행위를 금하신다. 그들 가운데 그런 확신이 없는 사람들이 많다는 것은 분명하다. 그러나 그것은 믿음의 확신이

---

6) Colquhoun, *View of Saving Faith*, p. 247.

라기보다는 감각의 확신에 해당한다. 이 둘은 크게 다르다. 전자의 대상은 말씀 안에 계시된 그리스도이시고, 후자의 대상은 마음속에 느껴지는 그리스도이시다. 전자의 근거는 우리와 상관없이 하나님의 증언만으로 이루어지고, 후자의 근거는 우리 안에서 이루어지는 성령의 사역이다. 전자는 약속을 붙잡을 뿐 아니라 약속을 주신 주님의 진실성을 믿는다. 후자는 약속의 실질적인 성취를 통해 기쁨을 누린다.

믿음은 그리스도의 보혈을 의지해 용서를 구하고, 감각은 영혼에서 느껴지는 위로를 통해 용서를 확신한다. 우리는 믿음으로 주 예수님을 믿어 구원을 받고, 우리의 마음속에서 이루어지는 성령의 은혜로운 사역을 감각으로 알아 우리가 구원 받았다는 것을 확신한다.[7]

맥크리 박사도 이 두 종류의 확신을 정확하게 구별했다. 그는 그 두 가지 극단을 옳게 지적하며 이렇게 말했다.

확신은 두 종류, 곧 믿음의 확신과 감각의 확신으로 이루어져 있다. 전자는 직접적이고, 후자는 간접적이다. 전자는 하나님의 증언에 근거하고, 후자는 우리의 경험에 근거한다. 전자의 대상은 우리와는 전혀 상관없고, 후자의 대상은 주로 우리 안에 있다. "하나님이……말씀하시되 내가 기뻐하리라"(시 108:7)라는 말씀은 전자에 해당하고, "우리는 그가 만드신 바라 그리스도 예수 안에서 선한 일을 위하여 지으심을 받은 자니"(엡 2:10)라는 말씀은 후자에 해당한다.

어떤 사람이 내게 약속어음을 건네줄 때 나는 믿음의 확신을 갖고, 그가 담보를 제공하거나 이자를 규칙적으로 지불할 때 나는 감각의 확신을 갖는다. 이 둘은 서로 온전하게 일치하며, 영혼 안에 동시에 존재한다. 이 둘이 조화를 이루면 가장 큰 확신에 이를 수 있다.

---

7) Rev. Dr. Mason, *Essay on Saving Faith*. Cudworth, *Aphorisms*, pp. 105-106.

믿음의 확신을 부인하는 사람들은 복음이나 믿는 행위를 잘못 이해하는 듯하다. 복음은 단지 일반적인 교리로만 구성되어 있지 않다. 복음에는 복음을 듣는 모든 이들에게 제공되는 약속이 아울러 포함되어 있다. 약속을 누리는 것은 단지 믿는다는 조건만으로 이루어지지 않고, 믿는 방식과 밀접하게 관련된다. "나 곧 나는 나를 위하여 네 허물을 도말하는 자니 네 죄를 기억하지 아니하리라"(사 43:25). "맑은 물을 너희에게 뿌려서 너희로 정결하게 하되"(겔 36:25). "내가 나의 법을 그들의 속에 두며 그들의 마음에 기록하여"(렘 31:33). "보라 내가 온 백성에게 미칠 큰 기쁨의 좋은 소식을 너희에게 전하노라"(눅 2:10). 이런 약속들을 진정으로 이해하고 믿는다면 약속된 축복을 확신하는 것이 당연하지 않겠는가?

믿음의 본질과 구원을 적용할 때의 믿음의 역할을 그릇 이해하는 경우도 있는 듯하다. 그리스도에 대한 성경의 증언을 토대로 구원을 받기 위해 그분을 신뢰하고 의지한다면 그 안에는 이미 어느 정도 확신이나 자신감이 포함되어 있지 않겠는가?

어떤 사람들은 이와 반대되는 또 다른 극단에 치우친다. 그들은 참 신자라면 누구나 항상 흔들리지 않는 절대적인 구원 확신을 갖는다고 주장한다. 참 신자는 구원의 상태에 있으며, 성화의 정도나 신앙생활을 하면서 겪는 경험과는 상관없이 믿음의 확신을 누린다는 것이 그들의 생각이다. 이런 생각은 한편으로는 교만한 마음을 부추길 수 있고, 다른 한편으로는 신자를 절망적인 상태에 빠뜨릴 수 있다.

확신의 정도는 다양하다. 참 신자이면서도 구원을 확신하지 못하는 이들이 없지 않다. 믿음의 창시자요, 완성자이신 주님은 상한 갈대를 꺾지 않고, 꺼져 가는 심지를 끄지 않으려고 조심하셨다. 그분은 제자들이 쓸데없이 의심을 품거나 불신앙의 태도를 드러낼 때는 엄히 꾸짖으셨지만, 그들의 믿음을 의문시하지는 않으셨다. 그분은 "내가 믿나이다 나의 믿음 없는 것을 도와주소서"(막 9:24)라고 말했던 사람을 받아 주셨고, 베드로에게 "믿음이 작은 자여 왜 의심하였느냐"(마 14:31)고 말씀하시며 손으로 그를 붙잡아 물에서 건져 내셨다.

의심하는 것은 죄에 해당하지만, 늘 선만 행하고 죄를 짓지 않는 의로운 사람이 세상에 어디 있겠는가? 사랑과 인내를 비롯해 신자의 다른 은혜로운 성품도 모두 결함이 있기 마련이지 않은가? "믿음 없는 자가 되지 말고 믿는 자가 되라"(요 20:27)고 권고하되, "내가 거룩하니 너희도 거룩할지어다"(벧전 1:16)와 "하늘에 계신 너희 아버지의 온전하심과 같이 너희도 온전하라"(마 5:48)라는 권고도 결코 소홀히 해서는 안 된다.

사람이 모든 점에서 불완전한데도 절대적인 확신을 소유하고 있다면 믿음의 가치가 훼손되고 성화가 위태로워지는 결과가 발생하지 않겠는가? 신자의 모든 부분이 균형 있게 성장해야 하지 않겠는가? 만일 그렇지 않으면 기형적인 몰골을 한 사람이 되지 않겠는가?

믿음이 아무 흠이 없고, 확신이 완전하다면 이미 그리스도의 형상을 온전히 닮고, 그분을 있는 그대로 볼 수 있는 단계에 이르렀다고 할 수 있다. 그런 사람은 더 이상 이 세상에 살기에 적합하지 않다. 그런 사람은 "주재여 이제는 종을 평안히 놓아 주소서"라고 기도해야 할 것이다(눅 2:29).[8]

---

8) M'crie, *Sermons*, pp. 281-283.

CHAPTER. 15

OF REPENTANCE UNTO LIFE

생명에 이르는 회개

만일 우리가 우리 죄를 자백하면 그는 미쁘시고 의로우사 우리 죄를 사하시며 우리를 모든 불의에서 깨끗하게 하실 것이요 (요일 1:9).

1항 생명에 이르는 회개는 복음의 은혜다(슥 12:10, 행 11:18). 모든 복음 사역자는 그리스도를 믿는 믿음의 교리는 물론 이 교리를 전해야 한다(눅 24:47, 막 1:15, 행 20:21).

2항 죄인은 회개를 통해 영적 안목과 의식이 깨어나 스스로의 죄가 하나님의 의로우신 율법과 거룩하신 성품을 거스르는 위험하고 더럽고 추악한 행위라는 사실을 깨닫고, 하나님이 그리스도 안에서 회개하는 이들에게 베푸시는 긍휼을 굳게 붙잡으며, 죄를 슬퍼하고 미워하며, 모든 죄에서 하나님께로 돌이켜(겔 18:30-31, 36:31, 사 30:22, 시 51:4, 렘 31:18-19, 욜 2:12-13, 암 5:15, 시 119:128, 고후 7:11) 그분과 동행하며, 그분의 모든 계명을 지키려고 노력하기에 이른다(시 119:6, 59, 106, 눅 1:6, 왕하 23:25).

─ 해설 ─

회개는 하나님께서 값없이 주시는 은혜의 선물이다.

이 장의 주제인 회개를 '생명에 이르는 회개'라고 일컫은 이유는 회개가 사망을 낳는 세상 근심과는 달리 영생의 즐거움과 밀접하게 관련되기 때문이고, 이를 '은혜'로 일컫은 이유는 회개가 하나님의 값없는 선물로, 성령의 사역을 통해 죄인의 마음속에서 이루어지기 때문이다. "하나님께서 이방인에게도 생명 얻는 회개를 주셨도다 하니라"(행 11:18). "나를 이끌어 돌이키소서 그리하시면 내가 돌아오겠나이다 내가 돌이킨 후에 뉘우쳤고"(렘 31:18-19).

아울러 이 조항은 회개를 '복음'의 은혜로 일컫어 율법적인 회개와 구별한다. 후자는 하나님의 진노를 두려워하는 마음에서 비롯하고, 전자는 그분의 긍휼을 믿는 믿음에서 비롯한다. 전자는 하나님을 분노하시게 한 죄를 후회하는 것이다. 가인과 가룟 유다는 회개했지만, 그들이 회개한 이유는 단지 죄가 자신들에게 미치는 결과를 두려워했기 때문이었다. 이와 대조적으로, 참된 회개는 경건한 슬픔, 곧 하나님을 생각하며 죄를 슬퍼하는 것을 가리킨다(고후 7:9-10).

'모든 복음 사역자는 그리스도를 믿는 믿음의 교리는 물론 이 교리를 전해야 한다'는 명제는 율법폐기론이라는 이단을 논박한다. 율법폐기론자들은 복음 사역자가 회개를 전해서는 안 된다고 주장한다. 그들은 회개를 전하는 것은 사람들을 그리스도에게서 멀어지게 만들기 때문에 매우 해롭고 위험하다고 생각한다.

그러나 그런 주장은 그리스도의 명령은 물론 그분이 친히 본을 보여 주신 일에도 역행한다. 주님은 공적 사역을 행하시면서 군중에게 "회개하고 복음을 믿으라"(막 1:15)고 명령하셨고, 사도들에게 복음 전도를 당부하시면서 "그의 이름으로 죄 사함을 받게 하는 회개가 예루살렘에서 시작하여 모든 족속에게 전파될 것이 기록되었으니"(눅 24:47)라고 분명하게 말씀하셨다. 사도들도 유대인과 이방인들에게 회개의 필요성을 역설했다(행 2:38, 3:19, 14:15). 바울 사도는 "죽은 행실을 회개함"(히 6:1)을 기독교의 핵심 원리 가운데 하나로 간주했다. 그는 에베소 장로들 앞에서도 "유대인과 헬라인들에게 하나님께 대한 회개와 우리 주 예수 그리스도께 대한 믿음을 증언한 것이라"(행 20:21)고 말함으로써 회개와 믿음이라는 두 가지 큰 원리로 자신의 가르침을 간결하게 요약했다.

회개해야 할 대상은 죄인이다. 그리스도께서는 "내가 의인을 부르러 온 것이 아니요 죄인을 불러 회개시키러 왔노라"(눅 5:32)고 말씀하셨다. 그분의 말씀에는 의로운 사람은 회개할 필요가 없다는 의미가 담겨 있다. 그러나 성경은 "모든 사람이 죄를 범하였으매 하나님의 영광에 이르지 못하더니"(롬 3:23)라고 말한다. 따라서 회개는 모든 사람에게 필요하다. "이제는 어디든지 사람에게 다 명하사 회개하라 하셨으니"(행 17:30). 신실하고 의로운 증인이신 그리스도께서는 "너희도 만일 회개하지 아니하면 다 이와 같이 망하리라"(눅 13:3)고 엄숙히 경고하셨다.

1. 참 회개는 죄를 깨닫고 의식하는 데서 비롯한다. 사람은 누구나 자신이 죄인이라는 것을 부인하지 못할 것이다. 그러나 죄를 확실하게 깨닫고 의식하는 사람은 거의 없다. 그런 일은 성령의 깨우치심이 있어야만 가능하다. 죄를 깨닫게 하는 것은 성령의 사역이다(요 16:8). 성령은 율법으로 죄를 깨닫게 하신다. "율법으로는 죄를 깨달음이니라"(롬 3:20). 성령이 죄인의 생각을 깨우쳐 거룩한 율법의 순결함과 신령함과 엄숙함을 알게 하시면 죄인은 자신의 죄가 '심히 죄가 된다'는 사실을 의식한다. 다시 말해, 죄가 하나님의 거룩하신 성품과 의로우신 율법을 거스르는 위험하고 추악한 것이라는 사실을 깨닫기에 이른다.

2. 참 회개는 하나님이 그리스도 안에서 회개하는 이들에게 베푸시는 긍휼을 굳게 붙잡는다. 하나님을 냉혹한 재판관으로 인식하면 아담처럼 공의의 칼날을 피하기 위해 그분에게서 도망칠 수밖에 없다. 그런 경우에는 죄를 진지하게 뉘우치며 그분께 돌아올 가능성이 매우 희박하다.

하나님을 찬양하라! 하나님은 죄 사함의 은혜를 믿을 수 있는 확실한 근거를 마련해 주셨다. 하나님은 "여호와라 여호와라 자비롭고 은혜롭고……악과 과실과 죄를 용서하리라"(출 34:6-7)고 선언하셨다. 성경이 "악인은 그의 길을, 불의한 자는 그의 생각을 버리고 여호와께로 돌아오라"(사 55:7)고 초청하는 이유는 하나님이 긍휼히 여기시고, 너그럽게 용서하실 것이기 때문이다. "이 예수를 하나님이 그의 피로써 믿음으로 말미암는 화목 제물로 세우셨으니"(롬 3:25). "이 사람[그리스도]을 힘입어 죄 사함을 너희에게 전하는 이것이며"(행 13:38). "믿는 사람들이 다 그의 이름을 힘입어 죄 사함을 받는다 하였느니라"(행 10:43).

그리스도 안에 나타난 하나님의 긍휼을 믿음으로 붙잡으면 마음이 녹아져 죄를 슬피 뉘우치게 된다. 복음의 회개는 이토록 관대한 속성을 지니고 있기 때문에 회개하는 영혼은 겸손히 죄를 뉘우침으로써 은혜로우신 하나님이 값없이 죄를 용서하셨다는 확신에 도달할 수 있다. 성경은 진정으로 죄를 뉘우친 사람에 대해 이렇게 말한다. "이는 내가 네 모든 행한 일을 용서한 후에 네가 기억하고 놀라고 부끄러워서 다시는 입을 열지 못하게 하려 함이니라 주 여호와의 말씀이니라"(겔 16:63).

믿음과 회개의 순서는 시간상의 차이로는 따질 수 없다. 영혼 안에서 이 둘이 서로 분리되어 존재하는 때는 없다. 믿음과 회개는 거의 동시에 일어난다. 그러나 본질상의 순서를 따지면 믿음이 회개에 선행해야 한다. 복음적인 회개는 죄에서 하나님께로 돌이키는 것을 의미한다. 그러나 그리스도를 통하지 않으면 하나님께로 돌이킬 수 없고, 그리스도를 믿지 않으면 그분께 나아올 수 없다(요 14:6, 6:35).

복음적인 회개는 하나님을 사랑하는 마음에서 비롯한다. 그러나 하나님을 거짓 없이 사랑하려면 참된 믿음이 있어야 한다(딤전 1:5). "그들이 그 찌른 바 그를 바라보고 그를 위하여 애통하기를 독자를 위하여 애통하듯 하며"(슥 12:10)라는 예언의 말씀대로, 우리가 찌른 분을 바라봐야만 비로소 경건한 슬픔을 느끼며 통회할 수 있다. 스스로의 죄책과 불행을 의식하면 죄를 뉘우치며 그것을 버려야겠다는 결심이 서게 된다. 왜냐하면 영원한 형벌을 의식하게 되기 때문이다. 이처럼 본질상의 순서에 의하면 그리스도를 믿는 믿음이 먼저 필요하다.[1]

3. 참 회개는 죄에 대한 경건한 슬픔과 깊은 후회를 동반한다. 거짓 슬픔을 참된 슬픔으로 착각하는 사람들이 많다. 단지 죄의 형벌이 무서워 죄를 슬퍼

---

1) Boston, *Miscellany Questions*, Quest. 3. Colquhoun, *View of Saving Faith*, p. 303. Wilson (of London), *Sermons*, p.390. Anderson (of America), *Precious Truth*, p. 180. Black, *Sermons*, p. 87.

하는 사람들이 적지 않다. 두려움 때문에 슬픔을 느끼는 사람들은 두려움이 가라앉으면 더 자유롭고 격렬하게 죄를 저지르곤 한다. 그러나 참 회개자는 죄를 하나님을 거역하고, 그분의 권위를 거스르며, 그분의 거룩한 율법을 어기고, 그분의 선하신 은혜를 저버리는 가장 추악한 행위로 여겨 슬피 뉘우친다(시 51:4).

4. 참 회개는 죄를 미워하는 마음을 동반한다. 그런 마음을 갖게 되는 이유는 죄가 우리를 사망으로 인도하기 때문만이 아니라 하나님이 미워하시는 죄, 곧 우리를 그분 앞에서 혐오스럽고 역겹게 만드는 죄를 그 자체로 가증스럽게 여기게 되기 때문이다. 죄를 미워하는 마음이 진정이라면 우리 자신을 혐오하고 미워하지 않을 수 없다. 그런 마음은 우리는 물론 다른 사람들의 죄에까지 확대된다(욥 42:6, 겔 36장, 렘 31:19, 시 119:128, 136).

5. 참 회개는 진지한 의도로 죄에서 하나님께로 돌이켜 그분과 동행하며, 그분의 모든 계명을 지키려고 노력한다. 이것이 참 회개의 표징이요, 그 진정성을 가늠하는 잣대다.
바울은 유대인과 이방인들에게 "회개하고 하나님께로 돌아와서 회개에 합당한 일을 하라"(행 26:20)고 전했다. 참 회개자는 더 이상 우상들을 섬기지 않겠다고 굳게 결심하고 죄를 버린다. 죄를 행하는 것은 물론 죄를 사랑하는 마음까지 모두 버린다. 특히 전에 가장 심하게 중독되었던 죄와 자신을 가장 쉽게 걸려 넘어지게 만드는 일을 경계한다(시 18:23). 그는 모든 죄를 신중하게 경계하며, 죄에서 온전히 구원 받기를 갈망한다. 또한 그는 오직 하나님만을 주님이요, 주인으로 여기고 그분의 은혜에 의지해 일평생 성결과 의로 그분을 섬기기로 다짐한다. 그는 마음속에 흔들리지 않는 굳건한 목표를 세우고, 깨어 있는 태도로 성실하게 모든 은혜의 수단을 부지런히 활용하며 죄를 멀리하고 거룩함을 추구한다.

물론 이 말은 참 회개자가 죄 없는 완전한 상태에 이를 수 있다는 뜻은 아니니다. 왜냐하면 죄를 짓지 않고 살 수 있는 사람은 아무도 없기 때문이다. 따라서 참 회개자는 죄를 지을 때마다 매일 새롭게 죄를 뉘우친다. 그들의 영혼에서 죄가 완전히 제거되기 전까지는 그들의 눈에서 눈물이 마르지 않을 것이다.

3항 회개는 죄를 보상하는 근거나 용서의 원인이 아니라(겔 36:31-32, 16:61-63) 그리스도 안에서 하나님이 값없이 베푸시는 은혜의 행위다(호 14:2, 4, 롬 3:24, 엡 1:7). 하지만 회개는 모든 죄인들에게 반드시 필요하며, 누구도 이것 없이는 죄 사함을 기대할 수 없다(눅 13:3, 5, 행 17:30-31).

～ 해 설 ～

1. **회개의 행위로 속죄를 얻는 것이 아니다.** 로마 교황주의자들은 회개를 죄를 보상하는 행위로 간주하고, 죄를 지은 사람이 고행이나 고해성사를 통해 죗값을 치를 수 있다고 주장한다. 그들은 회개가 죄 사함의 원인이라고 말한다. 한편 소시니우스주의자들은 그리스도의 죽음을 통해 속죄가 이루어졌다는 것을 부인하고, 오직 회개만이 속죄의 근거가 될 수 있다고 주장한다. 이 조항은 '회개는 죄를 보상하는 근거나 용서의 원인이 아니다'라는 말로 그런 주장들을 논박한다.

앞서 말한 대로, 회개는 모든 죄인의 의무다. 그러나 그 의무를 잘 이행하고 있다고 해서 과거의 죄에 대한 속죄가 저절로 이루어지는 것은 아니다. 회개는 국가를 상대로 한 범죄에 대한 형벌을 면제해 주는 법적 근거가 될 수 없다. 하나님을 상대로 저지른 죄도 단지 회개했다고 해서 충분한 속죄가 이루어지는 것은 아니다. 그리스도께서 친히 자신을 희생시키심으로 하나님의 공의를 온전히 만족시키셨다. 오직 그분의 보혈만이 우리를 모든 죄에서 깨끗하게 할 수 있다(요일 1:7).

죄 사함은 아무 대가 없이 우리에게 주어진다. 그것은 '그리스도 안에서 하나님이 값없이 베푸시는 은혜의 행위'다. 죄 사함이 은혜가 되기 위해서는 행위와는 더 이상 아무 상관이 없어야 한다. 따라서 회개의 행위는 죄를 위한 만족스런 보상이 될 수 없다.

2. 참 회개와 죄 사함은 서로 불가분의 관계를 맺는다. 회개했다고 해서 저절로 죄 사함이 이루어지는 것은 아니지만, 죄 사함을 받으려면 회개가 반드시 필요하다. 회개하지 않은 죄인은 죄 사함을 받을 수 없다.

이 둘은 구원의 경륜 가운데서 서로 인과관계를 맺고 있지는 않지만, 값없는 은혜와 거룩함의 일관된 관계를 보여 준다. 국가가 인격의 변화를 입증하는 증거가 전혀 보이지 않는데도 무작정 범법자를 사면해 사회에 복귀시킨다면 이는 벌을 받지 않고 자유롭게 죄를 지을 수 있는 허가증을 부여하는 것과 같다. 인간이 생각하기에도 그런 일이 불합리하다면, 하나님의 통치 행위와 관련된 일은 더더욱 그렇지 않겠는가?

하나님은 아무 원칙 없이 긍휼을 베풀지 않으신다. 그분은 죄 사함을 회개와 죄의 고백과 연관시키셨다. 회개와 죄의 고백은 우리가 죄 사함을 받았다는 것을 보여 주는 유일한 증거이며, 둘 다 우리 주 예수 그리스도를 통해 주어지는 하나님의 선물이다.[2]

---

2) Stevenson, *The Offices of Christ*, p. 244.

4항 죄는 아무리 작아도 정죄를 받기 마련이다(롬 6:23, 5:12, 마 12:36). 그러나 아무리 큰 죄도 진정으로 회개하면 정죄를 면할 수 있다(사 55:7, 롬 8:1, 사 1:16, 18).

─ 해설 ─

아무리 작은 죄도 정죄를 받고, 아무리 큰 죄도 회개하면 정죄를 면한다.

로마 교황주의자들은 죄를 대죄와 소죄(죄과가 가벼워 잠깐의 형벌로 속죄가 가능한 죄)로 나눈다. 그러나 이 조항은 '죄는 아무리 작아도 정죄를 받기 마련이다'라는 말로 그런 주장을 논박하고, '아무리 큰 죄도 진정으로 회개하면 정죄를 면할 수 있다'는 말로 세례와 은혜를 받은 후에 중대한 죄를 범하면 죄를 뉘우치더라도 다시는 죄 사함을 받을 수 없다는 재세례파의 주장을 논박한다.

물론 죄는 다양하고, 그에 따라 형벌의 정도도 달라지기 마련이다. 그러나 크건 작건 죄는 모두 죽음의 형벌을 받아야 마땅하다. 바울 사도는 이 진리를 명확하게 증언했다. "죄의 삯은 사망이요"(롬 6:23). "누구든지 율법 책에 기록된 대로 모든 일을 항상 행하지 아니하는 자는 저주 아래에 있는 자라"(갈 3:10). 그러나 죄인의 괴수일지라도 긍휼을 얻을 수 있다. 은혜를 받고 나서 중대한 죄를 저질렀더라도 진정으로 뉘우치면 죄 사함을 받을 수 있다. 다윗도 무서운 죄를 지은 후에 회개하고 용서를 받았고(삼하 12:13), 베드로도 주님을 부인한 뒤에 회개하고 용서를 받았다(요 21:19).

5항 일반적인 회개로 만족해서는 안 된다. 모든 인간은 자신의 죄를 구체적으로 회개하려고 노력해야 할 의무가 있다(시 19:13, 눅 19:8, 딤전 1:13, 15).

╌ 해 설 ╌

자신을 엄밀히 살펴보고 자기 죄악을 진정으로 뉘우치며 회개하여야 한다.
"자기 허물을 능히 깨달을 자 누구리요"(시 19:12)라는 말씀대로, 자신의 죄를 낱낱이 기억하고 있는 사람은 아무도 없다. 그러나 우리가 죄인이라는 일반적인 사실을 인정하는 것만으로는 충분하지 않다. 우리의 마음과 행위를 편견 없이 엄밀하게 살펴보고, 하나님을 욕되게 만든 죄들을 구체적으로 찾아내 자기 죄악을 뉘우치며 슬피 울어야 한다(겔 7:16).

다윗은 진정으로 죄를 뉘우쳤다. 그는 자신이 죄를 지었다는 일반적인 사실을 인정했을 뿐 아니라 특별한 방법으로 하나님을 욕되게 만들었던 죄를 구체적으로 언급했다. 그는 "무릇 나는 내 죄과를 아오니 내 죄가 항상 내 앞에 있나이다 내가 주께만 범죄하여 주의 목전에 악을 행하였사오니"(시 51:3-4), "내 죄악을 아뢰고 내 죄를 슬퍼함이니이다"(시 38:18)라고 고백했다.

6항 모든 사람은 자기 죄를 개인적으로 하나님께 고백하고 용서를 구해야 한다(시 51:4, 7, 9, 14, 32:5-6). 그렇게 죄를 버리면 긍휼을 얻게 될 것이다(잠 28:13, 요일 1:9). 형제나 그리스도의 교회에 죄를 지은 사람은 사적으로나 공적으로 죄를 고백하고 슬피 뉘우치며, 잘못을 끼친 사람들에게 자신의 회개함을 나타내야 한다(약 5:16, 눅 17:3-4, 수 7:19, 시 51편). 그러면 피해자들은 그와 화해하고 사랑으로 그를 받아들여야 한다(고후 2:8).

～ 해 설 ～

이 조항에서 배울 수 있는 내용은 다음과 같다.

1. 모든 사람은 자기 죄를 개인적으로 하나님께 고백해야 한다. 전지하신 하나님의 눈길을 피해 감출 수 있는 죄는 아무것도 없다. 우리는 죄를 고백함으로써 기꺼이 수치를 감당하고, 하나님께 영광을 돌려야 한다. 여호수아는 아간에게 "내 아들아 청하노니 이스라엘의 하나님 여호와께 영광을 돌려 그 앞에 자복하고 네가 행한 일을 내게 알게 하라"(수 7:19)고 말했다.

우리의 죄를 숨기는 것은 하나님을 욕되게 하는 것이다. 왜냐하면 그것은 하나님이 죄를 보지 못하시거나 형벌을 내리실 수 없는 것처럼 행동하는 것이나 마찬가지이기 때문이다. 그와 대조적으로, 우리의 죄를 고백하는 것은 우리가 어긴 하나님의 거룩한 율법을 존귀하게 여기고, 우리의 모든 허물을 다 알고 계시는 그분의 전지하심을 인정하며, 죄를 벌하시는 그분의 공의를 존중하고, 죄의 형벌을 즉각 집행하지 않으시는 그분의 인내하심과 오래 참으심을 감사하게 여기는 것이다.

2. 개인적으로 하나님께 죄를 고백하고, 죄를 버리는 사람은 모든 죄를 사제에게 고백하지 않더라도 긍휼을 얻을 수 있다. 성경은 이 사실을 확실하게 증언한다. "자기의 죄를 숨기는 자는 형통하지 못하나 죄를 자복하고 버리는 자는 불쌍히 여김을 받으리라"(잠 28:13).

그러나 로마 가톨릭교회는 사제에게 은밀하게 죄를 고백하고 사면을 받는 것이 하나님이 정하신 유일한 속죄의 수단이라고 주장한다. 그들은 그런 수단을 통해 세례 후에 저지른 대죄를 용서 받을 수 있다고 말한다.[3] 그런

---

[3] 로마 가톨릭교회의 가장 큰 오류 가운데 일부는 회개의 교리와 관련된다. 로마 가톨릭교회의 기준에 의해 공인된 교의에 따르면, 회개는 세 가지 행동(사제 앞에서의 고백, 통회, 보속)으로 이루어진다고 한다.

속죄의 수단을 지지하는 사례나 명령은 성경 어디에도 존재하지 않는다. 로마 교황주의자들은 요한복음 20장 23절을 근거로 내세우지만, 사제의 귀에 죄를 고백하라는 내용과는 아무 상관없다. 사역자들은 죄의 용서를 선언할 수는 있지만, 죄를 사하는 권위를 지니고 있지는 못하다. 따라서 그런 방법으로는 교회의 정죄를 면제 받을 수 있을지는 몰라도 하나님에 대해 저지른 죄과를 용서 받을 수는 없다.

"너희 죄를 서로 고백하며"(약 5:16)라는 말씀도 상호 간의 고백을 뜻할 뿐 사람들이 사제에게 하는 고백을 뜻하지는 않는다. 신자는 자신이 해를 끼친 사람들에게 죄를 고백해야 마땅하지만, 죄를 사제에게 은밀히 고백해야 한다고 가르치는 로마 가톨릭교회의 교리는 성경의 지지를 받지 못한다. 그동안 이 방법은 크게 남용되어 왔다.

> 고해성사는 사회에 많은 불편을 초래할 뿐 아니라 사람들의 비밀을 통해 그들에게 부당하고 유해한 영향력을 행사할 수 있는 빌미를 사제에게 부여한다. 또한 이 관습은 죄인의 칭의에 관한 사람들의 관점을 왜곡시키고, 양심을 적절히 무마할 수 있는 변명거리를 제공해 사람들이 두려움 없이 죄를 짓도록 부추기는 폐해를 초래한다.[4]

3. 신자는 은밀히 보고 계시는 하나님께 자신의 비밀스런 죄를 고백해야 할 뿐 아니라 동료 신자나 그의 재산이나 선한 평판을 해롭게 했다면 마땅히 그에게 죄를 고백하고 힘이 닿는 대로 자신이 저지른 피해를 보상하려고 노력해야 한다. 아울러 피해자는 가해자가 회개하면 그에게 용서를 베풀어야 한다. "너희는 스스로 조심하라 만일 네 형제가 죄를 범하거든 경고하고 회개하거든 용서하라 만일 하루에 일곱 번이라도 네게 죄를 짓고 일곱 번 네게

---

[4] Hill, *Lectures in divinity*, pp. 292-293.

돌아와 내가 회개하노라 하거든 너는 용서하라 하시더라"(눅 17:3-4, 마 5:23-24 참조).

신자가 공적인 죄를 저질렀을 경우에는 공적 차원에서 죄를 고백하고, 자신의 행위로 하나님의 영광을 가린 죄를 뉘우쳐 그분께 영광을 돌려야 한다. 그러면 교회는 그의 회개를 받아들여 사랑으로 그를 영접하고, 기독교인이 누리는 모든 특권을 회복시켜 주어야 한다.

노바티아누스의 추종자들은 중대한 죄를 범한 사람들, 특히 박해가 있을 때 믿음을 버린 배교자들의 경우에는 다시 교회의 품으로 받아들여서는 안 된다고 주장했다.[5]

그러나 그런 견해는 성경의 사례와 원칙에 어긋난다. 어떤 신자가 죄를 범했다면 신령한 신자들은 온유한 심령으로 그를 바로잡고, 스스로를 살펴 시험에 들지 않도록 주의해야 한다. "형제들아 사람이 만일 무슨 범죄한 일이 드러나거든 신령한 너희는 온유한 심령으로 그러한 자를 바로잡고 너 자신을 살펴보아 너도 시험을 받을까 두려워하라"(갈 6:1).

바울은 고린도의 신자들에게 근친상간을 범한 사람이라도 회개하면 용서하고, 그가 너무 많은 근심에 잠기지 않도록 그를 다시 받아들여 교제하라고 당부했다. "그런즉 너희는 차라리 그를 용서하고 위로할 것이니 그가 너무 많은 근심에 잠길까 두려워하노라 그러므로 너희를 권하노니 사랑을 그들에게 나타내라"(고후 2:7-8).

---

5) Mosheim, *Eccl. Hist*. cent. 3, ch. 5, p. 2, c. 17, 18.

CHAPTER.16

OF GOOD WORKS

선한 행위

이같이 너희 빛이 사람 앞에 비치게 하여 그들로 너희 착한 행실을 보고 하늘에 계신 너희 아버지께 영광을 돌리게 하라 (마 5:16).

1항 선한 행위는 하나님이 거룩하신 말씀으로 명령하신 것일 뿐(미 6:8, 롬 12:2, 히 13:21) 성경의 근거 없이 인간이 맹목적인 열정이나 선한 의도를 가장해 임의로 규정할 수 있는 것이 아니다(마 15:9, 사 29:13, 벧전 1:18, 롬 10:2, 요 16:2, 삼상 15:21-23).

～ 해 설 ～

이 조항은 무엇을 근거로 어떤 행위를 선한 행위로 규정해야 하는지 다룬다.
선한 행위는 '하나님이 거룩하신 말씀으로 명령하신 것'이다. 하나님의 율법은 복종의 유일한 규칙이다. 겉으로 볼 때 아무리 훌륭하게 보이더라도 지고하신 재판관께서 요구하시는 행위가 아니라면 선한 행위로 일컬어질 수 없다. 인간의 명령은 하나님이 분명하게 말씀하신 명령에 부합하지 않으면 선한 행위를 이끌어 낼 수 없다. 성경에 근거하지 않고 인간이 맹목적인 열정으로 제멋대로 규정한 행위들은 선한 행위로 간주될 수 없다.

그리스도께서는 이를 근거로 바리새인들의 선행을 인정하지 않으셨다. "이것을 누가 너희에게 요구하였느냐"(사 1:12)는 말씀대로, 그들의 행위는 장로들의 전통이나 스스로가 정한 규칙을 권위로 삼았을 뿐 하나님의 명령과는 아무 상관이 없었다. 로마 가톨릭교회에서 이루어지는 미신 행위와 자의적 숭배도 인간의 계명을 바탕으로 한 것에 지나지 않는다. 그리스도께서는 그런 행위에 대해 "사람의 계명으로 교훈을 삼아 가르치니 나를 헛되이 경배하는도다"(마 15:9)라고 말씀하셨다.

로마 가톨릭교회의 주장과는 달리, 하나님이 명령하지 않으신 행위는 행위자의 의도가 아무리 선하다고 해도 선행으로 간주될 수 없다. 하나님께서 계시하신 뜻과 정반대되는 행동을 하면서도 선한 의도를 가지고 행동하는 척하는 사람들이 많다(삼상 13:13, 15:17-23). 가장 잔혹한 범죄를 저지르면서도 하나님을 옳게 섬기고 있는 것처럼 생각하는 경우가 적지 않다(요 16:2, 행 26:9).

하나님이 명령하신 행위는 그 자체로 선하다. 그러나 우리의 행위를 통해 그 명령을 실천에 옮기는 것이 필요하다. 형식상으로도 선하고, 내용상으로도 선해야만 하나님이 보시기에 선한 행위라고 말할 수 있다.

어떤 행위를 형식상으로 선하게 만드는 데 무엇이 필요한지는 이 장의 뒷부분에서 다루겠지만, 여기에서 간단하게 짚고 넘어가는 것이 좋을 듯하다.

1. 그리스도의 의를 통해 의롭다 하심을 받고, 성령으로 새롭게 된 사람이 행하는 행위라야 한다.

2. 올바른 원리, 곧 사랑으로 역사하는 믿음으로 행하는 행위라야 한다. 하나님이 명령하신 일을 행한다는 신념이나 확신이 있어야 하며, 그분의 권위를 존중하는 마음으로 행해야 한다(롬 14:23). 오직 예수님을 묵상함으로써만 용납의 믿음이 있을 것이다. 우리의 순종은 하나님을 향한 사랑으로부터 흘러나와야 한다(요일 5:3).

3. 올바른 방법으로 행하는 행위라야 한다. 약속된 은혜의 능력과 그리스도의 의를 의지하고, 온갖 축복을 베풀어 주신 하나님께 감사하며, 우리 자신은 한없이 부족할 뿐이라고 생각하며 행해야 한다.

4. 올바른 목적을 지향하는 행위라야 한다. 하나님의 영광을 가장 중요하고 궁극적인 목적으로 삼아 행하지 않는 행위는 선행으로 간주될 수 없다(고전 10:31).

2항 하나님의 계명에 복종함으로써 이루어지는 선행은 살아 있는 참 신앙의 열매요, 증거다(약 2:18, 22). 신자는 선행으로 감사를 나타내고(시 116:12-13, 벧전 2:9), 확신을 공고하게 하며(요일 2:3, 5, 벧후 1:5-10), 형제들의 덕을 세우고(고후 9:2, 마 5:16), 복음의 가르침을 아름답게 빛내며(딛 2:5, 9-12, 딤전 6:1), 대적들의 입을 막고(벧전 2:15), 하나님을 영화롭게 한다(벧전 2:12, 빌 1:11, 요 15:8). 신자는 하나님이 만드신 자로, 거룩함에 이르는 열매를 맺어 마지막에 영생을 얻기 위해(롬 6:22) 그리스도 예수 안에서 선한 일을 위해 지으심을 받았다(엡 2:10).

─ 해 설 ─

우리의 선행은 하나님을 유익하게 할 수 없다. 왜냐하면 하나님은 무한히 완전하시고, 스스로 온전히 충만하신 분이시기 때문이다. 그분의 본질적 영광이나 복되심을 더 늘릴 수 있는 것은 아무것도 없다(욥 22:2, 35:7).

또한 우리의 선행은 하나님 앞에서 의롭다 하심을 받는 것에 아무런 영향을 미치지 못한다. 왜냐하면 "율법의 행위로 그의 앞에 의롭다 하심을 얻을 육체가"(롬 3:20) 없기 때문이다.

선행은 천국에 갈 자격을 얻는 근거가 될 수 없다. 왜냐하면 "그리스도 예수 우리 주 안에 있는 영생"은 "하나님의 은사"이기 때문이다(롬 6:23). 그러나 모든 신자에게 선행을 실천하라고 진지하게 권고하고 가르쳐야 할 필요가 있다.

선행은 여러 가지 귀한 목적을 이룬다. 이런 이유로 바울이 디도에게 엄숙히 명령했고, 그런 그의 명령은 복음 사역자들 모두에게 해당된다. "이 말이 미쁘도다 원하건대 너는 이 여러 것에 대하여 굳세게 말하라 이는 하나님을 믿는 자들로 하여금 조심하여 선한 일을 힘쓰게 하려 함이라 이것은 아름다우며 사람들에게 유익하니라"(딛 3:8).

선한 행위의 중요한 용도를 몇 가지 언급하면 다음과 같다.

1. 선한 행위는 살아 있는 참 신앙의 열매요, 증거다. 야고보 사도는 의의 열매를 맺지 않는 무익한 믿음을 죽은 믿음이라고 말했다(약 2:2, 6). 살아 있는 믿음은 자연스레 선한 행위를 열매로 맺는다. 그것은 그 믿음이 거짓이 아니라는 증거다. 야고보는 "행함이 없는 네 믿음을 내게 보이라 나는 행함으로 내 믿음을 네게 보이리라"(약 2:18)고 말했다.

2. 선한 행위는 하나님께 감사를 표하는 가장 적절한 방법 가운데 하나다. 말로 다할 수 없는 축복을 내려주시는 하나님께 그 무엇으로도 다 보답할 수 없지만, 신자는 그분의 계명에 즐거이 복종함으로써 그분을 영화롭게 해야 할 의무가 있다. 선한 행위는 온갖 축복을 베풀어 주신 하나님께 드리는 감사의 제사다.

3. 선한 행위는 확신을 공고하게 한다. 선한 행위는 믿음의 확신을 굳게 하고, 그리스도와 그분의 위대하신 구원을 이해하는 지식을 증대시킨다. 요한 사도는 "우리가 그의 계명을 지키면 이로써 우리가 그를 아는 줄로 알 것이요"(요일 2:3)라고 말했다.

4. 선한 행위는 형제들의 덕을 세운다. 신중하게 선을 행하는 신자들은 다른 신자들에게 본보기가 되어 거룩한 경쟁심을 유발시킨다. 이런 이유로 바울 사도는 고린도 신자들에게 예루살렘의 가난한 성도들을 도왔던 그들의 열정이 "퍽 많은 사람들을 분발하게 하였느니라"(고후 9:2)고 말했다.

5. 선한 행위는 복음의 가르침을 아름답게 빛낸다. 실천적인 경건은 기독교 신앙을 가장 아름답게 장식한다. 이런 이유로 성경은 각자가 처한 위치와 관계 속에서 마땅히 행해야 할 의무를 다함으로써 "우리 구주 하나님의 교훈을 빛나게"(딛 2:10) 하라고 명령한다.

6. 선한 행위는 대적들의 입을 막는다. 믿음을 고백하는 신자가 "모든 선한 일을 행할 능력을"(딤후 3:17) 갖추고, '복음에 합당한 말'을 하면 사람들 앞에서 기독교의 진실성을 드러내고, 진리를 거스르는 사람들을 침묵하게 할 수 있다. 다시 말해, 복음을 비방하며 방탕을 일삼는 것이 온당하지 못하다는 것을 일깨워 줄 수 있다. 베드로 사도는 "선행으로 어리석은 사람들의 무식한 말을 막으시는 것이라"(벧전 2:15)고 말했다.

7. 선한 행위는 하나님을 영화롭게 한다. 신실한 신자들이 선을 많이 행할수록 하나님은 더 많은 영광을 얻으신다. 예수님은 "너희가 열매를 많이 맺으면 내 아버지께서 영광을 받으실 것이요"(요 15:8)라고 말씀하셨다. 신자는 선한 행위로 하나님을 직접 영화롭게 할 뿐 아니라 다른 사람들까지도 그분을 영화롭게 하도록 독려한다. 예수님은 "이같이 너희 빛이 사람 앞에 비치게 하여 그들로 너희 착한 행실을 보고 하늘에 계신 너희 아버지께 영광을 돌리게 하라"(마 5:16)고 말씀하셨다.

8. 선한 행위는 천국에 들어가기 위한 필요조건이다. 선한 행위는 영생을 얻는 공로가 될 수는 없지만, '생명의 은혜를 상속하게 될' 모든 사람들이 반드시 갖추어야 하는 요건이다. 바울은 "너희가 죄로부터 해방되고 하나님께 종이 되어 거룩함에 이르는 열매를 맺었으니 그 마지막은 영생이라"(롬 6:22)고 말했다.

3항 선을 행할 수 있는 능력은 신자 자신이 아니라 전적으로 그리스도의 영으로부터 비롯한다(요 15:4-6, 겔 36:26-27). 또한 그들이 그런 능력을 갖추려면 이미 받은 은혜 외에 동일하신 성령에 의해 그들 안에서 실질적인 역사가 일어나 그 선하신 뜻을 바라고 행하려는 마음이 생겨나야 한다(빌 2:13, 4:13, 고후 3:5). 그러나 성령의 특별한 역사가 없으면 아무런 의무도 행할 필요가 없는 것처럼 생각하고 태만해져서는 안 된다. 부지런히 자기 속에 있는 하나님의 은사가 불일 듯 일어나게 만들어야 한다(빌 2:12, 히 6:11-12, 벧후 1:3, 5, 10-11, 사 64:7, 딤후 1:6, 행 26:6-7, 유 1:20-21).

해 설

이 조항은 '선을 행할 수 있는 능력은 신자 자신이 아니라 전적으로 그리스도의 영으로부터 비롯한다'는 말로 펠라기우스주의와 교황주의와 아르미니우스주의를 논박한다. 거듭나는 순간에 신자의 영혼 안에 은혜의 초자연적인 원리(또는 성향)가 발생하고, 그로 인해 거룩한 복종의 행위를 실천하려는 마음과 능력이 생겨난다(겔 36:26-27).

그러나 신자가 은혜를 통해 부여 받은 이 능력에도 불구하고 은혜롭고 거룩한 행위를 실천하려고 할 때마다 또다시 성령의 실질적인 역사가 필요하다. 다시 말해, 그가 처음에 무슨 은혜를 받았더라도 은혜로운 복종의 행위를 실천하려고 할 때마다 그들 안에서 새롭게 성령의 역사가 일어나야 한다.

성령의 역사로 선을 행한다는 점은 다음 사실들을 통해 분명하게 입증된다.

1. 주님은 "나를 떠나서는 너희가 아무것도 할 수 없음이라"(요 15:5)고 말씀

하셨다. 주님은 은혜의 원리를 부여 받은 신자들이 새로운 은혜의 공급 없이 그들 스스로의 힘이나 이미 받은 은혜만으로 하나님이 받으실 만한 선한 일을 행할 수 없다고 분명히 말씀하셨다.

2. 바울은 신자의 입장에서 "우리가 무슨 일이든지 우리에게서 난 것같이 스스로 만족할 것이 아니니 우리의 만족은 오직 하나님으로부터 나느니라"(고후 3:5)고 인정했다.

3. 신자들은 선을 행할 수 있는 새로운 은혜를 공급해 달라고 기도했다. 바울은 히브리 신자들을 대신해 "평강의 하나님이 모든 선한 일에 너희를 온전하게 하사 자기 뜻을 행하게 하시고"(히 13:20-21)라고 기도했다. 하나님이 받으실 수 있는 거룩한 복종의 행위를 실천할 때마다 실질적인 은혜의 영향력이 필요하다는 것을 이보다 더 분명하게 언급한 성경 구절은 없다.[1]

이 조항은 '그러나 성령의 특별한 역사가 없으면 아무런 의무도 행할 필요가 없는 것처럼 생각하고 태만해져서는 안 된다. 부지런히 자기 속에 있는 하나님의 은사가 불일 듯 일어나게 만들어야 한다'는 말로 성령이 마음속에서 의무를 행하도록 독려하시지 않으면 어떤 신앙의 의무도 행해서는 안 된다고 주장하는 일부 광신주의자들을 논박한다. 신앙고백의 작성자들은 성경 구절을 충분히 인용해 이 명제를 뒷받침했다. 따라서 여기서 굳이 더 길게 설명할 필요는 없을 듯하다.

 4항 이 세상에서 복종이 가장 뛰어난 신자들일지라도 하나님이 요구하

---

1) Owen, *Discourse concerning the Holy Spirit*, Book 4, chapters 6, 7.

시는 것보다 더 많은 것을 행할 수 있거나 더 큰 공덕을 쌓을 수 있는 것은 아니다. 그들은 자신들이 해야 할 의무를 이행함에 있어 한없이 부족하기만 하다(눅 17:10, 느 13:22, 욥 9:2-3, 갈 5:17).

⌒ 해 설 ⌒

우리 힘으로는 하나님이 원하시는 선을 행하기에 한없이 부족하다.

이 조항은 공덕을 쌓는 행위에 관한 로마 가톨릭교회의 교리를 논박한다. 로마 가톨릭교회는 모두를 구속하는 계명이나 불순종하면 죄가 되는 계명들 외에도 '완전함을 위한 권고들'이 신약성경에서 발견된다고 주장한다. 그들은 그런 권고들은 사람이 원하면 얼마든지 지키지 않을 자유가 있지만, 그에 복종하면 스스로가 해야 할 의무보다 더 많은 의무를 행해 공덕을 쌓고, 남은 공덕을 다른 사람들에게 전가시켜 그들을 유익하게 할 수 있다고 가르친다. 더욱이 그들은 '완전함을 위한 권고들'에 순응한 자들이 선을 행함으로써 쌓은 여분의 공덕을 교황이 교회의 지체들 가운데 연약한 자들이나 죄를 지은 자들에게 필요한 대로 임의로 나누어 줄 수 있다고 주장한다.

교황에게 그런 재량권을 부여해 크게 남용한 것이 종교개혁의 직접적인 계기가 되었다.[2] 개신교는 교황주의자들이 말하는 '완전함을 위한 권고들'을 뒷받침하는 성경의 근거가 전혀 없다고 주장함으로써 이 신성모독적인 교리를 논박했다.

이 교리의 오류는 모든 인간에게 부과된 계명들의 본질만 살펴봐도 분명하게 드러난다. 성경은 "네 마음을 다하며 목숨을 다하며 힘을 다하며 뜻을 다하여 주 너의 하나님을 사랑하고 또한 네 이웃을 네 자신같이 사랑하라"

---

2) Hill, *Lectures in Divinity*, vol. 2, p. 302.

(눅 10:27)고 명령한다. 이 두 계명에 함축된 것 외에 다른 무엇을 더 생각할 수 있겠는가? 공덕을 쌓는다는 것은 자기 의를 내세우는 무지한 사람들이 상상해 낸 허구에 지나지 않는다. 가장 훌륭한 신자라도 주어진 의무 이상을 더 행할 수는 없다. 그들도 자신의 의무를 이행함에 있어 한없이 부족할 뿐이다. "우리가 다 실수가 많으니"(약 3:2). "만일 우리가 죄가 없다고 말하면 스스로 속이고"(요일 1:8). 주님은 매일 하나님께 용서를 구하라고 가르치셨다. 주님의 가르침에는 우리가 매일 죄를 짓고 살아간다는 의미가 담겨 있다.

5항 우리의 아무리 훌륭한 행위도 하나님이 주관하시는 죄 사함이나 영생을 받는 공로가 될 수 없다. 그 이유는 우리의 선한 행위와 장래의 영광은 서로 큰 격차가 있고, 하나님과 우리 사이에는 무한한 괴리가 존재하기 때문이다. 우리는 선행으로 하나님을 유익하게 할 수도 없고, 과거에 진 죄의 빚을 갚을 수도 없다(롬 3:20, 4:2, 4, 6, 엡 2:8-9, 딛 3:5-7, 롬 8:18, 시 16:2, 욥 22:2-3, 35:7-8). 우리가 할 수 있는 모든 의무를 다 행하고 난 뒤에도 우리는 단지 주어진 의무를 이행한 무익한 종에 지나지 않는다(눅 17:10). 왜냐하면 선한 행위가 선한 이유는 그것이 그분의 성령으로부터 비롯되었기 때문이다(갈 5:22-23). 우리의 힘으로 선을 행한다면 많은 약점과 불완전함으로 인해 오염될 수밖에 없기 때문에 하나님의 엄중한 심판을 견딜 수 없을 것이다(사 64:6, 갈 5:17, 롬 7:15, 18, 시 143:2, 130:3).

~ 해 설 ~

이 조항은 성도의 선한 행위는 영생을 얻는 공로가 된다고 가르치는 로마

가톨릭교회를 정면으로 논박한다.[3]

"아무리 훌륭한 우리 행위도 하나님이 주관하시는 죄 사함이나 영생을 받는 공로가 될 수 없다"는 명제는 다음과 같은 사실을 통해 분명하게 입증된다.

1. 예수님은 명령 받은 것을 다 행한 뒤에도 우리가 단지 해야 할 일을 한 무익한 종일 뿐이라고 가르치셨다(눅 17:10).

2. 우리의 가장 훌륭한 행위도 하나님을 유익하게 할 수 없기 때문에 어떤 선행도 공로가 될 수 없다(시 16:2).

3. 선한 행위가 선한 이유는 은혜의 성령이 베푸신 전능하신 능력에서 비롯된 것이기 때문이다(빌 2:13). 선행은 우리의 능력으로 행하는 것이 아니기 때문에 보상을 받는 공로가 될 수 없다.

4. 우리가 행한 가장 훌륭한 행위도 죄로 오염되었기 때문에 하나님 앞에서 공로가 되기는커녕 그분의 엄중한 심판을 견딜 수 없다(시 143:2).

5. 우리의 가장 훌륭한 행위도 영생의 무한한 축복에 비하면 아무것도 아니다(고후 4:17). 영생의 상급은 보상이 아니라 은혜로 주어지는 것이다. 성경은 "영생에 이르도록 우리 주 예수 그리스도의 긍휼을 기다리라"(유 1:21)고 명령한다.

---

[3] 로마 가톨릭교회의 학자들은 이른바 '유사 은혜'(meritum de congruo, 자연적 능력을 적절히 사용해 얻는 공로-역주)와 '참된 은혜'(meritum de condigno, 초자연적 은혜에 근거해 얻는 공로-역주)에 관해 말했다. 전자는 칭의 이전에 하나님이 은혜를 주입하시기에 적합한 조건을 갖추게 하는 선행의 가치를 가리키고, 후자는 칭의 후에 은혜가 주입된 결과로서 행하는 선행의 가치를 가리킨다. 둘 다 하나님의 은혜에 의존하지지만 보상을 받을 수 있는 공로가 되는 내재적 가치를 지닌 것으로 간주되며, 영생이 마치 종이 일을 해서 얻는 보수와 같이 주어진다는 개념을 담고 있다. 다음 자료를 참조하라. Hill, Lectures, vol. 2, p. 301.

6항 그럼에도 불구하고 하나님은 그리스도를 통해 신자들의 인격을 받아 주셨듯이 그들의 선한 행위를 그분 안에서 받아 주신다(엡 1:6, 벧전 2:5, 출 28:38, 창 4:4, 히 11:4). 그 이유는 그들의 선한 행위가 이 세상에서 하나님이 보시기에 흠이 없고 책망할 것 없이 온전하기 때문이 아니라(욥 9:20, 시 143:2) 많은 약점과 불완전함을 수반하고 있음에도 불구하고 자신의 아들 안에서 그것을 보시고 진실한 행위로 받아들여 보상하기를 기뻐하시기 때문이다(히 13:20-21, 고후 8:12, 히 6:10, 마 25:21, 23).

― 해 설 ―

이 조항은 신자의 선한 행위가 공로가 될 수는 없지만 그리스도를 통해 하나님의 인정을 받는다고 진술한다.

이 점을 입증하는 데는 두 가지면 족하다. 첫째, 하나님이 복종의 행위를 받으시기 이전에 우리의 인격을 먼저 받아 주셨다. "여호와께서 아벨과 그의 제물은 받으셨으나"(창 4:4). 하나님은 아벨의 제물을 받으시면서 그의 인격을 받아 주셨다. 즉 하나님은 아벨을 의롭게 여기셨다(히 11:4).

둘째, 우리의 가장 훌륭한 행위도 그 자체로 하나님의 인정을 받는 것은 아니다. 그런 행위가 인정받는 이유는 그리스도의 공로와 중보 사역 때문이다. 하나님은 "사랑하시는 자 안에서"(엡 1:6) 우리의 인격을 받으셨기 때문에 우리의 행위도 예수 그리스도로 말미암아 기쁘게 받으신다(벧전 2:5).

 7항 거듭나지 못한 사람들이 행하는 행위는 비록 하나님이 명령하신 것을 행한 것이고, 그들과 다른 사람들을 유익하게 하는 것일지라도(왕하 10:30-31, 왕상 21:27, 29, 빌 1:15-16, 18) 믿음으로 깨끗해진 마음에서 비롯한 것이 아니고(창 4:5, 히 11:4, 6), 말씀에 따라 올바로 행한 것도 아니며(고전 13:3, 사 1:12), 올바른 목적, 곧 하나님의 영광을 위한 것도 아니기 때문에(마 6:2, 5, 16) 죄에 해당하며, 하나님을 기쁘시게 할 수도 없고, 그분의 은혜를 받기에 합당한 사람으로 만들 수도 없다(학 2:14, 딛 1:15, 암 5:21-22, 호 1:4, 롬 9:16, 딛 3:5). 그렇다고 해서 선한 행위를 무시한다면 그것은 하나님께 더 큰 죄가 되고, 그분을 더욱 불쾌하시게 만든다(시 14:4, 36:3, 욥 21:14-15, 마 25:41-43, 45, 23:23).

─ 해 설 ─

육신에 있는 사람은 하나님이 선하게 여겨 받으실 만한 행위를 할 수 없다.

로마 가톨릭교회의 저술가들은 거듭나지 않은 상태에서 행하는 행위도 모든 죄에서 자유로운 순결함을 유지함으로써 하나님 앞에서 공로가 될 수 있다고 주장한다. 그들은 이 공로를 '덕행의 공로'라고 부른다. 그러나 이 조항은 로마 가톨릭교회의 오류를 논박한다.

앞에서 말한 대로 선행은 형식상의 선행과 실질상의 선행으로 구별된다. 거듭나지 못한 사람의 선행은 실질상의 선행일 뿐 형식상의 선행과는 무관하다. 기도, 말씀을 읽거나 듣는 일, 가난한 자를 구제하는 일은 실질적으로 선한 행위에 해당한다. 그러나 하나님이 "사랑하시는 자 안에서"(엡 1:6) 받아주시어 '그리스도 안에서 새롭게 창조된' 사람이 행하는 행위가 아니라면, 즉 올바른 목적을 지향하지도 않고, 올바른 방법으로 행한 행위도 아니라면 형식상으로 선하다고 말할 수 없다.

거듭나지 못한 사람들도 선한 일을 많이 행할 수 있다. 왜냐하면 그것이 하나님의 명령일 뿐 아니라 스스로와 다른 사람들을 유익하게 하기 때문이다. 그러나 그들이 행하는 선행은 "하나님 앞에 선하고 받으실 만한"(딤전 2:3) 행위가 될 수 있는 모든 조건을 결여하고 있다.

바울 사도는 "육신에 있는 자들은 하나님을 기쁘시게 할 수 없느니라"(롬 8:8)고 말했다. 육신에 있다는 말은 자연인의 상태, 곧 부패하고 타락한 상태에 있다는 뜻이다. 오염된 근원지에서는 맑은 시내가 흐를 수 없고, 썩은 나무에서는 좋은 열매가 나올 수 없다. 그와 마찬가지로 육신에 있는 사람은 하나님이 선하게 여겨 받으실 만한 행위를 행할 수 없다. 거듭나지 못한 사람의 행위는 하나님을 기쁘시게 하거나 스스로를 그분으로부터 은혜를 받기에 합당한 사람으로 만들지 못하고, 도리어 죄가 되어 하나님의 진노와 저주를 불러들인다.

> 성경은 회개하지 않은 자들을 죄인이요, 불법을 행하는 자들로 간주한다(시 53:4). 그들의 행위는 스스로와 다른 사람들을 아무리 유익하게 하더라도 무한히 거룩하신 하나님이 보시기에는 한갓 죄에 지나지 않는다(잠 21:4). 그런 행위들 가운데는 실질상으로는 선한 행위가 많을 수 있지만, 형식상으로는 모두 악할 뿐이다. 따라서 그들의 행위는 하나님 앞에서 가증스럽다(잠 15:8).[4]

물론 거듭나지 않은 사람은 하나님이 명령하신 의무를 무시하며 살아갈 가능성이 높다. 그런 사람이 기도를 드린다고 해도 하나님이 귀 기울이지 않으실 것이 분명하지만, 그렇다고 기도를 무시한다면 그것은 하나님께 더 큰 죄가 되고, 그분을 더욱 불쾌하시게 만들 것이다. 성경은 하나님의 명령을 무시하는 행위를 큰 죄악으로 규정한다. "악인은 그의 교만한 얼굴로 말하기를 여호와께서 이를 감찰하지 아니하신다 하며"(시 10:4). 하나님의 명령을

---

4) Colquhoun, *Treatise on the Law and the Gospel*, p. 333.

무시하는 것은 죄이기 때문에 그들에게는 하나님의 진노가 쏟아질 수밖에 없다. "주를 알지 못하는 이방 사람들과 주의 이름으로 기도하지 아니하는 족속들에게 주의 분노를 부으소서"(렘 10:25).

이 장을 마무리하면서 복음이 "경건함에 속한 진리"(딛 1:1)라는 사실을 강조하고 싶다. "모든 사람에게 구원을 주시는 하나님의 은혜가 나타나 우리를 양육하시되 경건하지 않은 것과 이 세상 정욕을 다 버리고 신중함과 의로움과 경건함으로 이 세상에 살고"(딛 2:11-12). 복음과 윤리가 서로 반대되는 것처럼 말하는 것이나 은혜의 교리가 방종을 부추긴다고 말하는 것보다 더 진리를 거스르거나 개탄스런 무지는 없다. 복음의 원리에 윤리가 뒷받침되어야만 가장 굳건한 토대 위에 설 수 있다. 바울은 "그런즉 우리가 믿음으로 말미암아 율법을 파기하느냐 그럴 수 없느니라 도리어 율법을 굳게 세우느니라"(롬 3:31)고 말했다.

선한 행위가 구원을 얻는 공로가 될 수는 없지만, 지금까지 살펴본 대로 여러 가지 귀한 목적에 이바지하는 필수불가결한 의무인 것은 분명하다.

그리스도의 이름을 부르며(딤후 2:19), 모든 선한 일에 열매를 맺는(골 1:10) 신자는 진리를 거스르는 사람들의 입을 다물게 할 수 있고, 주위 사람들에게 믿음을 권유할 수 있으며, 하늘에 계신 아버지를 영화롭게 할 수 있고, 스스로도 많은 위로와 행복을 얻을 수 있다.

CHAPTER.17

OF THE PERSEVERANCE OF THE SAINTS

성도의 견인

너희 안에서 착한 일을 시작하신 이가 그리스도 예수의 날까지 이루실 줄을 우리는 확신하노라 (빌 1:6).

1항 하나님께서 그의 사랑하시는 독생자 안에서 받아들이시고, 그의 성령으로 유효하게 부르시고 거룩하게 하신 자들은 완전하게 혹은 궁극적으로 은혜의 상태에서 타락할 수 없으며, 끝까지 그 안에서 확실하게 보존(견인)되어 영원히 구원을 받는다(빌 1:6, 벧후 1:10, 요 10:28-29, 요일 3:9, 벧전 1:5, 9).

2항 성도의 견인은 신자 자신의 자유의지에 달려 있는 것이 아니라 변하지 않는 선택의 작정에 근거하고 있는데, 이것은 성부 하나님의 값없이 주시는 영원한 사랑에서 비롯하며(딤후 2:18-19, 렘 31:3), 예수 그리스도의 공로와 중보 기도의 효력에 의존하며(히 10:10, 14, 13:20-21, 9:12-15, 롬 8:33-39, 요 17:11, 24, 눅 22:32, 히 7:25), 성령의 내주하심과 성도들 안에 거하는 하나님의 씨앗과(요 14:16-17, 요일 2:27, 3:9) 은혜 언약의 본질에 의존한다(렘 32:40, 히 8:10-12). 이 모든 것으로부터 구원의 확신과 절대적인 확실성이 생겨난다(요 10:28, 살후 3:3, 요일 2:19).

3항 그러나 신자들은 사탄과 세상의 유혹으로, 자신들 안에 남아 있는 죄의 위력으로, 견인의 수단들을 소홀히 여기는 태도로 심각한 죄를 저지를 수 있고(마 26:70, 72, 74), 한동안 죄의 상태에서 머물 수 있다(시 51:14). 이로 인해 그들은 하나님을 슬프시게 하고(사 64:5, 7, 9, 삼하 11:27), 성령을 근심하시게 하며(엡 4:30), 자신에게 주어진 은혜와 위로를 잃고(시 51:10, 12, 계 2:4, 아 5:2-4, 6), 마음을 강퍅하게 만들며(사 63:17, 막 6:52), 사람들에게 비방할 거리를 주고(삼하 12:14), 양심에 상처를 입히며(시 32:3-4, 시 51:8), 일시적인 심판을 자초한다(시 89:31-32, 고전 11:32).

해설

성도의 견인은 칼빈의 지지자들과 아르미니우스의 지지자들을 구분하는 신조 가운데 하나다. 아르미니우스 지지자들은 참 신자도 죄를 지어 은혜의 상태에서 벗어나 일생 동안 배교의 길을 걷다가 마침내는 멸망을 당할 수 있다고 주장했다. 로마 가톨릭교회도 그와 동일한 교리를 지지한다. 트렌트 공의회는 "'의롭다 하심을 받은 사람은 은혜를 잃지 않는다. 따라서 은혜를 잃고 죄를 짓는 사람은 진정으로 의롭다 하심을 받지 못했다'고 말하는 사람은 저주를 받을지어다"[1]라고 선언했다.

이 조항은 참 신자는 '완전하게 혹은 궁극적으로 은혜의 상태에서 타락할 수 없고, 끝까지 그 안에서 확실하게 보존되어 영원히 구원을 받는다'는 말로 이런 주장을 논박한다. 이 명제는 언뜻 보면 약간의 불필요한 군더더기를 덧붙이고 있는 것처럼 보인다. 왜냐하면 완전히 타락하지 않는다면 궁극적으로 타락하지 않을 것이 분명하기 때문이다. 그러나 이 두 용어를 사용한 것은 매우 적절하지 않을 수 없다.

이 용어들은 "성도는 은혜에서 완전히 타락하더라도 회개를 통해 회복될 수 있다. 그러나 그것은 불확실하고, 또 항상 일어나는 일도 아니기 때문에 궁극적으로는 죄 가운데서 죽을 가능성이 높다"고 가르치는 아르미니우스주의의 교리를 논박하기 위한 의도로 사용되었다. 일반적인 상리가 아니라 구원의 속성 자체를 고려하면 신자의 전적 배교는 절대 일어날 수 없는 일이다. 우리는 일단 하나님의 구원 은혜를 받은 사람은 궁극적으로 구원을 박탈 당하지 않을 것이라고 확신한다.[2]

---

1) *Decert. of Justificatione*, canon 23.
2) Dick, *Lectures on Theology*, vol. 3, p. 516.

이 장의 명제들이 진술하고 있는 성도의 견인 교리를 설명하면 다음과 같다.
다음 내용을 숙지하면 견인 교리에 대한 반론들이 얼마나 잘못되었는지 알 수 있을 것이다.

1. 궁극적인 견인의 특권은 오직 참 신자에게만 주어진다. 이 조항은 견인의 특권을 '하나님께서 사랑하시는 독생자 안에서 받아들여 성령으로 유효하게 부르시고, 거룩하게 하신 자들'에게 국한시킨다.

보이는 교회 안에는 이름뿐인 신자들이 많다. 그들은 형식적인 신앙고백을 통해 교회의 일원이 되었지만, 은혜의 영과 살아 있는 믿음을 통해 교회의 머리이신 주님과 연합되지 못한 상태다. 그들에게 경건의 모양은 있지만, 그 능력은 없다. 그들은 살았다는 이름은 가졌지만, 영적으로 죽어 있는 상태다. 그런 형식적인 신자들은 결국에는 믿음을 저버릴 수밖에 없다. 그들은 진리 안에서 하나님의 은혜를 깨닫지 못했기 때문에 시련이 닥치면 공공연히 믿음을 부인함으로써 스스로 실체를 드러낸다. 그들은 겉으로는 믿음이 굉장한 것처럼 보이고, 뛰어난 은사를 소유할 수도 있다. 그들은 자신과 다른 사람들을 속인다. 그들 안에는 '뿌리'가 없다. 완전히 궁극적으로 타락하는 사람들은 모두 '그리스도 안에 굳건한 뿌리를 두고 있지 않았다'고 결론지을 수밖에 없다.

요한 사도는 그들에 대해 이렇게 말했다. "그들이 우리에게서 나갔으나 우리에게 속하지 아니하였나니 만일 우리에게 속하였더라면 우리와 함께 거하였으려니와 그들이 나간 것은 다 우리에게 속하지 아니함을 나타내려 함이니라"(요일 2:19).

우리는 이를 근거로 성도의 궁극적인 견인 교리를 훼손하지 않고서도 얼마든지 성경에 언급된 여러 가지 배교의 사례를 잘 설명할 수 있다. 돌 위에 떨어진 씨앗과 같은 사람, 곧 말씀을 기쁨으로 받아들이지만 나중에 타락하는 사람은 그 안에 뿌리가 없기 때문에 잠시 동안만 자라는 것처럼 보일 뿐이다(마 13:21). 히브리서 6장 4-6절은 빛을 받고, 하늘의 은사를 맛보고, 다가올 세상의 능력에 참여한 바 되었지만 타락해 다시 회복하지 못하는 사람들이 있다고 증언한다. 그들은 그토록 놀라운 경험을 했음에도 불구하고 은혜의 진리를 깨닫지 못했다. 다시 말해, 그들은 "더 좋은 것 곧 구원에 속한 것"(히 6:9)을 알지 못했던 것이 분명하다.

베드로 사도도 세상의 더러움을 피한 후에 다시 그 가운데 얽매이는 자들이 있다고 말했다. 그들의 더러운 본성은 겉으로 보기에는 변화가 이루어진 것처럼 보여도 실제로는 조금도 변하지 않았다. 지금까지 말한 사례들이나 후메내오와 빌레도 같은 사람들의 타락은 성도의 궁극적인 교리를 조금도 훼손하지 않는다.

견인의 특권은 참 신자들에게만 국한되기 때문에 참 신자 개개인 모두가 끝까지 보존된다. 그들 가운데 한 사람이라도 구원을 잃는다면 참 신자 전체를 위한 위로의 토대가 무너진다. 왜냐하면 그들 모두의 조건도 그만큼 불확실해지기 때문이다. 큰 은혜를 받은 사람만이 아니라 비록 겨자씨만큼 작더라도 참 은혜를 받은 사람이라면, 즉 강하게 번성하는 은혜의 소유자들만이 아니라 꺼져 가는 심지와 상한 갈대같이 연약한 은혜의 소유자들도 끝까지 지탱하며 더욱 강하게 성장할 것이 틀림없다.

"동일하게 보배로운 믿음"(벧후 1:1)을 받은 사람들은 모두 끝까지 보존된다. 견인의 특권이 참 신자 개개인 모두에게 적용된다고 주장하지 않으려면 차라리 신자의 특권 가운데 이 특권을 완전히 삭제하는 편이 낫다.

2. 성도의 견인은 그들이 지닌 고유한 능력이나 그들이 이미 받은 은혜가 아니라 전적으로 하나님의 은혜에 근거한다. 신자들 스스로는 연약하기 짝이 없다. 그들은 막강한 세력을 지닌 원수들(사탄과 세상과 그들 자신의 부패한 마음)이 힘을 합쳐 공격해 오는 것을 견뎌 낼 재간이 없다. 그들의 견인이 그들 자신의 결심에 달려 있다면 그들의 믿음은 곧 무너지고 말 것이다.

우리를 겸손하게 만드는 이 진리는 베드로의 경우를 통해 분명하게 드러난다. 그는 "모두 주를 버릴지라도 나는 결코 버리지 않겠나이다……내가 주와 함께 죽을지언정 주를 부인하지 않겠나이다"(마 26:33, 35)라고 호언장담했다. 그러나 그의 용기는 곧 꺾이고 말았다. 그의 결심은 곧 무너졌고, 그는 시험에 굴복하고 말았다. 그는 자신의 힘을 지나치게 의지했고, 결국에는 스스로의 연약함을 실감해야 했다. 시련이 닥치자 그의 자신감은 온데간데없이 사라졌다. 그는 어린 하녀의 말에 두려워 떨면서 맹세와 저주까지 덧붙여 가며 주님을 부인했다. 주님이 그를 위해 기도하시고, 그의 믿음을 지탱해 주지 않으셨다면 그도 가룟 유다처럼 불충한 배교자가 되고 말았을 것이다.

가장 훌륭한 신자도 스스로를 의지하면 그렇게 될 수밖에 없다. 이것이 이 조항이 신자의 견인이 '신자 자신의 자유의지에 달려 있지 않다'고 진술하는 이유다. 신자들은 강력한 원수들이 힘을 합쳐 공격해 올 때 그것에 맞서거나 그것을 물리칠 능력이 없다. 오히려 스스로의 연약함을 깊이 의식하고 하나님의 은혜를 온전히 의지해야만 안전할 수 있다. 왜냐하면 그들이 연약할 때가 곧 강할 때이기 때문이다.

3. 성도의 견인은 일시적인 타락이 아니라 전적이거나 궁극적인 배교로부터 신자를 안전하게 보호한다. 이 조항은 '신자들은 사탄과 세상의 유혹, 그들 안에 남아 있는 죄의 위력, 견인의 수단들을 소홀히 여기는 태도에 의해 심각한 죄를 저지를 수 있고, 한동안 그런 상태에 머물 수 있다'고 진술한다.

"선 줄로 생각하는 자는 넘어질까 조심하라"(고전 10:12)라는 성경의 경고와 "우리를 은밀한 죄로부터 깨끗하게 하시고, 주제넘은 죄로부터 벗어나게 하소서"라는 성도의 기도는 참 신자 가운데 은혜의 상태에서 벗어날 사람은 아무도 없지만, 참 신자라도 얼마든지 중대한 죄를 저지를 수 있다는 것을 암시한다.

성경을 보면 가장 뛰어난 신자들이 일시적으로 타락한 사례를 많이 발견할 수 있다. 욥은 인내심이 강했는데도 자신이 태어난 날을 저주했고, "온유함이 지면의 모든 사람보다 더하더라"(민 12:3)라는 칭찬을 들었던 모세도 경솔한 말을 발설했다. 하나님의 마음에 맞는 사람이었던 다윗도 살인과 간음을 저질렀고, 세상에서 가장 지혜로운 사람이었던 솔로몬도 "여호와의 눈앞에서 악을 행하여 그의 아버지 다윗이 여호와를 온전히 따름같이 따르지"(왕상 11:6) 않았다. 베드로는 누구보다 경쟁심이 강했고 대담했지만, 너무나도 어처구니없는 태도로 주님을 부인했다.

이처럼 참 신자도 스스로나 다른 사람들이 보기에 도저히 회복 가능성이 없다고 판단될 정도로 깊은 침체에 빠질 수 있다. 그러나 그들은 구원을 완전히 상실하지 않는다. 왜냐하면 하나님의 손이 여전히 그들을 붙잡아 주고 있기 때문이다. "그는 넘어지나 아주 엎드러지지 아니함은 여호와께서 그의 손으로 붙드심이로다"(시 37:24). "대저 의인은 일곱 번 넘어질지라도 다시 일어나려니와."(잠 24:16).

다윗은 매우 중대한 죄를 저질렀을 뿐 아니라 나단 선지자의 책망이 있기 전까지 자신의 끔찍한 죄를 전혀 의식하지 못했다. 그러나 그는 하나님의 성령이 자기 안에서 이루신 구원을 완전히 잃지 않았다. 그는 나중에 "나를 주 앞에서 쫓아내지 마시며 주의 성령을 내게서 거두지 마소서"(시 51:11)라고 기도했다. 그 기도에는 다윗이 하나님의 임재를 의식했고, 또 성령이 자기를 완전히 떠나지 않으실 것을 확신하는 의미가 담겨 있다.

솔로몬의 경우에도 '그의 아버지 다윗이 여호와를 온전히 따름같이 따르지 않았다'는 평가를 들었지만, 이것은 그가 이전에 지녔던 신앙 열정이 줄어들었다는 의미일 뿐 그가 완전히, 궁극적으로 믿음을 저버렸다는 뜻과는 거리가 멀다. 하나님은 그의 아버지 다윗을 대하실 때처럼 그를 사람의 매와 인생의 채찍으로 징계하셨을 뿐 은총을 그에게서 완전히 거두지는 않으셨다(삼하 7:14-15).

베드로도 비참한 상태에서 다시 회복되었다. "주께서 돌이켜 베드로를 보시니 베드로가……밖에 나가서 심히 통곡하니라"(눅 22:61-62). 주님이 나중에 베드로의 사랑을 확인하셨을 때 그는 주님은 마음을 살피시는 능력이 있으시니 자신의 사랑이 진실하다는 것을 아실 수 있을 것이라고 고백했다. 그리스도께서는 다시 그에게 사명을 맡기셨고, 그는 신실한 태도로 열심히 주님을 섬겼다. 이처럼 참 신자는 심각한 죄를 지을 수 있지만 끝까지 보존된다.

하나님은 "내가 그들의 반역을 고치겠다"고 약속하셨다(호 14:4). 이 약속에도 신자는 일시적으로 타락할 수 있지만 결코 완전히, 궁극적으로 타락하지는 않는다는 의미가 담겨 있다.

4. 참 신자의 마음에 있는 은혜의 원리는 잠시 동안 크게 위축될 수는 있지만 끝까지 안전하게 보존된다. 신자는 은혜의 원리를 활용하거나 행사할 때 때로는 매우 무기력한 상태에 빠질 수 있다. 그러나 은혜의 원리는 결코 완전히 사라지지는 않는다. 때로는 혹독한 한파에 오랫동안 노출되어 거의 죽게 된 나무처럼 열매도, 푸름도, 생기도 다 사라진 것처럼 보이지만, 그렇게 다 시들어 죽어 가는 상태에서도 여전히 하나님의 씨가 그의 안에 거한다(요일 3:9). 만일 그렇지 않다면 "의인의 뿌리는 움직이지 아니하느니라"(잠 12:3)라는 약속이 무색해질 것이다.

베드로의 경우가 이 사실을 잘 보여 준다. 그리스도께서는 베드로에게 "내가 너를 위하여 네 믿음이 떨어지지 않기를 기도하였노니"(눅 22:32)라고 말씀하셨다. 베드로는 믿음의 능력을 발휘하는 일에 실패했다. 그의 실패는 너무나도 비참했다. 그러나 그에게 있는 믿음의 원리는 사라지지 않았다. 만일 그랬다면 그리스도의 기도가 아무런 효험을 발휘하지 못했다는 의미밖에 되지 않는다. 우리가 아는 한 주님의 기도는 항상 응답된다.

겨울철이 되면 가지들이 모두 시들어 죽은 것처럼 보여도 그 뿌리에는 여전히 생명이 보존되어 있다. 그와 마찬가지로 신자는 가장 비참하고 무기력한 상태에 처했더라도 여전히 그의 안에 생명을 주는 은혜의 원리가 남아 있다. 봄이 돌아오면 나무가 다시 활력을 얻어 잎을 틔우듯이 '의의 태양'이신 주님이 새로운 힘을 허락하시면 신자의 은혜도 다시 새롭게 활력을 되찾는다. 은혜의 능력을 발휘하는 일은 잠시 중단될 수 있지만, 한번 심긴 은혜의 원리는 결코 완전히 사라지지 않는다. 신자는 무기력한 상태로 전락할 수는 있지만, 은혜의 상태에서 절대 벗어나지는 않는다. 신자는 은혜가 영원한 영광으로 이어질 때까지 안전하게 보존된다.

지금까지 이 조항들이 진술하는 견인의 교리를 설명했고, 이번에는 견인 교리를 뒷받침하는 여러 가지 논증을 살펴보기로 하자.
이 논증들은 2항에서 주로 발견된다.

1. 성도의 견인은 '변하지 않는 선택의 작정'을 통해 보장된다. 인류 가운데 한정된 숫자의 사람들만 하나님의 주권적인 은혜를 통해 창세전에 영광에 이르도록 선택되었다는 것은 성경이 여러 곳에서 분명하게 증언하는 진리다(엡 1:4, 살후 2:13, 행 13:48).

하나님은 선택하신 백성에게 구원과 영생을 주기로 작정하셨기 때문에 그들이 그런 축복을 누리기에 합당한 조건을 갖추는 데 필요한 모든 일을 행하시고, 온갖 유혹의 덫에서 그들을 보존해 구원을 온전히 이루게 하시기로 결심하셨다. 따라서 하나님이 은혜 안에서 선택하신 사람이 궁극적으로 멸망한다면 그런 일이 일어날 때마다 하나님의 목적은 좌절될 수밖에 없다.

그러나 그 목적은 모든 피조물로부터 홀로 떨어져 존재하시는 하나님 자신에게서 비롯한 것이기 때문에 그분의 본성처럼 절대 변하지 않는다. 하나님은 "나 여호와는 변하지 아니하나니"(말 3:6), "나의 뜻이 설 것이니 내가 나의 모든 기뻐하는 것을 이루리라"(사 46:10)고 선언하셨다.

주님 자신도 신자들의 선택을 염두에 두시고 그들이 절대 멸망하지 않을 것이라고 말씀하셨다. 즉 "거짓 그리스도들과 거짓 선지자들이 일어나 큰 표적과 기사를 보여 할 수만 있으면 택하신 자들도 미혹하리라"(마 24:24)라는 주님의 말씀에는 선택 받은 자들이 진리를 아는 지식을 소유한 뒤에는 완전하고 궁극적인 멸망으로 이끄는 유혹에 직면하지는 않을 것이라는 의미가 담겨 있다. '할 수만 있으면'이라는 표현은 신자들이 그런 식의 유혹을 당할 가능성이 없다는 의미를 내포한다.

2. **성도의 견인은 그리스도의 고난과 죽으심의 공로에 의해 보장된다.** 그리스도께서는 교회를 자기 피로 값 주고 사셨다. 그분은 자기 백성의 죄를 모두 감당하셨다. 그분은 그들의 보증인으로서 "친히 나무에 달려 그 몸으로 우리 죄를 담당"(벧전 2:24)하셨다. 그분은 그들이 받아 마땅한 저주를 온전히 감당하셨다.

보증인은 자신이 보증하는 사람을 대신한다. 후자는 보증인이 자신의 이름으로 행한 모든 혜택을 누린다. 보증인이 빚을 대신 갚아 주었다면 채권자는 더 이상 그에게 채무 변제를 요구할 수 없다. 이런 사실을 이 주제에 적용해 보자. 그리스도께서 자기 백성, 곧 그 가운데 일부가 아니라 그들 전부를 위해 십자가에서 하나님의 공의를 온전히 만족시키셨다면 그들에게 형벌을 가하는 것은 공의의 원칙에 위배될 것이 분명하다. 성도가 은혜의 상태에서 벗어나 죄 가운데서 멸망한다면 이는 보증인과 채무자에게 배상을 두 차례 요구하는 것이나 같다. 그리스도께서 자기 백성의 죄를 속량하셨거나, 하지 않으셨거나 둘 중 하나만 가능하다. 만일 그리스도께서 그들의 죄를 속량하지 않으셨다면 그들 스스로 공의를 만족시켜야 하고, 그분이 그들을 대신해 공의의 요구를 만족시키셨다면 그들이 어떤 원인이나 이유로 정죄 당하는 것은 하나님의 의로우신 통치에 역행하는 일이 될 것이다.

따라서 새 언약은 신자들에게 결코 취소될 수 없는 온전한 용서를 약속한다. "내가 그들의 불의를 긍휼히 여기고 그들의 죄를 다시 기억하지 아니하리라"(히

8:12). 만일 참 신자의 타락을 가르치는 교리가 사실이라면 이 약속은 거짓이 되고 말 것이다. 왜냐하면 그들의 죄가 다시 기억될 것이기 때문이다. 만일 그 교리가 사실이면 그리스도께서 헛되이 죽으신 것이 되고, 신자가 은혜의 상태에서 벗어난다면 그분의 보혈이 한 사람의 죄인도 구원하지 못하는 결과를 낳게 될 것이다.[3]

3. 성도의 견인은 그리스도의 지속적이고 효과 있는 중보 기도를 통해 보장된다. 그리스도께서는 자신의 피로 자기 백성을 값 주고 사셨다. 또한 그분은 "항상 살아 계셔서 그들을 위하여 간구"(히 7:25)하신다.

그리스도께서 그들을 위해 간구하신다는 것은 무슨 의미일까? 그것은 그분이 베드로를 위해 하셨던 것처럼 그들 모두를 위해 기도하신다는 뜻이다. 예수님은 세상에 계실 때처럼 지금도 하나님의 보좌 앞에서 우리를 위해 기도하신다. 그분은 "거룩하신 아버지여 내게 주신 아버지의 이름으로 그들을 보전하사……내가 비옵는 것은 그들을 세상에서 데려가시기를 위함이 아니요 다만 악에 빠지지 않게 보전하시기를 위함이니이다"(요 17:11, 15)라고 기도하셨다. 이런 기도는 주님의 제자들이나 당시에 그분을 믿었던 사람들에게만 국한되지 않는다. 주님은 "내가 비옵는 것은 이 사람들만 위함이 아니요 또 그들의 말로 말미암아 나를 믿는 사람들도 위함이니"(요 17:20)라고 덧붙이셨다.

그리스도의 중보 기도가 효험이 있다면 그분을 믿는 모든 사람은 온전히 타락하지 않고 안전하게 보존될 것이 틀림없다. 주님은 죽음으로 하나님의 공의를 만족시키셨고, 또 그것으로 의의 공로를 세우셨다. 따라서 그분이 자기 백성을 위해 드리시는 중보 기도는 모두 실질적인 효력을 지닌다. 성부 하나님은 항상 주님의 기도에 응답하신다(요 11:42).

---

3) Dick, *Lectures on Theology*, vol. 3. p. 521.

4. 성도의 견인은 성령의 내주하심으로 보장된다. 주님은 세상을 떠나시면서 성령의 약속으로 제자들의 마음을 위로하셨다. "내가 아버지께 구하겠으니 그가 또 다른 보혜사를 너희에게 주사 영원토록 너희와 함께 있게 하리니"(요 14:16).

성령의 선물은 사도들에게만 국한되지 않는다. 그것은 참 신자라면 누구나 누릴 수 있는 복된 특권이다. 이 사실은 "누구든지 그리스도의 영이 없으면 그리스도의 사람이 아니라"(롬 8:9)라는 말씀을 통해 분명하게 입증된다. 성령은 잠시 왔다 가는 손님처럼 신자들의 마음속에 들어가지 않으시고, 그곳을 자신의 거처로 삼으신다. 바울은 신자들에게 "너희가 하나님의 성전인 것과 하나님의 성령이 너희 안에 계시는 것을 알지 못하느냐"(고전 3:16)고 말했다.

성도의 견인은 신자 안에 계속 거하시는 성령을 통해 안전하게 보장된다. 성령이 신자들 안에 거하시는 목적은 그들을 빛 가운데서 성도의 기업에 합당한 자로 만드시고, 그들을 일평생 보호하시어 영광으로 인도하시기 위해서다. 그들은 성령을 통해 구원의 날까지 인치심을 받았다. 그분은 그들이 장차 받게 될 기업의 보증이 되신다(고후 1:22, 엡 1:13-14). 보증은 미래에 전부를 소유하는 것을 보장하는 효력을 지닌다. 성령이 신자가 받게 될 기업의 보증이 되신다는 것은 그들이 장래에 하늘의 지복을 확실하게 누리게 될 것이라는 의미다.

성령을 받았는데도 은혜의 상태로부터 완전히, 궁극적으로 벗어나 하늘의 기업을 얻지 못한다면 그것은 참으로 충격적인 일이 아닐 수 없을 것이다. 왜냐하면 진리의 성령이 불확실하고, 신뢰할 수 없는 보증이 되신다는 의미 밖에 되지 않기 때문이다.

5. 성도의 견인은 은혜 언약의 변하지 않는 속성에 의해 보장된다. 은혜 언약은 우리의 복종이 아니라 하나님의 은혜에 근거하기 때문에 "만사에 구비

하고 견고"(삼하 23:5)할 수밖에 없다. 이 언약의 취지는 "내가 그들에게 복을 주기 위하여 그들을 떠나지 아니하리라 하는 영원한 언약을 그들에게 세우고 나를 경외함을 그들의 마음에 두어 나를 떠나지 않게 하고"(렘 32:40)라는 말씀에 분명하게 드러나 있다.

하나님은 자기 백성을 버리지 않으시고 끝까지 사랑하실 뿐만 아니라 그들의 마음에 경외심을 심어 주어 자기를 떠나지 않게 할 것이라고 약속하셨다. 그들이 하나님을 경외하는 한 그분은 그들에게 계속 은혜를 베푸실 것이고, 그들의 마음속에 경외심을 심어 주어 항상 은혜를 받게 하심으로써 타락하지 않도록 끝까지 보전하실 것이다. 성도의 견인 교리의 확실성을 이보다 더 분명하게 증언하고 있는 말씀은 어디에도 없다.

성도의 견인 교리를 입증하는 증거는 이 조항들이 밝히고 있는 논증들 외에도 많다.

- 성경은 곳곳에서 성도의 견인을 약속한다(사 54:10, 요 10:27-30, 히 13:5).
- 하나님의 완전하신 속성들이 성도의 견인 교리를 뒷받침한다.
- 신자의 유효 소명과 영화의 교리가 또 하나의 증거다(롬 8:30).
- 하나님의 모든 사역은 완전하신 속성을 지닌다(빌 1:6).
- 그리스도와 신자들은 떼려야 뗄 수 없는 친밀한 관계를 맺고 있다(요 15:5, 고전 12:12, 요 14:19-20).[4]

성도의 견인 교리는 때로 성화를 방해하는 것으로 오해를 받곤 한다. 그러나 어떻게 그런 오해가 가능한지 얼른 납득하기가 어렵다. 참 신자는 '끝까지 확실하게 보존되어 영원히 구원 받지만', 심각한 죄를 저지르는 경우에는

---

[4] 논리적인 저술가들이 모두 이 주제를 다루었다. 이 주제는 다음의 자료에서 충분히 논의되었다. Lime Street, *Lectures*, Ser. 9, Berry Street, *Sermons*, Ser. 24, Elisha Coles, *God's Sovereignty*, Sam Wilson, *Sermons*, Ser. 11-15, President Edwards, *Remarks on Important Theological Controversies*, chap. 5.

'하나님을 슬프시게 하고, 성령을 근심하시게 하며, 자신에게 주어진 은혜와 위로를 잃고, 마음을 강퍅하게 만들며, 사람들에게 비방할 거리를 주고, 양심에 상처를 입히며, 일시적인 심판을 자초한다.'

신자들이 하나님의 영광과 다른 사람들의 덕을 세우는 일과 스스로의 평안에 관심이 있다면 "악은 어떤 모양이라도"(살전 5:22) 버리고, "주의 모든 계명과 규례대로 흠이 없이"(눅 1:6) 행하려고 노력하고 싶은 열정을 지니게 될 것이 분명하다.

우리가 말하는 성도의 견인은 끝까지 거룩하게 보존되는 것을 의미한다. 그런데 어떻게 이런 교리가 경솔하게 죄를 짓게 만드는 동기가 될 수 있단 말인가? 신자는 자기 자신을 하나님의 사랑에서 끊을 수 있는 것은 아무것도 없다는 확신이 강해질수록 그분의 사랑이 자신의 마음속에서 더욱 풍성하게 흘러넘치는 것을 느끼고, 하나님을 영화롭게 하는 삶을 살기 위해 더욱 열심을 낼 것이 틀림없다(고후 5:14-15). 성도의 견인 교리는 하나님이 성도를 보존하기 위해 제정하신 수단들을 소홀히 하려는 생각을 부추기지 않는다.

주님은 "시험에 들지 않게 깨어 있어 기도하라"(막 14:38)고 말씀하셨다. 베드로 사도는 "굳센 데서 떨어질까 삼가라"(벧후 3:17)고 말했고, 요한 사도는 "너희는 스스로 삼가 우리가 일한 것을 잃지 말고"(요이 1:8)라고 당부했다. 성경에는 이런 권고와 당부의 말이 많이 기록되어 있다. 이 말씀들을 근거로 내세워 성도들이 은혜의 상태에서 완전히, 궁극적으로 벗어날 수 있다고 생각한다면 이는 큰 잘못이 아닐 수 없다. 하나님은 자기 백성을 이성적인 피조물로 대하신다. 그런 권고와 당부의 말은 하나님이 사용하시는 수단이다. 그분은 그런 말들을 효과적으로 사용해 신자의 배교를 막아 끝까지 보존될 수 있게 이끄신다.

하나님은 신자들 안에서 역사하시어 기꺼운 마음으로 행하게 하신다. 하나님은 자신이 행할 일을 행하시면서 신자들에게 그들이 해야 할 일을 요구하신다.

바울은 "내 사랑하는 형제들아 견실하며 흔들리지 말고 항상 주의 일에 더욱 힘쓰는 자들이 되라 이는 너희 수고가 주 안에서 헛되지 않은 줄 앎이라"(고전 15:58)고 말했다.

CHAPTER.18

OF ASSURANCE OF GRACE AND SALVATION

은혜와
구원의 확신

그의 계명을 지키는 자는 주 안에 거하고 주는 그의 안에 거하시나니 우리에게 주신 성령으로 말미암아 그가 우리 안에 거하시는 줄을 우리가 아느니라 (요일 3:24).

1항 위선자들과 거듭나지 않은 사람들은 그릇된 소망과 육적인 생각에 치우쳐 스스로가 구원 받아 하나님의 은혜를 누리는 상태에 있다고 착각할 수 있다(욥 8:13-14, 미 3:11, 신 29:19, 요 8:41). 그런 그들의 소망은 모두 허사가 되고 말 것이다(마 7:22-23). 그러나 주 예수님을 진실하게 믿고, 그분을 진정으로 사랑하며, 그분 앞에서 선한 양심에 따라 행하려고 노력하는 사람들은 현세에서 자신이 은혜의 상태에 있다는 것을 확신하고(요일 2:3, 3:14, 18-19, 21, 24, 5:13), 하나님의 영광을 바라며 기뻐할 수 있다. 그들의 소망은 그들을 결코 부끄럽게 하지 않을 것이다(롬 5:2, 5).

2항 이런 확실성은 그릇된 소망(히 6:11, 19)에 근거한 억측이나 있음직한 신념이 아니라 구원을 약속하는 하나님의 진리에 근거한 틀림없는 믿음의 확신(히 6:17-18), 약속된 은혜들을 드러내는 내적 증거(벧후 1:4-5, 10-11, 요일 2:3, 3:14, 고후 1:12), 우리의 영과 더불어 우리가 하나님의 자녀라고 말씀하시는 양자의 영이신 성령의 증언에서 비롯한다(롬 8:15-16). 성령은 우리 기업의 보증이 되시고, 우리는 그분 안에서 구원의 날까지 인치심을 받았다(엡 1:13-14, 4:30, 고후 1:21-22).

— 해 설 —

이 장의 주제인 '은혜와 구원의 확신'은 은혜의 상태에서 그리스도의 구원을 의지하고 있다는 신자의 개인적인 확신을 다룬다.

이 주제는 로마 가톨릭교회와 아르미니우스주의를 논박한다. 로마 가톨릭교회는 현세에서는 특별한 계시가 따로 주어지지 않는 한 구원 받았을 것이라는 추측이나 신념을 뛰어넘는 확신은 불가능하다고 가르친다. 그들은 궁극적인 구원에 대한 의심과 불확실성을 부추김으로써 상당한 이익을 얻는다. 그들은 교회의 기도와, 성인과 순교자들의 공로와, 사제가 하나님의 이름으로 선언하는 사면을 통해 어느 정도 의심과 불확실성을 제거할 수 있다면서 신자들을 현혹시킨다. 한편 신자의 궁극적인 견인을 일관되게 부인하는 아르미니우스주의는 끝까지 믿음을 지키면 구원을 받게 될 것이라는 생각 외에 더 큰 구원의 확신을 갖는 것은 불가능하다고 주장한다.

1. 이 조항은 신자는 특별하거나 직접적인 계시가 없더라도 일반적인 수단을 옳게 사용하기만 하면 억측이나 있음직한 신념을 뛰어넘어 궁극적인 구원과 은혜의 상태를 확신할 수 있다면서 이런 오류들을 논박한다. 이 사실은 다음과 같은 논증들을 통해 분명하게 입증된다.

1) 성경은 신자에게 스스로를 성찰해 구원의 확신을 얻으라고 가르친다. 바울 사도는 고린도 신자들에게 "너희는 믿음 안에 있는가 너희 자신을 시험하고"(고후 13:5)라고 권고하면서 그리스도께서 그들 안에 계신 줄을 알지 못하는 것은 책망 받을 만한 일이라고 암시했다. 베드로 사도는 모든 신자들에게 "더욱 힘써 너희 부르심과 택하심을 굳게 하라"고 권고했을 뿐 아니라 그렇게 할 수 있는 방법을 아울러 제시했다. 그는 하나님과 구주 예수 그리스도의 의를 힘입어 보배로운 믿음을 함께 받은 신자들에게 "믿음에 덕을, 덕에 지식을……형제 우애에 사랑을 더하라"고 권고했다(벧후 1:5-11). 신자는 그런 방식으로 부르심과 택하심을 확신할 수 있고, 하늘에 있는 하나님의 영원한 왕국에 확실하게 들어갈 수 있다.

베드로의 권고는 바울 사도가 히브리서에서 권고한 말과 일맥상통한다. 그는 "우리가 간절히 원하는 것은 너희 각 사람이 동일한 부지런함을 나타내어 끝까지 소망의 풍성함에"(히 6:11) 이르는 것이라고 말했다. 이런 권고의 말들은 신자가 특별한 계시가 없어도 얼마든지 현재의 경건과 장래의 안전을 확신할 수 있다는 것을 보여 준다.

2) 성경은 참 신자들의 표징과 속성을 보여 준다. 신자들은 그런 표징과 속성을 통해 영혼 구원에 이르는 믿음이 자신에게 있는지 파악할 수 있다. "우리가 그의 계명을 지키면 이로써 우리가 그를 아는 줄로 알 것이요……누구든지 그의 말씀을 지키는 자는 하나님의 사랑이 참으로 그 속에서 온전하게 되었나니 이로써 우리가 그의 안에 있는 줄을 아노라"(요일 2:3, 5). "우리는 형제를 사랑함으로 사망에서 옮겨 생명으로 들어간 줄을 알거니와……이로써 우리가 진리에 속한 줄을 알고 또 우리 마음을 주 앞에서 굳세게 하리니"(요일 3:14, 19). 요한은 요한일서를 통해 신자의 확실한 특징을 보여 주며 "너희로 하여금 너희에게 영생이 있음을 알게 하려 함이라"(요일 5:13)고 말했다.

3) 성경의 신앙 위인들은 구원의 확신을 분명하게 내비치곤 했다. 성경에 등장하는 신앙 위인들의 개인적인 경험을 통해서도 그런 확신의 사례를 발견할 수 있다. 예를 들어, 다윗은 이렇게 말했다. "나는 의로운 중에 주의 얼굴을 뵈오리니 깰 때에 주의 형상으로 만족하리이다"(시 17:15). "내 평생에 선하심과 인자하심이 반드시 나를 따르리니 내가 여호와의 집에 영원히 살리로다"(시 23:6). "주의 교훈으로 나를 인도하시고 후에는 영광으로 나를 영접하시리니"(시 73:24). 욥도 극심한 고초를 겪는 중에 "내가 알기에는 나의 대속자가 살아 계시니"(욥 19:25)라고 확신했다.

신약성경에 등장하는 신앙 위인들의 경험은 그보다 훨씬 더 분명하다. 바울 사도가 대표적인 경우다. 그는 모든 신자들을 대신해 승리에 찬 강한 확신을 드러냈다. "그러나 이 모든 일에 우리를 사랑하시는 이로 말미암아 우리가 넉넉히 이기느니라 내가 확신하노니 사망이나 생명이나 천사들이나 권세자들이나 현재 일이나 장래 일이나 능력이나 높음이나 깊음이나 다른 어떤 피조물이라도 우리를 우리 주 그리스도 예수 안에 있는 하나님의 사랑에서 끊을 수 없으리라"(롬 8:37-39, 고후 5:1 참조). 그는 다른 곳에서도 자신이 그리스도를 믿기 때문에 내세의 지복을 누릴 것이라는 확신을 드러냈다. 그는 디모데에게 "내가 믿는 자를 내가 알고 또한 내가 의탁한 것을 그날까지 그가 능히 지키실 줄을 확신함이라"(딤후 1:12)고 말했다.

바울의 확신은 '몸을 떠나면' 즉시 '주와 함께 있을 것'이라고 말할 정도로 분명했다(고후 5:8). 그는 그런 확신을 가졌기에 차라리 죽어 육체를 떠나 곧바로 천국의 즐거움을 누리게 되기를 기꺼이, 아니 간절히 바랐다. 그는 "전제와 같이 내가 벌써 부어지고 나의 떠날 시각이 가까웠도다 나는 선한 싸움을 싸우고 나의 달려갈 길을 마치고 믿음을 지켰으니 이제 후로는 나를 위하여 의의 면류관이 예비되었으므로 주 곧 의로우신 재판장이 그날에 내게 주실 것이며"(딤후 4:6-8)라고 말했다. 이런 사례들만으로도 신자가 현세에서 구원의 확신을 가질 수 있다는 사실을 입증하기에 충분하다.

2. 구원의 확신은 '구원을 약속하는 하나님의 진리에 근거한 틀림없는 믿음의 확신, 약속된 은혜들을 드러내는 내적 증거, 우리의 영과 더불어 우리가 하나님의 자녀라고 말씀하시는 양자의 영이신 성령의 증언'에서 비롯한다. 구원의 확신은 이런 것들 가운데 어느 하나에만 근거하지 않는다. 구원의 확신은 그 모두에 근거한다. 성경이 제시하는 구원의 약속은 참 신자의 독특한 속성을 드러냄으로써 그런 속성을 지닌 신자들은 모두 구원 받는다는 틀림없는 확신을 심어 주고, 은혜의 내적 증거는 우리가 그런 속성을 지니고 있다는 확신을 심어 준다. 우리는 그것을 근거로 우리가 지금 은혜의 상태에 있기 때문에 장차 영원히 구원 받게 될 것이라고 확신할 수 있다.

우리는 일종의 삼단논법을 통해 구원을 확신할 수 있다. 누구든지 그리스도를 믿으면 은혜의 상태에 있고, 구원을 받게 될 것이다(행 16:31, 롬 9:33). 다시 말해,

'나는 그리스도를 믿는다. 그러므로 나는 은혜의 상태에 있고, 또한 구원 받을 것이다'라고 추론할 수 있다. 진리의 성경을 믿는 한 이 명제를 의심할 수는 없다. 모든 어려움은 '나는 진정으로 그리스도를 믿는가?' 하는 문제에서 비롯한다. 자신이 아무것도 아닌데도 마치 무엇이나 된 것처럼 생각하는 것은 스스로를 속이는 것이다(갈 6:3). 때로는 영혼의 눈이 감길 때도 있다(눅 24:16). 그런 경우 심지어 하나님을 경외하는 사람조차도 실제로는 그리스도 안에 있으면서도 그분 안에 있다는 것을 알지 못하고 어둠 속을 헤매기 마련이다(사 50:10).

겉으로 죄를 뉘우치고 하나님과 성도들을 사랑하는 것처럼 보이는 것만으로는 충분하지 않다. 거룩한 확신에 도달하려면 그런 행위들이 거짓이나 위선이 아닌지 그 본질을 확인해야 한다. 그런 확신에 도달하려면 반드시 성령의 도우심이 필요하다. 신자에게 믿음과 회개를 허락하신 성령은 또한 하나님이 우리에게 은혜로 주신 것을 알게 하신다(고전 2:12). 태양이 스스로의 빛으로 자신의 존재를 드러내듯, 우리가 성령을 소유하고 있다는 사실은 오직 성령을 통해서만 알려질 수 있다.[1]

어떤 사람들은 그리스도를 믿는 사람은 누구나 즉시 자신의 믿음을 의식할 수 있으며, 그런 의식이 바로 의롭다 하심을 받았다는 첫 번째 증거라고 가르친다. 그러나 이 조항은 그런 증거를 언급하지 않는다. 오히려 이 조항은 그런 의식이 참 신앙에서 필연적으로 파생하는 결과물과는 무관하다고 암시한다. 이 의식은 많은 신학자들이 '믿음의 반사 행위'라고 일컫는 것과 일맥상통한다. 이는 믿음의 직접적인 행위에 대한 의식이나 스스로가 믿음을 갖게 되었다는 사실을 반사적으로 깨닫는 행위를 가리킨다.

이 조항은 '은혜와 구원의 확신'이 믿음의 본질적 요소에 속하지 않는다고 선언함으로써 그리스도를 믿고 의롭다 하심을 받았으면서도 자신이 의롭다

---

1) Bell's Notes to Witsius, *Irenical Animadversions*, pp. 305-306.

하심을 받은 상태에 있다는 사실을 확신하지 못하는 경우가 있을 수 있다고 암시한다. 다시 말해, 그리스도를 믿고 있으면서도 영혼의 구원에 이르는 참된 믿음을 가졌는지 즉각 의식하지 못하는 경우가 얼마든지 가능하다.

믿음의 정도는 다양하고, 그 증거는 믿음의 강도에 비례한다. 성령의 역사가 크게 일어나면 믿음도 덩달아 강해지고, 그 진실성을 입증하는 증거도 확실하게 드러나기 마련이다. 아브라함, 백부장, 가나안 여인과 같이 성경에 등장하는 많은 신자들의 믿음은 의심의 여지를 남기지 않을 만큼 확실했다. 그러나 그렇다고 해서 모든 신자가 자신이 거짓 없는 믿음으로 그리스도를 믿고 있다는 사실을 즉각 의식할 수 있다고 주장할 수는 없다.

믿음이 단지 신앙의 명제와 그것을 입증하는 증거를 머리로 이해해 동의하는 것이라면 믿는 순간, 그 믿음을 곧바로 확신하거나 의식할 수 있다. 그러나 구원 신앙이 마음속에서 싹트는 것이라면 의식에서 비롯하는 증거는 더욱 불확실할 수밖에 없다. 은혜가 제시하는 구원의 길과 하나님을 거부하려는 본성이 영혼 안에 존재하지 않는다면 문제는 매우 쉽게 풀릴 수 있다. 그러나 그것은 사실이 아니다. 거듭난 신자의 마음도 죄의 유혹으로부터 완전히 자유롭지 못하다. 따라서 영혼이 속고 그릇 치우칠 가능성이 항상 존재한다.

마음속에서 일어나는 은혜로운 생각들은 자연적인 본성에서 비롯하는 생각으로도 어느 정도는 얼마든지 모방이 가능하다. 마음에 남아 있는 부패함이 역사하는 탓에 신자는 전자와 후자를 구별하기가 매우 어렵다. 도덕적으로 진지한 사람도 그런 식으로 속아 넘어가 스스로가 때때로 느끼는 감정과 다양한 원인으로부터 비롯하는 생각들을 은혜의 역사로 착각하는 경우가 많다.

성령의 구원 사역이 다른 요인들과는 매우 다른 영향을 영혼에 미치는 것은 의심할 수 없는 사실이다. 그분의 사역은 다른 모든 영향력으로부터 확실하게 구별된다. 그러나 믿음이 약한 곳에서는 상당한 어려움이 뒤따른다. 신자의 육신 안에는 하나님의 율법을 거스르는 세력이 존재하고, 육신의 소욕이 성령을 거슬러 원하는 것을 행하지 못하게 만든다.

아울러 신약성경의 신자들이 자신들의 믿음을 확신하고 스스로에게 믿음이 있다고 주저 없이 선언했던 사실을 근거로 구원의 확신을 주장하는 것도 바람직하지 않다. 그들 모두에게는 그때 이후로 일반적으로 주어지는 은혜보다 훨씬 더 많은 은혜가 주어졌던 것으로 보인다.[2]

성령의 증언이 존재한다는 사실은 의심할 여지가 없다. 바울 사도는 "성령이 친히 우리의 영과 더불어 우리가 하나님의 자녀인 것을 증언하시나니"(롬 8:16)라고 분명하게 말했다. 그러나 성령이 증언하시는 방식에 대해서는 여러 가지 의견이 존재한다. 어떤 사람들은 성령이 내적 계시나 직접적인 암시를 통해 신자의 양자 됨을 증언하신다고 생각한다. 어떤 사람은 "성령이 친히 물과 피와는 뚜렷하게 구별되는 방법으로, 곧 마음속에 영혼을 가득 채우는 하나님의 사랑을 풍성하게 부어 주심으로써 우리의 양자 됨을 증언하신다"고 말한다. 또한 그는 "이것은 신자들의 경험을 통해 확실하게 입증된다. 그들 가운데 많은 사람이 표징이나 특징, 또는 자격 조건을 반추하지 않고, 즉 세례나 성화를 통한 성령의 증언과는 무관하게 즉시 믿음의 확신에 이르렀다"[3]고 덧붙였다.

그러나 성령이 신자들의 마음속에서 일으키시는 효과나 사역을 통해 우리의 양자 됨을 증언하신다는 견해에 동의하는 목회자들의 숫자가 훨씬 더 많다. 그들은 즉각적인 증언이라는 개념을 거부하고, 성령의 증언을 통해 신자는 자신의 양자 됨과 거기에서 비롯하는 안전감을 확신하기에 이른다고 주장한다.

조나단 에드워즈 학장은 성령이 즉각적인 계시나 암시를 통해 증언하신다는 견해를 강하고 단호하게 논박했다. 그는 그런 그릇되고 기만적인 개념

---

2) Thomson (of Quarrelwood), *Sermons*, vol. 2, p. 540.
3) Erskine, *Sermons*, Ser. 143. vol. 9. pp. 199-200.

으로부터 많은 해악이 초래된다고 역설했다. 그는 이렇게 말했다.

우리는 지금 성령의 증언이라는 표현에 관해 말하고 있다. 성령의 영향력에 관한 그들의 개념 때문에 많은 사람이 미혹되고 있다. 그들은 성령의 증언을 성령이 마음에 영향을 미쳐 우리가 하나님의 자녀라는 사실을 입증해 줄 증거를 보여 주시는 의미로 이해하지 않고, 그것을 내면의 즉각적인 암시로 이해해 하나님이 은밀한 음성이나 인상을 통해 마음속에서 "너는 나의 자녀다"라고 직접 말씀하시는 것처럼 생각한다. 그들은 증언이나 증거라는 말이 신약성경에서 어떤 식으로 사용되었는지 주의 깊게 살피지 않는다.

이런 말들은 단지 어떤 것을 사실이라고 선언하거나 주장하는 의미에 그치지 않고, 그것이 사실이라는 것을 입증할 수 있는 증거를 제시하는 의미를 지닌다. 예를 들어, 히브리서 2장 4절은 하나님이 표적들과 기사들과 성령이 나누어 주신 것으로 증언하셨다고 말한다. 여기에서 말하는 기적들이 하나님의 증언으로 불리는 이유는 그것들이 주장의 의미를 지니고 있기 때문이 아니라 증거이자 증언의 효력을 지니기 때문이다. 사도행전 14장 3절, 요한복음 5장 36절, 10장 25절의 경우도 마찬가지다. 물과 피도 증언의 효력을 지닌다(요일 5:8). 그 이유는 그것들이 무엇을 주장하기 때문이 아니라 증거가 되는 것이기 때문이다. 바울 사도는 로마서 8장 16절에서 "성령이 친히 우리의 영과 더불어 우리가 하나님의 자녀인 것을 증언하시나니"라고 말했다. 그의 말에 주의를 기울인다면 그가 무슨 의미로 그렇게 말했는지 충분히 짐작할 수 있다. 그의 말은 앞의 두 구절과 밀접하게 관련된다. 모든 독자가 익히 짐작하다시피, 그의 말은 앞의 두 구절의 결론에 해당한다. 이 세 구절은 "무릇 하나님의 영으로 인도함을 받는 사람은 곧 하나님의 아들이라 너희는 다시 무서워하는 종의 영을 받지 아니하고 양자의 영을 받았으므로 우리가 아빠 아버지라고 부르짖느니라 성령이 친히 우리의 영과 더불어 우리가 하나님의 자녀인 것을 증언하시나니"(롬 8:14-16)라고 말한다.

이 대목을 모두 고려하면 성령이 우리에게 우리가 하나님의 자녀라는 증거나 증언을 허락하신다는 바울 사도의 말이 무슨 의미인지 분명하게 알 수 있다. 그의 말은 곧 성령이 양자의 영이자 자녀의 영으로서 우리 안에 거하시며 우리를 인도하시어 하나님을 아버지로 알고 행동할 수 있는 성향을 불러일으키신다는 것을 의미한다.[4]

최근의 학자들도 이 주제에 관해 동일한 견해를 피력한다. 뛰어난 신학자들 사이에서 그런 의견의 합일이 이루어졌다는 것은 참으로 만족스러운 일이다. 딕 박사는 "성령은 신자들의 양자 됨을 증언하신다. 그분은 그들의 영혼에 역사하시어 그들의 양자 됨의 증거를 보여 주시며, 귀로 들을 수 있는 음성만큼이나 분명하게 그들과 하나님의 관계를 확실하게 일깨워 주신다"[5]고 말했다. 또한 찰머스 박사는 이렇게 말했다.

성령이 우리의 영과 더불어 우리가 하나님의 자녀인 것을 증언하시는 방법은 매우 분명하다. 많은 사람의 해석에 따르면, 성령은 우리의 영을 향해 우리가 하나님의 자녀라고 증언하시고, 또한 증명하신다. 성령은 우리 안에서 은혜의 사역을 행하시고, 그 사역이 우리의 양심에 분명하게 느껴지게 만드신다. 그로 인해 우리는 우리의 인격이 변화된 특징을 감지할 수 있고, 그런 변화를 우리 자신의 영에 의한 활동으로 간주해 우리 안에서 형성된 새로운 특징이나 속성에 익숙해지게 된다.
더욱이 우리는 성경에서 새로운 피조물의 특징을 발견할 수 있다. 모든 성경은 하나님의 영감으로 기록되었기 때문에 하나님의 성령과 우리의 영이 공동으로 그런 변화를 증언하거나 둘 사이에 교감이 이루어져 한목소리로 우리가 하나

---

4) Edwards, *Treatise Concerning Religious Affections*, pp. 131, 137. Flave, *4th Sac. Med.*, vol. 2. p. 455-456. McLeod(New York), *Life and Power of True Godliness*, p. 264.
5) Dick, *Theological Lectures*, vol. 3. p. 415.

님의 자녀라는 것을 증언하는 결과가 나타나기에 이른다. 이 문제와 관련해 성령은 그리스도 예수의 살아 있는 서신을 우리에게 새겨 주시는 것과 동시에 기록된 계시의 서신을 통해 그런 특징이 무엇인지를 일깨워 주시는 역할을 수행하신다. 아울러 우리의 영이 하는 역할은 우리 안에 무엇이 있는지 깊이 성찰하고, 또한 이해의 눈으로 하나님의 증언이 기록된 성경 안에 무엇이 있는지 살피는 데 있다.

우리의 내면에서 발견된 은혜의 표징이 성령이 기록하신 말씀 안에서 발견되는 은혜의 표징과 일치한다는 것이 확인되면, 우리 자신이 하나님에게서 난 자라는 결론을 도출할 수 있다. 그러나 이 두 가지 일, 곧 우리의 눈을 열어 성경 안에 기록된 것을 더욱 분명하게 깨닫게 하시는 일과 우리 자신의 마음속에 은밀하고도 깊게 숨겨져 있는 일들, 곧 가장 발견하기 어려운 일들을 보게 하시는 일 모두는 성령의 사역에서 비롯한다.

성령이 하나님의 말씀을 더욱 분명하게 깨닫게 하시고, 마음의 상태를 더욱 분명하게 드러내시는 일 외에 다른 방법을 통해 직접적인 암시를 주신다고 주장하는 것은 실제적인 경험보다 인간의 교리를 앞세우는 것이다. 우리는 전자를 통해 무엇이 약속되었는지 알 수 있고, 후자를 통해 우리의 인격적인 특징을 파악할 수 있다. 전자를 후자에 적용하면 우리가 구원 받은 자녀들 가운데 속한다는 가장 합법적인 논증, 즉 어설프거나 공교한 논증이 아니라 직관의 빛처럼 신속하면서도 강력한 증거를 지닌 논증을 이끌어 낼 수 있다.[6]

3항 이 틀림없는 확신은 믿음의 본질에 속하지 않는다. 참 신자는 오랫동안 기다리며 많은 어려움으로 인해 갈등을 겪고 나서야 비로소 그런 확

---

6) Chalmers, *Lectures on the Romans*, vol. 3. pp. 64-66, 68.

신에 도달할 수 있다(요일 5:13, 사 50:10, 막 9:24, 시 88편, 77:1-12). 특별한 계시가 없어도 일반적인 수단을 올바로 사용하면 하나님이 값없이 베푸시는 것들을 성령이 알 수 있게 해주시기 때문에 능히 확신을 얻을 수 있다(고전 2:12, 요일 4:13, 히 6:11-12, 엡 3:17-19). 따라서 더욱 힘써 자신의 부르심과 선택하심을 굳게 하는 것은 모든 신자의 의무다(벧후 1:10). 그렇게 하면 성령 안에서 누리는 평화와 기쁨, 하나님께 대한 감사와 사랑, 복종의 의무를 감당할 수 있는 능력과 즐거움이 더욱 커지고(롬 5:1-2, 5, 14:17, 15:13, 엡 1:3-4, 시 4:6-7, 119:32), 확신의 열매를 맺게 되어 방탕함에 치우치지 않게 된다(요일 2:1-2, 롬 6:1-2, 딛 2:11-12, 14, 고후 7:1, 롬 8:1, 12, 요일 3:2-3, 시 130:4, 요일 1:6-7).

4항 참 신자라도 구원의 확신이 다양한 방식으로 흔들리거나 감소하거나 중단될 수 있다. 그런 결과는 확신을 유지하는 일을 소홀히 하거나, 특별한 죄를 저질러 양심에 해를 입혀 성령을 근심하시게 하거나, 갑작스럽고 격렬한 유혹에 직면하거나, 하나님이 그 얼굴빛을 거두시어 자신을 경외하는 사람들조차 빛이 없는 상태에서 어둠 속을 거닐게 하시는 경우에 발생한다(아 5:2-3, 6, 시 51:8, 12, 14, 엡 4:30-31, 시 77:1-10, 마 26:69-72, 시 31:22, 88편, 사 50:10). 그러나 하나님의 씨앗과 믿음의 생명, 그리스도와 형제에 대한 사랑과 마음의 진실함과 의무를 행하려는 양심은 결코 완전히 사라지지는 않는다(요일 3:9, 눅 22:32, 욥 13:15, 시 73:15, 51:8, 12, 사 50:10). 적당한 때가 되면 성령의 역사로 인해 확신이 되살아나고, 그렇게 되기까지 완전한 절망에 빠지지 않도록 보호 받는다(미 7:7-9, 렘 32:40, 사 54:7-10, 시 22:1, 88편).

~ 해 설 ~

참 신자는 확신이 흔들릴 때도 있지만 성령의 역사로 적절한 때 회복된다.

은혜의 상태에 있다는 확신이 믿음의 본질에 속하지 않는다는 것은 자명하다. 이 확신은 믿음의 열매와 증거를 의식하는 데서 비롯한다. 믿음은 그런 열매와 증거를 확인하기 전부터 이미 존재하는 것이 분명하다. 모든 믿음은 증언에 근거한다. 그러나 성경에는 누가 은혜의 상태에 있다는 것을 알려 주는 증언이 없다. 이미 살펴본 대로, 이런 확신은 주로 반성이나 이성적 추론을 통해 이루어진다.

그러나 이 장에서 말하는 확신이 믿음의 본질에 속하지는 않지만, 때로는 믿음의 본질에 속하는 확신도 없지는 않다. 『웨스트민스터 신앙고백』은 구원 신앙을 다루는 장에서 그런 확신을 언급한 바 있다. '구원 받기 위해 그리스도를 받아들이고, 영접하고, 의지하는 것'은 구원 신앙의 핵심적인 활동에 해당한다. 구원 받기 위해 그리스도를 의지하려면 그분을 통해 구원 받는다는 것을 믿거나 확신하는 행위가 반드시 필요하다. 누군가를 의지해 무엇을 얻으려면 그가 자신에게 구하는 것을 내줄 것이라는 강한 확신이나 신념이 있어야 한다. 이런 경우, 확신은 믿음의 본질에 속한다.

인간적인 차원에서나 영적인 차원에서나 확신이 없으면 믿음을 가질 수 없다. 어떤 보고서를 믿으려면 먼저 그 보고서의 내용이 사실이라는 확신이 필요하고, 어떤 약속을 믿으려면 약속을 한 사람이 그 약속을 실천할 것이라는 확신이나 신념이 있어야 한다. 그와 마찬가지로, 구원 받기 위해 그리스도를 믿으려면 우리가 주 예수 그리스도의 은혜를 통해 구원 받을 것이라는 신념과 확신이 필요하다.

믿음의 본질에 속하는 확신은 일반적으로 '믿음의 확신'이라고 불리고, 은혜와 구원의 확신은 '감각의 확신'이라고 불린다. 전자는 객관적인 확신이고, 후자는 주관적인 확신에 해당한다. 이 둘은 서로 뚜렷하게 구별된다. 전자의 대상은 복음의 증언 안에 나타난 하나님의 신실하심이고, 후자의 대상은 영혼 안에서 일어나는 은혜의 사역이다. 전자는 하나님의 말씀 안에 기록된 진리에만 근거하고, 후자는 하나님의 말씀과 우리 안에서 이루어지는 그분의 사역 둘 다에 근거한다. 전자는 복음의 값없는 제공과 약속을 통해 하나님이 우리를 구원하기 위해 그리스도를 내주셨다는 확신을 말하고, 후자는 우리가 이미 그리스도와 그분의 구원을 소유하고, 누리고 있다는 확신을 말한다. 전자의 확신은 복음 신앙과 불가분의 관계를 맺지만, 후자의 확신은 참 믿음의 행위와 분리될 수 있고, 또 실제로 종종 분리되어 나타난다.

이 주제와 관련해 우리가 피해야 할 두 가지 극단이 있다. 하나는 확신이 믿음의 직접적인 행위와는 무관하고 은혜의 상태에 있다는 증거와 표징을 통해서만 얻을 수 있다는 것이고, 다른 하나는 구원의 확신은 구원 신앙의 본질에 속하기 때문에 자신의 구원을 의심하는 사람은 참 신자가 아니라는 것이다. 물론 은혜의 상태에 있다는 표징과 증거를 통해 얻어지는 확신은 믿음의 본질에 속하지 않지만, 믿음의 직접적인 행위, 곧 자기 자신을 의지하지 않고 오로지 하나님의 말씀만을 의지하는 믿음의 행위와 밀접하게 관련된 확신이 존재하는 것은 사실이다. 아울러 신자는 믿음의 본질에 속하는 확신을 가졌더라도 두려움과 의심에 사로잡혀 스스로의 구원을 확신하지 못할 때가 종종 있을 수 있다. 왜냐하면 구원 신앙을 가졌더라도 여전히 많은 불신앙과 부패의 요소가 남아 있어 신자를 자주 괴롭히기 때문이다.

이 조항에 포함된 다른 진리들은 간단하게 언급하고 넘어가도 충분할 듯하다.

1. 신자는 일반적인 수단을 올바로 사용하면 자신이 은혜의 상태에 있다는 확신을 가질 수 있다. 따라서 신자는 확신을 얻기 위해 최선을 다해 성실한 노력을 기울여야 할 의무가 있다. 이것은 신자에게 주어진 하나님의 명령이다. 안전을 보장 받지는 못한다고 해도 최소한 위로를 얻으려면 그런 노력이 반드시 필요하다.

2. 모든 신자가 이런 확신을 얻는 것은 아니다. 확신 있게 살아오다가도 어느 순간 확신이 약해질 수 있고, 심지어는 한동안 확신을 잃을 수도 있다. 이 확신은 육체의 질병, 나태한 태도, 유혹, 때때로 저지르는 죄, 하나님의 징계 (성경은 이런 경우를 '하나님이 자기 백성에게 얼굴을 가리셨다'고 표현한다)에 의해 흔들릴 수 있다.

3. 신자는 확신을 잃을 수는 있지만, 은혜로운 습관이나 성향을 완전히 상실하거나 완전한 절망에 빠지지는 않는다. 신자의 확신은 성령의 사역을 통해 적절한 때에 다시 회복된다.

4. 이런 확신은 신자로 하여금 죄를 마음껏 저지르도록 부추기지 않고, 오히려 열심히 거룩함을 추구하도록 독려한다. 확신을 가졌다고 자랑하면서 고의로 죄를 짓는 사람은 거짓 신자밖에 없다. 하나님의 모든 계명과 규례 안에서 흠 없이 행하지 않으면 참된 확신을 갖거나 유지할 수 없다. 사도들은 이구동성으로 구원의 확신의 참된 특성이 거룩함을 추구하는 데 있다고 강조했다(롬 13:11-14, 고전 15:58, 요일 3:2-3).

CHAPTER.19

OF THE LAW OF GOD

하나님의 율법

자유롭게 하는 온전한 율법을 들여다보고 있는 자는 듣고 잊어버리는 자가 아니요 실천하는 자니 이 사람은 그 행하는 일에 복을 받으리라 (약 1:25).
내가 율법이나 선지자를 폐하러 온 줄로 생각하지 말라 폐하러 온 것이 아니요 완전하게 하려 함이라 (마 5:17).

1항 하나님은 아담에게 행위 언약인 율법을 허락하시어 그와 그의 모든 후손에게 그 율법을 인격적으로 온전하고, 정확하고, 영구히 지켜야 할 의무를 부과하셨다. 그분은 율법을 지키면 생명을 주고, 어기면 죽음의 형벌을 내릴 것이라고 경고하셨고, 그에게 그것을 지킬 수 있는 힘과 능력을 허락하셨다(창 1:26-27, 2:17, 롬 2:14-15, 10:5, 5:12, 19, 갈 3:10, 12, 전 7:29, 욥 28:28).

― 해 설 ―

하나님은 인간을 지성적인 피조물이자 도덕적인 자율성을 지닌 존재로 창조하시고, 그에게 율법을 허락하시어 행위의 규칙으로 삼게 하셨다.

이 율법의 근거는 하나님의 무한히 의로우신 본성이다. 이 율법을 통해 하나님과 인간 사이에 필연적으로 도덕적인 관계가 성립되었다.

이 율법은 본래는 인간의 마음에 기록되었다. 인간은 창조주 하나님의 뜻을 온전히 알고 있었기 때문에 자신이 처한 모든 상황에서 어떻게 해야 의무를 다하는 것인지 충분히 이해할 수 있었고, 또한 자기에게 요구된 복종을 실천할 수 있는 힘과 능력까지 부여 받았다. 인간은 하나님의 도덕적인 형상을 따라 지으심을 받았기 때문에 이미 그 형상 안에 그 모든 것이 포함되어 있었다(창 1:27).

아담의 마음에 기록된 율법은 종종 '창조의 율법'으로 일컬어진다. 그 이유는 그것이 주권자이신 창조주 하나님의 뜻이었기 때문이다. 하나님께서는 이성을 지닌 피조물인 인간을 창조하실 때 그의 생각과 마음속에 율법을 새겨 주셨다. 또한 이 율법이 '도덕법'으로 불리는 이유는 그것이 도덕적인 통치자이신 하나님의 뜻을 담은 도덕적 행위의 기준이자 규칙이었기 때문이다. 이런 율법이 자연적인 형태로 아담에게 주어졌고, 그에게 완전한 복종의 의무를 요구했다.

　더욱이 이 율법은 언약의 형태로 주어졌다. 즉 복종하면 생명을 주겠다는 약속과 어기면 사망의 형벌을 내리겠다는 경고가 덧붙여졌다. 아담이 모든 율법에 복종할 것인지를 시험하기 위한 잣대로 선악을 알게 하는 나무의 열매를 먹지 말라는 명령이 주어졌다(창 2:16-17).

　이 언약은 인류의 첫 조상과 맺어졌지만, 그에게만 국한되지 않았다. 앞서 말한 대로, 그는 자신의 모든 후손을 대표하는 머리로서 언약을 맺었다. 바울은 언약의 형태를 지닌 이 율법을 '행위 율법'으로 일컬었다(롬 3:27). 아담에게 주어진 율법은 행위 언약이었다. 이런 형태의 율법은 의무를 규정할 뿐 아니라 복종에 대한 보상으로 생명을 약속하고, 불순종에 대한 징벌로 사망을 선고하는 형식을 취한다.

　'생명을 주기로 작정된' 율법이 육신(타락한 본성의 부패함)으로 말미암아 연약하여 아무것도 할 수 없게 되고 말았다. 이제 율법은 우리가 행할 수 없는 의무들을 요구한다. 행위 언약인 율법을 지켜 생명을 얻는 것은 불가능해졌다. 그런 방법으로는 더 이상 구원의 소망을 가질 수 없다.

　따라서 성경은 그리스도를 믿는 믿음으로 생명을 얻으라고 가르친다. 모든 사람은 언약을 어긴 상태로 율법 아래 있으며, 그 형벌을 짊어져야 하는 운명이다. 인간은 누구나 율법의 명령에 복종해야 할 의무가 있다. 아담과 맺어진 행위 언약은 그 자신만이 아니라 그의 모든 후손에게까지 영향을 미친다. 아담이 언약을 어긴 순간, 그의 모든 후손이 언약을 어긴 상태로 전락했다.

　따라서 인간이 처한 본질적인 상태는 참으로 비참하기 그지없다. 성경은 "무릇 율법 행위에 속한 자들은 저주 아래에 있나니"(갈 3:10)라고 말한다. 율법의 행위로 의롭다 하심을 구하려는 것은 이성과 분별력을 잃은 처사다. 왜냐하면 "율법의 행위로 그의 앞에 의롭다 하심을 얻을 육체가"(롬 3:20) 없기 때문이다.

2항 이 율법은 아담이 타락한 후에도 계속해서 완전한 의의 규칙으로 남았고, 하나님은 이를 시내 산에서 십계명의 형태로 두 돌판에 새겨 전달하셨다(약 1:25, 2:8, 10-12, 롬 13:8-9, 신 5:32, 10:4, 출 34:1). 처음 네 가지 명령은 하나님께 대한 의무를, 나머지 여섯 가지 명령은 사람에 대한 의무를 각각 명시한다(마 22:37-40).

⌐ 해 설 ⌐

인간의 타락이 있은 후 행위 언약으로 알려진 율법은 폐지되었지만, 도덕법으로 알려진 율법은 계속해서 완전한 의의 규칙으로 남았다.

창조 당시에 인간의 마음에 기록된 이 율법은 타락한 후에는 완전히 지워 없어지지는 않았지만 크게 훼손되고 말았다. 이성을 지닌 피조물의 마음속에는 여전히 그런 흔적이 희미하게 남아 있다. 하나님을 경배하고, 부모를 공경하고, 남에게 대접 받고자 하는 대로 남을 대접해야 한다는 일반적인 원리들이 모든 사람의 마음속에 어느 정도 새겨져 있다(롬 2:14-15).

그러나 율법이 지닌 본래의 기능이 크게 훼손되었기 때문에 하나님은 그것을 온전하고 새로운 형태로 다시 허락하시는 은혜를 베푸셨다. 하나님은 시내 산에서 지극히 엄숙한 절차를 통해 이스라엘 백성에게 율법을 수여하셨다. 하나님은 그 율법을 열 가지 계명으로 간단히 요약해 반포하셨다.

하나님은 친히 자신의 손가락으로 이 계명들을 두 돌판에 새겨 주셨다(출 32:15-16, 34:1). 처음 네 가지 계명은 하나님께 대한 의무를, 나머지 여섯 가지 계명은 사람에 대한 의무를 각각 명시한다. 주님은 이 모두를 마음을 다해 하나님을 사랑하고, 이웃을 내 몸처럼 사랑하라는 두 가지 계명으로 축약하셨다(마 22:37-40).

로마 가톨릭교회는 첫 번째 돌판에는 처음 세 가지 계명만 기록되었고, 나머지 일곱 가지 계명은 두 번째 돌판에 기록되었다고 주장한다. 그들은 첫 번째 계명과 두 번째 계명을 하나로 묶는다. 그 이유는 분명하다. 하나님의 형상을 만들지 말라는 두 번째 계명이 로마 가톨릭교회의 관행을 단죄하고 있기 때문이다. 그들은 두 번째 계명이 첫 번째 계명에 딸려 있는 내용인 것처럼 간주해 우상의 형상을 금지하는 의미로만 이해한다. 그들은 이를 근거로 참 하나님과 성인들을 묘사하는 경우에는 얼마든지 형상을 만들어 자유롭게 예배할 수 있다고 주장한다. 그들은 처음 두 계명을 하나로 합쳤기 때문에 열 가지 계명을 맞출 요량으로 마지막 계명을 "네 이웃의 집을 탐내지 말라"와 그 이하의 내용으로 나눈다.

그러나 이런 구분은 아무 근거가 없다. 처음 두 계명은 서로 독립된 계명이다. 첫 번째 계명은 경배의 대상이 살아 계신 참 하나님밖에 없다고 가르치고, 두 번째 계명은 예배의 수단, 곧 형상이나 사람이 고안한 다른 방법이 아니라 하나님이 정해 주신 의식만을 통해 예배하라고 가르친다. 열 번째 계명은 서로 나눌 수 없는 하나의 계명이다. 전체 내용이 한 가지 주제, 즉 탐심과 그릇된 욕망에 집중되어 있다. 이를 둘로 나누면 "탐내지 말라"라는 명령이 서로 중첩된다. 이 계명은 대상을 구체적으로 나열하기만 하면 그 가짓수를 얼마든지 늘릴 수 있다. 왜냐하면 대상을 말하고, 나중에 '탐내지 말라'라는 말만 갖다 붙이면 되기 때문이다. "곧 율법이 탐내지 말라 하지 아니하였더라면 내가 탐심을 알지 못하였으리라"(롬 7:7)라는 바울 사도의 말은 이 계명이 한 가지 계명이라는 것을 분명히 암시한다.

하나님은 시내 산에서 십계명을 행위 언약의 형태로 반포하셨다. 물론 그 목적은 이스라엘과 새로운 행위 언약을 맺으시고, 율법을 지켜 생명을 얻으라고 요구하시기 위한 것이 아니었다. 하나님이 율법을 행위 언약으로 제시하신 이유는 완전한 의가 없이는, 곧 율법의 모든 요구에 복종하는 것이 없이는 의롭다 하심을 얻을 수 없다는 것을 상기시켜 주고, 그들 자신에게 그런 의가 없다는 사실을 깨닫게 하시어 은혜 언약(곧 그들이 의롭다 하심을 받을 수 있도록 완전한 의를 공급하는 언약)을 붙들게 하시기 위해서였다.

이처럼 시내 산 언약에는 율법과 은혜라는 두 가지 원리가 혼합되어 나타난다. 시내 산 언약에 은혜 언약이 담겨 있다는 것은 십계명의 서두에 기록된 말씀("나는 너를 애굽 땅, 종 되었던 집에서 인도하여 낸 네 하나님이 여호와니라")과 의식법의 반포를 통해 분명하게 암시되고 있다. 그러나 시내 산 언약에는 행위 언약인 도덕법도 아울러 포함되어 있다. 도덕법은 이스라엘 백성에게 그들의 부패함과 비참함을 알게 하고 속죄의 필요성을 깨우쳐 주어 아브라함에게 약속된 씨(그 안에서 모든 사람이 복을 받게 될 약속의 후손), 곧 복되신 중보자를 믿음으로 받아들이도록 이끈다. 이처럼 시내 산의 행위 언약은 은혜 언약을 보조하는 역할을 한다. 지금도 율법은 "우리를 그리스도께로 인도하는 초등 교사"(갈 3:24)로서 여전히 복음에 기여한다.

3항 하나님은 아직 미성숙한 교회였던 이스라엘에게 흔히 도덕법으로 불리는 이 율법 외에 의식법을 허락하셨다. 그 안에는 예표가 되는 여러 가지 의식이 포함되어 있는데, 이것들은 부분적으로는 그리스도와 그분의 은혜와 행위와 고난과 축복을 예표하고(히 9장, 10:1, 갈 4:1-3, 골 2:17), 부분적으로는 도덕적 의무를 일깨우는 다양한 교훈을 가르치고 있다(고전 5:7, 고후 6:17, 유 1:23). 의식법은 신약 시대에 이르러 모두 폐지되었다(골 2:14, 16-17, 단 9:27, 엡 2:15-16).

4항 하나님은 정치체제를 구축하고 있던 이스라엘에게 여러 가지 사법적인 율법을 허락하셨다. 이런 율법들은 그들 국가와 더불어 모두 사라졌기 때문에 법률적 공정성이 요구하는 것 외에는 더 이상 아무런 구속력을 발휘하지 못한다(출 21장, 22:1-29, 창 49:10, 벧전 2:13-14, 마 5:17, 38-39, 고전 9:8-10).

5항 도덕법은 의롭다 하심을 받은 사람은 물론 다른 모든 사람들에게 영구히 복종을 요구한다(롬 13:8-10, 엡 6:2, 요일 2:3-4, 7-8). 그 이유는 그 안에 담겨 있는 내용만이 아니라 그것을 허락하신 창조주 하나님의 권위 때문이다(약 2:10-11). 그리스도께서도 복음 안에서 이 의무를 폐하지 않으시고, 더욱 강화하셨다(마 5:17-19, 약 2:8, 롬 3:31).

해 설

하나님은 이스라엘 백성에게 도덕법 외에 의식법과 사법적인 율법을 허락하셨다.

이 두 가지는 그 용도가 일시적이고 제한적이다. 그러나 도덕법은 보편적이고 항구적인 의무에 해당한다.

1. 의식법은 유대 민족이 교회로서 행해야 할 의무를 다룬다. 이 율법은 그들이 하나님을 예배하면서 지켜야 할 의식과 규례를 규정한다. 이 의식들은 주로 그리스도를 예표하며, 그분을 통한 구원의 길을 아는 지식으로 인도한다. 신약 시대에 이르러 의식법이 모두 폐지된 이유는 이렇다.

1) 이 율법의 자체적인 속성 때문이다. 이 율법의 목적은 유대 민족을 다른 민족의 우상 숭배 의식에 빠지지 않게 하려는 것이었다. 복음이 모든 민족에게 전파되어 유대인과 이방인들이 그들의 머리이신 그리스도 안에서 한 몸이 되는 순간, 그들을 나누는 벽이 허물어졌다. "그는 우리의 화평이신지라 둘로 하나를 만드사 원수 된 것 곧 중간에 막힌 담을 자기 육체

로 허시고 법조문으로 된 계명의 율법을 폐하셨으니 이는 이 둘로 자기 안에서 한 새사람을 지어 화평하게 하시고"(엡 2:14-15).

2) 이 의식법이 다가올 좋은 것을 예표하기 때문이다. 이 율법은 새 언약의 시대가 열려 그리스도를 통해 폐지될 때까지만 효력을 발휘했다. 이 율법은 그분 안에서 구체적으로 실현되었다(히 9:9-12).

3) 이 율법이 그리스도와 그분의 죽음을 예표하고 상징하는 것이었기 때문이다. 그리스도께서는 죽음으로 하나님의 공의를 만족시키심으로 의식법이 예표하는 모든 것을 성취하셨다. 따라서 모든 예표는 폐지되는 것이 마땅했다(골 2:17).

4) 의식들이 예루살렘 성전에 대부분 국한되었기 때문이다. 성전이 파괴되면서 의식들도 함께 사라졌다.

5) 사도들이 분명히 가르치는 대로 새 언약의 시대에는 더 이상 의식이 필요하지 않기 때문이다(행 15:24). 히브리서의 주제 가운데 하나는 의식법이 폐지되어야 할 근거를 제시하는 것이었다. "제사 직분이 바꾸어졌은즉 율법도 반드시 바꾸어지리니"(히 7:12).

2. 사법적인 율법은 유대 민족이라는 국가 체제에 국한되어 국가를 통치하기 위한 법률적 성격을 띤다. 이 율법이 폐지되어야 하는 이유는 유대 민족의 정치체제가 독특한 성격을 지니고 있었기 때문이다. 그러나 모든 민족에게 공통되는 자연법의 원칙을 따르는 법령은 여전히 효력을 발휘한다.

3. 도덕법이 도덕법으로 불리는 이유는 일시적인 의무만을 다루는 실정법

과는 달리 도덕적 행위를 규정하고 있기 때문이다. 이 율법은 시간과 장소에 구애 받거나 하나의 국가나 민족에게 국한되지 않는다. 이 율법은 창조주 하나님과 피조물인 인간의 관계에 근거하기 때문에 시대를 초월한 권위를 발휘한다. 이 조항은 '의롭다 하심을 받은 사람은 물론 다른 모든 사람들에게 영구히 복종을 요구한다'는 말로 신자들이 도덕법의 의무에서 해방되었다고 주장하는 율법폐기론자들을 논박한다.

물론 신자들은 언약의 형태로 주어진 도덕법으로부터는 온전히 해방되었다. 그러나 그들은 중보자이신 그리스도 안에서 여전히 이 율법을 삶의 규칙으로 받아들여야 한다. 바울은 "내가 하나님께는 율법 없는 자가 아니요 도리어 그리스도의 율법 아래에 있는 자이나"(고전 9:21)라고 말했다.

그리스도께서는 가장 엄숙하고 확실한 태도로 "내가 율법이나 선지자들을 폐하러 온 줄로 생각하지 말라 폐하러 온 것이 아니요 완전하게 하려 함이라"(마 5:17)고 말씀하셨다. 그리스도께서는 완전한 복종을 통해 언약으로서의 도덕법을 모두 성취하셨고, 자기 백성을 대신해 끔찍한 고난을 당하셨다. 그리스도께서는 이제 그들에게 하늘의 계명을 완전한 의무의 규칙으로 제시하시고, 가장 설득력 있는 동기를 부여하신다.

복음은 도덕적 율법의 의무를 약화시키기보다 오히려 그 권위를 강화하고 공고히 하며, 가장 강력한 동기를 부여해 그 계명에 복종하게 한다. "그런즉 우리가 믿음으로 말미암아 율법을 파기하느냐 그럴 수 없느니라 도리어 율법을 굳게 세우느니라"(롬 3:31).

신자들에게 도덕법은 더 이상 언약의 기능을 행하지 않는다. 그러나 그 내용과 권위는 여전히 변함없이 동일하다. 율법은 하나님과 인간 사이에서 이루어진 언약의 형태를 띠기 전까지만 해도 인류의 첫 조상을 위한 단순한 삶의 규칙이었다. 이 점을 생각하면 율법의 언약으로서의 기능은 폐지되었더라도 도덕적 행위의 규칙으로서의 기능은 여전히 그대로라는 것을 쉽게 이해할 수 있다.

6항 참 신자는 행위 언약으로서의 율법을 통해 의롭다 하심을 받거나 정죄 당하지 않는다(롬 6:14, 갈 2:16, 3:13, 4:4-5, 행 13:39, 롬 8:1). 그러나 율법은 다른 사람들에게는 물론 그들에게도 크게 유익하다. 율법은 삶의 규칙으로서 그들에게 하나님의 뜻과 그들의 의무를 알려 주고, 거기에 합당하게 행하도록 명령하고 인도하며(롬 7:12, 22, 25, 시 119:4-6, 고전 7:19, 갈 5:14, 16, 18-23), 그들의 본성과 마음과 삶이 죄로 인해 부패했다는 것을 일깨워 주어(롬 7:7, 3:20, 7:24) 스스로를 살펴 죄를 더욱 깨닫게 하고, 죄를 미워하게 하며, 겸손한 태도를 취하도록 이끌고(약 1:23-25, 롬 7:9, 14, 24), 그리스도와 그분의 완전하신 복종의 필요성을 더욱 분명하게 의식하게 만든다(갈 3:24, 롬 7:24-25, 8:3-4).

이와 같이 율법은 거듭난 자들에게 그들의 부패함을 억제할 수 있는 유익을 끼친다. 율법은 죄를 금지할 뿐 아니라(약 2:11, 시 119:101, 104, 128) 경고를 통해 그들이 비록 율법의 저주에서 해방되었더라도 죄를 지으면 어떤 징벌을 받고, 또 현세에서 어떤 고난을 받게 될 것인지 알려 준다(스 9:13-14, 시 89:30-34). 또한 율법은 약속을 통해 복종하면 하나님께 인정받고, 또 비록 행위 언약으로서의 율법을 통해 마땅히 주어지는 것은 아닐지라도(갈 2:16, 눅 17:10) 그런 행위로 인해 어떤 보상을 기대할 수 있는지 알려 준다(레 26:1-14, 고후 6:16, 엡 6:2-3, 시 37:11, 마 5:5, 시 19:11).

물론 선을 장려하고 악을 제지하는 율법에 따라 선을 행하고 악을 멀리하는 행위가 율법 아래 있고 은혜 아래 있지 않다는 증거가 되지는 않는다(롬 6:12, 14, 벧전 3:8-12, 시 34:12-16, 히 12:28-29).

7항 지금까지 언급한 율법의 용도는 복음의 은혜와 상충하지 않고, 오히려 잘 조화를 이룬다(갈 3:21). 그리스도의 영이 사람의 의지를 정복하시어 율법에 계시된 하나님의 뜻이 요구하는 바를 자유롭고 즐겁게 행할 수 있는 능력을 허락하신다(겔 36:27, 히 8:10, 렘 31:33).

～ 해 설 ～

이 조항은 참 신자가 행위 언약으로서의 율법으로부터 온전히 해방되었다고 진술한다.

참 신자들의 대표자요, 보증인이신 그리스도께서 죽음에 이르는 고난을 통해 율법의 저주를 남김없이 감당하시어 율법의 정죄하는 권세로부터 그들을 온전히 자유롭게 하셨다. "그리스도께서 우리를 위하여 저주를 받은 바 되사 율법의 저주에서 우리를 속량하셨으니"(갈 3:13). "그러므로 이제 그리스도 예수 안에 있는 자에게는 결코 정죄함이 없나니"(롬 8:1).

만일 그리스도께서 율법의 저주만을 감당하시고, 자기 백성을 정죄하는 권세를 지닌 언약으로서의 율법 아래 그대로 남겨 두셨다면 그들은 아담이 죄를 짓기 전에 처했던 불확실한 유예 상태와 동일한 상태에 처해 죄를 지으면 다시 율법의 저주를 받게 되었을 것이다. 그러나 그리스도께서는 율법의 형벌로 인한 고난을 모두 감당하셨을 뿐 아니라 그 계명에 온전히 복종하심으로 자기 백성을 율법의 정죄하는 권세는 물론 그 명령으로부터 온전히 구원하셨다.

"그리스도의 몸으로 말미암아 율법에 대하여 죽임을 당하였으니"(롬 7:4), "그리스도는 모든 믿는 자에게 의를 이루기 위하여 율법의 마침이 되시니라"(롬 10:4), "너희가 법 아래에 있지 아니하고 은혜 아래에 있음이라"(롬 6:14)와 같은 말씀들은 이 자유의 온전한 본질을 명확하게 증언한다.

신자가 언약으로서의 율법으로부터 해방되었다는 교리는 방종을 부추기지 않는다. 왜냐하면 이미 말한 대로, 신자는 율법을 삶의 규칙으로 받아들여 지켜야 할 의무가 있기 때문이다. 율법은 다른 사람들은 물론 신자들에게도 여러 모로 유익하다. 바울은 "율법은 사람이 그것을 적법하게만 쓰면 선한 것임을 우리는 아노라"(딤전 1:8)라고 말했다. 신자든, 불신자든 율법을 자신이 처한 상황에 적절하게만 사용하면 많은 유익을 얻을 수 있다. 율법은 거듭난 자에게나 거듭나지 못한 자에게나 여러 가지 중요한 목적을 지닌다. 율법의 목적 가운데 몇 가지를 간단하게 진술하면 다음과 같다.

1. 거듭나지 못한 자가 도덕적 율법을 통해 얻을 수 있는 유익은 무엇일까? 그것은 다음과 같다.

- 많은 죄를 억제할 수 있도록 돕는다(딤전 1:9).
- 스스로의 부패함과 불행을 깨닫게 해준다(롬 3:20, 7:9).
- 그리스도의 절대적인 필요성을 의식하고, 그분을 모든 필요를 채워 주시는 구주로 받아들이도록 인도한다(갈 3:24).
- 계속 죄 가운데 살면서 죄인들을 구원하시는 주님을 끝까지 거부할 경우 더 이상 변명할 수 없게 만든다(롬 1:20, 2:15, 요 3:18, 36).

2. 반면에 거듭난 신자가 도덕적 율법을 통해 얻을 수 있는 유익은 다음과 같다.

- 그리스도께서 자신을 사랑하시어 율법의 모든 계명을 이루시고 그 형벌을 대신 감당하심으로 언약으로서의 율법으로부터 자신을 구원하셨다는 사실에 감사하며, 그분을 더욱 보배롭게 여길 수 있도록 도와준다(갈 3:13, 4:4-5).
- 하나님의 뜻을 알게 해 행위를 바르게 하도록 도와준다(미 6:8).

- 스스로를 성찰해 마음과 삶 속에 도사리고 있는 부패한 요소를 발견할 수 있도록 돕고, 스스로의 부족함을 깨달아 그리스도를 계속 의지하고, 점진적으로 거룩함을 이루어 나갈 수 있도록 이끈다(빌 3:10-14).
- 스스로의 진실성을 시험해 자신이 진리에 속해 있다는 확신을 갖게 해 주고, 의무를 이행하는 데 많은 부족함이 있더라도 속사람으로는 하나님의 율법을 즐거워하고 있다는 것을 깨닫도록 도와준다(요일 3:19, 롬 7:22, 25, 고후 1:12).

CHAPTER. 20

OF CHRISTIAN LIBERTY, AND LIBERTY OF CONSCIENCE

기독교인의 자유와 양심의 자유

베드로와 요한이 대답하여 이르되 하나님 앞에서 너희의 말을 듣는 것이 하나님의 말씀을 듣는 것보다 옳은가 판단하라 (행 4:19).
우리가 너희 믿음을 주관하려는 것이 아니요 오직 너희 기쁨을 돕는 자가 되려 함이니 이는 너희가 믿음에 섰음이라 (고후 1:24).

1항 그리스도께서 복음 아래 있는 신자들을 위해 값 주고 사신 자유는 죄의 책임과 하나님의 정죄하는 진노와 도덕적 율법의 저주로부터의 해방이요(딛 2:14, 살전 1:10, 갈 3:13), 현세의 악한 세상과 사탄의 속박과 죄의 지배와(갈 1:4, 골 1:13, 행 26:18, 롬 6:14) 고통의 해악과 사망의 쏘는 것과 무덤의 승리와 영원한 정죄로부터의(롬 8:28, 시 119:71, 고전 15:54-57, 롬 8:1) 구원으로 이루어져 있다. 또한 이 자유는 노예의 두려움이 아니라 자녀로서의 사랑과 기꺼운 마음으로(롬 8:14-15, 요일 4:18) 하나님 앞에 자유롭게 나가(롬 5:1-2) 복종할 수 있게 해준다. 이 모든 것은 율법 아래에 있던 신자들에게도 똑같이 적용되었다(갈 3:9, 14).

그러나 신약 시대의 신자들이 누리는 자유는 구약 시대의 교회가 복종했던 의식법으로부터의 해방을 통해 더욱 크게 확대되었다(갈 4:1-3, 6-7, 5:1, 행 15:10-11). 그들은 율법 아래에 있던 신자들보다 더욱 담대하게 은혜의 보좌 앞에 나가(히 4:14, 16, 10:19-22) 자유로우신 하나님의 영과 더욱 온전히 교통할 수 있다(요 7:38-39, 고후 3:13, 17-18).

↱ 해 설 ↰

시민적 자유는 말로 다할 수 없이 귀한 특권이 아닐 수 없다. 그 자유가 상실되었을 때 그것을 되찾으려고 노력할 때나 그 자유를 누릴 때, 또는 그것을 안전하게 유지하려고 노력할 때 치러야 하는 희생은 아무리 크더라도 충분한 가치를 지닌다.

그러나 시민적 자유가 아무리 귀해도 그리스도께서 자기 백성에게 허락하신 자유에 비견할 수는 없다. 영혼은 육체보다 훨씬 더 큰 가치를 지니기 때문에 그리스도께서 허락하신 자유가 시민적 자유를 능가하는 것은 지극히 당연하다. 그리스도께서 자유롭게 하신 자들은 진정으로 자유롭다(요 8:36). 기독교인의 자유는 신약 시대의 신자들이 누리는 특별한 자유에만 국한되지 않는다. 시대를 막론하고 신자들은 모두 기독교인의 자유를 누린다.

신자들이 누리는 자유를 몇 가지 열거하면 다음과 같다.

1. 신자들은 죄책과 죄의 지배로부터 자유롭다. 죄책이란 죄를 지은 대가로 영원한 형벌을 당해야 할 책임이 있다는 뜻이다. 신자들은 그리스도의 보혈을 통해 주어진 죄 사함의 은혜를 통해 죄책을 온전히 면제 받았다. "우리는 그리스도 안에서 그의 은혜의 풍성함을 따라 그의 피로 말미암아 속량 곧 죄 사함을 받았느니라"(엡 1:7).

그러나 죄는 죄책만을 동반하는 데 그치지 않고, 죄인을 가혹하게 지배한다. 그리스도께서는 중생을 통해 죄의 지배로부터 자기 백성을 구원하신다. 그들 안에는 죄가 여전히 남아 있지만, 그 지배력은 성화를 통해 차츰 약화되며, 때가 되면 완전히 사라진다. 이런 이유로 바울 사도는 신자들에게 "죄가 너희를 주장하지 못하리니……이제는 너희가 죄로부터 해방되고 하나님께 종이 되어 거룩함에 이르는 열매를 맺었으니 그 마지막은 영생이라"(롬 6:14, 22)고 말했다.

2. 신자들은 하나님의 정죄하는 진노로부터 자유롭다. 모든 인간은 하나님의 진노 아래 있다. 불순종의 자녀들은 진노의 자녀들이다(엡 2:2-3). 그러나 신자들의 경우는 그리스도의 의가 전가된 덕분에 하나님의 진노로부터 온전히 해방되었다. "이제 그리스도 예수 안에 있는 자에게는 결코 정죄함이 없나니"(롬 8:1). 하나님이 그들에게 잠시 얼굴을 숨기실 수는 있지만, 그분의 법적 진노는 그들에게서 영원히 사라졌다(사 54:9-10, 롬 5:10).

3. 신자들은 행위 언약으로서의 율법으로부터 자유롭다. 모든 인간은 율법의 저주 아래 놓여 있다. 왜냐하면 "율법 책에 기록된 대로 모든 일을 항상 행하지 아니하는 자는 저주 아래에 있는 자라"(갈 3:10)라고 성경에 기록되어 있기 때문이다. 그러나 그리스도께서는 자기 백성의 보증인으로서 그 저주를 친히 감당하시고, 자기를 믿는 모든 자를 구원하셨다. 바울은 "그리스도께서 우리를 위하여 저주를 받은 바 되사 율법의 저주에서 우리를 속량하셨으니"(갈 3:13)라고 말했다.

신자들은 도덕적 율법을 삶의 규칙으로 삼아야 하지만, 행위 언약으로서의 율법으로부터는 온전히 해방되었다. 그들은 율법의 정죄로부터 온전히 자유로워졌기 때문에 죄로 인한 저주를 더 이상 감당할 필요가 없다. "너희가 법 아래에 있지 아니하고 은혜 아래에 있음이라"(롬 6:14). "이제는 우리가 얽매였던 것에 대하여 죽었으므로 율법에서 벗어났으니"(롬 7:6).

4. 신자들은 현세의 악한 세상으로부터 자유롭다. 세상은 또 하나의 전횡적인 독재자다. 모든 사람이 세상의 권세와 영향 아래 놓여 있다. 그러나 신자들은 이 매혹적이고 파괴적인 원수의 권세로부터 자유롭다. 그리스도께서 그들을 위해 이 자유를 얻어 그들에게 주신다. "그리스도께서 하나님 곧 우리 아버지의 뜻을 따라 이 악한 세대에서 우리를 건지시려고 우리 죄를 대속하기 위하여 자기 몸을 주셨으니"(갈 1:4). 신자들은 십자가의 강력한 능력을 통해 세상에 대해 못 박혔고, 세상은 그들에 대해 못 박혔다(갈 6:14).

5. 신자들은 사탄의 속박으로부터 자유롭다. 모든 인간은 본질상 사탄의 포로다. 이것이 사탄이 '이 세상의 임금'으로 불리는 이유다. 사람들은 모두 그의 올무에 걸려 그의 먹이가 되었고, 그에게 사로잡힌 신세다. 그러나 그리스도께서 마귀의 일을 멸하기 위해 나타나셨고(요일 3:8), "죽음을 통하여 죽음의 세력을 잡은 자"(히 2:14) 곧 마귀를 멸하셨다. 그리스도께서는 복음으

로 마귀에게 사로잡힌 자들에게 자유를 선언하시고(사 61:1), 유효 소명을 통해 실제로 그들을 사탄의 권세로부터 구원하신다(골 1:13).

사람들은 현세에서 여전히 마귀의 공격에 노출되어 있지만(벧전 5:8) 그에게 더 이상 속박되지 않으며, 때가 되면 그의 유혹으로부터 온전히 벗어나 그의 영향력이 미치지 못하는 곳으로 들어가게 될 것이다. 성경은 "평강의 하나님께서 속히 사탄을 너희 발아래에서 상하게 하시리라"(롬 16:20)고 약속한다.

6. 신자들은 고통의 해악으로부터 자유롭다. 물론 그리스도께서는 만민에게 공통된 어려움에서 그들을 온전히 자유롭게 해주시지는 않지만, 형벌로 주어지는 고통으로부터는 온전히 자유롭게 해주신다. 그들이 마셔야 할 고통의 잔은 참으로 크고 깊지만, 그 안에는 형벌로 주어지는 진노가 단 한 방울도 담겨 있지 않다. 그들은 그들 자신을 유익하게 하는 고통만을 감당한다. 그들은 하나님의 축복을 통해 여러모로 큰 유익을 얻는다. 이런 이유로 하나님의 자녀들은 종종 고난 당하는 것이 유익이 되었다고 말하곤 한다(시 119:71). 그들은 때로 혼란에 사로잡혀 자신의 시련이 어떤 유익을 가져다줄지 알지 못하지만, 그럼에도 불구하고 만사가 협력해 자신을 유익하게 해줄 것이라고 온전히 확신한다(롬 8:28, 히 12:6-11, 고후 4:17).

7. 신자들은 사망의 쏘는 것으로부터 자유롭다. 죽음이 영혼과 육체의 분리만을 의미한다면 신자도 죽음의 운명에서 자유로울 수 없다(히 9:28, 시 89:48). 그러나 그리스도께서는 율법의 저주로 인한 사망과 영원한 멸망으로부터 자기 백성을 구원하신다(요 11:25-26). 그분은 사망의 쏘는 것을 무력화시키셨고, 사망이 자기 백성에게 아무런 해를 입히지 못하게 만드셨다(고전 15:56). 사망은 신자들에게 해를 입히기는커녕 말로 다할 수 없는 유익을 가져다준다. 다시 말해, 신자는 죽는 순간에 모든 슬픔과 갈등에서 벗어나 그리스도

와 온전히 함께 거한다(빌 1:21, 23).

8. **신자들은 무덤의 승리로부터 자유롭다.** 신자들의 육체는 무덤에 묻혀 썩지만, 무덤은 감옥이 아닌 안식처다. 그들은 몸이 부패한 상태로 그곳에 영원히 머물지 않고, 마지막 날에 영광스러운 불멸의 몸으로 다시 살아날 것이다(욥 19:26-27). "이제 그리스도께서 죽은 자 가운데서 다시 살아나사 잠자는 자들의 첫 열매가 되셨도다"(고전 15:20). 그리스도의 부활은 그분 안에서 잠든 모든 자들의 부활을 보장하는 증거요, 약속이다. 그 약속은 때가 되면 온전히 이루어질 것이다. "내가 그들을 스올의 권세에서 속량하며 사망에서 구속하리니"(호 13:14). "사망을 삼키고 이기리라고 기록된 말씀이 이루어지리라"(고전 15:54).

9. **신자들은 영원한 정죄로부터 자유롭다.** 이 세상에서 죄의 형벌을 온전히 다 당하는 사람은 아무도 없지만, 악인들은 결국 모두 지옥에 갈 것이다(시 9:17). 마지막 심판의 날에 그들에게 정죄가 선고되고, 그들은 "마귀와 그 사자들을 위하여 예비된 영원한 불"(마 25:41)에 들어가게 될 것이다.

그러나 신자들은 영원한 정죄를 당하지 않고, 다가올 진노로부터 온전히 구원 받는다(요 5:24, 살전 1:10). 하나님의 진노의 큰 날이 도래하면 그들은 악인들이 보응을 받는 광경을 목격하게 될 것이다. 그러나 그들 자신은 그런 형벌로부터 온전히 자유롭다.

10. **신자들은 하나님 앞에 자유롭게 나갈 수 있다.** 그들은 하나님을 자애로우신 아버지로 알고 자유롭게 그분 앞에 나가 자녀로서 모든 사정과 소원을 아뢸 수 있다. "우리가 그 안에서……담대함과 확신을 가지고 하나님께 나아감을 얻느니라"(엡 3:12).

11. 신자들은 자유롭게 하나님을 섬길 수 있다. 악인들이 하나님께 복종하는 것은 노예가 독재자에게 복종하는 것과 같다. 그들이 독재자를 미워하면서도 그에게 복종하는 이유는 단지 형벌이 두렵기 때문이다. 그러나 신자들은 노예적인 두려움으로부터 온전히 벗어나 기꺼운 마음과 넘치는 사랑으로 하나님을 섬긴다. "주는 영이시니 주의 영이 계신 곳에는 자유가 있느니라"(고후 3:17, 눅 1:74-75, 고후 5:14, 요일 4:18 참조).

지금까지 말한 자유는 신약 시대의 신자들은 물론 율법의 시대를 살았던 신자들에게도 똑같이 해당된다. 그러나 신약 시대에는 여러 가지 면에서 더욱 확대되었다.

신약 시대의 신자들이 누리는 자유를 간단히 설명하면 다음과 같다.

1. 기독교인들은 의식법의 멍에로부터 자유롭다. 구약 시대의 교회는 "세상의 초등 학문"(갈 4:3)에 매여 있었지만, 신약 시대의 교회는 더 이상 그런 성가신 멍에를 짊어지지 않는다(행 15:10). 고대의 의식법은 그리스도의 죽음을 통해 폐지되었다. 그것은 복음이 온전히 선포되고 예루살렘 성전이 파괴될 때까지 잠시 명맥을 유지하다가 그런 율법을 지키는 것이 불법으로 간주되는 순간, 영원히 역사 속으로 사라졌다. 바울은 "그리스도께서 우리를 자유롭게 하려고 자유를 주셨으니 그러므로……다시는 종의 멍에를 메지 말라"(갈 5:1)고 말했다.

2. 기독교인은 더욱 담대하게 은혜의 보좌 앞에 나갈 수 있다. 바울은 자유롭고, 자신 있고, 담대하게 하나님 앞에 나가는 것을 구약 시대의 신자들은 누리지 못한, 신약 시대의 신자들만의 특권으로 종종 언급했다(히 4:16, 10:19, 요일 3:21, 4:17, 5:14).

3. 기독교인은 구약 시대의 신자들보다 자유로우신 하나님의 영과 더욱 온전하게 교통한다. 성령은 구약 시대의 교회 위에 임하셨지만, 신약 시대에 이르러서는 더욱 온전하고 충만하게 임하신다. 성경이 예수님이 영광을 얻으시기 전에 성령이 아직 임하시지 않았다고 말하고 있는 이유가 여기에 있다(요 7:39). 구약성경은 성령의 충만한 임재를 신약 시대의 큰 특권으로 종종 예언했다(사 44:3, 욜 2:28-29). 그리스도께서 승천하시고 신약 시대가 열리는 순간, 성령의 놀랍고 경이로운 은사들이 사도들은 물론 일반 신자들에게까지 풍성하게 임했다. 성령의 일반적인 은사들과 은혜로운 영향력도 구약 시대에 비해 현저하게 증가했다. 바울은 "영의 직분"(고후 3:8)을 신약 시대의 영광을 드러내는 가장 중요한 특징 가운데 하나로 제시했다.

우리가 지금 논하고 있는 영광스러운 자유는 참으로 놀랍기 그지없다. 시민적 자유를 소중히 여겨야 한다면 하나님의 자녀가 누리는 영광스러운 자유는 그보다 훨씬 더 소중하다. 이것은 그리스도의 보혈이라는 상상할 수 없는 대가를 치르고 얻어진 자유다. 신자들이 그분께 진 빚은 너무나도 크다. 신자들은 자신들을 위해 자기 목숨을 대속물로 내주신 주님의 관대하심을 기억하고 그분께 넘치는 감사를 돌려야 마땅하다. 그리스도께서는 그들을 가장 수치스러운 노예 상태에서 해방하셨고, 전횡을 일삼던 잔인한 주인으로부터 건져 내셨다.

그러니 이제 그분의 쉽고 가벼운 멍에와 짐을 짊어지는 것이 당연하지 않겠는가? 참 신자라면 누구나 그것을 당연한 의무요, 무한한 특권으로 여겨 그리스도의 헌신적인 종이 되어 자유롭게 그분을 섬길 것이 분명하다.

2항 하나님만이 홀로 양심의 주인이 되신다(약 4:12, 롬 14:4). 그분은 자신

의 말씀에 위배되는 인간의 교리와 명령은 물론 예배나 믿음에 관한 문제와 관련해 양심을 자유롭게 하셨다(행 4:19, 5:29, 고전 7:23, 마 23:8-10, 고후 1:24, 마 15:9). 따라서 그런 교리를 믿거나 양심상으로 그런 계명에 복종하는 것은 참된 자유와 양심을 배신하는 것이고(골 2:20, 22-23, 갈 1:10, 2:4-5, 5:1), 무조건적인 신뢰와 맹목적이고 절대적인 복종을 요구하는 것은 양심의 자유는 물론 이성의 자유를 침해하는 것이다(롬 10:17, 14:23, 사 8:20, 행 17:11, 요 4:22, 호 5:11, 계 13:12, 16-17, 렘 8:9).

─ 해설 ─

이 조항은 양심의 자유라는 교리를 너무나도 분명하게 진술한다.

양심은 믿음과 의무의 문제와 관련해 오직 하나님의 권위에만 복종할 뿐 인간의 전통과 계명에 복종하지 않을 자유를 누린다.

인간의 권위에 복종해 하나님의 말씀에 위배되는 교리를 믿거나 그런 계명에 복종하는 것은 양심의 참된 자유를 배신하는 것이다. 국가 공직자든 성직자든, 남편이든 주인이든 부모든 무조건적인 신뢰와 맹목적이고 절대적인 복종을 요구하는 것은 양심의 자유를 침해하는 것이다.

양심의 권리는 세상의 통치자나 교회의 지도자들에게 자주 침해를 받아왔다. 이 조항은 교리와 실천에 관한 로마 가톨릭교회의 관행을 정면으로 논박한다. 로마 가톨릭교회는 교황과 주교들이 스스로의 권위로 양심을 속박하는 율령을 집행할 수 있고, 그것을 어길 경우에는 하나님의 율법을 어길 때와 동일한 형벌을 가할 수 있다고 가르친다. 그들은 실제로 그런 신조를 많이 강요했고, 성경의 근거가 없는 의식과 예전을 수없이 만들어 예배에 적용했다. 그들은 자신들의 율령을 절대적으로 믿고, 그 명령에 무조건 복종하라고 요구한다. 이 조항은 전횡적인 횡포를 일삼아 하나님의 권위를 찬탈하는 로마 가톨릭교회를 강하게 비판한다.

양심의 자유를 구속할 수 있는 사람은 아무도 없다. 그것은 지고하신 주님이시요, 입법자이신 하나님에게만 속한 권한을 찬탈하는 행위에 해당한다. 성경은 "입법자와 재판관은 오직 한 분이시니 능히 구원하기도 하시며 멸하기도 하시느니라"(약 4:12)라고 말한다. 예수 그리스도께서도 "이방인의 임금들은 그들을 주관하며 그 집권자들은 은인이라 칭함을 받으나 너희는 그렇지 않을지니"(눅 22:25-26)라는 말씀으로 제자들 사이에서 그런 식의 권한 행사가 이루어져서는 안 된다고 분명히 밝히셨다. 사도들도 그런 권한을 인정하지 않기는 마찬가지였다. 이방인의 사도였던 바울은 "우리가 너희 믿음을 주관하려는 것이 아니요 오직 너희 기쁨을 돕는 자가 되려 함이니"(고후 1:24)라고 말했다.

우리는 이 조항이 제시하는 원리로부터 신앙 문제에 관한 판단은 개인의 권한에 속해 있고, 모든 신자가 그런 권한을 행사해야 한다는 결론을 도출할 수 있다. 신자는 모든 교리를 무오한 잣대인 성경에 비춰 살피고, 판단해야 한다(사 8:20, 요일 4:1). 그들은 자기 안에 있는 소망의 이유를 설명할 수 있는 준비를 갖춰야 한다(벧전 3:15). 사람의 교리와 계명을 무조건적으로 신뢰하거나 맹목적으로 복종하는 일이 있어서는 안 된다. 믿음으로 행하지 않는 것이나 하나님이 보시기에 적법한 의무라는 확신 없이 행하는 것은 무엇이든 죄에 해당한다(롬 14:23).

아울러 이 조항이 제시하는 원리는 합법적인 권위를 지닌 상급자가 하나님의 말씀에 어긋나는 것이나 믿음과 예배에 관한 문제에 대해 복종을 강요하더라도 그의 명령이 양심을 구속할 수 없다는 것을 분명히 한다. 성경은 합법적인 상급자들, 곧 부모나 남편이나 통치자에게 복종하라고 명령하지만, 이는 무한정 복종하라는 뜻과는 전혀 거리가 멀다. 복종하지 않는 것이 오히려 의무를 다하는 것에 해당하는 경우가 얼마든지 있을 수 있다.

"자녀들아 모든 일에 부모에게 순종하라"(골 3:20)라는 명령은 그들이 부모의 권위를 올바로 행사할 때만 복종하라는 의미일 뿐 맹목적이거나 절대적인 복종을 요구하지는 않는다. "아내들이여 자기 남편에게 복종하기를 주께 하듯 하라"(엡 5:22)라는 명령도 마찬가지다. 통치자들에게 복종하는 것도 분명한 한계를 지닌다. "각 사람은 위에 있는 권세들에게 복종하라"(롬 13:1)라는 명령은 그들이 권위를 올바르게 사용할 때만 복종하라는 뜻이다.

사도들은 통치자에게 복종하라고 가르쳤지만, 그들의 명령이 그보다 위에 있는 의무와 일치하지 않을 때는 거기에 복종하지 않았다. 그들은 "사람보다 하나님께 순종하는 것이 마땅하니라"(행 5:29)라는 원리만을 인정하고, 그 원리에 따라 행동했다. 유대인들의 공회가 사도들에게 예수님의 이름으로 더 이상 말하지 말라고 명령했지만, 그들은 조금도 주저하지 않고 "하나님 앞에서 너희의 말을 듣는 것이 하나님의 말씀을 듣는 것보다 옳은가 판단하라 우리는 보고 들은 것을 말하지 아니할 수 없다"(행 4:19-20)고 대답했다. 도덕적으로 그릇된 것을 요구하는 명령은 양심을 구속할 수 없다.

어떤 사람들은 이 조항이 제시하는 원리로부터 정부의 권위는 신앙 문제에 절대 개입해서는 안 된다는 추론을 이끌어 낸다. 그러나 그런 생각은 이 조항의 취지를 터무니없이 곡해한 것이다. 신앙고백의 작성자들은 이 장의 4항과 23장에서 정부가 신앙 문제에 합법적인 권한을 행사할 수 있다는 점을 분명히 한다. 이 조항의 취지는 정부의 권위 행사를 단죄하는 데 있지 않다. 따라서 이 조항을 근거로 그런 견해를 내세우는 것은 온당하지 않다. 맥크리 박사는 이렇게 말했다.

이 말이 정부의 모든 권위 행사를 단죄한다면 교회의 권위든, 부모의 권위든, 신앙 문제에 관해 인간적인 권위를 행사하는 모든 행위를 단죄하는 셈이다. '하나님은 자신의 말씀에 위배되는 인간의 교리와 명령은 물론 예배나 믿음에 관한 문제와 관련해 양심을 자유롭게 하셨다'는 명제는 하나님이 성직자든 국가 공직자든, 주인이든 부모든 상관없이 성경에 위배되는 교리와 명령을 내세울 경우에 그것을 거부할 자유를 허락하셨다는 뜻이다. 교회 회의의 결정이든, 의회의 결정이든 '무조건적인 신뢰'와 '맹목적이고 절대적인 복종'을 바치는 것은 옳지 않다.

이 말의 취지는 특별히 신앙과 예배의 문제와 관련해 모든 인간의 권위가 하나님의 주권과 법률에 종속된다는 것을 가르치는 데 있다. 특히 이 말은 교회의 권위를 내세워 그릇된 복종을 강요하는 것을 논박하는 데 초점을 맞추고 있는 듯하다. 잘 아는 대로, 교회의 권위는 지금까지 세속 통치자들 못지않게 신앙 문제에 자주 해로운 영향을 끼쳐 왔다. 교회는 교황과 교회 회의와 고위 성직자들과 성직자 회의의 권위를 절대화시켜 새로운 신조를 만들고, 비성경적인 권한과 의식, 즉 '인간의 교리와 명령'을 제정해 강요했다. 주님은 서기관들과 바리새인들이 그들의 전통과 미신을 거룩한 율법에 덧붙였다고 지적하셨다.

세속 통치자들이 그런 행위에 동조하거나 그들이 스스로의 권위를 내세워 그와 비슷한 일을 시도하거나 교회의 수장권(首長權)을 주장하는 경우 이 교리는 그들의 독재 행위를 단죄할 뿐 아니라 교회든, 국가든 상관없이 오류나 자의적 숭배를 비롯해 그 어떤 종류의 그릇된 신앙을 주장하는 행위가 양심을 주관하게 해서는 안 되고, 오직 하나님께만 복종해야 한다고 가르친다.

그러나 이 교리는 인간의 권위가 하나님의 말씀에 온전히 복종하며, 말씀 이외의 것은 그 무엇도 강요하지 않고 스스로의 한계를 지키는데도 거기에 복종하지 않고 양심의 자유를 누릴 수 있다고 가르치지는 않는다. 어떤 권위도 그렇게만 한다면 합법적인 권위가 될 수 있다.[1)]

 기독교인의 자유를 핑계로 죄를 짓거나 정욕에 치우친다면 그것은

---

1) M'Crie, *Statement*, pp. 100-101.

그 자유의 목적을 파괴하는 결과를 낳는다. 우리가 원수들의 손에서 구원받은 목적은 일평생 주님 앞에서 그분을 성결과 의로 두려움 없이 섬기려는 데 있다(갈 5:13, 벧전 2:16, 벧후 2:19, 요 8:34, 눅 1:74-75).

4항 하나님이 세우신 권력과 그리스도께서 값 주고 사신 자유는 서로를 파괴하지 않고, 지지하고 보존하도록 의도되었다. 따라서 기독교인의 자유를 핑계로 국가나 교회의 합법적인 권력이나 합법적인 권위 행사에 대항하는 것은 곧 하나님의 법령에 대항하는 것이다(마 12:25, 벧전 2:13-14, 16, 롬 13:1-8, 히 13:17).
자연의 빛이나 믿음과 예배와 교제에 관한 기독교의 알려진 원리나 경건의 능력에 위배되는 견해를 유포하거나 그런 행위를 일삼는 것, 또는 그 자체의 본질이나 그것을 유포하거나 유지하는 방식이 그릇된 견해나 행위는 그리스도께서 교회 안에 확립하신 외적 평화와 질서를 파괴하는 것이기 때문에 교회의 견책을 통해 책임을 묻고 절차를 밟아 처리해야 마땅하며(롬 1:32, 고전 5:1, 5, 11, 13, 요이 1:10-11, 살후 3:14, 딤전 6:3-5, 딛 1:10-11, 13, 3:10, 마 18:15-17, 딤전 1:19-20, 계 2:2, 14-15, 20, 3:9), 국가의 위정자의 권세로 처리해야 한다(신 13:6-12, 롬 13:3-4, 요이 1:10-11, 스 7:23, 25-28, 계 17:12, 16-17, 느 13:15, 17, 21-22, 25, 30, 왕하 23:5-6, 9, 20-21, 대하 34:33, 15:12-13, 16, 단 3:29, 딤전 2:2, 사 49:23, 슥 13:2-3).

～ 해 설 ～

이 조항이 말하는 자유는 통제할 수 없는 절대적 자유를 가리키지 않는다. 인간이 도덕법과 상관없이 하나님께 아무런 책임도 지지 않은 채 원하는 대로 생각하고 행동할 수 있는 권리를 지니고 있다는 주장은 무신론에 해당한다. 인간이 정부의 통치 아래 있는 사회적 존재라면 종교적인 권리든, 시민적인 권리든 그 모든 생득적 권리가 사회의 목적과 이익에 이바지하도록 규정에 따라 제한되어야 마땅하다.

이 조항은 첫째는 율법에 나타난 하나님의 권위, 둘째는 정부나 교회의 권위에 의거해 양심의 자유를 남용하지 않도록 규정한다.
전자의 경우는 '기독교인의 자유를 핑계로 죄를 짓거나 정욕에 치우친다면 그것은 그 자유의 목적을 파괴하는 결과를 낳는다'라는 명제를 통해 진술되었다. 하나님은 율법에 대한 의무를 무시하는 양심의 자유를 허락하지 않으셨다. 오히려 하나님은 자신이 명령하신 모든 계명에 절대적으로, 신속하게 복종하라고 요구하신다. 죄를 짓는 자유를 주장하는 것은 곧 방종을 추구하는 것과 같다. 기독교인의 자유를 핑계로 부패한 감정이나 행위에 치우치는 것은 "그 자유로 육체의 기회를"(갈 5:13) 삼는 것에 해당한다.
아울러 후자의 경우는 그런 행위를 저지르는 사람을 정부나 교회의 권위에 의해 절차를 밟아 처리해야 마땅하다는 명제를 통해 진술되었다. 그러나 이 조항의 의도는 이 권위들의 영역의 한계를 정하는 데 있지 않다. 이 조항은 단지 양심의 자유를 남용하는 것에 초점을 맞춘다. 따라서 우리는 이 조항이 이 두 가지 권위가 서로의 관할권에 속하는 것을 침해하지 않고 각자의 고유 영역을 지키는 것을 전제로 하고 있다고 이해해야 한다.
물론 세속 통치자들도 필요한 경우에는 도덕법의 첫 번째 돌판에 기록된 계명을 극악하게 어기는 범죄 행위, 곧 신성모독적인 견해를 유포하거나 안식일을 노골적으로 범하는 것 같은 죄를 억제할 수도 있고, 징벌할 수도 있다. 그러나 그들은 그런 악을 하나님만이 다스리실 수 있는 도덕적인 죄나 교회의 관할권 아래 있는 부정행위로서가 아니라 사회에 해를 끼치는 범죄 행위로 여겨 억제하는 것에 초점을 맞춰야 한다.

건전한 장로교 신자들은 순수한 신앙 문제를 강압적이거나 아량 없는 태도로 다스리는 것을 용납하지 않는다. 그들은 사회의 일반적인 이익을 해치거나 합법적인 국가 제도를 위태롭게 하지 않는 한 신앙적인 견해나 관습 때문에 처벌을 받거나 괴롭힘을 당하는 일이 있어서는 안 된다고 주장한다. 그런데도 지금 우리가 다루고 있는 이 조항을 신앙적인 견해와 행위를 이유로 평화롭고 선량한 시민들을 징벌하고, 양심상의 문제를 들어 박해를 가할 수 있는 권한을 국가 공직자들에게 제공하는 빌미로 삼는 경우가 없지 않았다. 맥크리 박사의 현명한 말에 귀를 기울이면 이 조항이 그런 뜻이 아니라는 것을 곧 알 수 있다. 그는 이렇게 말했다.

'하나님이 세우신 권력과 그리스도께서 값 주고 사신 자유는 서로를 파괴하지 않고, 지지하고 보존하도록 의도되었다. 따라서 기독교인의 자유를 핑계로 국가나 교회의 합법적인 권력이나 합법적인 권위 행사에 대항하는 것은 곧 하나님의 법령에 대항하는 것이다'라는 4항의 취지는 정부의 권위와 관련해 양심의 자유를 남용하는 일을 예방하는 데 있다.

양심의 주인이신 하나님이 교회와 국가 안에 권위를 세우셨다. 따라서 하나님이 모든 개인의 가슴속에 자신의 법령을 대항하고, 거스르고, 파기하는 힘을 부여하셨다고 생각하는 것은 전혀 터무니없다. 공적인 주장과 사적인 주장이 서로 간섭하고 충돌을 일으킬 때는 후자가 전자에게 양보해야 한다. 합법적인 권위가 의무의 한계를 지키면서 합법적으로 기능할 때는 그 앞길을 방해하는 것은 무엇이든 제거할 수 있는 정당한 권리를 갖는다고 생각해야 마땅하다. 이것이 이 조항이 '자연의 빛이나 믿음과 예배와 교제에 관한 기독교의 알려진 원리나 경건의 능력에 위배되는 견해를 유포하거나 그런 행위를 일삼는 것, 또는 그 자체의 본질이나 그것을 유포하거나 유지하는 방식이 그릇된 견해나 행위는 그리스도께서 교회 안에 확립하신 외적 평화와 질서를 파괴하는 것이기 때문에 교회의 견책을 통해 (그리고 국가 공직자의 권한으로) 책임을 묻고, 절차를 밟아 처리해야 마땅하다'라고 진술하는 이유다.

물론 이 말은 그런 견해를 유포하고 그런 행위를 일삼는 사람을 국가 공직자가 모두 절차를 밟아 처리해야 한다는 뜻은 아니다('절차를 밟아 처리한다'는 말을 '징벌한다'는 말로 대체할 수 있다고 굳이 주장한다면 그렇게 표현할 수도 있다). 또한 평화롭고 선량한 시민을 종교적인 견해를 유포하고 그런 행위를 일삼는다는 이유로 절차를 밟아 처리해야 한다는 뜻도 아니다. 왜냐하면 이 조항에 언급된 인격의 소유자들은 평화롭고 선량한 시민과는 사뭇 다르기 때문이다. 방금 인용한 대로, 그들은 '합법적인 권력이나 합법적인 권위 행사에 대항하고', '하나님의 법령에 대항하는' 자로 묘사된다. 문장에 사용된 연결사와 관계사를 통해 알 수 있는 대로, 지금 고려 중인 문장에 언급된 사람도 그와 동일한 종류의 인간을 가리킨다. 이 문장은 그런 견해를 '유포하는 사람은 누구나'라고 하지 않고, '합법적인 권위 행사에 대항하는 (사람)', '그런 견해를 유포하는 (사람)'과 같은 표현을 사용한다.

또한 이 문장은 그런 사람들이 그런 적대 행위를 저지르는 방식을 구체적으로 언급하고, 그로 인해 책임을 추궁 당할 수는 있어도 그들이 말한 모든 견해나 행위에 대해 법적 기소를 당해야 한다고 주장하지 않는다. 한편 이런 말에는 합법적인 권위나 합법적인 권위 행사에 대항하는 행위가 발견되는 경우에는 책임이 없다고 발뺌할 수 있는 권리가 없다는 의미가 함축되어 있다. 그들이 아무리 발뺌하려고 해도 '책임을 묻고 절차를 밟아 처리하는' 과정이 반드시 이루어져야 한다.

이 문장의 목적은 교회의 견책이나 법적 기소의 대상자들을 명시하는 데 있지 않다. 이 문장의 목적은 양심의 자유를 남용해 정당하고 합법적인 권위에 대항하는 행위를 억제하는 데 있다. 교회가 견책해야 할 일은 기독교인의 영적 이익을 해롭게 하는 부정행위이고, 국가 공직자가 징벌해야 할 일은 사람들이 저지르는 범죄행위다. 신앙고백의 작성자들은 이 둘의 차이를 분명하게 의식했다. 당시에는 그런 차이를 인정하는 것이 일반적이었다.

어떤 사람들은 국가 공직자의 징벌이 '양심의 빛을 거스르는' 범죄에 국한된다면 온전히 정당화할 수 있다고 생각한다. 그러나 그런 견해는 조금 전에 지적한 둘의 차이를 인정하는 한도에서만 가능하다. 국가 공직자의 징벌이 정당성을 확보하려면 그 범죄행위가 자연 계시든, 특별 계시든 하나님의 율법을 거역하는 행위라는 사실만으로는 부족하다. 바꾸어 말해, 그것이 어떤 식으로든 사회의 공익을 해롭게 한 행위라는 것이 입증되어야 한다. 예를 들어, "자기 친족 특히 자기 가족을 돌보지"(딤전 5:8) 않는 것이나 "쾌락을 사랑하기를 하나님 사랑하는 것보다"(딤후 3:4) 더한 것은 모두 '자연의 빛'을 거스른 행위다. 그러나 게으른 자와 쾌락을 숭배하는 자를 처벌하는 것이 국가 공직자의 책임이라고 주장할 사람은 아무도 없다.

한편 '기독교의 알려진 원리'나 거기에서 파생된 원리를 거스르는 견해나 행위가 있다. 그런 것들은 그 자체의 본질이나 그것들을 유포하거나 유지하는 방식으로 인해 사회의 공익이나 특정 국가의 이익이나 정당한 법적 절차나 합법적으로 설립된 제도에 위해를 입히는 경우가 있을 수 있다. 그런 경우에는 정당한 강제 수단을 발동해 그런 견해나 행위를 유포하고 유지하는 자들을 처벌해야 한다.

그런 경우에 해당하는 사례 가운데 하나는 안식일 성수의 문제다. 안식일은 '기독교의 원리'를 통해서만 알 수 있고, '믿음과 예배와 교제와 경건의 능력과 교회의 외적 평화와 질서'와 밀접하게 관련된다. 이외에도 교황주의의 취지와 관행을 비롯해 웨스트민스터 총회가 진행되는 동안 영국 신교도들 사이에서 만연되었던 행위를 잘 아는 사람들 가운데 건전한 사고를 지닌 사람이라면 그 누구든 이와 비슷한 다른 사례가 많다는 사실을 부인하지 않을 것이다.

공정한 원리에 입각해 이 조항이 박해를 조장한다는 비난을 바로잡으려면 이 모든 사실을 염두에 두어야 한다.[2]

---

2) M'Crie, Appendix to *Discourses on the Unity of the Church*, pp. 134-137.

CHAPTER.21

OF RELIGIOUS WORSHIP, AND THE SABBATH-DAY

예배와 안식일

하나님은 영이시니 예배하는 자가 영과 진리로 예배할지니라 (요 4:24).
인자는 안식일의 주인이니라 하시니라 (마 12:8).

1항 자연의 빛은 만물을 다스리는 주권자요, 주님이신 하나님이 존재하신다는 것을 보여 준다. 하나님은 선하시고, 만물에게 선을 행하시기 때문에 마음과 영혼과 힘을 다해 경외하고, 사랑하고, 찬양하고, 사모하고, 신뢰하고, 섬겨야 한다(롬 1:20, 행 17:24, 시 119:68, 렘 10:7, 시 31:23, 18:3, 롬 10:12, 시 62:8, 수 24:14, 막 12:33). 그러나 참 하나님을 예배하는 합당한 방법은 하나님이 친히 제정하셨고, 그분의 계시된 뜻에 의해 제한된다. 따라서 인간의 상상과 의향이나 사탄의 암시에 따라 보이는 형태로나 성경이 규정하지 않는 다른 방식으로 하나님을 예배해서는 안 된다(신 12:32, 마 15:9, 행 17:25, 마 4:9-10, 신 15:20, 출 20:4-6, 골 2:23).

⌐ 해 설 ¬

예배란 무한히 완전하신 하나님을 공경하고 영화롭게 하는 것이다. 우리는 예배를 통해 하나님을 우리의 으뜸 되는 선이요, 유일한 행복으로 알아 믿고, 복종한다. 예배는 내적 측면과 외적 측면을 지닌다. 내적 측면은 우리가 하나님께 마땅히 드려야 할 내적 공경심을 표현하는 것으로, 사랑과 믿음과 경외심과 신뢰를 비롯해 마음속에서 이루어지는 모든 행위를 가리킨다. 한편 외적 측면은 하나님이 제정하신 법령을 준수함으로써 그 공경심을 외적으로 표현하는 것을 의미한다.

이 조항은 하나님을 외적으로 예배하는 것과 관련해 그분이 친히 정하신 합당한 방법으로 예배해야 한다고 가르친다.

하나님은 예배의 유일한 대상이시기 때문에 그 방법을 규정하는 것은 그분만의 특권이다. 따라서 우리는 하나님이 정하신 것을 예배의 유일한 규칙으로 삼아야 한다. 인간의 상상으로 유익하고 보기 좋은 것을 만들어 냈다면 그것이 무엇이 되었든 간에 이 규칙에 비추어 판단되어야 한다. 하나님이 정하신 것을 인간이 제멋대로 수정하거나 더 늘리는 일이 있어서는 곤란하다. 하나님은 "내가 너희에게 명령하는 이 모든 말을 너희는 지켜 행하고 그것에 가감하지 말지니라"(신 12:32)고 말씀하셨다. 예배를 아름답게 보이게 하고 예배자들의 헌신을 더욱 부추길 수 있다는 구실로 의미 있어 보이는 의식을 예배에 첨가하는 행위는 미신과 자의적 숭배를 일삼는 것에 지나지 않는다.

아울러 이 조항은 '보이는 형태로' 하나님을 예배하는 행위를 단죄한다. 하나님을 형상으로 예배하는 행위는 로마 가톨릭교회의 가장 부패한 요소 가운데 하나다. 하나님은 보이지 않으시는 불가해한 영적 존재이시기 때문에 물리적인 형상이나 형태로 나타낼 수 없다. "너희가 나를 누구에게 비교하여 나를 그와 동등하게 하겠느냐"(사 40:25). "하나님을 금이나 은이나 돌에다 사람의 기술과 고안으로 새긴 것들과 같이 여길 것이 아니니라"(행 17:29).

이스라엘에서는 하나님 형상을 만드는 행위가 엄격히 금지되었다. 모세는 "여호와께서 호렙 산 불길 중에서 너희에게 말씀하시던 날에 너희가 어떤 형상도 보지 못하였은즉……스스로 부패하여 자기를 위해 어떤 형상대로든지 우상을 새겨 만들지 말라"(신 4:15-16)고 말했다. 또한 그는 "너희는 스스로 삼가 너희의 하나님 여호와께서 너희와 세우신 언약을 잊지 말고 네 하나님 여호와께서 금하신 어떤 형상의 우상도 조각하지 말라"(신 4:23)고 명령했다.

성경은 하나님을 형상으로 만들어 예배하는 행위를 금지한다. 어떤 것을 하나님과 유사하게 만들려는 의도 없이 단지 상징적인 표현에만 그치는 행위도 용납되지 않는다. 하나님을 우리의 생각 속에 떠오르게 하고, 우리의 헌신을 부추기기 위한 목적으로 눈에 보이는 형상을 만들어 그 앞에서 종교적 직임을 수행하는 일은 십계명의 두 번째 계명을 어기는 죄에 해당한다(출 20:4). 로마 가톨릭교회는 이 계명이 자신들의 교리와 관습을 단죄한다는 것을 의식해, 그것을 첫 번째 계명에 부가적으로 딸린 내용으로 간주하고 교리

문답과 예전에서 배제했다.

마지막으로, 이 조항은 형상으로 하나님을 예배하는 행위만이 아니라 '성경이 규정하지 않는 다른 방식으로' 그분을 예배하는 행위를 아울러 단죄한다. 사소한 의식들로 예배를 오염시키는 행위는 비단 로마 가톨릭교회에만 국한되지 않는다. 일부 개신교 교회도 가톨릭교회의 의식을 많이 사용하고 있고, 성직자의 특별한 예복, 수많은 절기를 지키는 관습, 교회에 제단을 세우는 행위, 세례를 베풀 때 십자가의 상징을 사용하는 행위, 예수님의 이름 앞에 절하고, 성찬을 받을 때 무릎을 꿇는 행위 따위를 요구한다. 그런 관습은 모두 미신에 해당한다. 왜냐하면 성경의 근거가 없는 인간의 고안물이기 때문이다. 그런 관습을 요구하고 지키는 사람들은 "사람의 계명으로 교훈을 삼아 가르치니 나를 헛되이 경배하는도다"(마 15:9)라는 주님의 말씀을 기억해야 한다.

2항 예배는 성부와 성자와 성령께만 드려야 한다(마 4:10, 요 5:23, 고후 13:13). 천사나 성인이나 다른 피조물을 예배해서는 안 된다(골 2:18, 계 19:10, 롬 1:25). 타락한 이후에는 중보자 없이 예배를 드릴 수 없고, 다른 이의 중보가 아니라 오직 그리스도의 중보만이 허용된다(요 14:6, 딤전 2:5, 엡 2:18, 골 3:17).

~ 해 설 ~

이 조항은 예배의 대상을 명시한다.

1. 이 조항은 예배는 오직 하나님께만 드려야 한다고 진술한다. 첫 번째 계명은 하나님 앞에 다른 신을 두어서는 안 된다고 명령할 뿐 아니라 오직 하나님 한 분만을 예배해야 한다고 가르친다. 사탄이 그리스도께 자기 앞에 엎드려 경배하라고 요구했을 때, 그분은 "기록되었으되 주 너의 하나님께 경배하고 다만 그를 섬기라 하였느니라"(마 4:10)라고 대답하셨다. 요한 사도가 천사를 예배하려고 했을 때도(아마도 놀라 당황했거나 천사를 예수 그리스도로 착각했거나 둘 중에 하나였을 것이다) 천사는 "그리하지 말고 하나님께 경배하라"(계 22:9)고 말했다. 천사는 오직 하나님만 예배를 받으셔야 한다고 암시했다.

유일하신 참 하나님은 한 분이시지만, 신성 안에는 삼위가 계신다. 삼위 하나님은 성부, 성자, 성령으로 불리신다. 성삼위 하나님을 모두 예배해야 한다. 신자들은 대개 성령의 도우심과 그리스도의 이름에 의지해 성부께 기도를 드리지만, 그것은 성삼위 하나님 모두에게 드리는 예배에 해당한다. 성삼위 하나님 가운데 한 분이 언급되는 순간, 다른 두 분도 동시에 포함된다. 성삼위 하나님만이 예배의 대상이 되시는 이유는 그분들이 유일하신 참 하나님이시기 때문이다.

2. 이 조항은 천사나 성인이나 다른 피조물을 예배해서는 안 된다고 가르친다. 교황주의자들은 하나님만이 아니라 선한 천사들과 세상을 떠난 성인들(교황에 의해 성인으로 추대된 신자들)도 예배해야 한다고 주장한다. 그러나 이 조항은 이를 금한다. 바울 사도는 천사를 예배하는 행위를 엄격히 금했다. 그는 "아무도 꾸며낸 겸손과 천사 숭배를 이유로 너희를 정죄하지 못하게 하라"(골 2:18)고 말했다. 요한 사도가 천사를 예배하려고 하자, 천사는 단호히 거절하며 오직 하나님만을 예배하라고 말했다. "내가 그 발 앞에 엎드려 경배하려 하니 그가 나에게 말하기를 나는……네 형제들과 같이 된 종이니 삼가 그리하지 말고 오직 하나님께 경배하라"(계 19:10).

교황주의자들은 세상을 떠난 성인들, 특히 동정녀 마리아를 숭배하는 우상 숭배를 저지르고 있다. 그들은 성인들에게 기도하고, 그들의 이름으로 맹세하며, 그들에게 제단과 성전을 봉헌하고 향을 태우는 등 오직 하나님께만 드려야 할 예배를 그들에게 바친다. 그들은 성인들에게 바치는 예배와 하나님께 드리는 예배가 정도나 질에서 크게 차이가 나는 척하지만, 실제로는 아무런 차이가 없다.

성경은 성인들을 숭배하는 행위를 인정하지 않는다. 물론 신자들은 자신들을 인도했던 자들을 기억해야 한다(히 13:7). 그러나 그들을 숭배하라는 암시는 전혀 없다. 사도들과 초기 신자들 가운데 몇 사람, 특히 큰 야고보와 스데반은 서신서들이 기록되기 전에 순교했다. 그러나 서신서에는 그들에게 기도를 드리라는 말씀이 단 한 구절도 나타나지 않는다. 성인들에게 기도하는 것은 그들이 도처에 편재한다거나 그들이 모든 것을 알고 있다는 것을 전제로 한다. 그러나 편재하심과 전지하심은 피조물에게 전가되지 않는 하나님의 비공유적 속성에 해당한다.

3. 이 조항은 천사와 성인의 숭배만이 아니라 '다른 피조물'을 숭배하는 행위를 단죄한다. 교황주의자들은 지금까지 언급한 것들 외에도 다른 많은 것을 숭배한다. 그들은 세상을 떠난 성인들만이 아니라 그들의 유골을 숭배한다. 트렌트 공의회는 유골 숭배를 정당화했다. 그런 관습은 지금까지도 교황주의자들 사이에서 변함없이 지속되고 있다. 그러나 하나님은 모세의 유골 때문에 이스라엘 백성 가운데서 미신 행위가 발생할 것을 미연에 방지하시기 위해 그의 묻힌 곳을 아는 자가 없게 하셨다(신 34:6). 따라서 성인들의 시신을 잘 매장해 예우를 다하는 것으로 족할 뿐 그 이상의 숭배 행위는 용납되지 않는다. 초대교회 신자들은 스데반의 시신을 예를 갖춰 장사하는 것으로 만족했다(행 8:2). 성인의 유골을 숭배하는 행위는 초대교회 신자들의 관습과 정면으로 충돌한다. 그런 행위는 상식에도 맞지 않는다.

또한 트렌트 공의회는 그리스도와 동정녀 마리아와 성인들의 형상을 '예를 갖춰 경배해야' 한다고 규정했다.[1] 교황주의자들은 그런 규정에 따라 형상들 앞에 절하고, 입을 맞추고, 향을 태우고, 기도를 드린다. 그들은 형상 자체를 숭배하는 것이 아니라 그것을 통해 하나님을 경배한다고 주장한다. 이방인들과 유대인들도 그와 똑같은 주장을 펼칠 수 있었지만, 그렇다고 해서 우상 숭배의 죄책을 면제 받지 못했다. 이스라엘 민족은 금송아지를 숭배하면서 하나님을 숭배한다고 말했다(출 32:5). 여로보암은 단과 벧엘에 금송아지 우상을 세우고, 그것들을 참 하나님을 예배하는 수단으로 삼으려고 했다(왕상 12:26). 성경은 형상 자체를 숭배하는 행위만이 아니라 그것들을 경배함으로써 참 하나님을 예배한다고 주장하는 행위까지도 모두 우상 숭배에 해당한다고 말한다.

4. 아울러 이 조항은 하나님이 받으시기에 합당한 방법으로 예배를 드리려면 중보자가 필요하다고 가르친다. 인간이 타락하지 않았을 때는 언제라도 하나님께 자유롭게 다가갈 수 있었고, 창조주 하나님과의 사이에 중보자가 필요하지 않았다. 그러나 타락 이후에는 중보자 없이는 하나님께 합당한 예배를 드릴 수 없게 되었다.

교황주의자들은 천사들과 성인들과 동정녀 마리아가 하나님과 인간을 중재하는 중보자의 역할을 한다고 주장하지만, 이 조항은 중보자는 오직 그리스도뿐이라고 진술한다. 성경은 "하나님은 한 분이시요 또 하나님과 사람 사이에 중보자도 한 분이시니 곧 사람이신 그리스도 예수라"(딤전 2:5)라고 분명히 말한다. 그리스도께서도 친히 "내가 곧 길이요 진리요 생명이니 나로 말미암지 않고는 아버지께로 올 자가 없느니라"(요 14:6)고 말씀하셨고, 바울도 "그로 말미암아 우리 둘이……아버지께 나아감을 얻게 하려 하심이라"(엡 2:18)고 말했다.

---

[1] Con. Trid., Sess. 25.

교황주의자들은 '구원'의 중보자는 그리스도 한 분뿐이시지만, 중보 기도의 중보자는 그리스도와 천사들과 성인들이라고 말한다. 그러나 성경은 그런 식의 구분을 인정하지 않는다. 성경은 그리스도의 중보 기도가 그분의 말할 수 없이 귀한 속죄의 공로에 근거한다고 가르친다. 하나님 앞에서 우리의 대언자가 되시는 그리스도께서는 우리의 죄를 위한 화목 제물이셨다(요일 2:1-2). 그리스도께서 중보 기도의 중보자가 되시는 이유는 그분이 구원의 중보자이시기 때문이다. 그분의 중보 기도가 효력을 발휘하는 이유는 바로 그 때문이다.

영화롭게 된 성인들이 천국에 들어가게 된 것은 값없는 은혜 덕분이다. 그들은 다른 사람들에게 내줄 공로가 아무것도 없다. 교황주의자들은 그들이 우리의 기도를 들을 수 있고, 우리의 형편을 잘 알고 있기 때문에 그들에게 중보 기도를 부탁할 수 있다고 가르친다. 그러나 그것은 터무니없는 사변에 지나지 않는다. 그들에게 우리를 대신해 하나님 앞에 중보 기도를 드리게 하는 것은 그리스도의 영예를 욕되게 한다. 왜냐하면 그분이 자신의 직임을 등한시하고, 우리에게 필요한 축복을 하나님께 구하는 일에 아무 관심이 없으시다는 의미밖에 되지 않기 때문이다.

그들이 그리스도와 더불어 우리를 위해 중보 기도를 드린다는 생각도 그분의 영광을 욕되게 하기는 마찬가지다. 왜냐하면 바울이 "우리에게 있는 대제사장은 우리의 연약함을 동정하지 못하실 이가 아니요 모든 일에 우리와 똑같이 시험을 받으신 이로되 죄는 없으시니라"(히 4:15)라고 증언했던 그리스도보다 성인들이 동정심이 더 많다고 말하는 것밖에 되지 않기 때문이다.

이 주제에 관한 로마 가톨릭교회의 교리는 주 예수 그리스도의 영예를 깎아내리고, 성인들에게 신성의 영광과 속성을 부여한다. 그들은 성인들이 도처에 편재하며, 전지한 능력을 지니고 있다고 믿는다. 그렇지 않다면 어떻게 동정녀 마리아가 수많은 개인이 각처에서 동시에 드리는 기도를 다 알아들을 수 있겠는가? 따라서 개신교 신자들은 천사와 인간이 중보 기도를 드릴 수 있다는 생각을 거부하고, 오직 영광스러우신 중보자, 곧 성부가 항상 응답해 주시는 중보자의 중보 기도만을 전적으로 의지한다.

3항 하나님은 모든 사람에게 예배의 특별한 요소 가운데 하나인(빌 4:6) 감사의 기도를 요구하신다(시 65:2). 기도가 받아들여지려면 성자의 이름과(요 14:13-14, 벧전 2:5) 성령의 도우심에 의지해(롬 8:26) 그분의 뜻에 따라(요일 5:14) 이해와 공경심과 겸손과 열정과 믿음과 사랑과 인내로(시 47:7, 전 5:1-2, 히 12:28, 창 18:27, 약 5:16, 1:6-7, 막 11:24, 마 6:12, 14-15, 골 4:2, 엡 6:18) 기도를 드려야 한다. 소리를 내어 기도할 때는 모두가 알고 있는 언어를 사용해야 한다(고전 14:14).

4항 기도는 합법적인 것들과(요일 5:14) 살아 있는 사람들이나 앞으로 생명을 얻게 될 사람들을 위해(딤전 2:1-2, 요 17:20, 삼하 7:29, 룻 4:12) 드려야 한다. 죽은 자들이나(삼하 12:21-23, 눅 16:25-26, 계 14:13) 사망에 이르는 죄를 지은 것으로 알려진 사람들을 위해서는 기도를 드려서는 안 된다(요일 5:16).

— 해 설 —

이 장의 1항과 2항은 예배를 전반적으로 다루면서 합당한 예배를 드리는 방법에 관해 말했다. 이제 3항과 4항은 예배의 여러 요소들을 좀 더 구체적으로 설명한다.

이 조항들은 우리가 하나님께 드려야 하는 예배의 특별한 요소에 해당하는 기도를 다룬다. 기도는 넓은 의미로는 하나님의 완전하신 속성과 그 속성들을 통해 드러난 그분의 사역을 경건한 태도로 찬양하며 경배하는 것을 비롯해 우리가 하나님으로부터 받은 축복을 감사하고, 우리가 필요로 하는 은혜를 구하는 행위 모두를 포함한다. 그러나 좁은 의미로는 간구의 기도만이 기도에 해당한다.

이 조항들이 기도에 관해 가르치는 교훈을 몇 가지 살펴보면 다음과 같다.

1. 기도는 모든 사람에게 부과된 의무다. 우리는 의존자인 피조물이기 때문에 기도로 하나님을 영화롭게 해야 할 의무가 있다. "우리가 그를 힘입어 살며 기동하며 존재하느니라"(행 17:28). "온갖 좋은 은사와 온전한 선물이 다 위로부터 빛들의 아버지께로부터 내려오나니"(약 1:17). 우리가 항상 하나님께 의존하고 있고, 날마다 우리의 필요한 것을 그분께 구해야 한다는 사실을 인정하는 것보다 더 합리적인 것이 무엇이겠는가?

하나님은 우리가 구하기 전에 무엇이 필요한지 다 알고 계시고, 또 무한히 선하시기 때문에 우리를 행복하게 하는 것을 기꺼이 베풀어 주실 것이라는 논리를 앞세워 기도의 필요성과 효용성을 부인하는 경우가 더러 있다. 물론 기도는 하나님이 모르시는 정보를 그분께 알려 드리기 위한 것이 아니고, 그분의 마음을 움직여 호의를 얻어 내는 수단도 아니다. 그러나 그렇다고 해서 기도가 필요하지 않다고 주장하는 것은 옳지 않다. 왜냐하면 기도를 드려야 하는 다른 중요한 이유가 많기 때문이다.

기도는 우리의 부족함을 더욱 깊이 의식하게 만들어 우리가 구하는 축복이 임하기를 바라는 간절한 마음을 부추긴다. 기도는 우리가 필요로 하는 축복을 하늘에 계신 아버지로부터 받을 수 있게 해주는 수단이다. 이 수단을 하나님이 친히 정해 주셨다. 그분은 구하라고 명령하셨고, 구하면 받게 될 것이라고 약속하셨다(마 7:7). 하나님은 지극히 크고 보배로운 약속들을 많이 허락하셨다. 그분은 "그래도 이스라엘 족속이 이같이 자기들에게 이루어 주기를 내게 구하여야 할지라"(겔 36:37)고 말씀하셨다.

'악인들과 거듭나지 못한 자들은 하나님께 기도해서는 안 된다'는 주장이 이따금 제기되기도 한다.[2] 『웨스트민스터 신앙고백』이 작성될 무렵, 일부 개신교 신자들이 이런 그릇된 주장을 제기한 바 있다. 그런 주장이 우리 시대에 또다시 제기되고 있다. 이는 한마디로 불신자들의 기도는 응답 받지 못하기 때문에 기도할 필요가 없다는 논리다. 물론 믿음의 기도만이 응답 받을 수 있다. 그러나 우리는 모든 사람이 하나님께 기도해야 할 의무가 있다는 생각을 견지해야 한다. 그 이유는 다음과 같다.

1) 기도는 자연의 빛이 요구하는 의무다. 따라서 이 의무는 모든 사람에게 부과된다(욘 1:5-6, 14).

2) 성경도 기도가 아무 차별 없이 보편적으로 부과되는 의무라고 가르친다(시 65:2, 빌 4:6, 살전 5:17).

3) 불신자들과 거듭나지 못한 자들의 경우 기도해서는 안 된다면 그들이 기도하지 않는 것은 죄에 해당하지 않을 것이다. 그러나 성경은 그들이 기도하지 않는 행위를 항상 큰 죄로 간주한다(시 10:4, 렘 10:25).

4) 베드로 사도는 마술사 시몬이 "악독이 가득하며 불의에 매인 바 되었도다"라고 말하면서도 그에게 하나님께 기도하라고 요구했다(행 8:22-23).

5) 하나님은 기도를 모든 사람이 의지해야 할 은혜의 수단으로 정하셨다. 하나님으로부터 축복을 기대할 수 있는 이유는 우리가 기도하기 때문이

---

2) Edwards, *Gangraena*, part 1, p. 27.

아니라 기도가 하나님이 확립하신 질서에 따른 수단이기 때문이다(마 7:7). 따라서 하나님으로부터 좋은 것을 바라는 사람은 누구나 기도로 그것을 구해야 한다.

6) 기도드리는 일을 등한시 하는 것이 더 큰 죄이다(잠 15:8, 21:4). 악인이 밭을 갈거나 기도를 드리는 것은 올바른 방식으로 하지 않는 것이기 때문에 죄에 해당하지만, 그럼에도 불구하고 그런 행위 자체는 선하고 합법적이다. 오히려 그런 일을 등한시하는 것이 더 큰 죄에 해당한다. 우리는 이런 이유에서 '하나님이 모든 사람에게 기도를 요구하신다'라는 조항에 십분 동의한다.

2. 기도는 하나님의 뜻에 따라 합법적인 것들을 구하는 데 사용되어야 한다. 우리의 간구는 하나님의 계시된 뜻에 따라 이루어져야 한다. 하나님의 말씀이 곧 기도의 규칙이다. 그러나 이런 규칙은 우리의 기도를 좁은 울타리 안에 가두어 놓지 않는다. 왜냐하면 우리에게 실제로 필요한 것은 무엇이든 하나님의 말씀이나 약속 안에 다 포함되어 있기 때문이다.

우리는 안심하고 하나님께 일시적인 축복을 구할 수 있다. 왜냐하면 "하늘 아버지께서 이 모든 것이 너희에게 있어야 할 줄을"(마 6:32) 아시기 때문이다. 그러나 우리는 영적인 축복을 더 많이 구해야 한다. 왜냐하면 주님이 "너희는 먼저 그의 나라와 그의 의를 구하라 그리하면 이 모든 것을 너희에게 더하시리라"(마 6:33)고 말씀하셨기 때문이다.

하나님의 말씀에 따라 기도를 드리면 그분의 뜻과 우리의 소원이 일치했다는 확신을 가질 수 있을 뿐 아니라 "너희가 내 안에 거하고 내 말이 너희 안에 거하면 무엇이든지 원하는 대로 구하라 그리하면 이루리라"(요 15:7)라는 아름답고도 관대한 약속을 통해 충만한 용기를 얻을 수 있다(요일 5:14).

3. 기도는 그리스도의 이름으로 드려야 한다. 주님은 종종 자신의 이름으로 무엇이든 구하라고 명령하셨고, 자신의 이름으로 드리는 정당한 요청과 소원은 모두 이루어질 것이라고 확언하셨다(요 14:13-14, 16:23-24). 그러나 그리스도의 이름을 단순히 기도에 덧붙이거나 "그리스도의 이름으로 기도합니다"라는 말로 기도를 마무리하는 것만으로는 충분하지 않다. 그리스도의 이름으로 기도한다는 것은 오직 그리스도만을 의지함으로써 기도할 용기를 얻는 것, 곧 오직 그리스도의 공로와 중보만을 통해 하나님 앞에 나갈 수 있고, 은혜로운 기도 응답을 받을 수 있다는 확신으로 그분의 능력에 의지해 기도하는 것을 의미한다.

4. 기도할 때는 성령의 도우심을 의지해야 한다. 성경은 이를 하나님이 받으시는 기도의 조건으로 종종 언급한다(엡 6:18, 유 1:20). 성령의 도우심이 없이 기도하면 우리가 마땅히 구해야 할 것이 무엇인지 알 수 없기 때문에 잘못 기도할 위험이 크고, 어떻게 드리는 기도가 올바른 기도인지도 알기 어렵다. 성경은 성령이 우리의 생각을 밝혀 필요한 것을 깨우쳐 주심으로 우리의 연약함을 도우신다고 약속한다. 성령은 필요한 것을 하나님께 담대하게 구할 수 있도록 우리의 용기를 북돋우는 약속의 말씀을 기억나게 하시고, 하나님이 받으시는 기도를 드리는 데 필요한 은혜로운 심령 상태를 갖출 수 있게 도와주신다(롬 8:26, 29).

5. 하나님이 받으시는 기도를 드리려면 올바른 태도로 기도해야 한다. 올바른 태도에는 다양한 요소가 포함된다. 우리는 다음과 같은 태도로 기도해야 한다.

1) 이해가 필요하다(시 47:7). 구체적으로 말해, 기도의 유일한 대상이신 하나님, 우리의 필요, 응답 받는 기도의 유일한 중보자이신 그리스도의 인격

과 사역, 기도를 독려하는 약속 등에 관한 지식이 필요하다.

2) 하나님의 무한하신 위엄과 온전히 거룩하심을 깊이 의식하는 마음에서 비롯하는 공경심이 필요하다(히 12:28).

3) 우리의 부패함과 부족함을 깊이 의식하는 마음에서 비롯하는 겸손함이 있어야 한다(창 18:27).

4) 우리의 필요를 온전히 의식하고, 우리가 하나님께 구하는 축복의 귀한 본질을 이해하는 마음에서 비롯하는 열정이 필요하다(약 5:16).

5) 하나님의 뜻에 따라 구하는 것은 반드시 받게 된다는 확신에서 우러나는 믿음이 필요하다(약 1:6).

6) 하나님의 임재를 간절히 사모하고, 우리가 기도해야 할 사람들을 소중히 여기는 사랑이 필요하다(딤전 2:8).

7) 은혜로운 응답이 주어질 때까지 거듭 간구를 반복하고, 간절히 기도하는 인내와 끈기가 필요하다(마 15:22-28, 엡 6:18).

8) 하나님의 응답을 기다리며 그분의 뜻에 복종하는 것과 기도 응답을 바라는 희망이 필요하다(시 5:3, 미 7:7).

6. 공개적으로 드리는 기도는 모두가 알고 있는 언어를 사용해야 한다. 이 명제는 모두가 알고 있는 언어로 공적 기도를 드릴 필요가 없다고 주장하면서 거의 1,000년 동안 사용이 중단된 라틴어로 예배를 드리는 로마 가톨릭교

회를 논박한다. 이 관습은 상식에 어긋나기 때문에 굳이 긴 논증으로 이 조항을 옹호할 필요는 없다. 단지 바울 사도가 고린도전서 14장에서 공적 기도는 일반인이 사용하는 언어로 드리는 것이 온당하다고 말했던 사실을 지적하는 것으로 족하다. 그는 사람들이 이해할 수 있는 다섯 마디 말이 사람들이 알지 못하는 일만 마디 방언보다 더 낫다고 말하면서 "모든 것을 덕을 세우기 위하여 하라"(고전 14:26)라는 일반 원칙을 제시했다. 사람들이 이해하지 못하는 언어로 예배를 드린다면 어떻게 교회의 덕을 세울 수 있겠는가?

7. 이 조항은 '기도는……살아 있는 사람들이나 앞으로 생명을 얻게 될 사람들을 위해 드려야 한다. 죽은 자들이나 죽음에 이르는 죄를 지은 것으로 알려진 사람들을 위해서는 기도를 드려서는 안 된다'고 진술한다. 우리는 세상에 있는 그리스도의 교회와 위정자들과 사역자들과 형제들은 물론 심지어는 원수들을 위해 기도해야 한다.[3] 또한 그리스도께서 나중에 자기를 믿게 될 사람들을 위해 기도하셨듯이(요 17:20), 우리도 그분이 재림하시기까지 그분의 나라가 세상에서 더욱 널리 확장되도록 기도해야 한다(시 102:18).

'죽은 자들을 위해 기도하지 말라'라는 명제는 죽은 자들을 위해 기도와 미사를 드리면 그들을 유익하게 할 수 있다고 주장하는 로마 가톨릭교회를 논박한다. 성경에는 죽은 자들을 위해 기도하라는 명령이나 하나님이 그들을 위한 기도를 들어주신다는 약속은 물론이고, 그런 기도를 드렸던 사례조차 발견되지 않는다. 바울은 오네시보로를 위해 "원하건대 주께서 그로 하여금 그날에 주의 긍휼을 입게 하여 주옵소서"(딤후 1:18)라고 기도했지만, 당시에 그가 죽었다는 것을 입증할 증거가 없다. 다윗은 자기 아들이 죽자 즉시 그를 위한 기도를 중단했다(삼하 12:22-23). 죽은 자의 상태는 바뀔 수 없기 때문에 우리의 기도로 그들을 유익하게 할 수 없다(눅 16:22-26).

---

3) *The Larger Catechism*, Question 183.

'사망에 이르는 죄를 지은 것으로 알려진 사람들을 위해서는 기도를 드려서는 안 된다'라는 명제는 요한 사도의 말에 근거한다. 그는 "누구든지 형제가 사망에 이르지 아니하는 죄 범하는 것을 보거든 구하라 그리하면 사망에 이르지 아니하는 범죄자들을 위하여 그에게 생명을 주시리라 사망에 이르는 죄가 있으니 이에 관하여 나는 구하라 하지 않노라"(요일 5:16)고 말했다. 사망에 이르는 죄는 성령을 거스르는 죄다. 용서 받을 수 없는 죄는 오직 그것뿐이다. 사망에 이르는 죄를 지은 것으로 알려진 사람들을 위해서는 기도를 드려서는 안 되는 이유는 그 죄의 용서 받을 수 없는 속성 때문이다.

5항 경건한 두려움으로 성경을 읽는 것(행 15:21, 계 1:3), 건전한 설교를 전하는 것(딤후 4:2), 양심적으로 말씀을 듣는 것, 이해와 믿음과 공경심으로 하나님께 복종하는 것(약 1:22, 행 10:33, 마 13:19, 히 4:2, 사 66:2), 마음속에 거하는 은혜로 시편을 노래하는 것(골 3:16, 엡 5:19, 약 5:13), 그리스도께서 제정하신 성례를 올바르게 집행하고 합당한 태도로 받아들이는 것은 모두 하나님께 드리는 예배의 요소에 해당한다(마 28:19, 고전 11:23-29, 행 2:42). 이 밖에도 맹세와(신 6:13, 느 10:29) 서원(사 19:21, 전 5:4-5), 엄숙한 금식(욜 2:12, 에 4:16, 마 9:15, 고전 7:5), 특별한 때 드리는 감사도(시 107편, 에 9:22) 여러 때와 절기에 따라 경건하고 거룩한 태도로 이루어져야 한다(히 12:28).

~ 해 설 ~

앞에서는 기도의 의무를 다루었지만, 이 조항은 예배의 다른 요소들을 언급한다. 이 가운데는 거의 항상 이루어지는 일상적인 요소들과 이따금 이루어지는 특별한 요소들이 포함되어 있다.

1. 성경 읽기 : 공중 앞에서(느 8:8, 눅 4:16), 가족들 사이에서(신 6:6-9, 시 78:5), 개인의 차원에서(요 5:39) 성경 읽기가 이루어져야 한다.

성경을 읽을 때는 극진한 공경심이 필요하다. 또한 성경이 하나님의 말씀이며, 오직 그분만이 말씀을 이해할 수 있도록 도우실 수 있다는 굳센 확신과 말씀 안에 계시된 하나님의 뜻을 알고, 믿고, 복종하려는 마음과 그 내용과 의도를 부지런히 파악하려는 열정을 비롯해 묵상과 적용과 자기 부인의 태도와 기도가 아울러 필요하다.[4]

2. 말씀을 전하고 듣는 것 : 설교는 하나님이 정하신 의식이자 세상의 마지막 때까지 교회 안에서 계속 이루어져야 할 사역이다(고전 1:21, 마 28:20). 설교 사역의 직임이 하나님이 정하신 것으로 교회 안에서 독특한 위치를 차지한다는 사실은 다음의 증거들을 통해 분명하게 확인된다.

1) 성경은 복음 사역자에게 특별한 칭호를 수여한다. 그들은 '목사', '교사', '하나님의 비밀을 맡은 청지기', '양 떼의 감독', '교회의 사자'라고 불린다.

2) 그들에게는 특별한 임무가 주어졌다. 그들은 말씀을 전하고, 거역하는 자들을 훈계하며(딤후 4:2, 2:25), 성례를 집행하고(마 28:19, 고전 11:23), "자신들이 청산할 자인 것같이"(히 13:17) 양 떼를 감독하며, 읽고 권고하고 가르치는 일에 전념하고, "이 모든 일에 전심전력하여……성숙함을 모든 사람에게 나타나게"(딤전 4:15) 해야 한다.

---

4) Ibid., Question 157.

3) 복음 사역자들에 대해 일반 신자들이 감당해야 할 특별한 의무가 있다. 그들은 자신들 가운데서 수고하고, 또 자신들을 다스리는 사람들을 알고 인정해야 하며(살전 5:12), 그들이 감당하는 사역의 수고를 생각해 그들을 귀하게 여기고(살전 5:13), 자신들을 인도하는 이들에게 순종하고 복종해야 하며(히 13:17), 그들의 쓸 것을 공급하고(갈 6:6), 그들을 위해 기도해야 한다(살후 3:1). 이런 증거들은 설교 사역이 교회 안에서 독특한 위치를 차지한다는 것을 분명하게 보여 준다.

성경 읽기는 모든 사람이 할 수 있고, 또 해야 할 일이지만 설교 사역은 '은사가 충분하고, 그 직임에 부르심을 받았다는 것이 충분히 입증된 사람'만이 감당해야 한다.[5] 신자들은 각자의 은사와 기회를 살려 서로 권고하며 덕을 세우는 일에 힘써야 한다. 그러나 그들이 어떤 은사를 소유했든지 그리스도로부터 설교자로 부르심을 받지 않았다면 설교 사역을 감당해서는 안 된다.

사도들은 그리스도로부터 직접 부르심을 받았다. 그들은 그 거룩한 직임을 다른 교사들에게 부탁했고, 또한 다른 사람들을 가르칠 수 있는 충실한 사람들에게 그 일을 맡기라고 당부했다. 교회에서 이미 설교자의 직임을 수행하고 있는 사람들에게 그리스도의 권위로 설교자로 임명된 사람을 제외하고는 그 누구도 설교 사역을 감당할 권한을 가질 수 없다. 초대교회의 경우에도 말씀을 전하는 사람은 장로의 회에서 이루어진 안수를 통해 엄숙히 구별되었다(딤전 4:14).

사람들에게 복음을 규칙적으로 전하는 것이 필요하다. 설교 사역의 성패는 전적으로 그리스도의 축복에 달려 있다. 그 누구도 그리스도의 종이 아닌 사람들의 사역을 통해 축복을 기대할 수는 없다(렘 23:32). 설교자의 소명을 받는 것은 사역자들 자신의 위로와 용기를 위해서도 반드시 필요하

---

5) Ibid., Question 158.

다. 왜냐하면 설교 사역에는 특별한 어려움과 위험이 뒤따르기 때문이다. 하나님의 소명을 받은 사람이 아니면 비록 설교 사역을 행하더라도 그분의 도우심과 보호를 기대할 수 없다(롬 10:14-15, 행 26:16-17).

3. **시편 노래하기** : 구약 시대에는 시편 찬송이 하나님께 드리는 예배의 일부였다. 이 예배 요소는 의식으로 이루어지는 예배와는 구별되며(시 69:30-31), 신약 시대에도 폐지되지 않고 오히려 강화되었다(엡 5:19, 골 3:16). 그리스도와 사도들도 시편을 노래했다(마 26:30, 행 16:25). 하나님은 특히 다윗의 시편을 이스라엘 백성에게 허락하시고 공적인 찬양을 드릴 때 사용하게 하셨다. 시편 찬송은 신약 시대의 교회 안에서도 변함없이 지속된다. 사도들은 의식을 통해 이루어지는 예배는 폐지되었다고 강조했지만, 다윗의 시편이 복음적인 예배에 적합하지 않다고 암시한 적은 단 한 번도 없었다. 만일 시편 찬송이 신약 시대에 적합하지 않았다면 그것을 대신해 다른 찬송가가 주어졌을 것이다.

시편에는 성령이 모든 시대의 교회를 위해 그것을 허락하셨다는 사실을 입증하는 듯한 구절들이 많다. 다윗은 "왕이신 나의 하나님이여 내가 주를 높이고 영원히 주의 이름을 송축하리이다"(시 145:1)라고 노래했다. 탁월한 헨리가 언급한 대로, 이 말씀은 '다윗이 지은 시편들이 세상의 마지막 때까지 교회가 하나님을 찬양하는 수단으로 사용될 것'을 암시한다.

우리는 영으로는 물론 입으로 하나님을 찬양해야 할 뿐 아니라 아름답게 찬양하려고 노력해야 한다(시 33:3). 예배를 드리면서 온 회중이 한목소리로 시편을 찬양할 때는 모두 거룩한 음악에 맞춰 아름답게 부르려고 노력해야 한다. 그러나 이해력을 가지고 가사의 뜻을 새기며 마음을 담아 부르는 것이 무엇보다 중요하다(시 47:7, 108:1, 고전 16:15).

4. 그리스도께서 제정하신 성례를 올바르게 집행하고 합당한 태도로 받아

들이는 것 : 성례는 뒤에서 충분히 다루므로 여기에서는 설명을 생략하겠다.

5. 맹세와 서원 : 이것도 다음 장에서 자세히 다루어지기 때문에 설명을 생략하기로 하겠다.

6. 엄숙한 금식과 감사 : 흔히 휴일로 불리는 정기적인 절기는 성경에 아무 근거가 없다. 그러나 하나님의 비상한 섭리가 요구할 경우에는 적법한 권위에 의해 날을 정해 금식 기도나 감사를 드릴 수 있다. 심판의 경고가 있거나 심판이 실제로 이루어질 때, 또는 특별한 축복을 구하거나 받았을 때는 금식 기도를 하는 것이 좋다. 특히 큰 긍휼이나 구원을 받았을 때는 특별한 감사를 드릴 수 있다. 『웨스트민스터 신앙고백』의 작성자들이 이런 의식들에 대해 어떤 견해를 가졌는지는 『예배 지침서』(The Directory for the Public Worship of God)에서 확인할 수 있다.

6항 복음 아래서는 기도를 비롯한 예배의 다른 요소들이 예배를 드리는 장소나 예배를 향하는 장소에 얽매이지 않고, 또 그것 때문에 하나님께 더 많이 인정받는 것도 아니다(요 4:21). 하나님은 어디에서나(말 1:11, 딤전 2:8) 영과 진리로 예배해야 한다(요 4:23-24). 개인적으로 가정에서(렘 10:25, 신 6:6-7, 욥 1:5, 삼하 6:18, 20, 벧전 3:7, 행 10:2), 매일(마 6:11), 혼자 은밀하게(마 6:6, 엡 6:18) 예배를 드려야 하고, 또 공적으로 모여 엄숙하게 예배를 드려야 한다. 하나님이 말씀이나 섭리를 통해 예배를 요구하실 때는 그것을 경솔하게나 의도적으로 소홀히 해서는 안 되고, 무시해서도 안 된다(사 56:6-7, 히 10:25, 잠 1:20-21, 24, 8:34, 행 13:42, 눅 4:16, 행 2:42).

⌒ 해 설 ⌒

복음 아래서는 예배를 위한 특별한 장소가 폐지되었다. 복음은 장소와 상관없이 하나님을 영과 진리로 예배하고(요 4:21), "각처에서……분노와 다툼이 없이 거룩한 손을 들어 기도하기를 원하노라"(딤전 2:8) 하고 요구한다.

이 조항은 예배당을 봉헌해 그곳을 거룩하게 여기는 관습을 비롯해 특정한 장소에서 예배를 드릴 때 하나님이 더 많이 인정하시고, 또 더 많은 축복을 받을 수 있다는 미신을 논박한다.

1. 예배는 가정에서 매일 드려야 한다. 이것은 자연의 빛이 분명하게 가르치는 의무다. 기독교인을 자처하면서도 가정 예배를 등한시하는 가정은 장차 심판의 날에 이방인들의 비난을 면하지 못할 것이다. 왜냐하면 그들은 도시와 국가를 보호한다고 믿었던 수호신들을 공적으로 극진히 섬겼을 뿐 아니라 가정을 지키는 수호신을 모셔 놓고 각 집에서 예배를 드렸기 때문이다.

성경은 이 의무를 더욱 분명하게 요구한다. 성경에 등장하는 신앙 위인들의 삶은 가정 예배의 중요성을 여실히 드러낸다. 그들의 본보기는 가정 예배의 의무를 분명하게 가르친다. 예를 들어, 아브라함은 가는 곳마다 제단을 쌓았다. 하나님은 그에게 가정 예배에 충실하라고 권고하셨다(창 18:19). 여호수아(수 24:15), 욥(욥 1:5), 다윗(삼하 6:20)도 마찬가지였다.

그러나 성경에는 그런 사례들보다 훨씬 더 매혹적인 사례가 하나 더 기록되어 나타난다. 그것은 바로 주님이 보여 주신 본보기다. 주님은 스스로는 가정을 이루지 않으셨지만, 제자들이라는 가족을 거느리셨다(마 10:25). 주님은 자기를 따르던 무리를 피해 한적한 곳에서 그들과 따로 기도하셨다. "예수께서 따로 기도하실 때에 제자들이 주와 함께 있더니"(눅 9:18).

가정 예배를 드리면 가족들이 형통하는 축복을 누릴 수 있다. 하나님의 축복은 우리를 풍요롭게 하고, 형통하게 한다. 가족들이 매일 하나님 앞에서 기도하며 복을 구하는 것보다 그런 축복을 얻을 수 있는 더 좋은 방법이 어디에 또 있겠는가(잠 3:33)? 아울러 가정 예배는 가족들에게 영적 축복과 영원한 행복을 가져다줄 뿐 아니라 자손 대대로 믿음을 전하는 가장 효과적인 수단이기도 하다. 그러나 이 의무를 소홀히 하면 가족들에게 하나님의 저주가 임한다. 잠언 3장 33절은 "악인의 집에는 여호와의 저주가 있거니와"라고 말한다. "주를 알지 못하는 이방 사람들과 주의 이름으로 기도하지 아니하는 족속들에게 주의 분노를 부으소서"(렘 10:25)라는 말씀은 참으로 두렵기 그지없다. 따라서 각 집의 가장들은 여호수아처럼 "오직 나와 내 집은 여호와를 섬기겠노라"(수 24:15)고 결심해야 한다.

2. 예배는 혼자 은밀하게 드려야 한다. 주님은 모든 제자들에게 은밀한 기도의 의무를 요구하시고, 그 의무를 올바로 실천하는 방법을 가르치셨다(마 6:6). 주님은 은밀한 장소를 찾아 그곳에서 은밀한 기도를 드리라고 요구하셨을 뿐 아니라 스스로 직접 본을 보여 주심으로 이 의무의 중요성을 일깨워 주셨다(마 14:23, 막 1:35).

모든 시대의 하나님의 자녀들이 이 의무를 실천해 왔다. 야곱(창 32:24), 다니엘(단 6:10), 다윗(시 55:3, 5:17), 히스기야(사 38:2) 등은 몇 가지 사례에 지나지 않는다. 이는 신자의 영적 상태를 보여 주는 가장 중요하고 분명한 지표이다. 다소의 사울은 회심하는 순간, 곧바로 기도하기 시작했다(행 9:11).

개인 기도는 참된 경건을 발전시키는 가장 뛰어난 수단이다. 이 의무를 성심껏 규칙적으로 실천하는 것은 믿음의 진실성을 보여 주는 가장 분명한 증거 가운데 하나다. 신자는 매일 아침저녁으로 혼자 은밀히 기도해야 할 뿐 아니라 일상생활을 하는 도중에도 자주 경건하고 열정적인 마음으로 하나님을 우러러 부르짖어야 한다. 성경에는 그런 기도를 보여 주는 사례가 많다(출 14:15, 삼상 1:13, 느 2:4, 대상 5:20).

3. 신자들은 정해진 때에 공적으로 모여 함께 예배를 드려야 한다. 구약 시대에 이스라엘의 남자들은 모두 매년 세 번씩 주 여호와께 보여야 했다(출 23:17). 그러나 그들이 드리는 공적 예배는 성전이나 특별한 절기에 국한되지 않았다. 그들은 도처에 회당을 세웠고, 안식일에 그곳에 모여 하나님을 예배했다(행 15:21). 예수 그리스도께서는 세상에 계실 때 큰 절기가 있을 때마다 예루살렘 성전을 방문하셨고, 안식일에는 회당 예배에 참석하셨다(눅 4:16). 예수님의 행동은 그분을 믿는다고 고백하는 이들이 짊어져야 할 의무가 무엇인지 분명하게 보여 준다.

신자들은 규칙적으로 모여 성심을 다해 하나님을 예배해야 할 의무가 있다. 초대교회 신자들은 가정에서나 혼자 은밀하게 하나님을 예배하는 것으로 만족하지 않고, 기회가 있을 때마다 함께 모여 공적으로 그분을 예배했다(행 2:46). 하나님은 자기 백성이 공적으로 모여 드리는 예배를 통해 큰 영광을 거두신다. 그분은 공적인 예배를 은혜의 수단으로 삼아 은혜 베풀기를 기뻐하신다. 공적 예배를 통해 죄인이 각성해 회개하고, 성도들이 축복과 위로를 받는 역사가 가장 흔하게 일어난다. 따라서 신자는 공적 예배를 존중히 여겨 "모이기를 폐하는 어떤 사람들의 습관과 같이"(히 10:25) 하지 않도록 조심하며, 열심히 '주님의 집'에 모여 예배를 드려야 한다.

7항 적당한 시간을 따로 구별해 하나님을 예배하는 데 사용하는 것이 자연의 법칙이듯, 하나님은 자신의 말씀 안에서 엄숙하고, 도덕적이고, 영속적인 계명을 통해 칠 일 가운데 하루를 안식일로 특별히 지정하시어 자기를 위해 거룩하게 지키게 하셨다(출 20:8, 10-11, 사 56:2, 4, 6-7). 태초부터 그리스도의 부활이 있기까지는 일주일의 마지막 날이 안식일이었지만, 그리스도의 부활 이후부터는 일주일의 첫째 날로 바뀌었다(창 2:2-3, 고전 16:1-2, 행

20:7). 성경이 주일이라고 일컫는 이날은(계 1:10) 세상 마지막 때까지 기독교의 안식일로 계속 지켜져야 한다(출 20:8-10, 마 5:17-18).

─ 해 설 ─

이 조항은 하나님을 예배하기 위해 특별히 지정된 날을 다룬다.

적당한 시간을 따로 구별해 하나님을 예배하는 데 사용하는 것은 자연법의 명령이다. 어느 정도의 시간이 적당한지, 또 일주일 가운데 어떤 날을 그런 목적을 위해 특별히 구별해야 할지를 결정하는 것은 하나님의 소관이다. 따라서 하나님은 자신의 권위로 일주일 가운데 일곱째 날을 예배의 날로 정하셨다. 태초부터 그리스도의 부활이 있기까지는 일주일 가운데 일곱째 날이 예배하는 날로 정해져 하나님이 창조 사역을 마치시고 안식하신 것을 기념했다. 그러나 그 특별한 날은 입법자이신 하나님의 권위와 그 기쁘신 뜻에 따라 다른 날로 바뀌었다. 그리스도의 부활 이후부터는 창조 사역과 구원 사역을 동시에 기념하기 위해 일주일 가운데 일곱째 날에서 첫째 날로 안식일이 바뀌었다. 이날은 기독교의 안식일로서 세상 마지막 때까지 계속된다.

이런 진술은 안식일이 도덕적이고, 확정적인 제도라는 사실을 분명하게 보여 준다. 적당한 시간을 따로 구별해 하나님을 예배하는 데 사용하라는 요구는 창조주 하나님과 피조물인 인간의 관계에 근거한다. 따라서 이 요구는 도덕적인 성격을 지닌다. 아울러 일주일 가운데 일곱째 날을 특별히 구별해 하나님을 예배하도록 결정한 것은 전적으로 하나님의 뜻에 따른 것이었다. 따라서 이것은 확정적인 제도라는 성격을 지닌다. 더욱이 확정적인 제도는 하나님이 계시하시고 제정하신 것이기 때문에 항구적인 의무임과 동시에 도덕적인 의무에 해당한다고 말할 수 있다.

따라서 '안식일의 도덕성'을 논하고, 십계명의 네 번째 계명 가운데서 '도덕적으로 자연스러운 것'과 '도덕적으로 확정적인 것'을 구별하는 것은 지극히 온당한 일이다. 우리의 시간 가운데 일부를 정해 하나님을 예배하는 데 사용하는 것은 도덕적으로 자연스러운 것에 해당하고, 다른 날이 아니라 일곱째 날을 그 목적을 위해 따로 구별하는 것은 도덕적으로 확정적인 것에 해당한다.

우리가 안식일을 확정적인 제도라고 일컫는 이유는 일곱 날 가운데 하루를 안식일로 지키는 것이 하나님의 주권적인 결정에서 비롯된 것이기 때문이고, 우리가 안식일을 도덕적으로 확정적인 것으로 일컫는 이유는 하나님의 결정이 보편적이고 항구적인 의무에 해당하기 때문이다. 이런 점에서 안식일은 유대인들에게 해당되었던 의식적인 제도와 분명하게 구별된다. 의식적인 제도는 그리스도의 죽음으로 모두 폐지되었다. 안식일의 도덕성은 모든 시대, 모든 사람에게 구속력을 지닌다.

일주일 가운데 하루를 안식일로 정한 것이 보편적이고 항구적인 의무에 해당한다는 사실은 다음의 증거들을 통해 분명하게 확인된다.

1. 창세기 2장 1-3절이 증언하는 대로, 안식일은 태초에 정해졌다. 당시에는 인류의 첫 조상 외에는 그 어떤 인간도 존재하지 않았다. 안식일은 그들을 위해 제정되었기 때문에 세상 마지막 날까지 그들의 모든 후손이 대대로 지켜야 할 의무가 되어야 마땅하다.

시대와 민족을 막론하고 아담의 모든 후손이 그가 무죄한 상태에서 에덴동산에 거하면서 행했던 대로 하루를 안식의 날로 지키며 하나님을 예배해야 할 필요성과 이유는 너무나도 명백하다.

안식일은 의식적인 제도가 아니다. 왜냐하면 타락하기 이전의 인간은 순결했기 때문에 그리스도를 예표하는 의식이 전혀 필요하지 않았기 때문이다. 이런 추론을 부인하려면 안식일이 태초에 정해지지 않고, 광야에서 이스라엘 백성에게 처음 요구되었다는 것을 사실로 입증해야만 한다. 많은 학자가 그 사실을 입증하려고 애썼지만, 그 누구도 설득력 있는 증거를 내놓지 못했다.

모세가 안식일의 제정을 미리 예견하고 창세기에 기록했다고 생각해야 할 이유는 전혀 없다. 창세기를 기록한 방식을 살펴보면 그가 창조 사역이 막 끝난 뒤에 일어난 일을 언급하고 있다는 것을 분명하게 알 수 있다. 이스라엘 백성의 출애굽이 있기 전까지 약 2,500년 동안 안식일을 지켰다는 기록이 발견되지 않는다는 이유를 들어 안식일이 태초에 제정되지 않았다거나 대홍수 이전의 족장 시대에는 실제로 지켜진 적이 없다고 추론하는 것은 온당하지 못하다. 왜냐하면 여호수아서와 사사기의 역사, 특히 사무엘과 사울 왕의 시대를 아우르는 약 500년 동안의 시간에도 안식일을 지켰다는 기록이 한 번도 나타나지 않기 때문이다. 이는 이스라엘이 가나안에 들어갔을 때부터 세례 요한이 등장하기까지 할례를 행했다는 기록이 단 한 번도 나타나지 않는 것과 비슷하다.

더욱이 출애굽기 16장 23절은 안식일을 앞으로 제정할 제도가 아니라 이미 존속해 온 제도로 언급하고 있다. 시내 산에서 이스라엘 백성에게 율법이 반포될 무렵에도 안식일은 그들이 전부터 익히 알고 있었지만 오랫동안 소홀했거나 잊어버린 제도로 언급되었다. 아마도 애굽에서 지내는 동안 안식일을 지키는 일이 중단되었기 때문인 것으로 보인다. 이것이 그들에게 "안식일을 기억하여 거룩하게 지키라"(출 20:8)라는 명령이 주어진 이유다.

안식일이 사전에 제정되었다고 인정하지 않으면 일주일을 칠 일로 나누는 관행이 족장 시대에 존재했다는 사실도 만족스럽게 설명하기 어렵다.

2. 안식일이 구속력 있는 의무라는 사실은 네 번째 계명이 십계명에서 차지하는 위치로부터 자연스레 설명될 수 있다. 이 계명은 하나님이 항구적인 규칙으로 인류에게 명령하신 도덕적 계명들의 한가운데 놓여 있다. 그것은 하

나님이 음성으로 명령하셨고, 또 두 번이나 친히 손가락으로 기록하시어 언약궤 안에 간직하게 하신 계명들 가운데 하나다. 이 모든 사실은 안식일이 의식적인 제도와 무관하다는 것을 보여 준다.

3. 시내 산에서 반포된 안식일의 계명에 부가적으로 딸린 명령은 하나같이 도덕적인 성격을 지닌다. 이런 명령들은 유대인들에게만 국한되지 않고 모든 시대, 모든 민족에게 똑같이 적용된다. 이방인들은 의식법을 지켜야 할 의무가 없었지만, 안식일의 명령은 유대인은 물론 그들에게까지 똑같이 주어진 의무였다(출 20:10-11).

4. 안식일 준수는 유대인의 안식일이 폐지된 이후에도 계속되었다. 이 사실이 예수님의 말씀 가운데 분명하게 함축되어 있다. "너희가 도망하는 일이 겨울에나 안식일에 되지 않도록 기도하라"(마 24:20). 그리스도의 말씀은 유대인의 안식일이 아니라 기독교의 안식일에 관한 것이 분명하다. 왜냐하면 '도망하는 일'은 예루살렘 성전이 파괴될 때의 일을 말하는 것이기 때문이다. 예루살렘 성전의 파괴는 유대인의 안식일이 폐지되고 나서도 40년이 더 지난 뒤에 이루어졌다. 비록 안식일이 일주일의 일곱째 날에서 첫째 날로 바뀌었지만, 그리스도의 말씀은 안식일이 여전히 계속 지켜질 것이라는 사실을 분명히 암시하고 있다.

5. 안식일의 영속성은 이사야 56장 6-8절에도 언급된다. 그 본문을 읽어 본 사람이라면 누구나 이사야 선지자가 신약 시대에 관해 말하고 있다는 것을 알 수 있을 것이다. 따라서 복음 시대에도 안식일은 여전히 하나님이 정하신 제도로서 계속되었고, 그것을 더럽히지 않는 것이 사람들의 의무였다는 것을 알 수 있다. 안식일을 지키는 일은 한 치의 오류도 없으신 예언의 영이 선언하신 대로 축복으로 이어졌다.

안식일의 도덕성은 날짜의 변경에 영향을 받지 않는다. 안식일 제도의 핵심은 우리의 시간 가운데 7분의 1을 하나님을 예배하는 데 사용하는 것에 있다. 그날은 상황에 따라 달라질 수 있다. "일곱째 날을 기억하라"가 아니라 "안식일을 기억하여 거룩하게 지키라"라는 명령이 주어졌다는 사실에 주목하라. 본래는 일주일 가운데 일곱째 날을 하나님을 예배하는 데 사용하는 것이 적절했지만, 그날은 '안식일의 주인'이신 주님에 의해 변경될 수 있었다. 물론 안식일을 변경할 수 있다는 말씀은 성경 어디에도 발견되지 않는다.

그러나 안식일이 그리스도의 부활을 통해 일곱째 날에서 첫째 날로 바뀌었다는 것을 입증하는 확실한 증거는 적지 않다.

1. 일주일의 첫째 날이 기독교의 안식일이라는 사실이 구약성경에 예언되어 나타난다. "이날은 여호와께서 정하신 것이라"(시 118:24)라는 말씀은 하나님이 그날을 창조하셨다는 뜻이 아니다. 하나님은 다른 모든 날도 아울러 창조하셨지만, 자신을 위해 하루를 거룩한 날로 지정하셨다. 여기에서 언급된 날은 그리스도께서 부활하신 날, 곧 "건축자들의 버린 돌로서 집 모퉁이의 머릿돌이 되었느니라"(행 4:11)라는 말씀이 이루어진 날을 가리킨다. 아울러 에스겔 43장 27절은 "제 팔 일"을 하나님께 영적 제사를 드리는 날로 언급한다. 기독교의 안식일은 여덟째 날로 불린다. 왜냐하면 일주일의 첫째 날은 창조의 시점에서 보면 여덟째 날에 해당하기 때문이다.

2. 그리스도께서는 부활하시고 나서 일주일의 첫째 날에 제자들과 거듭 만나셨다(요 20:19, 26). 물론 그분은 다른 날에도 몇몇 제자들에게 모습을 드러내셨지만, 그들 모두가 함께 모인 자리에서 모습을 보이신 때는 바로 '안식 후 첫날'이었다. 이런 사실로 미루어 볼 때, 제자들이 이미 일주일의 첫째 날에 모임을 갖기 시작했고, 예수님이 그들의 관습을 인정하셨다는 것을 알 수

있다. 예수님이 승천하시기 전까지 일주일의 첫째 날에 제자들과 만나 "하나님 나라의 일을 말씀"(행 1:3)하셨다고 생각하는 사람들이 많다.

3. 사도들과 초대교회 신자들은 그날에 모여 거룩한 의식을 행했다. 사도행전 20장 7절은 "그 주간의 첫날에 우리가 떡을 떼려 하여 모였더니 바울이……말을 밤중까지 계속하매"라고 말한다. 그날에 그들이 한곳에 모인 일은 특별하거나 간헐적으로 이루어진 것이 아니라 일상적으로 이루어진 관행이었다.

고린도전서 16장 1-2절을 보면, 초대교회 신자들이 일주일의 첫째 날에 모여 가난한 신자들을 위해 헌금을 바쳤고, 그 일이 사도들의 명령에 의해 이루어졌다는 것을 알 수 있다. 가난한 자들을 위한 헌금은 본래 유대인의 회당에서 안식일에 이루어졌다. 그런 관습이 사도들의 권위에 의해 기독교인들 사이에서는 일주일의 첫째 날로 옮겨진 것이 분명해 보인다.

4. 기독교인의 안식일은 초창기에는 "주의 날"(계 1:10)이라는 특별한 명칭으로 불렸다. 예수 그리스도께서는 그날을 자신의 날로 주장하시고, 자신을 기리는 날로 삼게 하셨다.

5. 일주일의 첫째 날을 기독교인의 안식일로 삼았던 관습이 사도 시대부터 오늘날까지 꾸준히 유지되어 왔다. 하나님은 자기 백성이 안식일을 지킬 때 귀한 축복들을 베푸심으로써 그날을 영화롭게 하셨다.

안식일이 일곱째 날에서 첫째 날로 변경된 이유는 분명하다. 태초부터 그리스도의 부활이 있기까지 일곱째 날을 거룩하게 지킨 이유는 창조 사역을 기념하기 위해서였다. 따라서 그리스도께서 일주일의 첫째 날에 부활하신 이후로는 그날을 거룩히 지켜 구원이라는 더 위대하고 영광스런 사역을 기넘해야 마땅하다. 앞으로 그리스도께서 행하신 사역보다 더 월등하거나 그것과 동등한 사역이 새롭게 이루어질 가능성은 전혀 없기 때문에 그날이 세상 마지막 때까지 기독교인의 안식일로 계속 지켜져야 한다는 것은 지극히 타당한 결론이 아닐 수 없다.

8항 안식일은 주님께 거룩하게 지켜야 한다. 사람들은 마음을 올바로 준비하고, 일상적인 일들을 미리 잘 처리하고 나서 세상의 직업과 오락에 관한 생각이나 말이나 행동을 일체 중단하고 온종일 거룩한 안식을 취해야 할 뿐 아니라(출 20:8, 16:23, 25-26, 29-30, 31:15-17, 사 58:13, 느 13:15-19, 21-22) 공적으로나 사적으로 예배를 드리고, 부득이한 의무를 처리하며, 긍휼을 베푸는 일에 온전히 시간을 바쳐야 한다(사 58:13, 마 12:1-13).

— 해 설 —

이 조항은 안식일을 거룩하게 지키는 데 필요한 일들을 진술한다.

안식일은 모든 것을 미리 잘 처리하고 나서 세상의 직업과 오락을 일체 중단하고 거룩한 일과 필요한 의무와 긍휼을 베푸는 일에 온전히 시간을 바침으로써 거룩하게 지켜야 한다.

1. 안식일은 주일에 알맞은 일들을 할 수 있게끔 마음을 잘 준비해야 한다. 일상적인 일들을 미리 잘 처리하고 세상의 일과 염려로 안식일을 더럽히지 않도록 노력해야 한다.

2. 안식일은 거룩한 안식의 날이기 때문에 온종일 육체노동이든, 정신노동이든 세상의 직업과 관련된 모든 활동을 중단해야 할 뿐 아니라 그런 일과 관련된 불필요한 말과 생각을 삼가야 한다. 다른 날에는 해도 괜찮은 무해한 오락 행위도 일체 중단해야 한다. 왜냐하면 다른 목적을 위해 거룩하게 사용해야 할 시간이 헛되이 소모되고, 또 안식일에 해야 할 의무를 이행하려는 마음가짐이 흐트러지기 쉽기 때문이다. 따라서 안식일에 죄가 되는 오락이나 즐거움을 찾는다면 더욱 엄중한 죄책이 뒤따르는 결과를 낳을 것이다.

3. 안식일에 깨어 있는 동안에는 모든 시간을 거룩한 활동, 곧 기도, 묵상, 성경이나 신앙 서적 읽기, 가족들을 가르치는 일, 가족들과의 경건한 대화, 예배와 공적 의식에 참여하는 일 등에 할애해야 한다. 안식일에 몇 시간만 종교적인 활동에 바치고, 나머지 시간은 속되게 흘려보내는 일은 큰 잘못에 해당한다. 안식일도 일주일의 나머지 엿새와 시간의 길이가 똑같다. 따라서 안식일에는 다른 날에 우리 자신의 일에 할애하는 시간과 똑같은 양의 시간을 하나님을 공적으로나 개인적으로 예배하는 일에 할애해야 마땅하다.

4. 부득이한 의무를 처리하거나 긍휼을 베푸는 일은 안식일에도 허용된다. 부득이한 의무는 전날에 미처 끝마치지 못한 일 가운데 안식일이 지난 다음날까지 미뤄서는 안 될 일을 행하는 것을 가리키고, 긍휼을 베푸는 일은 동료 인간들에게 동정을 베푸는 것을 가리킨다. 그런 경우 몇 가지를 예로 들면, 하나님의 성전에 갔다가 오는 일, 적들이 침입한 도시나 마을을 수호하는 일, 바다에서 배를 운항하는 일, 화재를 진압하는 일, 화재나 홍수로 인해 소실될 위기에 처한 물건들을 옮기는 일, 가축을 먹이고 위험에서 보호하는 일, 병자를 방문해 위로와 필요한 것을 제공하는 일, 어린아이들을 돌보는 일 등이다.

간단히 말해, 그런 일들은 때로 안식일의 의무 이행을 크게 방해할 수 있다. 그러나 이 조항은 그런 일들을 금지하지 않는다. 왜냐하면 하나님은 "인애를 원하고 제사를 원하지 아니"(호 6:6)하시기 때문이다. 안식일에 예수님은 병자를 고쳐 주셨고, 제자들은 배가 고플 때 밀 이삭을 잘라 먹었다. 바리새인들은 그들을 책망했지만, 주님은 그들이 아무런 잘못도 하지 않았다고 말씀하셨다. "안식일이 사람을 위하여 있는 것이요"(막 2:27).

안식일은 독단적으로 정해진 제도가 아니라 사람을 유익하게 하기 위해 계획된 관대한 제도다. 하루 동안 노동을 중단하는 것만 보더라도 안식일은 참으로 관대하고 자비로운 제도가 아닐 수 없다. 안식일은 노동자들에게 힘든 노동을 멈추고 휴식을 취할 수 있는 기회를 제공한다. 건강과 체력을 유지하려면 일주일에 하루를 쉬는 것이 절대적으로 필요하다. 사회의 모든 구성원들은 하나님이 그 선하심과 권위로 제정하신 안식의 날을 온전히 누릴 수 있어야 한다.

물론 안식일을 단지 육체의 피로와 세상일에 대한 염려로부터 안식을 취하는 시간으로만 받아들여서는 안 된다. 안식일은 일상적인 일을 멈추고, 신앙과 관련된 활동에 더 많은 열심을 기울여야 하는 시간이다. 사실 하나님을 섬기고, 우리의 영혼을 돌보고, 영원한 내세를 위한 준비를 갖추기에 일주일에 하루는 그리 많은 시간이 아니다.

스코틀랜드는 오랫동안 안식일을 거룩하게 지키는 나라라는 평판을 누려 왔다. 그러나 개탄스럽게도 그런 평판이 무색할 만한 일들이 벌어지고 있다. 최근에 안식일을 더럽히는 일들이 무서운 속도로 늘어나고 있다. 이런 현상은 다른 수많은 악이 싹트는 계기가 되고 있다.

안식일을 올바로 준수하는 것은 개인과 국가의 일시적인 행복을 증대하고, 대중의 도덕성을 고양하며, 신앙의 관심사를 발전시키고, 하나님의 은혜와 축복을 이끌어 내는 가장 탁월한 수단에 해당한다. 안식일을 더럽히면 인간의 일시적인 유익을 저해하고, 사회를 부도덕하게 만들며, 신앙을 피폐하게 하고, 나라에 하나님의 심판과 저주가 임하는 결과를 낳는다.

따라서 모든 사람은 악이 기승을 부리지 못하도록 최선을 다하고, 다른 사람들이 어떻게 하든 상관없이 '안식일을 지켜 더럽히지 않겠다'고 굳게 결심해야 한다. 안식일은 '여호와의 성일'이다. 따라서 안식일을 성심성의껏 지켜 하나님을 영화롭게 하는 사람은 약속에 따라 그분의 놀라운 축복을 받게 될 것이다.

이사야 58장 13-14절은 "만일 안식일에 네 발을 금하여 내 성일에 오락을 행하지 아니하고 안식일을 일컬어 즐거운 날이라, 여호와의 성일을 존귀한 날이라 하여 이를 존귀하게 여기고 네 길로 행하지 아니하며 네 오락을 구하지 아니하며 사사로운 말을 하지 아니하면 네가 여호와 안에서 즐거움을 얻을 것이라 내가 너를 땅의 높은 곳에 올리고 네 조상 야곱의 기업으로 기르리라 여호와의 입의 말씀이니라"라고 말한다.

CHAPTER. 22

OF LAWFUL OATHS AND VOWS

정당한 맹세와 서원

네 하나님 여호와께 서원하거든 갚기를 더디하지 말라 네 하나님 여호와께서 반드시 그것을 네게 요구하시리니 더디면 그것이 네게 죄가 될 것이라 네가 서원하지 아니하였으면 무죄하리라 그러나 네 입으로 말한 것은 그대로 실행하도록 유의하라 (신 23:21-23).

1항 정당한 맹세는 예배의 한 요소다(신 10:20). 사람은 적절한 때에 하나님을 엄숙히 불러 자신이 주장하거나 약속하는 것을 증언하시게 하고, 또한 자신이 맹세한 것의 진실성이나 허위성에 의거해 자신을 심판하시게 할 수 있다(출 20:7, 레 19:12, 고후 1:23, 대하 6:22-23).

2항 사람들은 오직 하나님의 이름으로만 맹세해야 한다. 하나님의 이름을 사용할 때는 거룩한 두려움과 공경심이 필요하다(신 6:13). 따라서 하나님의 영광스럽고 두려운 이름을 경솔하게나 망령되이 사용하거나 다른 것들을 불러 맹세하는 행위는 삼가야 할 죄에 해당한다(출 20:7, 렘 5:7, 마 5:34, 37, 약 5:12). 그러나 사안이 중대할 때 이루어지는 맹세는 하나님의 말씀, 곧 신구약성경 모두가 보장하는 것이다(히 6:16, 고후 1:23, 사 65:16). 그런 경우에는 합법적인 권위에 의해 요구되는 정당한 맹세가 반드시 필요하다(왕상 8:31, 느 13:25, 스 10:5).

3항 맹세하는 사람은 그 엄숙한 행위의 중요성을 올바르게 인식하고, 오직 스스로가 진리라고 확신하는 것만을 맹세해야 한다(출 20:7, 렘 4:2). 선하고 올바른 것과 스스로 그렇다고 믿는 것과 자신이 실행할 수 있고, 또 실행하겠다고 결심하는 것 외에는 맹세를 통해 그 무엇에도 스스로를 속박해서는 안 된다(창 24:2-3, 5-6, 8-9). 그러나 합법적인 권위가 요구하는 맹세, 곧 선하고 올바른 것과 관련된 맹세를 거부하는 것은 죄에 해당한다(민 5:19, 21, 느 5:12, 출 22:7-11).

4항 맹세는 애매모호함이나 마음에 다른 의도를 품는 것 없이 분명하면서도 평이한 의미의 말로 이루어져야 한다(렘 4:2, 시 24:4). 맹세가 죄를 짓게 만드는 것이 되어서는 안 된다. 그러나 죄가 아닌 것을 맹세했다면 스스로에게 해가 되거나(삼상 25:22, 32-34, 시 15:4) 이단자들이나 불신자들을 상대로 한 맹세일지라도 어겨서는 안 된다(겔 17:16, 18-19, 수 9:18-19, 삼하 21:1).

─ 해설 ─

이 조항들은 첫째는 정당한 맹세의 본질, 둘째는 누구의 이름으로 맹세하느냐는 문제, 셋째는 맹세의 정당성, 넷째는 맹세하는 태도, 다섯째는 맹세의 구속적 의무를 가르친다.

1. 맹세는 예배의 엄숙한 행위에 해당한다. 사람은 맹세를 통해 하나님을 불러 자신의 주장이나 약속을 증언하시게 하고, 또한 자신의 맹세가 지닌 진실성이나 허위성으로 자신을 심판하시게 한다. 사람이 과거나 현재의 사실에 하는 맹세는 '단언된 맹세'라고 불리고, 앞으로 해야 할 행위를 맹세하는 것은 '약속의 맹세'라고 불린다. 맹세는 세상 일이나 교회 일에 대해 이루어질 수 있다. 그 내용에 따라 세상 일에 해당하는 맹세인지, 교회 일에 해당하는 맹세인지가 구별된다. 그러나 어떤 맹세든 엄숙한 신앙 행위에 해당한다.

2. 맹세는 하나님의 이름으로만 할 수 있다. 성경은 "그의 이름으로 맹세할 것이니라"(신 6:13)라고 명령한다. "신이 아닌 것들로 맹세"(렘 5:7)하는 것은 중대한 죄이다. 하나님의 이름으로 맹세한다는 것은 그분의 전지하심과 전능하심과 공의를 믿고 인정한다는 뜻이다. 따라서 하나님 외에 다른 것으로 하는 맹세는 전혀 합당하지 않을 뿐더러 우상 숭배의 죄를 짓는 것이다.

3. 맹세는 필요한 때에 합법적인 권위로 정당하게 이루어져야 한다. 퀘이커 교도들은 맹세의 정당성을 부인한다. 그들은 신약 시대 후로는 어떤 경우든

지 맹세가 이루어져서는 안 된다고 한다. 그러나 그들의 주장은 여러 가지 논증을 통해 쉽게 논박할 수 있다. 먼저, 십계명의 세 번째 계명이 맹세의 정당성을 인정한다. "하나님 여호와의 이름을 망령되게 부르지 말라"라는 계명은 뒤집어 생각하면, 합당한 때에는 얼마든지 하나님의 이름으로 맹세할 수 있다는 의미를 내포한다.

구약성경을 보면 맹세를 실천한 사례가 많이 있다. 아브라함은 아비멜렉에게 거짓되게 행하지 않겠다고 맹세했다(창 21:23-24). 그와 이름이 똑같았던 한 왕도 이삭과 자기 사이에 맹세가 이루어지기를 바랐고, 그들은 서로 맹세했다(창 26:31). 야곱도 같은 방식으로 라반에게 맹세했고(창 31:53), 요셉도 그의 아버지에게 맹세했다(창 47:31). 이 모두가 모세 율법이 주어지기 전에 일어났다. 따라서 맹세는 모세 시대에만 국한된 관습이 아니다. 그러나 모세 율법은 맹세의 정당성을 분명하게 인정한다(레 5:1). 율법 시대에도 하나님의 이름으로 맹세한 사례가 많다. 요나단은 다윗에게 자신에게 맹세하라고 요구했다(삼상 20:17). 다윗은 사울에게 맹세했다(삼상 24:21-22).

맹세는 사법적인 율법이나 의식적인 율법의 일부가 아니므로 지금도 여전히 정당성을 유지한다. 그렇지 않다면 신약성경이 분명히 금지했을 것이다. 신약성경에도 이 관습을 확증한다. 바울 사도는 "하나님이 나의 증인이 되시거니와"(롬 1:9), "내가 그리스도 안에서 참말을 하고"(롬 9:1), "내가 내 목숨을 걸고 하나님을 불러 증언하시게 하노니"(고후 1:23)라는 표현을 사용했다. 그리스도께서도 대제사장이 하나님의 이름으로 맹세할 수 있느냐고 묻는 질문에 그렇다고 대답하셨다(마 26:63-64). 히브리서 저자는 하나님이 아브라함에게 "가리켜 맹세할 자가 자기보다 더 큰 이가 없으므로 자기를 가리켜 맹세"(히 6:13)하셨다고 말하면서 "맹세는 그들이 다투는 모든 일의 최후 확정이니라"(히 6:16)라고 덧붙였다. 이런 말은 그가 맹세의 관습을 인정했다는 것을 분명하게 보여 준다.

따라서 "도무지 맹세하지 말지니"(마 5:34)라는 주님의 말씀과 "맹세하지 말지니"(약 5:12)라는 야고보 사도의 말은 필요한 목적을 위해 엄숙한 때에 이루어지는 맹세까지 모두 배제하는 것은 아니다. 이는 단지 맹세를 일상적으로 남발하는 행위나 피조물의 이름으로 맹세하는 행위를 금지할 뿐이다. 사소한 문제로 하나님께 맹세하거나 자주 불필요하게 되풀이하는 맹세는 하나님의 이름을 망령되게 부르는 것이다. 성경에 언급된 맹세의 일반적인 형태는 손을 드는 것이다(창 14:22, 계 10:5-6). 따라서 손을 드는 것 외에 다른 미신적인 형태를 사용하는 것은 바람직하지 못하다.

4. 맹세는 "진실과 정의와 공의로"(렘 4:2) 이루어져야 한다. '진실'은 마음의 생각과 맹세의 말이 온전히 일치한다는 의미다. 맹세하는 자와 맹세를 듣는 이 모두가 의미를 쉽고 분명하게 이해할 수 있도록 애매모호함이나 마음에 다른 의도를 품는 것 없어야 한다. 로마 가톨릭교회처럼, 마음에 다른 의도를 품고 맹세하는 것은 맹세의 목적에서 벗어나 사람들 사이의 모든 신뢰를 깨뜨리며, 맹세하는 사람이 위증죄를 범하게 만드는 결과를 낳는다.

'정의'는 우리에게 가능하면서도 합법적인 일을 맹세하는 것, 곧 우리가 하겠다고 약속한 일을 행하려는 확고한 의지를 가지고 맹세하는 것을 의미한다. 마지막으로, '공의'는 옳고 정당한 맹세인지 신중하고 경건한 태도로 깊이 생각하고, 그 목적이 하나님의 영광스럽고 두려운 이름을 사용해 맹세의 진실성을 뒷받침해도 괜찮은 일인지를 고려해 맹세하는 것을 의미한다.

정당한 맹세는 반드시 실천에 옮겨져야 한다. 사람들을 죄짓게 하는 맹세는 그 자체로 아무런 의미가 없다. 경솔하게 맹세했을 때는 헤롯처럼 경솔히 맹세한 죄에다 그 맹세를 지키는 죄까지 더 보태지 말고(막 6:23, 26), 그 맹세를 후회하며 철회해야 마땅하다. 그러나 정당한 맹세는 해가 된다 해도 반드시 지켜야 한다. "마음에 서원한 것은 해로울지라도 변하지"(시 15:4) 않는 것이 선한 사람의 인격이다. '이단자들에게는 약속을 지킬 필요가 없다'는 것은 로마 가톨릭교회의 혐오스런 원리다.

5항 서원은 약속의 맹세와 그 본질이 같다. 서원도 맹세와 똑같이 경건하고 신중하게 이루어져야 하고, 또 신실하게 이행되어야 한다(사 19:21, 전 5:4-6, 시 61:8, 66:13-14).

6항 서원은 피조물이 아니라 하나님께만 해야 한다(시 76:11, 렘 44:25-26). 서원이 받아들여지려면 믿음과 의무감으로부터 자발적으로 이루어져야 하고, 받은 은혜나 우리가 원하는 것을 얻는 것을 감사하는 마음에서 우러나야 한다. 서원이 필요한 의무나 그 밖의 일들을 행하는 데 적절히 기여하는 한 우리는 서원을 통해 그런 일들을 이행해야 할 책임을 우리 자신에게 더욱 엄격하게 부여할 수 있다(신 23:21-23, 시 50:14, 창 28:20-22, 삼상 1:11, 시 66:13-14, 132:2-5).

7항 그 누구도 하나님의 말씀이 금지하는 일이나, 그 안에 명령된 의무의 이행을 방해하는 일이나, 자신의 능력이 미치지 못하는 일이나, 하나님으로부터 약속이나 능력을 받지 못한 일을 실행하는 것에 대해 서원해서는 안 된다(행 23:12, 14, 막 6:26, 민 30:5, 8, 12-13). 이런 점에서 평생의 독신 생활, 청빈, 규칙적인 복종에 관한 수도원식의 서원은 더 높은 완전함에 이르는 단계가 아니라 미신적이고 부패한 올무에 해당할 뿐이다. 기독교인들은 이런 올무에 스스로를 옭아매서는 안 된다(마 19:11-12, 고전 7:2, 9, 엡 4:28, 벧전 4:2, 고전 7:23).

─ 해설 ─

이 조항들은 서원의 본질, 내용, 의무를 다룬다.

서원은 하나님께 드리는 엄숙한 약속이다. 서원은 개인이나 사회 차원에서 이루어질 수 있다. 서원은 '약속의 맹세와 본질이 같지만', 이 둘은 서로 구별되어야 한다. 맹세는 일반적으로 사람이 주체가 되어 하나님을 증인으로 불러 행하는 행위이고, 서원은 하나님이 주체이자 증인의 역할을 동시에 떠맡으신다. 서원은 하나님께만 해야 한다. 따라서 교황주의자들처럼 죽은 성인들에게 서원하는 것은 미신이자 우상 숭배에 해당한다. 서원은 자발적으로 이루어져야 한다. 서원할 때는 그것을 지킬 능력을 허락하시는 그리스도의 은혜를 의지하고, 또 믿음으로 행하는 것이 중요하다(빌 4:13, 고후 12:9).

서원이 필요한 의무나 그 밖의 다른 일들을 잘 수행하도록 돕는 한, 서원을 통해 그 일을 행해야 할 책임을 스스로에게 엄격하게 부여할 수 있다. 그러나 정당하지 않은 일이나, 자신의 능력이 미치지 못하는 일이나, 하나님께 약속이나 능력을 받지 못한 일을 실행하는 것에 서원해서는 안 된다.

서원은 하나님의 율법에 대한 의무와는 다른, 본질적인 의무에 해당한다. 율법은 하나님이 그분의 권위 있는 명령으로 우리를 구속하시는 것을 의미하고, 서원은 우리의 자발적인 행위를 통해 우리 자신을 구속하는 것을 의미한다. 서원을 양심에 새로운 의무를 추가하는 것으로 인정하지 않거나, 일부 교황주의자들의 논리대로 서원이 율법에 대한 의무를 추가하는 것과는 무관하다고 생각해 하나님의 율법이 명령하는 도덕적 의무처럼 우리를 구속하지는 않는다는 주장은 설득력이 없다. 그런 생각이나 주장은 성경은 물론 인간의 상식에도 위배된다.

하나님의 율법은 의무를 지운다. 율법의 의무는 일차적인 의무다. 그러나 서원도 의무를 지운다. 이는 이차적인 의무다. 서원한 것은 반드시 지켜야 한다. 성경은 서원의 실천을 자주, 엄격하게 강조한다. 모세는 이렇게 말했다. "네 하나님 여호와께 서원하거든 갚기를 더디 하지 말라 네 하나님 여호와께서 반드시 그것을 네게 요구하시리니 더디면 그것이 네게 죄가 될 것이라"(신 23:21, 전 5:4, 시 50:14, 76:11 참조).

CHAPTER.23

OF THE CIVIL MAGISTRATE

국가 공직자

각 사람은 위에 있는 권세들에게 복종하라 권세는 하나님으로부터 나지 않음이 없나니 모든 권세는 다 하나님께서 정하신 바라 (롬 13:1).

1항 온 세상의 지고하신 왕이요, 주님이신 하나님은 자신의 영광과 공공의 선을 위해 자기 아래 국가 공직자들을 세워 백성을 다스리게 하셨다. 그분은 이 목적을 위해 그들에게 칼의 권세를 허락하시어 선한 자들은 보호하고 격려하며, 악인들은 징벌하게 하셨다(롬 13:1-4, 벧전 2:13-14).

2항 기독교인들이 공직자로 부르심을 받았을 때 그 직임을 받아들여 수행하는 것은 합법적인 일이다(잠 8:15-16, 롬 13:1-2, 4). 그들은 그 직임을 수행할 때 각 나라의 건전한 법에 따라 특별히 경건과 정의와 평화를 유지해야 할 의무가 있기 때문에(시 2:10-12, 딤전 2:2, 시 82:3-4, 삼하 23:3, 벧전 2:13) 신약 시대인 지금, 정당하고 필요한 경우에는 그 목적을 위해 전쟁을 합법적으로 수행할 수 있다(눅 3:14, 롬 13:4, 마 8:9-10, 행 10:1-2, 계 17:14, 16).

─ 해설 ─

성경은 완전한 '믿음과 실천의 규칙'이다. 성경은 교회의 지체든 국가의 지체든, 통치자든 신민이든 각계각층의 사람들과 그들의 관계에 관한 의무를 명시한다. 따라서 통치자들의 의무, 특히 기독교 신앙과 그리스도의 왕국과 관련된 의무를 명시하지 않은 기독교 교리는 결코 온전하다고 말할 수 없다. 이것이 이 주제가 개혁교회의 신앙고백 안에서 중요하게 다뤄지고 있는 이유다. 『웨스트민스터 신앙고백』의 일목요연한 체계는 이 흥미로운 주제에 관한 성경의 교리가 모호하지도 않고, 이해하기 어렵지도 않다는 것을 보여주는 강력한 증거가 아닐 수 없다.

다양한 시대에 여러 종파들이 생겨나 시민 정부를 전복시키려는 원리들을 주장하고, 특히 국가 공직자들이 신앙 문제에 개입하는 행위를 적대시했다. 16세기에 모습을 드러낸 독일의 재세례파는 "그리스도의 왕국에서 국가 공직자는 전혀 쓸모가 없다"고 주장하며, 그런 식으로 두려운 소요를 일으켰다. 메노에 의해 그들의 원리가 다소 수정된 후에도 그들은 "국가 공직자들과 교제를 나누지도 않았고, 또 자신들 가운데 그 누구도 공직을 수행하는 것을 허락하지 않았다." 또한 그들은 "무력으로 무력을 퇴치하는 것이 적법하다는 것을 부인했고, 전쟁은 어떤 형태든지 반기독교적인 불법으로 간주했다."[1]

『웨스트민스터 신앙고백』이 작성될 무렵, 영국의 일부 개신교 신자들도 그와 비슷한 정서를 내비쳤다. 당시에 모습을 드러냈던 유해한 오류들 가운데 한 가지를 소개하면 다음과 같다.

기독교인이 국가 공직자가 되는 것은 온당하지 못하다. 국가 공직자가 기독교인이 되었다면 즉시 관리직을 그만두어야 한다. 기독교인이 법과 시민적 자유를 위해 무장하고 싸우는 것은 잘못이다.[2]

지금도 퀘이커교도(프렌드파)는 전쟁의 적법성을 인정하지 않는다.

그러나 이 조항은 기독교인 공직자에 대해 다음과 같이 가르친다.

- 공직 제도와 시민 정부는 하나님이 정하신 제도다.
- 국가 공직자는 공공의 선을 증진해 하나님을 영화롭게 하도록 임명되었다.
- 기독교인이 공직자의 직임을 수행하는 것은 합법적인 일이다.
- 국가 공직자는 정의와 평화는 물론 경건을 유지해야 한다.

---

1) Mosheim, *Eccl. Hist.*, cent. 16, sect. 3, Park 2, chap. 3. cap. 5, 16.
2) Edward, *Gangraena*, part 1, pp. 29-30.

• 그들은 신약 시대인 지금, 정당하고 필요한 경우에는 전쟁을 합법적으로 수행할 수 있다.

1. 공직 제도와 시민 정부는 하나님이 정하신 제도다. 몇몇 훌륭한 학자들은 정부 제도가 사회 계약으로 이루어졌다고 생각한다. 그러나 정부 제도가 하나님의 뜻으로 설립되었다는 것이 좀 더 일반적인 견해다.[3] 정부 제도가 하나님의 뜻으로 설립되었다는 말은 그것이 복음 사역자의 직임처럼 하나님으로부터 직접적으로 분명하게 확정된 일이라는 의미가 아니다. 이 말은 단지 정부 제도가 하나님의 뜻에 일치한다는 의미이다.

하나님의 뜻은 인류의 행복을 증진시키는 것이다. 정부는 인류의 행복, 평화와 질서의 보존, 생명과 자유와 재산의 안전을 위해 반드시 필요하다. 인류 가운데 상당수를 차지하는 사람들이 사회의 형태를 유지하려면 정부가 필요하다. 이런 점으로 미루어 볼 때, 정부가 존재하는 것이 하나님의 뜻이라고 추론할 수 있다. 성령의 영감을 받은 바울 사도는 분명한 말로 그런 이성적인 추론의 정당성을 강하게 확증했다. 그는 "각 사람은 위에 있는 권세들에게 복종하라 권세는 하나님으로부터 나지 않음이 없나니 모든 권세는 다 하나님께서 정하신 바라"(롬 13:1)라고 말했다.

이처럼 공직 제도는 세상의 도덕적 통치자이신 하나님이 정하신 것이다. 이 제도는 중보자이신 그리스도로부터 비롯하지 않았다. 이런 차이는 정부 권력과 교회 권위를 구별하는 중요한 잣대다. 길레스피는 이렇게 말했다.

온 나라들의 왕께서 정부 권력을 제정하셨고, 성도들의 왕께서 교회 권위를 세우셨다. 지극히 높으신 하나님, 하늘과 땅의 주재요, 자신의 손으로 만드신 모

---

[3] 정부 제도가 사회 계약에 의해 이루어졌다고 생각하는 사람들 가운데서는 존 로크의 덕망 있는 이름을 특별히 거론할 수 있을 듯하다. 아울러 그와 반대되는 의견을 주장했던 사람들 가운데서는 팔리와 드와이트를 꼽을 수 있다. 다음 자료를 참조하라. Paley, "Moral and Political Philosophy", book 6, chap. 3. Dwight, *Sermon*, 113.

든 것과 온 인류를 주권적으로 다스리시는 하나님이 세상의 신들로서 자신을 대신해 일할 관리들을 세우셨으며, 교회의 중보자요, 왕이신 그리스도, 곧 성부가 거룩한 시온 산에 세워(시 2:6) 야곱의 집을 영원히 다스리게 하시고(눅 1:33), 그 어깨에 다윗의 집의 열쇠를 두신(사 22:22) 그리스도께서는 자신의 이름으로 보내신 교회의 직분자들의 손에 교회의 정치체제와 권위를 맡기셨다.[4]

하나님은 정부 제도를 세우셨지만, 모든 사회에 한 가지 형태의 정부 제도를 강요하지 않으셨다는 것도 아울러 기억해야 한다. 하나님은 모든 나라가 각자 스스로에게 가장 알맞은 형태의 정부 제도를 선택할 수 있는 자유를 허락하셨다. 이것이 베드로 사도가 정부를 "인간의 모든 제도"(벧전 2:13)라고 일컬었던 이유다.

2. 국가 공직자는 공공의 선을 증진해 하나님을 영화롭게 하도록 임명되었다. 바울은 공직자들에 대해 "하나님의 사역자가 되어……선을 베푸는 자"(롬 13:4)라고 말했다. 그들에게 권력과 권위가 주어진 이유는 그들로 하여금 명예와 유익을 추구하게 하기 위해서가 아니라 사회의 행복을 증진시키기 위해, 특히 '선한 자들은 보호하고 격려하며, 악인들은 징벌하게 하기' 위해서다. 이것이 정부 제도의 목적이기 때문에 가장 나쁜 정부의 경우에도 어느 정도는 이 목적에 이바지할 수 있다.

그러나 통치자들이 독재를 일삼고, 국가의 자유와 특권을 침해하거나 억압할 경우에는 이 제도가 전반적으로 심하게 퇴락할 수 있다. 그럴 경우에는 이 악을 제거할 권한이 국민에게 주어져야 한다. 이것이 참된 자유의 핵심 원리다.

---

4) Gillespie, *Aaron's Rod*, p.185.

3. 기독교인이 공직자의 직임을 수행하는 것은 합법적인 일이다. 구약 시대에는 다윗, 요시야, 히스기야와 같은 경건한 사람들이 하나님의 승인 아래 공직을 수행했다. 신약 시대의 기독교인들도 공직을 수행해야 한다는 것을 암시하는 예언들이 많다(사 49:23, 시 72:10-11).

기독교인이 공직을 수행하는 것이 온당하지 않다고 생각하는 사람들은 주로 그리스도께서 보여 주신 본보기(눅 12:14)와 그분이 제자들에게 허락하신 가르침(마 20:25-26)을 근거로 내세운다. 물론 그리스도께서 세상에 오신 이유는 일시적인 통치권을 행사하시기 위해서가 아니다. 그분은 제자들의 야심적인 욕구에 응하지 않으셨고, 그들과 그들 이후의 복음 사역자들이 공직을 수행하는 것을 금지하셨다.

그러나 그렇다고 해서 이런 사실이 모든 기독교인의 공직 수행을 금지하는 것은 아니다. 기독교인이 공직을 수행하는 것이 온당하지 않다면 기독교 국가에는 공직자가 한 사람도 존재하지 않거나(그런 경우 국가는 무정부 상태가 되어 와해되고 말 것이 틀림없다) 기독교인이 아닌 공직자들이 국가를 다스릴 수밖에 없다. 이것이 터무니없다는 것은 삼척동자도 다 안다.[5]

4. 국가 공직자는 정의와 평화는 물론 경건을 유지해야 한다. 바울 사도는 신자들에게 "모든 사람을 위하여 간구와 기도와 도고와 감사를 하되 임금들과 높은 지위에 있는 모든 사람을 위하여 하라 이는 우리가 모든 경건과 단정함으로 고요하고 평안한 생활을 하려 함이라"(딤전 2:1-2)라고 당부했다.

기독교인들은 공직자들이 자신들의 목적에 충실하도록 기도해야 한다. 단지 '고요하고 평안한 생활'만이 아니라 '모든 경건과 단정함(정직함)'을 이루는 것이 그들의 목적이다. 통치자들은 공직을 수행할 때 경건과 단정함을 소홀히 여겨

---

5) Calvin, *Inst.*, book 4, chap. 20, sect. 4, 5. Doddridge, *Lectures*, vol. 2, p. 253.

서는 안 된다. 그들은 경건과 단정함을 장려하고 증대시키기 위해 노력해야 한다(스 6:8-10).[6]

5. 기독교인 공직자들은 신약 시대인 지금, 정당하고 필요한 경우에는 전쟁을 합법적으로 수행할 수 있다. 전쟁은 큰 악이 아닐 수 없다. 그러나 이 세상에서는 때로 전쟁이 필요하다. 만일 국가가 '전쟁은 무조건 불법'이라는 원리를 받아들여 거기에 따라 행동한다면 야욕에 찬 주변 국가들에게 곧 점령당하고 말 것이다.

구약 시대에는 하나님께서 분명하게 명령하시고 승인하신 경우에 전쟁이 종종 수행되었다. 그러나 하나님은 도덕적으로 잘못된 것은 한 번도 명령하시거나 승인하신 적이 없었다. 신약 시대에도 국가 공직자들이 전쟁을 수행하고, 기독교인들이 무기를 드는 것이 합법적이라는 것을 보여 주는 다양한 상황이 존재한다. 군인들이 세례 요한에게 "우리는 무엇을 하리이까"라고 물었을 때, 그는 "사람에게서 강탈하지 말며 거짓으로 고발하지 말고"라고 대답했을 뿐 그들의 직업을 포기하라고 말하지 않았다. 오히려 그는 "받는 급료를 족한 줄로 알라"라는 말로 그들의 일을 계속하라고 암시했다(눅 3:14). 교회에 들어온 최초의 이방인 회심자는 백부장이었다. 그러나 베드로는 그에게 세례를 베풀면서 로마 군대의 직책을 버리라고 요구하지 않았다(행 10장).

전쟁이 정당화될 수 있는 여러 가지 경우를 자세히 논의하는 것은 여기에서는 적합하지 않다. 그러나 일반적으로 말하면, 야욕이나 속된 영광을 구하기 위해 수행하는 침략 전쟁은 정당화될 수 없지만 방어 전쟁은 정당하다. 그러나 이 경우에도 처음에는 방어 목적으로 시작했다가 차츰 공격적이 될 때가 많다.

---

6) M'Crie, *Statement*, p.139.

3항 국가 공직자는 말씀과 성례를 집행하는 권한이나 천국 열쇠의 권세를 취해서는 안 된다(대하 26:18, 마 18:17, 16:19, 고전 12:28-29, 엡 4:1, 12, 고전 4:1-2, 롬 10:15, 히 5:4). 그는 권위를 가지고 있고, 교회 안에서 일치와 평화가 유지되고, 하나님의 진리가 순결하고 온전하게 보존되며, 모든 신성모독과 이단이 억제되고, 예배와 권징의 부패와 남용이 예방되거나 개혁되며, 하나님이 정하신 모든 의식이 올바로 집행되거나 준수되도록 적절한 조처를 취해야 할 의무가 있다(사 49:23, 시 122:9, 스 7:23, 25-28, 레 24:16, 신 13:5-6, 12, 왕하 18:4, 대상 13:1-9, 왕하 24:1-16, 대하 34:33, 15:12-13). 그는 그런 일들이 더 나은 효력을 발휘하도록 대회를 소집해 그곳에 참석하고, 거기에서 결정된 것은 무엇이든 하나님의 뜻에 따라 이루어지도록 규정해야 할 권한이 있다(대하 19:8-11, 29-30장, 마 2:4-5).

― 해 설 ―

국가 공직자는 교회에서 사역이나 치리를 행할 권한을 가질 수 없다.

이 조항은 에라스투스주의와 종파주의 원리를 논박하고자 했던 『웨스트민스터 신앙고백』의 작성자들의 의도를 분명하게 보여 준다. 그들은 '국가 공직자는 말씀과 성례를 집행하는 권한이나 교회를 다스릴 권한이 없다'고 선언함으로써 교회의 정치와 권징의 권한이 국가 공직자에게 있다고 주장했던 에라스투스주의를 논박했다. 그들은 에라스투스주의에 반대해 국가 공직자가 교회에서 사역이나 치리를 행할 권한을 가질 수 없다고 말함과 동시에 당시의 종파주의, 곧 교회의 유익과 참된 신앙의 발전을 위해 주어진 영향력과 권위를 모두 행사하는 것이 공직자의 의무라고 주장했던 또 다른 극단을 경계했다.

신앙 문제에 관한 국가 공직자의 권한과 교회와 국가의 관계에 대해 서로 정반대되는 견해를 내세웠던 양측 사람들 모두 이 조항을 교회를 다스릴 수 있는 권한을 국가 공직자에게 내준 것으로 이해했다는 것은 조금 의아한 일이 아닐 수 없다. 최근에 국가와 입법부의 승인 아래 세속 법정이 종교적인 문제에 간섭한 일들이 있었다. 이런 일을 옹호하는 사람들은 이 조항을 그런 간섭을 정당화하는 근거로 내세웠다. 한편 국가가 신앙 문제에 간섭하는 것을 반대하는 사람들도 이 조항이 국가 공직자들에게 교회를 다스릴 수 있는 에라스투스주의 원리를 제공했다고 주장했다.

이것이 사실이라면 매우 이상하다. 신앙고백을 작성한 웨스트민스터 총회는 자신들을 보호하는 의회 앞에서 그런 논리를 논박했다. 그들은 국가에 그런 권한을 양도하는 것을 줄곧 거부했기 때문에(그들의 결의는 장로교 전체의 지지를 받았다) 잉글랜드에서는 장로를 세우는 일과 교회 회의를 개최하는 일이 중단되었다.[7]

이런 중요한 사실 외에도 『웨스트민스터 신앙고백』의 여러 조항을 살펴보면 국가 공직자에게 그런 권한을 양도하는 것을 반대하는 것을 쉽게 발견할 수 있다. 그런 조항들은 앞으로 차츰 살펴보게 될 것이다. 여기에서는 『웨스트민스터 신앙고백』이 일관성을 지닌다는 사실을 지적하는 것으로 만족하고자 한다. 만일 이 조항의 내용 가운데 교회의 자유와 독립을 제한하는 것을 지지한다고 생각되는 내용이 있고, 또 그런 내용이 교회의 독립과 교회의 치리권에 관한 다른 분명한 조항들과 조화를 이루는 해석을 가능하게 한다면, 그것을 신앙고백이 의도했던 참된 취지로 받아들여야 마땅할 것이다.

이 조항의 여러 가지 명제를 설명하기에 앞서 일반적인 사실을 몇 가지 언

---

7) M'Crie, *Appendix*, p.138.

급하는 것이 필요한 듯하다. 여기에서 말하는 국가 공직자는 국가, 또는 국가 권력의 중추를 가리킨다.

1. 『웨스트민스터 신앙고백』을 비롯해 신학적인 글들에서 언급하는 국가 공직자란 홀로 전권을 휘두르는 주권자가 아니라 국가의 정부체제, 곧 국가의 법을 제정하고, 법치를 실천하는 권한을 가진 권력을 가리킨다.

2. 『웨스트민스터 신앙고백』이 여기에서 가르치는 국가 공직자의 의무는 말 그대로 공직자로서 수행해야 할 의무를 말한다. 왜냐하면 그는 자기에게 부여된 임무를 수행할 '권한'을 가진다고 진술하고 있기 때문이다. 그는 조언을 제공하거나 본보기를 보이는 것으로서가 아니라 공직자의 공식적인 권위와 영향력으로 자신에게 부여된 임무를 수행해야 한다.

3. 이 조항은 참 믿음을 고백하는 기독교인 공직자의 경우에도 그런 의미로 말하고 있는 것이 분명하다. 따라서 기독교인 공직자 외에 다른 공직자만이 여기에서 말하는 의무를 수행할 수 있다고 생각하는 것은 이 조항의 취지를 너무 심하게 왜곡하는 것이다.

4. 이 조항은 교회 유익을 도모하고 믿음을 증진하는 것이 국가 공직자의 의무에서 중요한 비중을 차지한다고 진술한다. 하나님의 영광을 위해 사람들의 일시적인 행복에 기여하는 것이 정부의 일차적인 목적이지만, 믿음의 증진도 국가 공직자들이 자신에게 주어진 권위로 추구해야 할 목표 가운데 하나다. 왜냐하면 정부의 일차적인 목적이 이루어지려면 반드시 종교의 도움이 필요하기 때문이다. 정부 제도는 자연 원리에 근거하고 있고, 기독교는 국가 공직자들에게 어떤 새로운 권한도 부여하지 않지만, 기독교는 자연법을 통해 국가 공직자들에게 주어지는 권한의 영역을 좀 더 넓게 확대시킨다.

사실 자연법은 하나님의 통치를 받는 신민들이 개인적으로나 집단적으로 그분이 믿음과 의무의 규칙으로 계시하기를 기뻐하신 모든 것을 받아들이고 실천하도록 요구한다. 따라서 하나님의 계시를 인정하는 국가와 통치자들은 참 종교를 장려하는 일에 공적으로 관심을 기울여야 마땅하다. 다시 말해, 하나님의 계시에 어긋나는 것이나 그것의 발전을 방해하는 것은 무엇이든 국가로부터 제거해야 하고, 국가의 의무를 수행하는 공직자들을 지지하고 보호해야 하며, 자신에게 주어진 권한을 십분 발휘해 신앙의 건전한 영향력이 자유롭게 행사되어 사회의 모든 부분과 질서 안으로 스며들 수 있도록 도와야 한다.

『웨스트민스터 신앙고백』의 작성자들은 세속적인 문제에만 공직자의 권한을 행사해야 하며, 참 믿음을 증진하는 것을 목표로 권한을 사용하는 것은 그의 의무가 아니라는 주장에 동의하지 않았다. 웨스트민스터 총회의 한 뛰어난 위원은 "기독교인 공직자는 신앙 문제와 관련해 하나님의 말씀과 개혁주의 교회의 신앙고백에 의해 많은 권한과 권위를 보장 받는다"[8]고 말했다.

그러나 『웨스트민스터 신앙고백』은 국가 공직자가 교회와 믿음을 위해 필요한 일을 행할 권한을 가지고 있다는 것을 인정하면서도 그런 문제에 관해 권한을 행사할 때 지켜야 할 한계를 분명하게 설정한다. 이 조항에 따르면 국가 공직자는 교회를 다스릴 권한이 없다. 왜냐하면 오직 주 예수 그리스도만이 교회의 머리가 되시기 때문이다(25장 6항). 국가 공직자는 교회의 내부 문제에 관여할 수 없다. 왜냐하면 '교회의 왕이요, 머리이신 주 예수 그리스도께서 국가 공직자들과는 구별되는 교회의 직분자들의 손에 통치권을 허락하셨다'(30장 1항)고 명시하고 있기 때문이다.

국가 공직자는 참 신앙과 거짓 신앙을 판단하는 재판관이 아니고, 국민들에게 순전히 신앙에만 관련된 일을 지시할 권한도 없다. 왜냐하면 '신앙의

---

8) Gillespie, *Aaron's Rod*, p.181.

논쟁과 양심의 문제를 결정하는 것은 대회와 총회의 권한에 속하기' 때문이다(31장 3항).

이 조항의 첫 번째 문장도 교회와 관련된 국가 공직자의 권한의 한계를 명시한 또 하나의 중요한 증거다. '국가 공직자는 말씀과 성례를 집행하는 권한을 취해서는 안 된다'는 명제는 국가 공직자가 예배와 관련된 의식을 집행할 권한이 없다는 것을 분명히 한다. 아울러 '국가 공직자는 천국 열쇠의 권세를 취해서는 안 된다'는 명제는 국가 공직자가 교회의 정치와 권징을 주관할 권한도 가지지 못한다고 선언한다. '열쇠'는 넓은 의미에서 칼, 곧 정부의 권력과는 구별되는 교회의 권위를 의미한다.[9]

그러나 이 조항이 사용한 '열쇠의 권세'라는 표현은 좁은 의미로는 말씀과 성례를 집행하는 권한과는 다른, 교회의 행정과 치리와 관련된 권위를 가리킨다. 좀 더 구체적으로 말하면, 이는 교회 안의 직임과 의식에 참여하게 하거나 권징을 베풀거나 철회하는 문제와 연관되어 발생하는 모든 문제를 권위 있게 결정짓는 권한을 가리킨다.[10]

이 조항은 국가 공직자의 권한을 제한할 뿐 아니라 그가 자신에게 부과된 의무를 이행할 때 하나님의 말씀에 따라야 한다고 명시한다. 국가 공직자는 임의로 행동해서는 안 되고, 성경의 기준에 따라야 한다. 국가 공직자에게 부여된 중요한 기능 가운데 하나는 대회를 소집할 수 있는 권한이다. 그는 그 권한으로 '거기에서 결정된 것은 무엇이든 하나님의 뜻에 따라 이루어지도록 규정해야 한다.' 대회의 참여자들은 물론 국가 공직자도 말씀 안에 계시된 하나님의 뜻을 자신에게 주어진 규칙으로 삼아 거기에 복종해야 한다.[11]

과거의 에라스투스주의자들은 이 원리를 받아들였다. 그들은 자신들을

---

9) 시민의 권력은 칼의 권력으로 불린다. The ecclesiastical, *The Power of the keys* - Second Book of Discipline, chap.1.
10) Cunningham, *Remarks on the Twenty-Third Chapter of the Confession of Faith*, p. 12.
11) Ibid., pp. 15-19.

반대하는 사람들의 견해를 받아들여 "기독교인 공직자가 교회와 신앙에 관한 문제를 요구하고 처리할 때는 말씀의 규칙을 준수해야 한다. 국가를 다스릴 때도 임의로 행동하는 것이 용납되지 않았는데 하물며 교회를 다스리는 경우는 더욱 그래야 마땅하다"[12]는 데 동의했다.

또한 2항은 국가 공직자가 그 직임을 수행할 때 '각 나라의 건전한 법에 따라야' 한다고 명시한다. 『웨스트민스터 신앙고백』은 하나님의 말씀에 근거하고 있고, 또 그것이 우리 법령집에 구체적으로 표현되어 있기 때문에 국가 공직자가 교회 문제에 법적 권한을 행사하는 것은 하나님의 말씀은 물론 이 나라의 법률에도 위배된다(『웨스트민스터 신앙고백』은 그런 권한을 용납하지 않는다).

지금까지 말한 내용을 염두에 두면, 교회의 자유와 독립을 전혀 훼손하지 않으면서 이 조항의 취지를 설명하는 것이 그리 어렵지 않다. 이 조항은 '그는 권위를 가지고 있고 적절한 조처를 취해야 할 의무가 있다'고 선언한다. 이 말은 국가 공직자가 구체적으로 목표를 정해 그런 목표를 이루어야 한다는 뜻과는 거리가 멀다. 그 앞에 진술된 명제를 보면 그가 해야 할 역할의 한계가 분명하게 정해진 것을 알 수 있다. 다시 말해, 이 말은 국가 공직자가 신앙에 관한 문제에 대해 법적 권한을 행사하고, 그런 문제를 판결하고 결정해 자기 자신이나 다른 사람들의 행위를 규정할 수 있는 권한을 가진다는 뜻이 아니다. 만일 그런 권한을 가진다면 그것은 천국 열쇠를 찬탈하는 결과를 낳을 것이다. 이 말은 단지 그가 지향하거나 행해야 할 구체적인 목표들이 있고, 교회의 권한을 침해하지 않는 상태에서 자기에게 걸맞은 방법으로 기여해야 한다는 뜻이다.

이 조항은 국가 공직자가 언급된 목표들을 이루기 위해 합법적으로 사용할 수 있는 수단을 명시한다. 즉 '그는 그런 일들이 더 나은 효력을 발휘하도록 대회를 소집할 수 있다.' 이 말을 근거로 성직자들은 국가 공직자의 요청

---

12) Gillespie, *Aaron's Rod*, p. 173.

이 없으면 대회와 총회를 스스로 소집할 권한이 없다고 단정해서는 안 된다. 왜냐하면 31장에 보면, 그들에게 부여된 권한과 직책으로 대회를 소집할 수 있다고 되어 있기 때문이다. 스코틀랜드 교회의 총회는 이 31장이 총회와 대회를 소집할 수 있는 교회의 고유한 권한을 충분히 명시하지 않았다고 판단하고, 1647년의 '승인 결의서'에서 이 내용이 '확고한 교회 정치체제가 확립되어 있지 않은 교회의 경우'에만 국한된다는 설명을 덧붙였다. 이런 설명은 앞의 항목에도 똑같이 적용된다.

이처럼 이 조항은 국가 공직자가 종교적인 폐해가 발생할 때마다 모든 상황에서 모든 일에 권한을 행사할 수 있다고 주장하지 않는다. 국가 공직자가 합법적으로 권한을 행사할 수 있는 때와 상황이 있다. 즉 교회나 국가를 크게 동요시킬 만한 일이 발생했고, 그 일의 주된 원인이 종교적인 문제에 있는 것으로 판명되었을 때 국가 공직자는 신속히 조처를 취해 실천 가능한 조언을 제시해야 할 책임이 있다. 잉글랜드 의회가 웨스트민스터 총회를 소집했을 당시가 바로 그런 상황에 해당한다.

이 조항은 국가 공직자가 대회를 소집할 권한을 가진다고 진술하고 나서 '그곳에 참석하고, 거기에서 결정된 것은 무엇이든 하나님의 뜻에 따라 이루어지도록 규정해야 할 권한이 있다'고 덧붙였다. 맥크리 박사는 이렇게 말했다.

이 말을 지금까지 국가 공직자가 소집했던 그런 대회를 언급하는 의미로 이해해야 한다고 주장하지만 않는다면 그가 대회에 참석하는 것을 반대할 수 있는 합리적인 근거를 과연 제시할 수 있을까? 자신이 통치하는 영역 안에서 공적으로 열리는 모임은 어떤 모임에나 참석할 수 있는 권한이 국가 공직자에게 있지 않은가? 그도 대회에 참석해 회의의 진행 과정을 지켜보고, 외면적인 평화를 유지하며, 그들의 불만을 시정하고, 조언이나 권고를 받는 것이 당연하지 않겠는가?

그러나 그가 참석해야만 대회의 정당성이 확보되고, 그가 의장이 되어 회의를 주도하거나 모든 논의와 투표를 결정짓는 권한을 행사해야 한다고 주장한다면 『웨스트민스터 신앙고백』은 그런 주장을 조금도 용납하지 않는다. 그런 주장은 장로교의 공통된 원리, 특히 너무나도 잘 알려진 스코틀랜드 교회의 공인된 원리에 전적으로 위배된다.

이 조항의 마지막 명제에 반대하는 견해에 대해서도 비슷한 대답을 제시할 수 있다. 기독교인이라면 신분에 상관없이 대회에서 '결정된 것은 무엇이든 하나님의 뜻에 따라 이루어지도록 규정해야 할' 책임이 있지 않겠는가? 만일 정부나 입법부가 신앙 문제에 특별한 관심을 기울이거나 그 문제와 관련해 특별히 행해야 할 의무가 있고, 그들에게 대회를 소집할 권한이 주어졌다면 특별한 방법으로 자신들에게 주어진 의무를 감당해야 마땅하지 않겠는가?

물론 이런 말은 그들이 교회의 권세를 소유하고 있다거나 참 신앙과 거짓 신앙을 공적으로 판결하는 권한을 가지고 있다는 뜻과는 거리가 멀다. 그들은 공적인 직무를 수행하면서 이런 문제를 비롯해 자신들이 권한을 행사할 수 있는 다른 여러 가지 사안(예를 들어, 그들이 후원하고 장려하는 예술이나 과학 등)을 다룰 때에도 스스로를 재판관으로 내세우지 않고서도 얼마든지 개인적인 판단에 근거해 일을 처리할 수 있다.

기독교인 통치자, 재판관, 공직자들이 스스로 '결정된 것은 무엇이든 하나님의 뜻에 따라 이루어지도록 규정해야 할' 책임을 지는 것은 당연하지 않겠는가? 그들이 대회의 결정을 만족스럽게 여겨 나중에 그것을 법제화하거나 그것을 실행하는 데 걸림돌이 되는 요소를 제거하는 데 권한을 사용하는 등 모든 적절한 수단을 동원해 그 결정이 하나님의 뜻에 따라 이루어지도록 규정하는 것은 지극히 온당하지 않겠는가? 여기에서 말한 대로, 그들의 직임에 어울리지 않는 권한을 소유하지 않거나 대회의 고유한 임무나 교회의 판결에 간섭하지 않고서도 그들이 제공할 수 있는 수단이 참으로 다양하지 않겠는가?

그러나 국가 공직자가 그런 문제의 재판관이 되어 교회가 대회에서 논의하는 문제를 통제하고, 그들에게 이리저리 결정하라고 종용하거나 논의와 결정이 이루어질 때마다 그 결정에 대한 인준을 요구하고, 자신의 관할권 내에서 심사를 집행할 권한이 있다고 주장한다면 『웨스트민스터 신앙고백』은 그런 주장을 조금도 용납하지 않는다. 그런 주장은 장로교의 공통된 원리, 특히 너무나도 잘 알려진 스코틀랜드 교회의 공인된 원리에 전적으로 위배된다.[13]

4항 국가 공직자들을 위해 기도하고(딤전 2:1-2), 그들의 인격을 존중하고(벧전 2:17), 그들에게 세금과 공공 비용을 지불하고(롬 13:6-7), 그들의 합법적인 명령에 따르고, 양심을 위해 그들의 권위에 복종하는 것은(롬 13:5, 딛 3:1) 백성의 의무다. 믿음이 없거나 종교가 다르다고 해서 국가 공직자의 정당하고 합법적인 권위를 무시하거나 사람들이 그들에게 복종하는 것을 방해해서는 안 된다(벧전 2:13-14, 16). 교직자들도 그런 의무를 면제 받지 못한다(롬 13:1, 왕상 2:35, 행 25:9-11, 벧후 2:1, 10-11, 유 1:8-11). 교황은 그들의 지배를 받는 사람들에게 아무런 권한이나 법적 권리를 행사할 수 없을 뿐 아니라 그들을 이단으로 단죄하거나 그 밖의 다른 구실을 내세워 그들의 통치권과 생명을 박탈할 수 없다(살후 2:4, 계 13:15-17).

─ 해 설 ─

1. 이 조항은 통치자에 대한 백성의 의무를 진술한다. 『웨스트민스터 신앙고백』의 작성자들이 제시하는 증거들에 따르면, 통치자를 위해 하나님께 축

---

13) M'Crie, *Appendix*, pp. 142-143.

복을 구하고, 그들의 인격을 존중하며, 그들에게 세금을 내고, 그들의 합법적인 명령에 양심적으로 복종하는 것이 백성의 의무라는 것을 알 수 있다.

2. '믿음이 없거나 종교가 다르다고 해서 국가 공직자의 정당하고 합법적인 권위를 무시하거나 사람들이 그들에게 복종하는 것을 방해해서는 안 된다'는 명제는 교황주의를 논박한다. 그리스도께서는 가이사에게 세금을 내셨고, 사도들은 신자들에게 통치자가 이방인이더라도 '위에 있는 권세들'에게 복종하라고 가르쳤다.

그러나 하나님의 초자연적인 계시를 받아들인 나라의 백성은 통치자를 선택할 때 그들의 신앙적인 자질을 고려해야 한다. 개혁을 통해 놀라운 업적을 이루고, 지극히 높으신 하나님께 드리는 국가적인 맹약을 통해 그 업적을 굳건히 하기를 원하는 나라들은 참 종교를 유지하는 데 기여할 사람을 국가 공직자로 세워 개혁의 원리에 일치하는 법률로 나라를 다스리게 해야 한다. 국가 공직자가 전 국민의 의지와 동의에 의해, 또는 다수의 국민에 의해 권한을 부여 받았다면(이런 과정은 그들에게 하나님의 말씀에 부합하는 '정당하고 합법적인' 권한을 부여한다) '믿음이 없거나 종교가 다르다고 해서 그들의 권위를 무시해서는' 안 되고, 또 개인이나 소수의 사람들이 그들의 합법적인 명령에 복종하는 것을 방해해서도 안 된다.

이 조항에 분명하게 제시된 원리는 메리 여왕 치세 아래 있던 스코틀랜드 초기 종교개혁자들을 비롯해 감독 제도가 처음 설립될 당시부터 왕정복고 시대를 거쳐 정부가 노골적으로 독재를 휘두르게 된 시대에 이르기까지 활동했던 그들의 계승자들이 지켰던 관습과 정확하게 일치한다.

3. 이 조항은 '교직자들도 국가 공직자에게 복종하는 의무를 면제 받지 못한다'고 진술한다. 이것은 교직자들과 교회의 자산은 민형사상의 사건을 다스리는 세속 권력으로부터 자유롭다고 가르치는 교황주의를 논박한다. 물론

국가 공직자는 교직자들이 그들의 고유한 기능을 행사하는 것을 통제하거나 간섭할 권한이 없다. 그러나 교직자들도 국가 공직자의 정당한 지배권에 저촉되는 문제에 대해서는 그의 권위에 복종해야 할 의무가 있다.

"각 사람은 위에 있는 권세들에게 복종하라"(롬 13:1)라는 사도의 명령은 모든 사람에게 적용되는 일반 원리다. '각 사람'은 일종의 강조 어법으로 '모든 사람'이라는 표현보다 의무의 보편성을 더욱 강하게 드러내는 의미를 지닌다. 교회와 정부의 권위는 서로 구별되는 독특한 지배권을 행사한다. 국가 공직자는 교회의 고유한 영역에 대해서는 간섭할 권한이 없지만, 교직자는 국가의 일원이기 때문에 국가의 고유한 영역에 대해 다른 사람들과 마찬가지로 마땅히 통치권에 복종해야 할 의무가 있다.

4. 이 조항은 교회는 국가 공직자의 통치권이나 그들의 지배를 받는 사람들에게 간섭할 권한이 없다고 진술한다. 교황들은 한때 막강한 권력으로 세속적인 문제든, 영적 문제든 가리지 않고 온 세상을 상대로 절대권을 행사했다. 그들은 왕들과 그들의 통치권을 좌지우지하고, 자신들의 뜻대로 왕과 나라들을 파문할 수 있는 권위를 하나님으로부터 부여 받았다고 주장하면서 그런 주장을 수많은 사례를 통해 실제로 행동으로 옮겼다. 그들은 이단 사상을 주장하거나 분열을 조장했다는 이유로 왕들을 폐위하고 파문했으며, 그들에게 충성을 바칠 의무를 백성에게서 면제해 주었고, 그들의 통치권을 다른 사람들에게 넘겨주었다.

그러나 종교개혁 이후로 교황의 과도한 권력이 크게 제한되었다. 개신교 신자들은 세속적인 문제든, 영적 문제든 상관없이 교황의 권위를 인정하지 않는다. 심지어는 교황의 영적 권위가 여전히 인정받고 있는 나라들 가운데서도 세속적인 문제에 대해서는 그의 권위를 인정하지 않는 나라들이 대부분을 차지한다. 그러나 교황주의자들은 가톨릭교회의 불변성을 확고히 믿고 있다. 교황들이 교황 무오설을 여전히 주장하고 있는 것을 보면 그들이 스스로 보편적인 통치권을 거부한 것이 아님을 알 수 있다. 만일 그들이 다시 권력을 얻는다면 과거의 터무니없는 원리들을 공공연히 주장하고 나설 것이고, 그들의 보편적인 통치권이 암흑시대만큼이나 강력하게 행사될 것이 불을 보듯 뻔하다.

따라서 시민적, 종교적 자유를 지지하는 모든 사람은 "신이라고 불리는 모든 것과 숭배함을 받는 것에 대항하여" 그 위에 자기를 높일 "멸망의 아들"이 부당한 권력을 휘두르려는 시도를 단호히 배격해야 한다(살후 2:3-4).

CHAPTER.24

OF MARRIAGE AND DIVORCE

결혼과 이혼

남자가 부모를 떠나 그 아내와 연합하여 둘이 한 몸을 이룰지로다 (창 2:24). 누구든지 음행한 이유 없이 아내를 버리면 이는 그로 간음하게 함이요 또 누구든지 버림받은 여자에게 장가드는 자도 간음함이니라 (마 5:32).

1항 결혼은 한 남자와 한 여자 사이에 이루어져야 한다. 남자가 동시에 한 명 이상의 아내를 두거나 여자가 한 명 이상의 남편을 두는 것은 온당하지 않다(창 2:24, 마 19:5-6, 잠 2:17).

2항 결혼은 남편과 아내가 서로를 돕고(창 2:18), 합법적인 자손을 통해 인류를 번성하게 하며, 거룩한 씨를 통해 교회를 성장시키고(말 2:15), 성적 부정함을 방지하기 위해(고전 7:2, 9) 제정되었다.

─ 해설 ─

결혼은 남편과 아내의 상호 협조와 인류의 고귀한 번식 및 인종의 향상과 행복에 영향을 미치는 여러 중요한 목적을 위해 하나님이 직접 제정하신 제도다. 결혼은 죄가 들어오기 전에 제정되었기 때문에 사람들이 하나님을 섬기는 일에 아무런 걸림돌이 되지 않는 거룩한 제도임이 틀림없다.

하나님은 아담이 혼자 사는 것이 좋지 않다고 생각하셨다. 그는 에덴동산에서 혼자 지냈다. 다른 피조물들에서는 그를 돕는 배필을 찾을 수가 없었다. 따라서 하나님은 그의 갈빗대를 취해 여자를 만드셨고, 그녀는 그의 '뼈 중의 뼈요, 살 중의 살'이 되었다. 하나님은 그녀를 아담에게 주셨고, 그들은 남편과 아내로서 결합했다. 그들의 결합은 후손에게 본보기가 되었다. 하나님은 아담에게 오직 한 여자만을 허락하시면서 모든 남자는 한 명의 아내만을 두어야 하고, 모든 여자는 한 명의 남편만을 두어야 한다고 명령하셨다. 말라기 선지자도 "그에게는 영이 충만하였으나 오직 하나[한 여자를 만들지 아니하셨느냐……이는 경건한 자손을 얻고자 하심이라"(말 2:15)고 말했다.

중혼은 가인의 불경건한 후손이었던 라멕에서 처음 시작되었다(창 4:19).

족장들과 다른 경건한 사람들도 아내를 여럿 취했지만, 그것은 하나님이 정하신 제도는 물론 자연법에도 어긋난다. 하나님은 여자도 남자와 동등하게 창조하셨기 때문에 마찬가지로 남편을 하나만 두는 것이 그분의 뜻이다. 중혼이 허용되는 곳마다 당사자들이나 사회에 수많은 폐해가 발생했다. 즉 아내들이 한 남편을 둘러싸고 투기와 경쟁을 일삼거나 남편에 대한 애정을 모두 잃어버리거나 다른 곳에 애정을 쏟는 일이 일어나고, 여성의 품격이 훼손되고, 자녀들이 소홀히 취급되는 등 많은 폐해가 초래되었다.

마태복음 19장 9절에 기록된 그리스도의 말씀에는 중혼을 금지하는 의미가 담겨 있다. "누구든지 음행한 이유 외에 아내를 버리고 다른 데 장가드는 자는 간음함이니라"(마 19:9). 이 말씀은 아내와의 관계를 청산하지 않고 다른 여자와 결혼하는 것이 간음죄에 해당한다는 것을 분명히 한다.

3항 동의를 표할 수 있는 판단력을 가진 사람은 누구나 결혼할 수 있다(히 13:4, 딤전 4:3, 고전 7:36-38, 창 24:57-58). 그러나 기독교인들은 오직 주님 안에서 결혼해야 할 의무가 있다(고전 7:39). 참 개혁 신앙을 고백하는 자들은 불신자나 교황주의자나 다른 우상 숭배자들과 결혼해서는 안 된다. 경건한 자들은 생활이 극도로 악하거나 가증스런 이단 사상을 주장하는 자들과 멍에를 함께 메서는 안 된다(창 34:14, 출 34:16, 신 7:3-4, 왕상 11:4, 느 13:25-27, 말 2:11-12, 고후 6:14).

⌒ 해 설 ⌒

로마 가톨릭교회는 성직자를 비롯해 독신 서약을 한 모든 사람의 결혼을 금지한다. 이것은 배교 시대의 특징을 이루는 '귀신의 가르침'에 속한다. "성령이 밝히 말씀하시기를 후일에 어떤 사람들이 믿음에서 떠나 미혹하는 영과 귀신의 가르침을 따르리라 하셨으니 자기 양심이 화인을 맞아서 외식함으로 거짓말하는 자들이라 혼인을 금하고"(딤전 4:1-3).

로마 가톨릭교회의 교리는 '동의를 표할 수 있는 판단력을 가진 사람은 누구나 결혼할 수 있다'고 가르치는 하나님의 말씀에 정면으로 위배된다. "모든 사람은 결혼을 귀히 여기고"(히 13:4)라는 말씀은 성직을 수행하는 사람들을 제외시키지 않는다. 구약 시대에도 선지자와 제사장들을 비롯해 하나님을 직접 섬기는 사람들 모두가 결혼을 허락 받았다. 이는 신약 시대의 복음 사역자들도 마찬가지다. 베드로 사도도 결혼했고(마 8:14), 전도자 빌립도 예언하는 딸 넷을 두었다(행 21:9). 바울은 "믿음의 자매 된 아내를 데리고 다닐 권리"(고전 9:5)를 주장했다. 그는 "감독은 책망할 것이 없으며 한 아내의 남편이 되며"(딤전 3:2, 딛 1:6 참조)라고 종종 가르쳤다.

사역자들도 다른 남자들과 마찬가지로 결혼할 자유가 있다는 것은 성경의 분명한 가르침이다. 로마 가톨릭교회의 성직자 독신 교리는 교회 안에서 일어난 온갖 방탕과 방종의 주요 원인 가운데 하나다.

구약 시대의 이스라엘 백성은 이방인, 특히 가나안 족속과 혼인이 엄격히 금지되었다(출 34:12-16, 신 7:3). 그 결혼은 그 자체로 무효였기 때문에 에스라와 느헤미야는 유대인들에게 이방인 아내를 버리라고 했다(스 10장, 느 13장).

복음이 전파되기 시작하자 남편이나 아내가 기독교 신앙을 받아들이고, 그들의 배우자는 여전히 우상 숭배를 일삼는 결과가 종종 나타났다. 바울 사도는 그런 경우에는 믿는 남편이나 아내가 불신자 배우자와 계속 살아도 좋다고 말했다. "만일 어떤 형제에게 믿지 아니하는 아내가 있어 남편과 함께 살기를 좋아하거든 그를 버리지 말며 어떤 여자에게 믿지 아니하는 남편이 있어 아내와 함께 살기를 좋아하거든 그 남편을 버리지 말라"(고전 7:12-13). 바울 사도는 혼인이 이루어진 후에 남편이나 아내는 기독교를 믿고, 배우자는 계속 이교도로 남아 있더라도 신앙의 차이만으로는 이혼의 충분한 사유가 되지 못한다고 판단했다.

우상을 숭배하는 배우자가 기독교를 받아들인 배우자와 함께 살기를 원하는 경우에는 신앙의 차이에도 불구하고 기꺼운 마음으로 결혼의 의무를 충실하게 이행해야 할 의무가 있다. 그러나 기독교인 미혼 남자나 여자가 배우자를 선택할 때는 '오직 주님 안에서' 결혼해야 한다. 참 신앙의 소유자와 거짓 신앙의 소유자가 결혼하거나, 신자가 참 경건을 모르는 사람과 결혼하는 것은 원칙적으로 허용되지 않는다.

바울은 "너희는 믿지 않는 자와 멍에를 함께 메지 말라"(고후 6:14)고 명령했다. 이 명령을 무시하면 많은 해가 뒤따른다. 그런 배우자와 결혼한 신자는 온갖 유혹에 노출되기 마련이다. 그런 신자는 자신의 신앙에 위배되는 견해와 일을 추구하는 사람들과 어울리기 쉽기 때문에 스스로의 신앙을 더욱 발전시킬 수 있는 기회가 크게 줄어들 수밖에 없다. 가정 예배를 유지하기도 어렵고, 하나님을 경외함으로 자녀들을 가르치려는 노력도 믿지 않는 배우자의 품행이나 가치관과 충돌을 일으켜 결실을 맺기 어려울 것이다.

그런 경우에는 배우자가 신앙생활을 돕는 배필이라기보다는 오히려 영혼을 옭아매는 올무가 되고 말 것이다. 이런 일 때문에 믿음을 저버린 사람들이 허다하고, 믿음의 순전함을 잃지 않은 사람들도 대부분 많은 슬픔을 감수할 수밖에 없었다.

4항 성경이 금지하는 혈족이나 친족 간의 결혼은 허용되지 않는다(레 18장, 고전 5:1, 암 2:7). 그런 사람들이 남편과 아내로서 살게 되는 근친결혼은 인간의 법률이나 서로의 동의에 근거하더라도 합법으로 간주될 수 없다(막 6:18, 레 18:24-28). 남자는 자신의 친인척과 결혼해서는 안 되고, 아내의 친인척과 결혼해서도 안 된다(레 20:19-21). 여자의 경우도 자신의 친인척과 결혼해서는 안 되고, 남편의 친인척과 결혼해서도 안 된다.

5항 약혼 후에 저지른 간음이나 음행이 결혼 전에 드러났을 경우에는 잘못이 없는 배우자에게 약혼을 파기할 수 있는 정당한 권리가 주어진다(마 1:18-20). 결혼 후에 간음을 저지른 경우에도 잘못이 없는 배우자가 이혼을 청구할 수 있고(마 5:31-32), 이혼한 뒤에는 마치 잘못을 범한 배우자가 죽은 것처럼 다른 사람과 결혼할 수 있다(마 19:9, 롬 7:2-3).

6항 인간은 부패한 관계로 하나님이 결혼을 통해 하나로 합해 주신 관계를 깨뜨리기 위해 여러 가지 논리를 내세우는 경향이 있다. 하지만 교회나 국가 공직자들이 도무지 해결할 수 없을 정도로 완고하게 배우자를 버리겠다고 주장할 때나 간음을 저지른 경우를 제외하고는 그 무엇도 결혼 관계를 파기할 만한 충분한 사유가 될 수 없다(마 19:8-9, 고전 7:15, 마 19:6). 이혼은 관련자들의 의지와 분별력에만 맡겨서는 안 되고 질서 있는 공적 절차를 밟아 진행되어야 한다(신 24:1-4).

∼ 해 설 ∼

모세의 율법은 근친결혼을 엄격히 금지했다(레 18장). 근친결혼은 그 자체로 타당하지 않기 때문에 금지되는 것이 마땅했다. 모세는 유대인들에게 '그들의 마음의 완악함' 때문에 이혼을 허락했다. 그러나 신약성경은 간음이나 완고하고 고집스럽게 배우자를 버리는 경우를 제외하고는 이혼을 허락하지 않는다. 간음이 '잘못이 없는 배우자가 이혼을 청구할 수 있고, 이혼한 뒤에는 마치 잘못을 범한 배우자가 죽은 것처럼 다른 사람과 결혼할 수 있는' 근거가 되는 것은 정당하다. 왜냐하면 그리스도께서 "나는 너희에게 이르노니 누구든지 음행한 이유 없이 아내를 버리면 이는 그로 간음하게 함이요 또 누구든지 버림 받은 여자에게 장가드는 자도 간음함이니라"(마 5:32)고 말씀하셨기 때문이다.

그러나 완고하고 고집스럽게 배우자를 버리는 행위가 버림을 당한 배우자에게 재혼할 자유를 주는지는 논쟁을 불러일으킬 수 있다. 뛰어난 신학자들 대다수는 그럴 수 있다고 생각하고, 바울 사도가 그 이유를 분명히 밝혔다고 믿는다. "혹 믿지 아니하는 자가 갈리거든 갈리게 하라 형제나 자매나 이런 일에 구애될 것이 없느니라"(고전 7:15). 바울은 11절에서는 완고하고 고집스럽게 배우자를 버린 사람은 재혼할 자유가 없다고 말했고, 15절에서는 버림을 당한 배우자가 자신을 버린 배우자를 되돌리기 위해 많은 노력을 기울였는데도 아무 결과가 없거든 재혼할 자유가 있다고 말했다.[1]

그런 판단은 정당한 듯하다. 왜냐하면 배우자를 버린 행위를 다시 되돌릴 수 없다면 결혼 관계가 파기되어 결혼의 본래 목적을 이루지 못하는 결과가 발생하기 때문이다. 잘못이 없는 배우자가 아무런 위로도 찾지 못하고 불이익을 당하는 것은 불합리하다. 따라서 이 조항은 '교회나 국가 공직자들이 도무지 해결할 수 없을 정도로 완고하게 배우자를 버리겠다고 주장하거나 간음하면 결혼 관계를 파기할 만한 충분한 사유가 된다'고 가르친다.

스코틀랜드의 법률도 완고하고 고집스럽게 배우자를 버리는 행위가 있을 때는 이혼을 허락한다. 모든 간음이 필연적으로 결혼 관계를 파기하는 것도 아니고, 양측의 동의가 이루어졌다고 곧바로 이혼이 되는 것도 아니다. 결혼 서약의 파기는 피해를 입은 배우자에게 적법한 권위를 빌려 이혼을 청구할 수 있는 권한을 부여할 뿐이다. 만일 그 배우자가 그런 권리를 행사하기로 결정한다면 '질서 있는 공적 절차를 밟아' 이혼이 이루어질 수 있다.

---

1) 드와이트 박사는 이 해석을 반대했다(*Sermon*, 121). 그러나 이 나라의 신학자들은 물론 계몽된 정치인들은 대체로 이 해석을 지지해 왔다.

CHAPTER. 25

OF THE CHURCH

교회

그가 어떤 사람은 사도로, 어떤 사람은 선지자로, 어떤 사람은 복음 전하는 자로, 어떤 사람은 목사와 교사로 삼으셨으니 이는 성도를 온전하게 하여 봉사의 일을 하게 하며 그리스도의 몸을 세우려 하심이라 우리가 다 하나님의 아들을 믿는 것과 아는 일에 하나가 되어 온전한 사람을 이루어 그리스도의 장성한 분량이 충만한 데까지 이르리니(엡 4:11-13).

1항 보편적 또는 우주적인 무형 교회는 과거로부터 현재까지, 또한 앞으로 계속해서 교회의 머리이신 그리스도 아래에서 하나가 될, 모든 선택 받은 자들의 집합체다. 교회는 만물을 충만하게 하시는 이의 신부요, 몸이요, 충만이다(엡 1:10, 22-23, 5:23, 27, 32, 골 1:18).

2항 유형 교회도 복음 아래서는 (과거와 달리 율법 아래서 한 민족에게 국한되지 않고) 보편적인 속성을 지닌다. 이 교회는 참 믿음을 고백하는 온 세상의 모든 사람들과(고전 1:2, 12:12-13, 시 2:8, 계 7:9, 롬 15:9-12) 그들의 자녀들로 구성되며(고전 7:14, 행 2:39, 겔 16:20-21, 롬 11:16, 창 3:15, 17:7), 예수 그리스도의 나라요(마 13:47, 사 9:7), 하나님의 가족이다(엡 2:19, 3:15). 교회를 떠나서는 일상적으로는 구원을 받을 가능성이 없다(행 2:47).

3항 그리스도께서는 지금으로부터 세상이 끝날 때까지 성도들을 불러 모아 완전하게 하시기 위해 보이는 보편 교회에게 하나님의 계시와 규례와 사역을 허락하셨고, 그 약속에 따라 자신의 임재와 성령을 통해 그 목적을 효과적으로 이루신다(고전 12:28, 엡 4:11-13, 마 28:19-20, 사 59:21).

─ 해 설 ─

흔히 '교회'로 번역하는 헬라어 '에클레시아'는 '불러내다'를 뜻하는 말에서 유래했다. 이 말은 부르심을 듣고 특정한 목적을 위해 소집된 모임을 가리킨다. 민주국가에서는 공적인 고지자의 통고를 받고 특정한 장소에 모인 백성의 모임을 그렇게 일컬었다. 신약성경에서 이 말이 지니는 다양한 의미를 상술하는 것은 여기에서는 불필요하다. 단지 이 용어가 복음을 통해 사악한 세상으로부터 불러 나와 예수 그리스도를 믿고 그분과 교제를 나누게 된 사람들의 모임을 가리킨다는 것을 언급하는 것으로 충분하다.

소명에는 두 종류가 있다. 하나는 말씀을 통한 외적 소명이고, 다른 하나는 성령을 통한 내적 소명이다. 내적 소명은 선택 받은 자들에게만 해당된다. 따라서 교회도 이중적인 형태를 지닌다. 하나는 눈에 보이는 외적 형태이고, 다른 하나는 눈에 보이지 않는 내적 형태다.

이 조항은 보이지 않는 교회를 '과거로부터 현재까지, 또한 앞으로 계속해서 교회의 머리이신 그리스도 아래에서 하나가 될, 모든 선택 받은 자들의 집합체'라고 정의한다.

바울 사도는 에베소서 5장 25-27절에서 이 교회를 염두에 두고 이렇게 말했다. "그리스도께서 교회를 사랑하시고 그 교회를 위하여 자신을 주심같이 하라 이는 곧 물로 씻어 말씀으로 깨끗하게 하사 거룩하게 하시고 자기 앞에 영광스러운 교회로 세우사 티나 주름 잡힌 것이나 이런 것들이 없이 거룩하고 흠이 없게 하려 하심이라." 이 교회에 속한 지체 중 일부는 이미 삶을 마치고 완전한 상태로 천국에 살고 있고, 나머지는 여전히 세상에 살면서 믿음의 싸움을 하고 있다. '승리한 교회'와 '싸우는 교회'는 여러 차이가 있다.

선택 받은 자들의 집합체로 간주되는 무형 교회는 하나님이 "그들을 …… 특별한 소유로 삼을"(말 3:17) 날이 이를 때 비로소 완성될 것이고, 특정한 시대에 세상에 존재하는 유형 교회는 하나님의 은혜로 부르심을 받아 복음을 믿고 진리로 거룩하게 된 자들로 구성된다. 장소가 아무리 멀고, 상황이 아무리 다양하더라도 머리이신 그리스도와 함께 연합해 있고, 같은 몸의 지체로서 성령과 믿음의 끈으로 결합되어 있기 때문에 이들은 하나의 교회를 구성한다. "우리가 유대인이나 헬라인이나 종이나 자유인이나 다 한 성령으로 세례를 받아 한 몸이 되었고 또 다 한 성령을 마시게 하셨느니라"(고전 12:13).

이 교회를 보이지 않는 교회로 일컫는 이유는 눈으로는 발견할 수 없기 때문이다. 물론 이 교회는 장소의 관점이 아니라 상태의 관점에서 세상과 구별되며, 보이는 교회 안에 놓여 있다. 물론 보이지 않는 교회를 보이는 교회로부터 확실하게 구별할 수는 없다. 이 교회 지체들의 자격 조건은 내적 성격을 띤다. 그들의 믿음과 사랑은 감각으로는 알 수 없다. 우리는 있을 법한 이유를 근거로 관대한 판단을 내릴 수 있을 뿐이다. 우리의 판단은 얼마든지 그릇될 수 있다. 다시 말해, 여러 가지 원인으로 성도를 위선자로, 위선자를 성도로 오판할 수 있다. 이 교회는 오직 "심장을 살피며 폐부를 시험"(렘 17:10)하는 하나님의 눈 외에는 그 어떤 눈에도 보이지 않는다. 오직 하나님만이 자기 백성을 아신다.[1]

이 조항은 보이는 교회가 '참 믿음을 고백하는 온 세상의 모든 사람들과 그들의 자녀들로 구성된다'고 진술한다.

바울 사도는 이 교회에 대해 이렇게 말했다. "하나님이 교회 중에 몇을 세우셨으니 첫째는 사도요 둘째는 선지자요 셋째는 교사요 그다음은 능력을 행하는 자요 그다음은 병 고치는 은사와 서로 돕는 것과 다스리는 것과 각종 방언을 말하는 것이라"(고전 12:28).

교회를 보이는 교회로 일컫는 이유는 구성원들이 천사나 영이 아니라 육신을 입고 살아가는 사람일 뿐 아니라 감각으로 식별할 수 있는 공동체를 형성하고 있기 때문이다. 구성원들이 누구인지 알 수 있고, 모임이 공적으로 이루어진다. 사람들은 그 안에 얼마든지 참여할 수 있고, 예배의 여러 요소가 진행되는 과정을 지켜볼 수 있다. 한마디로 이 교회는 다른 공동체들과 마찬가지로 식별이 가능하다. "저기 유대인(또는 무슬림)의 회당이 있다"고 말하는 것처럼 "저기 그리스도의 교회가 있다"고 말할 수 있다. 그 존재를 확인하는 데 감각 이외에 다른

---

1) Dick, *Lectures on Theology*, vol. 4, pp.309-310.

것에 의존할 필요가 없다. 성경을 살펴보면 이 교회가 지니는 독특한 특성을 발견할 수 있다. 따라서 신조와 의식이 그런 특성과 일치하는 공동체를 발견할 때마다 우리는 "이것이 교회, 또는 교회의 일부다"라고 자신 있게 말할 수 있다.[2]

무형 교회와 유형 교회를 언급한다고 해서 마치 두 개의 교회가 존재한다거나 교회의 일부는 보이고 다른 일부는 보이지 않는 것처럼 이해해서는 곤란하다. 유형 교회는 무형 교회를 포함하지만, 그 둘이 서로 반드시 일치하는 것은 아니다. 무형 교회에 속한 신자들은 또한 유형 교회에 속하지만, 유형 교회에 속한 사람들 가운데는 무형 교회에 속하지 않는 사람들이 많다.

그리스도께서 복음 사역과 규례를 유형 교회에 허락하신 목적은 죄인들을 무형 교회로 불러 모으시어 성도들을 완전하게 하시기 위해서다. 주님은 성령의 사역과 더불어 그런 목적을 효과적으로 이루신다. 바울 사도는 이 점을 이렇게 언급했다. "그가 어떤 사람은 사도로, 어떤 사람은 선지자로, 어떤 사람은 복음 전하는 자로, 어떤 사람은 목사와 교사로 삼으셨으니 이는 성도를 온전하게 하여 봉사의 일을 하게 하며 그리스도의 몸을 세우려 하심이라 우리가 다 하나님의 아들을 믿는 것과 아는 일에 하나가 되어 온전한 사람을 이루어 그리스도의 장성한 분량이 충만한 데까지 이르리니"(엡 4:11-13).

이것이 교회 안에서 여러 가지 복음 사역의 직분이 정해진 목적이다. 이 일은 선택 받은 모든 사람이 그리스도께 나오고, 그들이 완전해질 때까지 계속된다. "볼지어다 내가 세상 끝날까지 너희와 항상 함께 있으리라"(마 28:20)라는 그리스도의 약속 안에는 이토록 많은 의미가 함축되어 있다. 이 약속은 복음의 성공을 보장한다. 어떤 때에는 그리스도께 나오는 사람이 거의 없어 보인다. 그러나 "구원 받는 사람을 날마다 더하게"(행 2:47) 하시는 역사는 끊이지 않고 일어난다. 그리스도께서는 "이 우리에 들지 아니한 다른 양들이

---

[2] Ibid., pp. 308-309.

내게 있어 내가 인도하여야 할 터이니 그들도 내 음성을 듣고 한 무리가 되어 한 목자에게 있으리라"(요 10:16)고 말씀하셨다.

무형 교회에 적용된 '보편'이라는 용어는 성경에는 없지만, 항상 똑같은 의미는 아닐지라도 일찍부터 사용되어 왔다. 이 조항에서는 '우주적'이라는 말과 동일한 의미로 사용되었다. 잘 알려진 대로, 로마 가톨릭교회는 교만하게도 스스로 보편 교회라고 주장하며, 자신의 울타리를 벗어난 사람들이나 교황의 지상권에 복종하지 않는 사람 모두를 하나님의 저주를 받은 이단으로 단죄한다. 그 주장은 근거가 없을 뿐 아니라 주제넘기까지 하다. 왜냐하면 지금까지 우주적인 보편성을 실제로 구현한 적이 한 번도 없기 때문이다. 그러나 그리스도의 참 교회는 어떤 나라나 종파에 국한되지 않고, 참 믿음을 고백하고 복음의 규례를 지키는 모든 사람을 아우른다. 기독교 세계의 여러 곳에 설립되었던 교회들은 모두 보편 교회의 일부에 지나지 않는다.

1. 모든 신자들, 곧 세상에서 불려 나와 예수 그리스도와 교제를 나누는 선택 받은 자 모두를 아우르는 보이지 않는 보편 교회가 존재한다. 교황주의자들은 보편 교회는 세상의 왕국과 마찬가지로 보이는 형태를 유지한다고 주장한다. 그들은 유효 소명을 받은 사람만이 아니라 불신자와 죄인을 비롯해 로마 교황에게 복종을 서약하는 모든 사람이 보편 교회에 속한다고 말한다.

그러나 우리는 보편 교회가 참 신자들만으로 구성된다고 믿는다. 누가 참 신자인지 알 수 없기 때문에 그들로 구성된 교회도 보이지 않을 수밖에 없다. 물론 신자들도 사람이므로 감각의 대상임이 틀림없다. 그러나 그들이 참 믿음을 가졌는지 감각으로는 확인할 수 없다. 참 신자는 유형 교회 안에서 거짓 신자와 섞여 있으므로 확실하고 정확하게 구별하기란 불가능하다.

성경은 그리스도의 신부인 교회가 존재한다고 가르친다. 그 교회는 영적 결합을 통해 그리스도와 연합한 그분의 신비로운 몸이다(엡 1:23). 그곳에 속한 개인들은 한 성령으로 한 몸을 이룬다(고전 12:13). 그러나 이런 사실은 감각으로는 확인할 수 없다. 따라서 우리는 참 신자들로 구성된 보편적이고 우주적인 무형 교회가 존재한다고 확신한다.

2. 믿음을 고백하는 신자들로 구성된 보편적인 유형 교회는 온 세상 곳곳에 흩어져 있다. 독립교회파는 이 점을 부인한다. 그들은 유형 교회의 개념을 예배를 드리기 위해 한 장소에 모인 한 무리의 회중으로 국한시킨다. 그러나 신약성경은 여러 곳에서 유형 교회를 가리키는 '교회'라는 용어를 특정한 회중에게 국한시키지 않는다. "사울이 교회를 잔멸할새"(행 8:3), "하나님의 교회를 심히 박해하여 멸하고"(갈 1:13)라는 말씀에 언급된 교회는 한 무리의 회중만을 가리키지 않는다. 곳곳에 있는 교회들이 모두 그의 분노의 표적이 되었다. 바울이 회심한 후에 "온 유대와 갈릴리와 사마리아 교회가 평안하여 든든히"(행 9:31) 서 갔다. 이 말은 그들이 전에 바울의 맹목적인 열정으로 인해 고난을 받았다는 것을 암시한다. 그 교회들 모두가 그에게 박해를 받았던 하나의 교회로 취급되고 있다. 세계 전역에 흩어져 있는 신자들은 그런 식으로 연합해 하나의 교회를 형성한다.

이것은 보편적인 유형 교회에 주어진 다양한 명칭을 통해서도 분명하게 확인된다. 교회는 '몸', 곧 다양한 지체들로 구성되어 있으면서도 모두 연결되어 하나를 이루는 인간의 육체에 비유된다. 또한 교회는 '하나님의 나라'로 불린다. 나라는 다양한 영역과 통치 체제를 갖추고 있지만 하나의 왕국에 해당한다. '하나님의 집'도 교회를 일컫는 또 하나의 용어다. 이 용어는 교회가 많은 부분들로 구성되어 있지만 하나의 영적 가족이라는 것을 의미한다. 모든 신자가 한 장소에 모여 예배를 드리는 것은 불가능하다. 그 목적을 이루려면 특정한 지역 교회가 필요하다. 이 특정한 지역 교회들은 모두 보편적 유형 교회에 소속되어 있다.[3]

---

3) Whytock, *Essays on the Church*, essay 2.

보이는 교회에는 유효 소명을 받아 거듭난 신자들만이 아니라 위선자들과 형식적인 신자들이 함께 섞여 있다. 이런 이유로 교회는 알곡과 쭉정이가 공존하는 '타작마당'(마 3:12), 좋은 씨앗과 가라지가 함께 뿌려진 '밭'(마 13:24-25), 좋은 고기와 나쁜 고기가 섞여 있는 '그물'(마 13:47), 귀하게 쓰이는 그릇과 천하게 쓰이는 그릇이 함께 있는 '큰 집'(딤후 2:20) 등에 비유된다. 이것이 성경이 묘사하는 유형 교회의 상태다.

따라서 사람들만 보고 그들이 거듭났다는 확실한 증거를 확인하거나(중생은 그리스도와 교제를 나누는 데 반드시 필요한 요건이다) 그들이 말하는 영적 체험만을 듣고 그들의 영적 상태를 판단하기는 어렵다. 그리스도께서는 교회의 직분자들에게 참 신자와 거짓 신자들을 온전히 구분할 수 있는 권한을 허락하지 않으셨다(마 13:30). 그들은 그런 일을 해낼 능력이 없다. 일꾼들이 한동안은 알곡과 가라지를 가려낼 수 없듯, 그리스도의 종들도 참 신자와 위선자들을 정확하게 가려낼 수 없다. 그들은 단지 겉으로 드러난 행동을 보고 사람들을 판단할 수 있을 뿐이다. 그것은 하나님 앞에서 그들이 지닌 영적 상태를 정확하게 판단할 수 있는 충분한 근거가 될 수 없다.

유형 교회 안에 들어와 그 모든 특권을 누릴 수 있는 근거는 성경적인 신앙고백이다. 교회의 직분자들은 오직 그것만을 근거로 그들의 영적 상태를 판단할 수 있다. '마음을 살피시는' 일은 오직 하나님만이 하실 수 있다.

3. 신자의 자녀들도 유형 교회의 구성원들이다. 유아 세례를 반대하는 사람들은 이를 부인한다. 독립교회파 사람들은 유아 세례는 인정하면서도 그 가치에 대해서는 판단을 주저한다. 다시 말해, 그들은 유아 세례가 신자의 자녀들을 교회의 구성원으로 간주할 수 있는 근거인지, 아니면 그들이 교회의 구성원이 되는 데 필요한 준비를 갖출 때까지 교회의 보호 아래 두는 효과만을 발휘하는 것인지 선뜻 결정하지 못한다.

신자의 자녀들의 영적 상태를 둘러싸고 상당한 억측이 난무한다. 시민 사회에서 어린아이들은 부모들과 동일한 특권을 누린다. 이 세상의 나라들은 성인과 유아들로 구성되어 있다. 유아들을 그리스도의 나라에서 배제하는 것이 과연 옳을까? 영국민들의 자녀들은 아직 이해력도 부족하고, 사회적 특권을 온전히 향유하고 있지 못해도 부모들과 똑같은 특권을 누리고 있다. 따라서 그리스도의 나라도 유아들의 특권에 대해 우호적인 태도를 취한다고 생각하는 것이 합리적이지 않겠는가? 물론 이 문제는 단순한 추측이나 유추에만 의존하지 않는다. 유아들의 특권은 성경을 통해서도 분명하게 확증된다. 하나님이 교회와 맺으신 언약은 부모들은 물론 그들의 자녀들에게까지 확대된다. 유아들은 구약 시대에도 교회의 구성원들이었다. 신약성경에서도 그들을 배제하는 말은 단 한마디도 발견되지 않는다. 오히려 신약성경은 여러 곳에서 교회의 구성원이 누리는 특권이 유아에게까지 적용된다고 가르친다.[4]

주님도 이 점을 분명하게 언급하셨다. "예수께서 그 어린아이들을 불러 가까이하시고 이르시되 어린아이들이 내게 오는 것을 용납하고 금하지 말라 하나님의 나라가 이런 자의 것이니라"(눅 18:16). 어떤 사람들이 주장하는 대로, 만일 '하나님의 나라'가 여기에서 영광의 상태를 가리킨다면 어린아이들이 영광의 상속자로서 무형 교회의 구성원으로 인정받아야 마땅하다고 유추할 수 있다. 그러나 이 구절에서 '하나님 나라'는 세상에 있는 교회로 이해하는 것이 더욱 바람직하다. 주님은 어린아이들을 교회 구성원으로 인정하심으로써 그들이 자기에게 나오는 것을 용납해야 할 이유를 제시하셨다.

4. 유형 교회를 떠나서는 일상적으로는 구원 받을 가능성이 없다. 이 명제는 로마 가톨릭교회의 교리와 크게 대조된다. 그들은 로마 가톨릭교회가 유

---

4) Whytock, *Essays on the Church*, essay 9.

일한 교회이기 때문에 교회 밖에서는 구원 받을 수 없다고 주장한다. 이 나라의 남쪽 지방에서 교회의 감독제를 주장하는 이들도 오만하고 편협한 태도로 종종 그런 입장을 취하곤 한다. 그들은 자신들의 공동체를 '유일한 교회'로 내세우며 감독들의 지배에 복종하지 않는 모든 사람을 분열주의자로 단죄하고, 그들을 하나님의 언약과는 무관한 사람들로 간주해 그들이 구원 받을 희망을 모두 차단한다.

그러나 우리는 구원의 가능성을 어느 특정한 교회 안에 국한시키는 주제넘은 태도를 취할 생각이 없다. 또한 우리는 보편적인 유형 교회 밖에서는 구원이 이루어질 가능성이 없다고 단정할 생각도 없다. 이 조항은 '유형 교회를 떠나서는 일상적으로는 구원 받을 가능성이 없다'는 신중한 표현을 사용한다. 이는 유형 교회 밖에서도 구원의 가능성이 있다는 뜻이다. 성경을 잘 읽어 보면 어떤 경로를 통해 진리를 알게 되었지만, 아직 교회와 연합할 기회를 갖지 못한 사람들이 더러 있을 수 있다는 것을 짐작할 수 있다. 그러나 그런 사례는 특별한 경우에 해당한다. 하나님은 대개 일반적인 수단을 통해 사역하신다. 유형 교회를 떠나서는 일상적으로는 구원 받을 가능성이 없는 이유는 교회 밖에 있는 사람들의 경우에는 구원의 일상적인 수단을 적용 받을 수가 없기 때문이다.

4항 이 보편 교회는 때로는 더 분명하게, 때로는 덜 분명하게 보인다(롬 11:3-4, 계 12:6, 14). 보편 교회에 속하는 지역 교회들은 더 순수할 수도 있고, 덜 순수할 수도 있다. 이는 복음의 교리를 가르치고 받아들일 때나 의식들을 집행할 때, 또는 예배를 드릴 때 그것들이 얼마나 순수하게 이루어지느냐에 따라 달라진다(계 2-3장, 고전 5:6-7).

5항 하늘 아래서는 가장 순수한 교회라도 혼란과 오류에 치우칠 수 있다(고전 13:12, 계 2-3장, 마 13:24-30, 47). 일부 교회는 겉으로 전혀 그리스도의 교회처럼 보이지 않을 정도로 타락할 수 있다(계 18:2, 롬 11:18-22). 그럼에도 불구하고 세상에는 하나님의 뜻에 따라 그분을 예배하는 교회가 항상 존재할 것이다(마 16:18, 시 72:17, 102:28, 마 28:19-20).

- - 해 설 - -

1. 보편 교회는 때로는 더 분명하게, 때로는 덜 분명하게 보인다. 교회의 외적 상태는 눈으로 확인할 수 있다. 교회는 결코 멸망하지 않을 것이다. 그러나 세상 어느 곳이든지 유형 교회는 항상 존재할 테지만, 늘 똑같이 번성하거나 눈에 확연하게 드러나는 것은 아니다. 달이 차고 기울듯, 교회도 때로는 찬란한 빛을 내뿜기도 하고, 때로는 구별하기가 어려울 만큼 심하게 흐릿해질 수도 있다. 숫자가 줄어들고, 남아 있는 충실한 신자들이 곳곳으로 흩어지거나 박해를 피해 몸을 숨길 수도 있다. 그 결과, 가장 분별력 있는 신자조차도 눈에 보이는 교회 형태를 거의 감지할 수 없는 상태에 이를 수 있다.

이 조항은 교회가 과거와 현재와 미래에 걸쳐 항상 온 세상에 가장 영광스러운 모습으로 나타난다고 주장하는 로마 가톨릭교회를 논박한다. 구약 시대의 교회는 대부분 우상 숭배로 치우쳤고, 아합 당시에는 혹독한 박해가 가해졌다. 엘리야는 참 하나님을 예배하는 사람은 오직 자기 혼자만 남았다고 생각했다. 하나님은 바알에게 무릎을 꿇지 않은 7,000명의 신자들을 남겨 두셨지만, 그들은 모두 몸을 감춘 채 모습을 드러내지 않았다. 그들을 찾을 수 없었던 엘리야는 "오직 나만 남았거늘"(왕상 19:10)이라는 결론에 도달했다. 말세에는 여자(즉 교회)가 큰 독수리의 두 날개를 받아서 광야에 몸을 숨기는 일이 일어날 것이다(계 12:14).

교회는 항상 박해를 통해 억압을 받거나 오류를 통해 오염될 가능성이 있다. 이 두 가지 요인은 교회의 광채와 영광을 종종 흐릿하게 만든다.

2. 하늘 아래서는 가장 순수한 교회라도 혼란과 오류에 치우칠 수 있다. 교황주의자들은 교회는 오류를 저지르지 않는다고 강조한다. 그러나 그런 무오한 완전함이 어디에 존재하는지는 그들 사이에서도 의견이 분분하다. 교황인지 공의회인지, 아니면 둘 다인지 확실하지 않다. 이런 사실은 그것이 아무 근거 없는 터무니없는 주장이라는 것을 입증하는 확실한 증거가 아닐 수 없다. 개인이든, 교회든 무오한 완전함이라는 중요하고도 탁월한 속성을 갖추었다면 그것이 어디에 있는지도 분명하게 밝혀져야 마땅하다.

역사를 대충 돌아보더라도 특정 교회가 오류를 저질렀던 수많은 증거를 찾아볼 수 있다. 사실 로마 가톨릭교회만큼 터무니없는 오류를 저지른 교회는 없었다. "성도에게 단번에 주신 믿음의 도"(유 1:3)는 어떤 교회를 통해서든, 분명하게든 덜 분명하게든 대대에 걸쳐 면면히 유지되어 나갈 것이다. 그러나 오류로부터 안전한 교회는 어디에도 존재하지 않는다.

3. 참 교회는 항상 세상에서 보존될 것이다. 교회는 숫자가 종종 크게 줄기도 하고, 특정한 교회는 사탄의 모임이라고 생각될 정도로 심하게 부패할 수 있다. 그러나 그리스도의 교회는 절대 없어지지 않는다. 교회는 에덴동산에서 처음 설립된 이후로 지금까지 지속되어 왔고, 그리스도의 재림이 있을 때까지 앞으로도 계속해서 존재할 것이다. 세상 나라들은 언제라도 멸망할 수 있고, 가장 강력한 제국들도 폐허로 변했지만, 그 어떤 권세나 정권도 교회를 완전히 멸망시킬 수는 없다. 물론 특정한 나라에 설립된 교회가 그곳에서 영구적으로 존속하리라는 보장은 없다. 그러나 그리스도께서는 태양과 달이 존재하는 한, 그 어떤 곳에든지 자신을 섬기고 자신의 이름을 짊어질 씨앗을 남겨 두실 것이 분명하다.

교회는 지금까지 이 세상의 권력으로부터 많은 박해를 받아 왔다. 교회는 불붙은 가시떨기와 같지만 절대 불타 없어지지 않는다. 권력과 음모가 힘을 합쳐 교회를 파멸시키려고 아무리 애를 쓰더라도 모두 수포가 되고 말 것이다. 주님은 "내가 이 반석 위에 내 교회를 세우리니 음부의 권세가 이기지 못하리라"(마 16:18)고 말씀하셨다.

6항 주 예수 그리스도 외에 교회의 다른 머리는 없다(골 1:18, 엡 1:22). 로마 교황은 어떤 점에서든 교회의 머리가 될 수 없다. 교회 안에서 그리스도께 대항해 자기를 높이고, 스스로를 하나님이라고 내세우는 자는 불법의 사람이요, 멸망의 아들인 적그리스도다(마 23:8-10, 살후 2:3-4, 8-9, 계 13:6).

-- 해설 --

주 예수 그리스도께서 교회의 유일한 머리이시다.

이 명제는 로마 교황이 베드로의 계승자요, 그리스도의 대리자로서 보편 교회의 머리에 해당한다고 주장하는 로마 가톨릭교회를 비롯해 국가의 최고 통치권자가 자기 영토 내에 있는 교회의 머리가 된다고 주장하는 에라스투스주의를 논박한다. 만물의 통치권과 주권은 그리스도께 속한다. 그분은 하나님이시기 때문에 모든 피조물을 자신의 뜻대로, 자신의 영광을 위해 다스리고 처리할 수 있는 자연적 권한을 지니신다. 또한 그분은 중보자로서 성부로부터 보편적 주권을 허락 받으셨다. 에베소서 1장 22절은 "그를 만물 위에 교회의 머리로 삼으셨느니라"고 말한다. 바울 사도는 이 말씀을 통해 교회의 머리가 아니라 중보자로서 만물의 머리가 되시는 그리스도를 언급했다.

그리스도께서는 만물의 머리가 되신다. 이 권한이 그리스도께 주어진 이유는 만물을 다스려 교회를 유익하게 하시기 위해서다. 이것이 '만물 위에 교회의 머리'라는 표현에 담겨 있는 의미다. 그와 동시에 그리스도께서는 특별히 자신의 몸인 교회의 머리가 되신다. 이 진리는 "그는 몸인 교회의 머리시라"(골 1:18)라는 말씀 안에 분명하게 나타난다. 이 말씀은 그리스도를 육체의 머리에 비유한다. 아울러 에베소서 5장 23절은 남편이 아내의 머리가 되는 것처럼 그리스도께서 교회의 머리가 되신다고 선언한다.

그리스도께서는 머리로서 유형 교회를 인도하시고 다스리신다. 그분은 이스라엘의 통치자요, 그 어깨 위에 정사를 메셨다(사 9:6). 하나님은 "내가 나의 왕을 내 거룩한 산 시온에 세웠다"(시 2:6)고 말씀하셨다. 교회를 위해 법을 집행하고, 예배의 규례를 세우고, 교회가 지켜야 할 통치 형태를 결정하고, 교회의 직임을 정하고, 그 직임을 맡는 데 필요한 자격 기준을 설정하는 권한이 모두 그분께 속한다. 그리스도께서는 무형 교회에 대해서도 머리로서 중요한 영향력을 행사하신다. 골로새서 2장 19절은 "온몸이 머리로 말미암아 마디와 힘줄로 공급함을 받고 연합하여 하나님이 자라게 하시므로 자라느니라"라고 말한다.

그리스도께서는 유형 교회와 무형 교회의 유일하고 절대적인 머리이시다. 교회는 최고의 입법자이신 그리스도의 권위만을 인정해야 한다. 교회는 "이스라엘의 거룩하신 자가 우리의 왕이시다"라고 말해야 한다. 머리가 하나 이상인 것은 괴물이다. 그러나 성경은 그리스도의 몸인 교회가 그런 괴물이라고 가르치지 않는다. '몸'도 하나요, '주'도 한 분이시다. 그리스도께서는 교황이나 군주에게 자신의 권한을 위임하지 않으셨다. 그리스도께서는 부활하신 육체로 지금 하늘에 계시지만, 대리자를 세우시어 세상에 있는 교회를 다스리게 하실 필요가 없으시다. 그분은 하늘로 올라가시면서 제자들에게 "볼지어다 내가 세상 끝날까지 너희와 항상 함께 있으리라"(마 28:20), "두세 사람이 내 이름으로 모인 곳에는 나도 그들 중에 있느니라"(마 18:20)라는 보배로운 약속을 허락하셨다.

교직자들과 세속 통치자들이 그리스도의 왕적 특권을 침해하려는 대담한 행위가 종종 있어 왔다. '불법의 사람'과 '멸망의 아들'이 보편적인 수장권과 통치권을 주장하는 오만하고 불경한 태도를 오랫동안 취해 왔다. 잉글랜드에서 개혁이 이루어졌을 때 교회의 수장권이 로마 교황으로부터 영국 왕에게로 옮겨졌다. 헨리 8세가 '영국 교회의 수장'으로 인정되었을 뿐 아니라, "왕과 그의 계승자가 세상에 있는 잉글랜드 교회, 곧 영국 성공회의 유일한 수장으로 인정되고, 받아들여지고, 간주되어야 한다. 그들은 이 나라의 왕권과 병합해 교회에 속하고 관련된 모든 것의 수장으로서의 권위에 걸맞은 명예와 위엄과 면책 특권과 이익과 재산은 물론 거기에 합당한 칭호와 명칭을 지니고, 그것들을 향유할 것이다"라는 법령이 제정되었다.[5] 또한 왕이 '교회의 치리권'을 행사하는 온전한 권한을 소유하고, "대주교와 주교들은 왕으로부터, 왕에 의해 윤허를 받지 못하면 치리권을 행사할 권한을 가지지 못한다"는 법령도 아울러 제정되었다.[6]

엘리자베스 여왕의 통치가 시작되었을 즈음에는 '머리'라는 은유적 표현이 '최고 통치자'라는 표현으로 바뀌었다. 그러나 두 용어 모두 뜻은 동일하다. 그녀의 전임자들이 소유했던 권력과 권위가 조금도 포기되지 않았다. 왜냐하면 "영적, 교회적인 모든 치리권은 왕권과 병합되어 통일된다"는 법령이 제정되었기 때문이다. 영국 성공회는 서른일곱 번째 신조에서 영적 권위를 찬탈하고, 그리스도의 주권을 침해하는 불경하고 신성모독적인 행위를 인정했다. 그 내용은 다음과 같다.

> 여왕의 권위는 잉글랜드의 이 영역을 비롯해 다른 모든 통치 영역에서 지상권을 갖는다. 교회든, 일반 사회든 이 영역에 속하는 모든 것에 대한 통치권이 어떤 이유에서든 모두 여왕에게 속해 있다.

---

5) The 26th, Henry VIII., cap. 1.
6) The 37th, Henry VIII., cap. 17.

일부 성직자들은 통치자를 교회의 머리, 또는 최고 통치자로 인정하는 것을 수치스럽게 여겨 그 호칭의 진정한 의미를 적당히 에둘러 설명하기도 한다. 그러나 그런 시도는 아무 소용이 없다. 그 칭호에 영적 치리권이 포함되어 있다는 사실과 그로써 잉글랜드 교회가 에라스투스주의의 속박 아래 얽매이게 되었다는 사실을 입증하는 많은 증거를 쉽게 찾아낼 수 있다. 여왕이 주교들을 임명하는 권한을 가지고 있고, 여왕의 윤허가 없으면 성직자들이 회의를 소집할 수 없으며, 100년 이상 성직자 회의가 중단되거나 거의 폐지되다시피 해왔다는 것을 모를 사람이 누가 있겠는가? 교회가 손발이 꽁꽁 묶인 채 이단을 제거하고 권징을 실시하는 일에 아무런 영향력도 발휘하지 못한다는 사실이 너무나도 확연하게 드러나 있다.

스코틀랜드 교회는 개혁 당시부터 그리스도께서 교회의 유일한 머리이시라는 교리를 담대하게 주장했고, 또 실천을 통해 철저하게 옹호했다. 그것은 2차 개혁의 가장 중요한 핵심 원리였다. 그것은 교회의 유일하신 왕이요, 머리이신 그리스도의 왕적 특권을 옹호하고, 군주가 교회의 영적 자유를 통제할 수 있다는 에라스투스주의의 영향력을 저지하기 위한 싸움이었다. 이를 위해 많은 신자들이 옥에 갇히거나 망명길에 올랐을 뿐 아니라 들판이나 형틀 위에서 피를 흘렸다.

『웨스트민스터 신앙고백』 안에 그리스도의 수장권이 분명하게 진술되어 있지만, 안타깝게도 '왕위 계승 혁명'(Revolution Settlement)을 통해 이 중요한 원리를 효과적으로 지켜 내지 못했다. 스코틀랜드 교회의 설립을 가져온 1592년 결의서는 그리스도의 수장권을 인정하는 내용을 담지 못했고, 총회의 그 어떤 결의서에서도 이 원리를 공식적으로 주장한 적이 없었다. 왕이 수장권을 노골적으로 주장하지도 않았고, 교회가 그것을 양보하지도 않았지만 왕이 수장권을 행사하기까지는 그리 오랜 시간이 걸리지 않았다. 총회의 모임이 왕의 명령에 의해 해산되거나 정회되는 일이 거듭 발생했다.

그러던 중 총회가 1703년에 그리스도의 수장권과 교회의 고유한 권위와 장로교 정치 제도의 신성한 권리를 주장할 목적으로 조례의 초안을 작성했지만, 여왕의 명령을 받은 행정관의 제재로 돌연 해체되었다. 그런 조처에 대해 교회가 항의 의사를 표명했다는 기록은 어디에도 없다.

> '평신도 목사 임명권'(부유한 평신도들이 지역 교회의 목회자를 임명하는 권한-역주)은 여러 차례 폐지되었다가 다시 복구되었는데, 그로 인해 교회의 독립성이 더 많이 침해되고, 영적 문제들이 세속 세력에 지배되는 결과를 낳았다. '평신도 목사 임명권'이 목회자가 없는 교회의 문제를 해결하는 데 실질적으로 영향을 미치는 경우에는 교회의 수장권과 그 맥락이 동일하다. 다시 말해, 그 권한은 교회의 수장권과 동일한 원리에 근거하기 때문에 딱히 옹호할 수도 없고, 단죄할 수도 없다. 왕이 그런 권한을 행사할 경우에는 특히 그렇다.[7]

최근에 교회의 영적 독립을 옹호하기 위한 투쟁이 있었고, 그 결과 스코틀랜드 교회가 분열되는 사태가 빚어졌다. 이런 사건들만 보더라도 에라스투스주의에 입각해 교회에 대한 지배권을 확보하고 행사하려는 정부의 단호한 의지를 분명하게 확인할 수 있다. 그러나 스코틀랜드의 기독교인들은 그리스도께서 '시온의 왕'으로서 교회의 유일한 머리가 되신다는 진리를 줄곧 굳게 고수해 왔다는 분명한 증거를 보여 주었다. 그들은 이 진리를 수호하기 위해 "죽기까지 자기들의 생명을 아끼지"(계 12:11) 않았다.

이보다 더 고귀한 투쟁이나 고난의 명분은 더 이상 없다. 그리스도의 교회를 지배하려는 사람들은 그분의 권한을 찬탈하는 불경죄를 저지르는 셈이다. 그리스도의 충실한 신민들은 충성을 다해 오직 그분만이 교회의 유일한 지배자요, 통치자이시라는 사실을 힘써 외치고, 교회와 교회의 유일하신 왕이요, 머리이신 그분을 욕되게 하는 주장을 결코 용납해서는 안 된다.

---

7) Bruce, *Dissertation on the Supremacy of Civil Powers*, p. 105.

CHAPTER.26

성도의 교제

우리가 보고 들은 바를 너희에게도 전함은 너희로 우리와 사귐이 있게 하려 함이니 우리의 사귐은 아버지와 그의 아들 예수 그리스도와 더불어 누림이라 (요일 1:3).

1항 성령과 믿음으로 머리이신 예수 그리스도와 연합한 성도들은 그분의 은혜와 고난과 죽음과 부활과 영광을 통해 그분과 교제를 나누며(요일 1:3, 엡 3:16-19, 요 1:16, 엡 2:5-6, 빌 3:10, 롬 6:5-6, 딤후 2:12), 서로 사랑으로 하나가 되어 서로의 은사와 은혜 안에서 함께 교제한다(엡 4:15-16, 고전 12:7, 3:21-23, 골 2:19). 성도들은 속사람과 겉 사람 모두를 아우르는 차원에서 서로를 유익하게 하는 데 도움이 되는 의무들을 공적으로나 사적으로 행해야 할 책임이 있다(살전 5:11, 14, 롬 1:11-12, 14, 요일 3:16-18, 갈 6:10).

2항 믿음을 고백해 성도가 된 사람들은 하나님을 예배하고, 서로의 덕을 세우는 다른 영적 의무들을 행하며(히 10:24-25, 행 2:42, 46, 사 2:3, 고전 11:20), 서로의 능력과 필요에 따라 물질을 베풀어 서로를 편안하게 해주면서 거룩한 교제와 교통을 유지해야 한다. 그런 교제는 하나님이 기회를 허락하시는 대로 각처에서 주 예수님의 이름을 부르는 모든 사람들에게까지 확대되어야 한다(행 2:44-45, 요일 3:17, 고후 8-9장, 행 11:29-30).

― 해 설 ―

교제는 연합에 근거한다. 이 조항들은 세 가지를 가르친다. 첫째는 성도와 예수 그리스도의 연합과 그분과 나누는 교제이고, 둘째는 성도들끼리의 연합과 교제이며, 셋째는 믿음을 고백하는 성도들의 연합과 그들이 유지해야 하는 교제다.

1. 모든 성도는 예수 그리스도와 연합되어 있다. 물론 이 연합은 신성의 거룩하신 위격들 사이에 존재하는 본질적인 연합이 아니고, 그리스도 안에서

이루어진 신성과 인성의 결합과 같은 인격적인 결합도 아니며, 왕과 신하 사이에 존재하는 연합과 같은 정치적인 연합도 아니고, 친구들 사이에 존재하는 단순한 도덕적 결합도 아니다. 이 연합은 영원 전에, 곧 그리스도께서 선택하신 자들의 머리로 임명되셨던 때에 형성되었다.

그러나 이 조항들은 시간 속에서 실제로 이루어지는 영적 연합을 다룬다. 이는 심원한 신비이기 때문에 '신비적 연합'으로 불린다. 이는 비록 깊은 신비에 속하는 일이지만, 그 현실은 의문의 여지가 없다. "그러므로 이제 그리스도 예수 안에 있는 자에게는 결코 정죄함이 없나니"(롬 8:1). 바울은 다른 곳에서도 "예수 그리스도께서 너희 안에 계신 줄을 너희가 스스로 알지 못하느냐 그렇지 않으면 너희는 버림 받은 자니라"(고후 13:5)고 말했다. 때로는 이 두 가지 표현이 한꺼번에 나타나기도 한다. 예를 들어, 예수님은 "내 안에 거하라 나도 너희 안에 거하리라"(요 15:4)고 말씀하셨다.

성경은 다양한 비유를 통해 이 연합을 표현하고 예시한다. 구체적으로 말해, 이 연합은 나무와 가지의 연합(요 15:5), 건물과 기초의 연합(벧전 2:4, 6), 남편과 아내의 연합(엡 5:31-32), 몸의 머리와 지체들의 연합(엡 4:15-16) 등에 비유된다. 이러한 비유는 실질적인 연합의 깊이를 온전히 나타내지는 못하지만, 그러한 현실을 충분히 입증한다.

연합이란 사람들이나 사물들을 하나로 묶는 것을 의미한다. 그리스도와 신자들의 연합은 영적 본질을 지닌다. 이 연합이 이루어지려면 그리스도께서 성령을 허락하시고, 또 신자들은 믿음을 고백해야 한다. 그리스도께서는 성령으로 그들을 붙드시고, 그들은 성령의 내적 사역을 통해 그분을 영접한다. 이 연합은 너무나도 밀접하고 친밀해 성경은 그리스도와 신자들을 '한 영'으로 일컫는다. "주와 합하는 자는 한 영이니라"(고전 6:17).

이 연합의 가장 뛰어난 특징은 절대 깨지지 않는다는 것이다. 성령이 일단 내주하시면 절대 떠나지 않으신다(요 14:16-17). 사탄과 그의 모든 수하들이 온갖 힘과 술책을 동원해도 신자와 그리스도를 갈라놓을 수 없다(롬 8:38-39).

죽음은 다른 모든 관계를 단절시키고, 영혼과 육체를 분리시키지만 그리스도와 신자의 연합은 절대 깨뜨릴 수 없다. 이것이 신자들이 "주 안에서 죽는 자"(계 14:13), "예수 안에서 자는 자"(살전 4:14)로 일컬어지는 이유다.

신자들은 그리스도와 연합했기 때문에 그분의 고난과 죽음을 통해 그분과 교제를 나눈다. 즉 그들은 그리스도와 함께 십자가에 못 박혀 죽었다(롬 6:6, 8). 그들은 또한 그리스도의 부활을 통해 그분과 교제한다. 그들은 그리스도와 함께 일으키심을 받았고, 그분의 생명에 참여한다(엡 2:6, 갈 2:20). 그들은 그분의 승리를 통해 그분과 교제한다. 그리스도께서는 신자들을 위해 정사와 권세를 물리치셨고, 세상을 이기셨으며, 죽음을 극복하셨고, 무덤을 정복하셨다. 그들은 그분을 통해 모든 원수들을 넉넉히 물리친다(롬 8:37).

그들은 그분이 값 주고 사신 모든 축복에 참여한다. 그들은 "그리스도와 함께 참여한 자"(히 3:14)요, "모든 통치자와 권세의 머리"(골 2:10)이신 그분 안에서 완전해졌다. 그들은 그리스도께서 자신들을 대신해 율법을 성취하심으로 이루신 의를 덧입어 의롭다 하심을 받는 은혜를 누린다. 또한 그들은 양자가 되어 하나님의 가족이요, 독생자 예수 그리스도와 함께하는 상속자가 되고, 그분의 은혜를 통해 죄에 대해 죽고, 의에 대해 살아남으로써 영혼과 육체가 날로 거룩해진다. 그들은 지금 머리이신 그리스도와 함께 하늘에 앉아 있고, 때가 되면 영화롭게 되어 그분과 영원히 거할 것이다(엡 2:6).

간단히 말해, 바울 사도가 말한 대로 모든 것이 그들의 것이다. 그는 그리스도와의 연합을 통해 신자들이 모든 것을 소유하게 되었다고 말했다. "바울이나 아볼로나 게바나 세계나 생명이나 사망이나 지금 것이나 장래 것이나 다 너희의 것이요 너희는 그리스도의 것이요 그리스도는 하나님의 것이니라"(고전 3:22-23).

2. 참 신자들은 서로 연합하고, 서로 교제를 나눈다. 그들은 한 몸을 이루어 머리이신 그리스도와 모두 연합하며, 한 성령에 참여한다. 그들은 모두 똑같

이 보배로운 믿음을 지니고 있다. 복음의 교리가 가르치는 대로 그들의 믿음은 본질적으로 동일하다. 그들은 "온전하게 매는 띠"(골 3:14)로 불리는 사랑으로 하나가 된다. 초대교회 신자들은 이 사랑의 띠로 온전히 하나가 되어 "한마음과 한뜻"(행 4:32)을 품었다.

주님은 제자들에게 다른 무엇보다도 서로를 사랑하라고 가르치셨다. 그분은 그들에게 친히 본을 보여 주셨다. 사랑은 그들이 그리스도의 참 제자라는 사실을 다른 사람들에게 보여 주는 가장 확실한 증거였다. "새 계명을 너희에게 주노니 서로 사랑하라 내가 너희를 사랑한 것같이 너희도 서로 사랑하라 너희가 서로 사랑하면 이로써 모든 사람이 너희가 내 제자인 줄 알리라"(요 13:34-35).

성도들은 "주 예수 그리스도를 변함없이 사랑"(엡 6:24)해야 하고, 그리스도의 형상을 닮은 동료 신자들을 사랑해야 한다. 그들은 서로 연합했기 때문에 은사들과 은혜를 통해 서로 교제를 나눈다. 몸에 많은 지체가 있어 각자의 기능을 발휘하듯, 신자들은 동료 신자들을 섬기며 전체의 유익을 위해 기여해야 한다.

그리스도의 신비로운 몸은 다양한 은사와 은혜를 부어 받은 많은 지체로 구성되어 있다. 지체들은 서로를 유익하게 하고, 교회 전체를 이롭게 해야 한다. 그들은 서로를 유익하게 하는 의무들을 실천해야 할 책임이 있다. 그들은 형제를 사랑하여 서로 우애하고 존경하기를 서로 먼저 하고(롬 12:10), 짐을 서로 짊어져 그리스도의 법을 성취하고(갈 6:2), 즐거워하는 자들과 함께 즐거워하고 우는 자들과 함께 울고(롬 12:15), 여러 성도를 위하여 구하고(엡 6:18), 기회 있는 대로 모든 이에게 착한 일을 하되 더욱 믿음의 가정들에게 해야 한다(갈 6:10).

3. 믿음을 고백한 성도들은 보이는 교회를 구성한다. 믿음을 고백한 성도들은 서로 연합해 한 몸을 이루고, 서로 거룩한 교제와 교통을 유지해야 한다.

연합은 신앙 공동체의 본질적인 속성이다. 이 연합은 함께 사는 사람들이나 한곳에 모여 예배를 드리는 사람들에게 국한되지 않고, "각처에서 우리의 주 곧 그들과 우리의 주 되신 예수 그리스도의 이름을 부르는 모든 자들"(고전 1:2)에게까지 확대된다. 바울 사도는 "몸이 하나요 성령도 한 분이시니 이와 같이 너희가 부르심의 한 소망 안에서 부르심을 받았느니라 주도 한 분이시요 믿음도 하나요 세례도 하나요 하나님도 한 분이시니 곧 만유의 아버지시라 만유 위에 계시고 만유를 통일하시고 만유 가운데 계시도다"(엡 4:4-6)라는 말로 이 연합의 특성을 구체적으로 설명했다.

이 조항은 성도들이 세 가지 점에서 서로 교제와 교통을 나눠야 할 책임이 있다고 진술한다.

첫째, 그들은 함께 모여 공적으로 하나님을 예배해야 한다. 초대교회 신자들은 이러한 책임을 진지하게 감당했다. 그들은 "사도의 가르침을 받아 서로 교제하고 떡을 떼며 오로지 기도하기를"(행 2:42) 힘썼다. 나중에 일부 신자들이 교제를 소홀히 하자 사도는 "모이기를 폐하는 어떤 사람들의 습관과 같이 하지 말고"(히 10:25)라고 강력히 경고했다.

복음의 제도들은 신자들을 연합하기 위한 목적으로 제정되었다. 신자들은 그런 제도들을 공동으로 유지함으로써 서로 교제를 나누어야 한다. "한 성령으로 세례를 받아 한 몸이 되었고"(고전 12:13). "떡이 하나요 많은 우리가 한 몸이니 이는 우리가 다 한 떡에 참여함이라[성례를 통한 교제]"(고전 10:17).

이 연합을 이루기 위해 신자들이 모두 한곳에 모여 예배를 드려야 할 필요는 없다. 그런 일은 물리적으로 불가능하다. 신자들의 교제를 장소적인 관점에서 생각하는 것은 잘못이다. 그런 교제는 어느 곳에서 모이든 모두가 동일한 예배를 드리고, 거룩한 의식들을 행하는 것으로 이루어진다. 신자들은 "각처에서 우리의 주 곧 그들과 우리의 주 되신 예수 그리스도의 이름을 부르는 모든 자들"(고전 1:2)과 연합할 기회가 있다면 기꺼이 거기에 참여할 준비와 마음을 갖추고 있다. 초대교회의 신자들이 그랬다. 지금도 보편적인 연합이 유지되고, 그리스도께서 세우신 제도들이 순결하고 온전하게 보존된다면 얼마든지 그런 교제가 이루어질 수 있다.[1]

둘째, 성도들은 서로의 덕을 세우는 영적 의무들을 행해야 한다. 바울은 "우리가……서로 덕을 세우는 일을 힘쓰나니"(롬 14:19)라고 말했다. 서로 덕을 세우는 의무들 가운데 하나는 서로를 위한 기도, 영적 모임, 권고, 권면, 사랑과 선을 행하도록 서로를 독려하기, 마음이 연약한 자를 위로하기, 약한 자들을 돕기, 고통당하는 자들을 찾아보고 격려하기 등이 포함될 수 있다(말 3:16, 골 3:16, 살전 5:11, 14, 히 10:24).

셋째, 성도들은 각자의 능력과 기회에 따라 물질을 베풀어 서로를 편안하게 해주어야 한다. "하나님이……믿음에 부요하게 하시고 또 자기를 사랑하는 자들에게 약속하신 나라를 상속으로 받게"(약 2:5) 하시는 자들 가운데 세상에서 가난하게 살아가는 사람들이 적지 않다. 세상의 재물을 가진 신자들은 가난한 신자들을 동정하고, 그들의 필요를 채워 주어야 한다(요일 3:17).

때로 어떤 나라의 신자들은 격렬한 박해로 인해 재물을 약탈 당하고 몹시 궁핍한 처지에 처하기도 한다. 그런 경우에는 다른 나라에 사는 신자들이 관대하게 물질을 베풀어 도와주어야 한다. 초대교회 신자들은 이 의무를 고귀하게 실천에 옮겼다. "이는 마게도냐와 아가야 사람들이 예루살렘 성도 중 가난한 자들을 위하여 기쁘게 얼마를 연보하였음이라"(롬 15:26).

한 장소에 있는 신자들이 공적인 예배 의식을 정기적으로 갖지 못할 처지에 놓여 있을 때는 그들보다 좀 더 편안한 장소에서 살아가는 신자들이 물질적인 도움을 베풀어야 할 의무가 있다. 균등한 상태가 이루어지려면 강한 자가 약한 자를 돕고, 부요한 사람이 궁핍한 사람을 도와야 한다.

---

1) M'Crie, *The Unity of the Church*, pp. 19-20.

성경은 성도를 섬기는 일이 곧 성도의 교제에 해당한다(고후 8:4)고 가르친다. 이 조항은 결론부에서 특별히 그런 형태의 교제를 언급한다. '그런 교제는 하나님이 기회를 허락하시는 대로 각처에서 주 예수님의 이름을 부르는 모든 사람들에게까지 확대되어야 한다.' 이 문장은 '물질을 베풀어 서로를 편안하게 해주면서'라는 앞의 문장과 밀접하게 연결되어 있다. 성경에 기록된 대로, 예루살렘교회의 성도들은 모든 것을 서로 공유했고, 비교적 어려움이 없이 살아가는 신자들은 박해로 인해 궁핍한 처지로 전락한 먼 곳의 신자들에게 구호금을 보냈다.

주 예수 그리스도의 이름을 부르는 모든 신자들은 기회가 허락되는 대로 서로의 덕을 세우는 의무를 비롯해 여러 가지 의무를 행하면서 성도의 교제를 꾸준히 유지해 나가야 한다. 눈에 보이는 보편 교회가 하나님의 말씀이 가르치는 그 본래의 목적을 이루려면 각 교회에 속한 신자들이 섭리가 허락하는 대로 성도의 교제를 누릴 권리와 그것을 유지해 나갈 의무를 지닌다.

전 세계에 흩어져 있는 신자들은 다양한 교파로 분열되어 서로를 적대시하기보다 하나로 연합해 거룩한 형제애를 실천하는 한편, 어느 한 곳에서 새로운 사람을 교회로 받아들였으면 그 사람을 보편 교회의 일원으로 간주해야 한다. 그 사람은 자신이 속한 교회 안에서 성도의 교제를 향유할 권리를 갖는다. 그와 마찬가지로, 한 교회에서 징계를 당한 사람이 있다면 다른 모든 교회에서도 그의 징계를 인정하고, 동일한 권위나 그보다 높은 권위에 의해 징계가 철회되기까지는 그와의 교제를 인정해서는 안 된다. 유형 교회의 특징을 이루는 연합이 온전히 실현되려면 마땅히 그래야 한다.

그러나 교회는 현재 셀 수 없이 많은 교파들로 나뉘어 있는 상태다. 이들은 모두 스스로가 중요하다고 생각하는 원리나 관습을 지키기 위해 애쓰고 있고, 그것들을 통해 다른 교파들과 스스로를 구별하거나 서로를 적대시하고 있다. 이로 인해 모든 신자에게 확장되어야 할 교제가 일관되게 유지되지 못하고 있다. 경우에 따라서는 부패한 교회로부터 탈퇴하는 것이 필요하고도 정당할 때가 있다. 그러나 "교제를 나누는 것이 합법적인데도 분리를 강행한다면 분열을 획책했다는 비난을 면하기 어려울 것이다."[2]

만일 그리스도의 수장권을 옹호할 목적으로 특정한 교회를 설립했는데도 그 교회의 신자들이 그런 원리를 말로나 행위로 부인하는 다른 교회의 신자들과 친밀한 교제를 나눈다면 그것은 그들의 분리가 성경적이고 양심적인 근거를 갖추지 못했다는 것을 스스로 입증하는 것이나 다름없다. 그런 경우에는 그리스도께서 '하나가 되게 해달라고' 간절히 기도하신 '몸'을 쓸데없이 찢어 놓았다는 비난을 면할 수 없다.

3항 성도들이 그리스도와 교제를 나눈다고 해서 신성의 본질에 참여하거나 그리스도와 모든 점에서 동등하게 되는 것은 결코 아니다. 이 두 가지 중에 어느 한 가지를 인정하는 것은 신성을 모독하는 불경죄에 해당한다(골 1:18-19, 고전 8:6, 사 42:8, 딤전 6:15-16, 시 45:7, 히 1:8-9). 또한 성도들끼리의 교제는 물건과 소유에 대한 각 사람의 권리와 재산권을 침해하지 않는다(출 20:15, 엡 4:28, 행 5:4).

- - 해 설 - -

이 조항은 두 가지 이단 사상을 논박한다. 하나는 그리스도와 신자의 교제에 관한 것이고, 다른 하나는 성도들끼리의 교제에 관한 것이다.

어떤 신비주의자들은 불경스럽고 신성모독적인 표현을 사용해 그리스도

---

2) Ibid., p. 95.

와의 연합과 교제가 성도를 신격화하거나 그리스도와 동등한 존재로 만드는 것처럼 말한다. 그들은 '하나님 안에서 신이 되었다', '그리스도 안에서 그리스도가 되었다'와 같은 표현을 사용하기를 주저하지 않는다.

한편 16세기 초, 여러 가지 위험하고 터무니없는 주장을 제기했던 독일의 재세례파는 신자들은 모든 물건을 공유하는 공동체를 건설해야 한다고 역설했다. 그들의 가르침은 이 나라에서는 큰 발전을 이루지 못했다. 현대의 재세례파는 그런 가르침을 인정하지 않는다. 이 조항은 그런 터무니없는 견해를 다음과 같이 논박한다.

1. 성도들이 그리스도와 교제를 나눈다고 해서 신성의 본질에 참여하거나 그리스도와 모든 점에서 동등하게 되는 것은 결코 아니다. 그리스도와 신자는 서로 연합하지만, 서로 별개의 인격으로 머문다. 신자들이 그리스도와 교제를 나눈다고 해서 그분과 동등한 권위를 갖는 것은 결코 아니다. 신자는 그리스도께 접붙임 되었지만, 그분의 비공유적인 신성에 참여하지도 않고, 그분이 누리시는 중보 사역의 영광을 공유하지도 않는다. 그리스도께서는 중보 사역을 행하시면서 누구의 협력도 구하지 않으셨다. 따라서 오직 그분만이 그 영광을 누리실 수 있다. 성도는 그리스도와 연합했다고 해서 신으로 격상되지도 않고, 또 중보자나 구원자의 지위에 오르지도 않는다.

2. 성도들끼리의 교제는 물건과 소유에 대한 각 사람의 권리와 재산권을 침해하지 않는다. 십계명의 여덟 번째 계명, 자선과 관대한 접대에 관한 신약성경의 권고, 신분이 높은 사람과 낮은 사람, 부유한 사람과 가난한 사람에게 주어진 특별한 계명들은 모두 각 사람이 자신의 물건과 소유에 대한 권리를 갖는다는 것을 분명하게 가르친다. 초대교회 신자들은 "모든 물건을 서로 통용하고 또 재산과 소유를 팔아 각 사람의 필요를 따라 나눠"(행 2:44-45) 주었다.

이런 기록을 근거로 "예루살렘의 신자들은 서로의 물건을 공유하는 공동체를 형성했고, 모든 사람이 스스로의 소유권을 포기해 자신의 재산을 공공의 용도로 사용하도록 넘겨주어 모두가 공동으로 권리를 주장하게 만들었다는 견해가 제기되어 왔다. 그러나 아나니아와 삽비라의 일화(행 5:4)는 신자들이 교회의 유익을 위해 재산을 처분하는 것이 반드시 지켜야 할 법이나 의무가 아니었다는 사실을 분명하게 보여 준다. 그 불행한 부부의 경우와 달리 위선과 거짓에 치우치지만 않는다면 재산을 처분한 뒤에도 그 전부나 일부를 얼마든지 자신의 소유로 삼을 수 있었다.

방금 인용한 성경 본문을 살펴보면, 대부분의 초대교회 신자들이 사도들 앞에 재산을 처분한 돈을 내놓고 적절히 나눠 주라고 부탁했지만, 때로는 직접 그 돈을 들고 자신이 필요하다고 생각하는 대로 가난한 자들을 도와주었다는 것을 익히 짐작할 수 있다. 이런 증거들은 초대교회 안에 모든 물건을 서로 공유하는 공동체가 설립된 것은 아니었다는 사실을 보여 준다. 따라서 그들의 마음과 관심사가 하나로 연합되었기 때문에 누가가 4장에서 '자기 재물을 조금이라도 자기 것이라 하는 이가 하나도 없더라'(행 4:32)라고 말할 정도로 자선을 베풀려는 열정이 뜨거웠거나 물건을 소유하고 있더라도 형제들과 기꺼이 나눠 쓰는 삶을 실천했다고 생각하는 것이 더 바람직하다.

더욱이 예루살렘교회의 행위를 다른 교회들이 따랐다는 증거는 어디에도 없다. 심지어 사도 시대에도 그런 사례는 없었다. 그러나 그런 행위가 이기심을 극복하는 관대한 사랑의 본보기를 제시해 다른 사람의 행복을 우리 자신의 행복으로 여길 수 있는 태도를 독려하는 한 세상이 끝날 때까지 이를 본받아 실천하는 것이 마땅하다."[3]

---

3) Dick, *Lectures on the Acts of the Apostles*, lect. 3.

CHAPTER. 27

성례

식후에 또한 그와 같이 잔을 가지시고 이르시되 이 잔은 내 피로 세운 새 언약이니 이것을 행하여 마실 때마다 나를 기념하라 하셨으니 (고전 11:25).

1항 성례는 그리스도께서 직접 제정하신(마 28:19, 고전 11:23) 은혜 언약의 거룩한 표징이자 보증의 표다(롬 4:11, 창 17:7, 10). 성례는 그리스도와 그분의 축복을 나타내고, 그분 안에서 누리는 우리의 권리를 확증할 뿐 아니라(고전 10:16, 11:25-26, 갈 3:27, 17) 교회에 속한 자들과 그 외에 세상에 속한 자들의 차이를 가시적으로 드러내고(롬 15:8, 출 12:48, 창 34:14), 하나님의 말씀에 따라 엄숙한 태도로 그리스도 안에서 그분을 섬길 수 있게 해준다(롬 6:3-4, 고전 10:16, 21).

─ 해설 ─

성경에는 '성례'라는 용어가 없다. 이 용어는 라틴어에서 유래했다. 본래는 로마인들이 군대에서 지휘관에게 충성을 맹세하며 그의 깃발 아래에 끝까지 남겠다는 서약의 의미로 사용하던 용어다. 이 말이 교회의 상징적인 제도에 적용된 이유는 신자들이 구원의 대장이신 그리스도를 섬기며 그분이 인도하시는 대로 따라가는 군사로 부르심을 받았음을 보여 주기 위해서다.

그러나 초기 기독교 저술가들은 이 용어를 '신비'를 뜻하는 성경 용어 '무스테리온'과 동일한 의미로 사용했다. 『불가타역』은 '무스테리온'을 항상 그런 식으로 번역했다. 신비라는 용어가 세례와 성찬에 적용된 이유는 외적 상징 아래 영적 축복이 숨겨져 있을 뿐 아니라 박해 시대에 기독교인들이 성례를 비밀리에 거행해야 했기 때문인 것으로 추정된다. 거기에다 라틴 시대에는 이 용어가 신비와 동일한 의미로 사용되었기 때문에 오늘날까지 성례라는 상징적 의식을 그렇게 일컫게 된 것으로 보인다.

성례를 결정하는 가장 중요한 기준은 하나님의 직접적인 제정이다. 기독교 교회 안에서는 교회의 유일하신 왕이요, 머리이신 그리스도께서 직접 제정하신 의식 외에는 그 어떤 의식도 준수해서는 안 된다. 오직 그리스도만이 성례를 제정하실 수 있을 뿐 아니라 그것이 나타내는 축복을 실제로 적용할 수 있는 권위와 능력을 지니신다. 따라서 하나님이 직접 제정하신 표징이 없다면 성례로 일컬어질 가치가 없다.

소시니우스주의자들은 성례를 그리스도의 제자와 다른 사람을 구별하는 휘장(徽章)의 의미로만 간주한다. 물론 성례는 그리스도의 제자들을 나타내는 휘장이고, 그로써 그들은 유대인과 무슬림과 이방인들과 구별된다. 그러나 그것은 성례의 주된 목적이 아니다. 성례는 '은혜 언약의 표징이자 보증의 표적'이다. 할례는 믿음의 의를 보증하는 표징이자 표적이다(롬 4:11). 신약성경에서 동일한 표현이 성례에도 적용된다. 성례는 그리스도와 새 언약의 축복을 나타내는 표징이고, 그런 축복을 누릴 권한을 허락하고 우리의 믿음을 확증하는 보증의 표다. 성례의 가장 중요한 용도와 목적은 그리스도의 축복을 나타내고, 신자가 그리스도와 그분의 축복 안에서 누리는 권리를 확증하며, 유형 교회 신자와 그 밖에 있는 사람을 구별하고, 하나님의 말씀에 따라 엄숙한 태도로 그리스도 안에서 그분을 섬길 수 있게 해준다.

2항 모든 성례의 상징과 상징되는 것 사이에는 영적 관계, 즉 성례적 연합이 존재한다. 따라서 전자의 명칭과 효력은 후자로부터 비롯한다(창 17:10, 마 26:27-28, 딛 3:5).

-- 해 설 --

성례는 두 부분, 곧 상징과 상징되는 것으로 구성된다. 상징은 감각적이거나 가시적인 것, 곧 손으로 만지거나 눈으로 볼 수 있는 것을 가리킨다. 세례의 외적 상징은 눈으로 볼 수 있는 물이고, 성찬의 외적 상징은 눈으로 볼 수 있고 맛을 느낄 수 있는 떡과 포도주다. 상징되는 것은 그리스도와 새 언약의 축복이다. 이것이 성례의 골자다. 상징과 상징되는 것 사이에는 영적 관계, 즉 성례적 연합이 존재한다. 이를 통해 하나님이 제정하신 의식의 상징과 상징되는 것이 하나로 결합된다. 외적인 상징과 상징되는 것 사이에는 약간의 유사점이 있지만, 그 둘의 성례적 결합이 가능한 이유는 그리스도께서 그것을 성례로 제정하셨기 때문이다.

어떤 것이 성례라는 용어로 일컬어져 그 상징의 명칭과 상징되는 것이 서로 상호 교환적 관계를 구축하게 되는 것은 이러한 결합에서 기인한다. 구체적으로 말해, 그리스도께서 우리를 위한 '유월절 양'으로 일컬어지는 순간에 상징되는 것에 상징의 명칭이 부여되고, 떡이 그리스도의 살로 일컬어지는 순간에 상징되는 것의 명칭이 상징에 부여된다. 이런 상호 교환의 근거가 바로 성례적 연합이다. 그 둘은 그런 식으로 하나로 결합되어 상징의 명칭을 통해 상징되는 것의 속성이 드러난다.[1]

3항 성례가 올바르게 집행될 때 그것 안에서, 또 그것에 의해 나타나는 은혜는 그 안에 내재된 능력에 의해 주어지는 것이 아니다. 또한 성례의 효력은 집전자의 경건이나 의도에 의존하지 않고(롬 2:28-29, 벧전 3:21), 성령의 사역과 성례의 말씀에 달려 있으며(마 3:11, 고전 12:13), 그 말씀은 성례의 사용을 허가하는 계명과 그것을 합당하게 받는 사람들에게 주어지는 축

---

1) Dick, *Lectures on Theology*, vol. 4, p. 118.

복의 약속으로 이루어져 있다(마 26:27-28, 28:19-20).

-- 해 설 --

이 조항은 로마 가톨릭교회의 두 가지 주장을 논박한다. 로마 가톨릭교회는 성례가 올바르게 집행되면 그 자체로 은혜를 가져다주는 효력을 나타낼 뿐 아니라 성례를 집행하는 사제의 의도가 성례에 근본적인 영향을 미친다고 주장한다. 따라서 그들이 주장하는 바에 따르면, 사제가 모든 형식을 갖춰 세례나 성찬을 집행하더라도 성례를 집행할 의도가 없으면 성례가 될 수 없다.

성례 자체가 구원의 은혜를 줄 수 없다는 것은 명백하다. 왜냐하면 성례 자체가 그런 능력을 지닌다면 그것을 받는 모든 사람들에게 똑같은 은혜가 주어져야 마땅한데, 실상은 성례에 참여했으면서도 하나님의 은혜를 받지 못하는 사람이 많기 때문이다. 마술사 시몬은 세례를 받았지만 악독이 가득하며 불의에 매인 상태에서 벗어나지 못했다(행 8:13, 23).

성례의 효력은 집전자의 경건이나 의도에 의존하지 않는다는 것도 분명하다. 왜냐하면 집전자는 하나님을 대신하는 역할을 할 뿐이기 때문이다. 성례를 그 목적에 맞게 효력 있게 만들 수 있는 분은 오직 하나님 한 분뿐이시다. 게다가 하나님의 의중을 확실하게 아는 사람은 아무도 없기 때문에 그 누구도 그분이 성례를 받으셨는지 확신하기 어렵다.

따라서 가톨릭교회의 주장은 터무니없다. 우리는 성례의 효력이 그것을 받는 사람의 영혼 안에서 이루어지는 성령의 사역과, 성례의 사용을 허가하는 계명과, 그것을 합당하게 받는 사람들에게 주어지는 성례의 말씀에 달려 있다고 믿는다.

4항 복음서에서 우리 주 그리스도께서 제정하신 성례는 단 두 가지, 곧 세례와 성찬뿐이다. 합법적으로 세우심을 받은 말씀의 사역자 외에는 그 누구도 세례나 성찬을 베풀 수 없다(마 28:19, 고전 11:20, 23, 4:1, 히 5:4).

해설

그리스도께서 복음서에서 제정하신 성례는 단 두 가지뿐이다. 하나는 세례이고, 다른 하나는 성찬이다. 전자는 영적 탄생을, 후자는 영적 양식을 각각 상징하는 표징이다. 로마 가톨릭교회는 여기에 다섯 가지 거짓 성례(임직, 혼인, 견진, 고해, 종부)를 덧붙인다. 이것들 가운데 하나님이 성례로 제정하신 것은 아무것도 없다. 특히 교황주의자들이 시행하는 마지막 세 가지 성사는 성경에 전혀 근거가 없다. 이것들은 은혜 언약의 표징이 아니기 때문에 성례로 간주될 수 없으며, 기독교 의식의 순수성과 단순성을 심각하게 훼손할 뿐이다.

아울러 로마 가톨릭교회는 필요한 경우에는 평신도가 세례를 베풀 수 있도록 허용하지만, 이 조항은 '합법적으로 세우심을 받은 말씀의 사역자 외에는 그 누구도 세례나 성찬을 베풀 수 없다'고 선언한다.

5항 구약의 성례들이 상징하고 나타내는 영적 현실은 신약의 성례들과 동일하다(고전 10:1-4).

-- 해 설 --

구약의 성례는 할례와 유월절이다. 전자는 세례로, 후자는 성찬으로 각각 대체되었다. 구약의 성례는 장차 오실 그리스도를 나타내고, 신약의 성례는 이미 오신 그리스도를 나타낸다. 전자보다 후자에 의해 영적 축복이 더욱 분명하고 명백하게 드러난다. 로마 가톨릭교회는 구약의 성례가 신약의 성례를 통해 실제로 주어지는 은혜의 그림자에 불과하다고 주장하지만, 우리는 성례가 상징하고 나타내는 영적 축복의 현실이 본질적으로 서로 동일하다고 믿는다. 둘 다 동일한 믿음의 의를 나타내는 표징이자 표적이다(창 17:7, 행 2:38-39).

CHAPTER.28

세례

나는 너희로 회개하게 하기 위하여 물로 세례를 베풀거니와 내 뒤에 오시는 이는 나보다 능력이 많으시니 나는 그의 신을 들기도 감당하지 못하겠노라 그는 성령과 불로 너희에게 세례를 베푸실 것이요 (마 3:11).

1항 세례는 예수 그리스도께서 제정하신 신약의 성례다(마 28:19). 세례는 세례자를 유형 교회에 엄숙히 받아들이는 의식이자(고전 12:13) 세례자가 그리스도와 접붙임을 받았고(갈 3:27, 롬 6:5), 거듭났으며(딛 3:5), 죄 사함을 받았고(막 1:4), 하나님께 헌신해 예수 그리스도를 통해 새로운 삶을 살게 되었다는 것을(롬 6:3-4) 나타내는 은혜 언약의 상징이요, 보증의 표다(롬 4:11, 골 2:11-12). 그리스도께서는 이 성례를 세상 끝날까지 교회에서 계속 시행하라고 친히 명령하셨다(마 28:19-20).

─ 해설 ─

이 조항은 첫째는 세례가 그리스도께서 제정하신 신약의 성례로 세상 끝날까지 계속 시행되어야 한다고 진술하고, 둘째는 세례의 목적이 무엇인지를 분명하게 밝힌다.

1. 세례는 그리스도께서 제정하신 신약의 성례다. 하나님의 권위로 세례를 처음 베풀었던 사람은 그리스도의 강림을 전했던 세례 요한이었다. 하나님은 세례 요한을 보내시어 "물로 세례를 베풀라"(요 1:33)고 명령하셨다. 그는 그 명령에 따라 "광야에 이르러 죄 사함을 받게 하는 회개의 세례를 전파"(막 1:4)했다. 예수님은 공생애를 시작하신 후에 자기에게 나오는 사람들에게 제자들이 세례를 베푸는 것을 허용하셨다. "예수께서 친히 세례를 베푸신 것이 아니요 제자들이 베푼 것이라"(요 4:2). 요한의 세례는 곧 계시되어 나타나실 그리스도를 믿는 믿음을 상징하는 것이었고, 제자들의 세례는 이미 계시되어 나타나신 그분에 대한 믿음을 표현하는 것이었다.

그러나 세례가 신약 시대의 교회 안에서 항구적인 의식으로 자리를 잡게 된 것은 그리스도의 부활 이후였다. 부활하신 그리스도께서는 "그러므로 너희는 가서 모든 민족을 제자로 삼아 아버지와 아들과 성령의 이름으로 세례를 베풀고 내가 너희에게 분부한 모든 것을 가르쳐 지키게 하라 볼지어다 내가 세상 끝날까지 너희와 항상 함께 있으리라"(마 28:19-20)고 말씀하셨다. 이 말씀은 세례가 성례로 제정되었다는 것을 분명하게 보여 줄 뿐 아니라 이 의식이 대대로 교회 안에서 시행되는 것이 그리스도의 뜻이라는 사실을 암시한다. 그리스도께서는 그 시대의 끝이 아니라 '세상 끝날까지' 자신의 명령을 받들어 수행하는 제자들과 함께하겠다고 약속하셨다.

따라서 퀘이커교도들만 제외하고 나머지 기독교 교파들은 모두 세례 의식을 거행한다. 퀘이커교도들은 물세례는 일시적인 제도였고, 복음의 탁월한 속성이 여실이 드러난 성령 시대에는 성령 세례가 물세례를 대신하게 되었다고 생각한다. 그러나 성령 시대가 시작되고 나서도 사도들이 계속 물세례를 베풀었다는 것은 의문의 여지가 없다. 베드로 사도는 그리스도의 이름으로 세례를 받는 것과 성령을 받는 것을 구별했을 뿐 아니라 이미 성령을 받은 사람들에게 물세례를 베풀기까지 했다(행 2:38, 10:47). 이처럼 베드로는 성령 세례가 물세례를 대체하지 않았다고 생각했다.

2. 이 조항은 세례의 목적을 밝힌다.

1) 세례는 세례자가 유형 교회에 속해 그 모든 특권을 누리게 되었다는 것을 엄숙히 선언하는 의식이다.

세례는 구원 받아 모든 특권을 누릴 권리가 있지만 아직 유형 교회의 일원이 되지 못한 사람을 엄숙히 받아들이는 의식이다. 따라서 이 의식은 세례를 주어 세례자를 기독교인으로 만드는 것과는 아무 상관없다. 왜냐하면 믿는 부모의 자녀들은 언약 안에서 태어나기 때문에 이미 신자이자 유형 교회의 일원이기 때문이다. 세례는 그들의 권리를 인정하고, 그들을 교회의 구성원이 누리는 특권 안으로 엄숙히 받아들이는 의식이다.[1]

2) 세례는 은혜 언약과 그 모든 축복을 나타내는 상징이자 표징이다. 그 모든 축복이란 그리스도께 접붙임을 받아 그분과 연합하는 것, 그리스도의 보혈로 죄 사함을 받는 것, 그리스도의 영으로 거듭나는 것을 가리킨다. 물론 죄 사함과 거듭남이 세례와 불가분의 관계를 맺고 있다는 말은 아니다. 『웨스트민스터 신앙고백』은 다음 조항(5항)에서 '세례를 받은 사람 모두가 거듭났다'는 주장을 분명하게 논박하기 때문이다.

3) 세례는 헌신의 의식이다. 세례는 세례자로 하여금 하나님께 헌신해 새로운 삶을 살게 되었다는 것을 나타내는 상징이자 표징이다. 세례자는 하나님께 자신을 영원토록 온전히 바쳐 그분의 소유로서 그분을 위해 살아야 한다. 다시 말해, 그리스도의 깃발 아래 서서 마귀와 세상과 육신에 맞서 싸우며, 다른 주인이나 우상을 모두 버리고, "종신토록 주의 앞에서 성결과 의로 두려움이 없이"(눅 1:75) 섬겨야 한다.

2항 세례에 사용되는 외적 요소는 물이다. 세례자는 합법적으로 세우심을 받은 복음 사역자에 의해 성부와 성자와 성령의 이름으로 세례를 받아야 한다(마 3:11, 요 1:33, 마 28:19-20).

---

1) Boston, *Complete Body of Divinity*, vol. 3, p. 307.

해 설

이 조항이 가르치는 요점은 다음과 같다.

1. 세례에 사용되는 외적 요소는 물이다. 이 외적 요소는 그리스도의 보혈과 영을 상징한다(계 1:5, 딛 3:5). 물이 몸에서 더러운 것을 씻어 내는 정화의 능력을 지니는 것처럼, 그리스도의 보혈은 죄책을 제거하고 더럽혀진 양심을 깨끗하게 한다. 또한 그리스도의 영은 영혼을 죄의 오염으로부터 정결하게 하신다.

2. 세례는 성부와 성자와 성령의 이름으로 집행되어야 한다. 성부와 성자와 성령의 이름으로 세례를 받는 것은 성삼위 하나님의 권위로 세례를 받는 것을 의미한다. 우리는 세례를 통해 복되신 성삼위 하나님을 믿는 믿음을 고백하고, 성삼위 하나님을 위해 헌신하기로 엄숙히 서약한다.

3. 세례는 합법적으로 세우심을 받은 복음 사역자에 의해 집행된다. 오직 그리스도로부터 복음 전도의 사명을 부여 받은 사역자만이 세례를 베풀 수 있는 권위를 갖는다(마 28:19). 일상적인 방법으로든, 비상한 방법으로든 초대 교회 시대에 복음 사역자로 부르심을 받은 사람 외에 다른 사람이 세례를 베풀었다는 기록은 어디에도 없다. 로마 가톨릭교회는 세례가 구원에 절대적으로 필요하다는 견해에 입각해 긴급한 상황일 때는 평신도도 세례를 베풀 수 있다고 주장하지만, 이는 아무 근거가 없다.

3항 반드시 침례를 베풀어야 할 필요는 없다. 물을 붓거나 뿌려도 세례

를 올바로 집행할 수 있다(히 9:10, 19-22, 행 2:41, 16:33, 막 7:4).

─ 해 설 ─

이 조항은 세례를 베푸는 양식을 설명한다.

때로 기독교인들 사이에서 이 문제를 둘러싸고 논쟁이 오간다. 지금도 이 논쟁의 열정은 사그라지지 않았다. 건전한 믿음을 가진 상당수 신자들이 침수, 곧 몸을 물에 담그게 만드는 방법을 통해 베풀어지는 세례만이 타당성을 지닌다고 주장한다. 이 조항은 세례가 침수를 통해 올바로 집행될 수 없다고 주장하지 않지만, 세례자에게 물을 붓거나 뿌리는 것도 정당한 세례로 인정한다. '세례를 주다'를 뜻하는 성경 원어만으로는 어떤 결론도 확정 지을 수 없다. 이 말은 단지 세례가 물로 씻는다는 의미라는 것을 암시할 뿐이다.

신약성경에 보면 세례를 베푼 사례가 몇 차례 발견된다. 그러나 세례가 꼭 침수였다고 생각하기에는 무리가 있다. 예를 들어, 하루에 3,000명이 회개하는 역사가 일어났을 때 사도들이 그 짧은 시간에 그 많은 사람에게 모두 침수 세례를 베풀었다고 생각하기는 어렵다. 온 가족이 자기 집에서 세례를 받았을 때도 그들을 모두 담글 만한 충분한 양의 물을 확보하기는 어려웠을 것이다. 더욱이 성경은 세례가 상징하는 영적 축복을 묘사할 때 물을 뿌리거나 붓는다는 표현을 종종 사용한다(사 44:3, 겔 36:25, 히 10:22, 12:24, 딛 3:5-6). 아울러 침수 세례는 편의상으로나 예법상으로 볼 때도 그다지 바람직한 것이 못 될 뿐 아니라 어떤 나라들의 경우에는 건강을 위협하기도 한다.

이 모든 이유는 침수 세례의 절대성에 대해 강한 의문을 제기한다. 따라서 우리는 세례자에게 물을 붓거나 뿌리는 것이 세례를 집행하는 가장 편리하고 충분한 방법이라고 결론지을 수 있다.

4항 그리스도에 대한 믿음과 복종을 실제로 고백하는 사람들만이 아니라(막 16:15-16, 행 8:37-38) 부모가 둘 다 믿거나 하나만 믿는 가정에서 태어난 유아들도 세례를 받아야 한다(창 17:7, 9, 갈 3:9, 14, 골 2:11-12, 행 2:38-39, 롬 4:11-12, 고전 7:14, 마 28:19, 막 10:13-16, 눅 18:15).

해 설

이 조항은 세례의 대상자를 밝힌다.

그리스도에 대한 믿음과 복종을 고백하면서도 유아 시절에 세례를 받지 못했던 성인들의 경우에는 마땅히 세례를 베풀어야 한다. 이는 세례를 하나님이 제정하신 의식으로 믿는 사람들 모두가 인정하는 사실이다.

그러나 어떤 사람들은 성인들에게만 세례를 베풀어야 한다고 주장한다. 전에는 이들을 가리켜 재세례파와 유아세례반대파라고 일컬었다. 왜냐하면 유아 시절에 세례를 받은 사람들에게까지 다시 세례를 베풀었을 뿐 아니라 유아 세례 자체를 반대했기 때문이다. 이들은 지금은 침례교로 불린다. 그러나 만일 이 명칭에 다른 교파의 신자들은 복음의 원리에 따라 세례를 베풀지도 않고, 세례를 받지도 않는다는 의미가 내포되어 있다면 우리는 그들을 인정할 수 없다.[2] 이 조항은 '부모가 둘 다 믿거나 하나만 믿는 가정에서 태어난 유아들도 세례를 받아야 한다'고 진술한다. 이 명제는 여러 가지 논증을 통해 확증된다. 그 가운데 몇 가지만 간단하게 언급하면 다음과 같다.

1. 믿는 부모의 자녀들은 언약 안에 있는 것으로 간주되기 때문에 인침을 받을 권리가 있다. 하나님이 아브라함과 맺으신 언약은 지금 신자들과 맺으

---

2) Dwight, *Sermon*, 147.

신 언약과 그 본질이 동일하다.

이 사실은 아브라함의 언약을 기록하고 있는 창세기 17장 7절과 새 언약을 기록하고 있는 히브리서 8장 10절을 비교하면 분명하게 드러난다. 전자는 "내가 내 언약을 나와 너 및 네 대대 후손 사이에 세워서 영원한 언약을 삼고 너와 네 후손의 하나님이 되리라"고 약속하고, 후자는 "나는 그들에게 하나님이 되고 그들은 내게 백성이 되리라"고 약속한다. 하나님은 아브라함과 언약을 맺으실 때 그의 후손을 언약 안에 포함시키셨다.

아브라함과 그의 후손에게 주어진 약속이 우리에게 양도되었다는 사실은 베드로 사도의 선언에 분명하게 드러난다. 그는 "이 약속은 너희와 너희 자녀와 모든……자들에게 하신 것이라"(행 2:39)라고 말했다. 신자의 자녀들이 언약에 포함된다면 그들은 마땅히 언약의 표징인 세례를 받을 권리가 있다.

2. 구약 시대에 유아들이 할례를 받았다면 신약 시대에는 할례를 대신하는 세례를 받는 것이 당연하다. 구약 시대에 하나님을 믿는 백성의 자녀들이 할례를 받았다는 것은 의문의 여지가 없다. 왜냐하면 "너희 중 남자는 다 할례를 받으라"(창 17:10)라는 명령이 주어졌기 때문이다. 골로새서 2장 11절을 보면, 신약 시대에는 세례가 할례를 대체했다는 사실을 분명하게 알 수 있다. 그 구절은 세례를 '그리스도의 할례'로 일컫는다. 따라서 구약 시대에 하나님의 백성의 자녀들이 할례를 받은 것처럼 신약 시대 신자의 자녀들은 세례를 받아야 한다. 이를 인정하지 않는다면 교회의 특권이 크게 축소되었다고 결론지을 수밖에 없다.

3. 신자의 자녀들이 유형 교회의 일원이기 때문에 세례를 받을 권리가 있다는 것은 주님의 말씀을 통해 분명하게 확인된다. 주님은 "어린아이들이 내게 오는 것을 용납하고 금하지 말라 하나님의 나라가 이런 자의 것이니라"(눅 18:16)고 말씀하셨다. 우리는 여기에서 '하나님의 나라'가 세상에 있는 교회를

가리키는 것으로 이해한다. 따라서 어린 자녀들이 유형 교회의 일원이라면 교회의 일원으로 받아들인다는 것을 상징하는 세례를 받을 권리가 있다. 만일 '하나님의 나라'를 영광의 상태를 가리키는 것으로 이해한다면 그들이 영원한 생명의 상속자라는 의미가 되기 때문에 그들이 그 권리를 상징하는 세례를 받아야 할 필요가 더더욱 분명해진다.

4. 유아 세례의 정당성은 사도들에게 주어진 명령("모든 민족에게 세례를 주라")을 통해서도 분명하게 추론될 수 있다. '모든 민족'에는 유아들도 당연히 포함된다. 더욱이 가장이 믿음을 고백할 때 그의 가족 모두에게 세례를 베푸는 것은 사도들의 관습이었다. 바울은 루디아와 그녀의 가족, 빌립보 간수와 그의 온 가족, 스데바나 집 사람들에게 세례를 베풀었다(행 16:15, 33, 고전 1:16).

> 이들의 가족 가운데 어린아이가 있었는지는 확실하지 않지만, 아마도 그랬을 가능성이 매우 높다. 가족 세례의 원리, 곧 가장의 믿음에 따라 온 가족을 받아들이는 원리가 확고하고 분명하게 확립되었던 것으로 보인다. 이런 사실은 유아 세례의 지지자들이 굳센 확신을 가질 수 있는 근거를 제공한다.[3]

5. 믿는 부모의 자녀들은 세례를 받아야 한다. 고린도전서 7장 14절을 보면 부모 가운데 한 사람만 유형 교회에 속해 있어도 충분하다는 사실이 분명하게 드러난다. "믿지 아니하는 남편이 아내로 말미암아 거룩하게 되고 믿지 아니하는 아내가 남편으로 말미암아 거룩하게 되나니 그렇지 아니하면 너희 자녀도 깨끗하지 못하니라 그러나 이제 거룩하니라"(고전 7:14).

'깨끗하지 못하다'는 말은 성경에서 '하나님께 드릴 수 없는 것'이나 '그분의 성

---

3) Miller, *Infant Baptism*.

전에 들일 수 없는 것'을 의미한다. 이방인들이 바로 그런 범주에 속했다. 이방인들을 부정하게 여기는 것이 유대인들의 관습이라는 것은 널리 알려져 있는 사실이다. 여기에서 말하는 불신자는 부정한 이방인이었다. 이런 점에서 두 이방인 부모에게서 태어난 자녀도 이방인이기 때문에 부정할 수밖에 없다.

'거룩하다'는 것은 부정한 것의 반대로, '하나님께 드릴 수 있는 것'을 의미한다. 이방인들이 '거룩하게 된다'는 것은 곧 장자나 성전의 그릇들처럼 '종교적인 목적을 위해 거룩하게 구별해 하나님께 드릴 수 있게 하는 것'이나 '하나님 앞에 설 수 있는 올바른 조건을 갖추게 하는 것'을 의미한다.

이 구절은 부모 가운데 믿지 않는 사람이 믿는 사람과 관계를 맺음으로써 거룩하게 되면 그들의 자녀도 부정하지 않고, 하나님께 드릴 수 있게 된다고 말한다. 이 본문을 기록한 사람은 유대인이었다. 따라서 아무 조건을 두지 않고 그렇게 말했을 리가 없다. 자녀들을 하나님께 드릴 수 있는 유일한 방법은 세례다. 따라서 믿는 부모의 자녀들은 세례를 통해 하나님께 바쳐져야 한다.[4]

유아 세례를 반대하는 사람들의 주장은 매우 사소하거나 세례에 관한 그릇된 견해에서 비롯하는 것이 대부분이다. 그들은 "신약성경에 유아들에게 세례를 주라는 확실한 명령이 없지 않은가?"라고 묻는다. 그러나 유아 세례의 근거는 충분하다. 잘 알다시피, 구약 시대에 살았던 하나님의 백성의 자녀들은 할례 의식을 통해 언약의 자손으로 인정받는 특권을 누렸다. 그 특권은 그들 모두에게 보편적으로 적용되었다.

이런 사실로 미루어 볼 때, 신자의 자녀들에게 세례를 주라는 확실한 명령이 없다고 해서 신약 시대 신자의 자녀들이 누리는 특권이 축소되었다는 결론은 그리 바람직하지 않아 보인다. 사실 유아들이 구약 시대부터 오랫동안 누려 왔던 특권이 철회되었다고 말하는 구절은 신약성경 어디에서도 발견

---

4) Dwight, *Theology, Sermon*, 158.

되지 않는다. 특권이 철회되지 않았다면 그것이 계속된다고 생각해야 옳다.

그렇다면 유아들은 세례를 통해 어떤 유익을 누릴까? 이 물음은 "유아들이 태어난 지 8일 만에 할례를 받는 것이 무슨 유익이 있었을까?"라는 물음과 크게 다르지 않다. 사실 그런 질문 자체가 불경스럽다. 왜냐하면 하나님의 지혜를 의심하는 것이기 때문이다. 하나님은 구약 시대에 유아들에게 할례를 베풀게 하셨고, 신약 시대에는 그들에게 세례를 베풀게 하셨다.

어떤 사람들은 "신약성경에 유아들이 세례를 받았다는 것을 보여 주는 명백한 사례가 없지 않은가?" 하고 반문한다. 물론 신약성경에 기록된 세례의 사례들은 모두 유대교나 이방 종교에서 기독교로 개종한 회심자들에게 주어진 것이었다. 그러나 기독교인 부모에게서 태어난 유아가 세례를 받았다는 확실한 기록이 없다면 기독교인 부모에게서 태어난 사람들이 성인이 되어 세례를 받았다는 기록도 없기는 마찬가지다.

이런 사실은 오늘날 우리의 실천 행위와 온전히 일치한다. 우리는 유대인이나 이방인들 가운데서 기독교로 개종한 성인들에게 세례를 베푼다. 또한 사도들이 가장의 믿음에 따라 그의 가족들에게 세례를 베풀었듯이 우리도 믿는 부모의 자녀들에게 정당하게 세례를 베풀 수 있다.

그들이 성인이 될 때까지 믿는 부모의 자녀들에게 세례를 베푸는 것을 연기하는 사람들은 그런 행위를 뒷받침해 줄 선례나 본보기를 찾을 수가 없다. 왜냐하면 사도행전은 약 30년 동안의 교회 역사를 다루고 있는데, 사도들에게 처음 세례를 받은 자들의 자녀 가운데 나중에 충분히 성장한 상태에서 세례를 받았다는 사람이 단 한 명도 기록되어 나타나지 않기 때문이다. 이런 사실은 그들이 유아 시절에 세례를 받았다는 우리의 추론을 뒷받침한다. 우리는 성인 세례의 지지자들에게 그들의 실천 행위를 뒷받침하는 사례를 단 한 가지라도 찾아보라고 요구하고 싶다.

"유아들은 믿음을 고백할 수 없지 않은가?"라는 반론에 대해서 우리는 이렇게 대답할 수 있다. 믿음이나 믿음을 고백하는 행위를 세례의 선결 조건으로 내세우려면 항상 고백자가 가르침을 받을 수 있는 상태라는 것이 전제되어야 한다. 따라서 이를 근거로 유아 세례의 타당성을 논하는 것은 부당한 일이다. 성경은 성인들의 경우에만 믿음과 믿음을 고백하는 행위를 연관시킨다. 따라서 유아 세례의 타당성을 부정하는 것은 곧 유아 구원의 타당성을 부인하는 것과 같다.

5항 세례 의식을 비난하거나 무시하는 것은 큰 죄에 해당하지만(눅 7:30, 출 4:24-26), 은혜와 구원이 세례와 매우 밀접한 관계를 맺고 있는 까닭에 세례를 받지 않으면 중생과 구원을 받을 수 없거나(롬 4:11, 행 10:2, 4, 22, 31, 45, 47) 세례를 받은 사람들이 모두 거듭나는 것은 아니다(행 8:13, 23, 요 3:5, 8).

─ 해 설 ─

이 조항의 가르침은 다음과 같다.

1. 세례가 구원의 절대적인 필요조건은 아니다. 세례를 받지 않으면 아무도 구원 받을 수 없다는 생각은 잘못이다. 세례를 받지 않았더라도 믿음이 있으면 구원 받는다. 회개한 강도는 세례를 받지 않고 구원 받았다. 그러나 세례는 하나님이 제정하신 구원의 수단이다. 따라서 세례를 멸시하는 경우 어린 아이는 아직 충분히 성숙하지 않았기 때문에 죄책을 물을 수 없고, 대신 그 부모가 큰 죄를 범하는 것이다.

2. 세례는 중생이 아니다. 다시 말해, 세례를 받은 사람이 모두 거듭나는 것

은 아니다. 물세례가 중생에 해당하고, 정식으로 세례를 받은 사람은 모두 거듭난다는 것은 로마 가톨릭교회의 교리다. 그런데도 개신교 교회들 가운데 상당수가 이 교리를 받아들였다. 특히 성공회의 예전은 이 교리를 너무 많이 용인한다. 이 교리는 매우 위험하다. 이 교리를 뒷받침하는 성경의 근거가 없다는 사실이 마술사 시몬의 경우를 통해 여실히 입증된다. 그는 세례를 받은 뒤에도 악독이 가득하며 불의에 매인 상태에 머물렀다(행 8:13, 23).

바울은 고린도 신자들에게 "그리스보와 가이오 외에는 너희 중 아무에게도 내가 세례를 베풀지 아니한 것을 감사하노니"(고전 1:14)라고 말했다. 만일 세례가 곧 중생이라면 그의 말은 '내가 너희 중에 아무도 거듭나게 만들지 않은 것을 하나님께 감사한다'는 뜻이 된다. 과연 바울이 아무도 거듭나지 않았다는 이유로 하나님께 감사할 수 있었을까? 그런 생각은 터무니없다. 그는 "그리스도께서 나를 보내심은 세례를 베풀게 하려 하심이 아니요"(고전 1:17)라고 말했다. 그리스도께서 사도들 가운데 으뜸이 되는 사람을 중생의 위대한 사역을 위해 세우셨다고 생각하는 것이 마땅하지 않겠는가? 이처럼 바울은 세례와 중생을 분명하게 구분했다.

6항 세례의 효력은 집행되는 바로 그 순간에 발생하는 것은 아니다(요 3:5, 8). 그러나 이 의식을 올바로 사용한다면 하나님이 정하신 때에 그분의 뜻에 따라 (성인이든 유아든 상관없이) 그 은혜에 속한 자들에게 성령에 의해 약속된 은혜가 제공될 뿐 아니라 실제로 나타나고 부여된다(갈 3:27, 딛 3:5, 엡 5:25-26, 행 2:38, 41).

7항 세례는 누구에게든 단 한 차례만 실시되어야 한다(딛 3:5).

─ 해 설 ─

1. 세례의 효력은 집행되는 바로 그 순간에 국한되지 않는다. 그러나 집행될 당시에는 아무 효과가 없었더라도 나중에 성령의 사역을 통해 효과를 발휘한다(요 3:5, 8).

2. 세례는 누구에게든 한 번 이상 실시되어서는 안 된다. 세례는 세례자를 유형 교회의 일원으로 받아들이는 엄숙한 의식이다. 무질서하게 행동하는 사람은 징계해야 마땅하지만, 성경은 그를 다시 받아들일 때 세례도 다시 베풀어야 한다고 가르치지 않는다. 세례가 상징하는 것은 되풀이될 수 없다. 세례에 의한 약속은 결코 무효화될 수 없다.

세례자의 이름을 지어 주는 것은 이 의식의 일부가 아니다. 세례를 베풀 때 어린아이의 이름을 공표하는 관습은 유대인의 할례 의식에서 유래한 것으로 보인다(눅 1:59-63). 자녀에게 이름을 지어 주는 것은 부모의 소관이다. 그 일은 세례를 받기 전에 이루어질 수 있다. 세례자의 이름을 공표하고, 그를 유형 교회의 일원으로 받아들이는 것은 적절한 일일 수 있지만 이는 세례의 본질적인 요소가 아니고, 세례 의식의 일부도 아니다.

우리는 세례를 엄숙하고 진지하게 받아들여야 한다. 다른 사람들이 세례를 받는 자리에 참석했을 때는 특히 더 그래야 한다.

우리는 세례의 본질, 그리스도께서 그것을 제정하신 목적, 그로 인해 보증되어 주어지는 축복, 세례를 받을 때 우리가 하는 엄숙한 맹세를 진지하게 생각하고 감사하게 받아들여야 한다. 우리는 스스로의 부패함을 의식하고 겸손해야 하며, 세례의 은혜를 받을 만한 자격이 없거나 그런 은혜와 우리의 약속에 반대되는 삶을 살아온 것을 겸손하게 뉘우치고, 세례를 통해 우리에게 보증되는 죄 사함의 확신을 비롯해 여러 가지 은혜를 더욱 발전시키며, 세례를 통해 그리스도의 죽으심과 부활에 참여함으로써 죄를 죽이고 은혜를 살아나게 하는 능력을 얻고, 믿음으로 살며, 그리스도께 헌신한 사람들로서 거룩함과 의로움으로 교제를 나누고, 같은 성령으로 세례를 받아 한 몸이 된 사람들로서 형제애를 실천해야 한다.[5]

---

5) *The Larger Catechism*, Question 167.

CHAPTER.29

성찬

우리가 축복하는 바 축복의 잔은 그리스도의 피에 참여함이 아니며 우리가 떼는 떡은 그리스도의 몸에 참여함이 아니냐 (고전 10:16).

1항 우리 주 예수님은 잡히시던 날 밤에 자신의 몸과 피로 세우신 성례, 곧 성찬을 제정해 자신의 교회 안에서 세상 끝날까지 지키게 하심으로 자신의 죽음으로 스스로를 희생시키신 일을 영원히 기념하게 하시고, 그것을 통해 참 신자들에게 주어지는 모든 축복을 보증하시며, 자기 안에서 영적 양식을 먹고 성장하게 하시고, 자신에게 행해야 할 모든 의무를 더욱 충실하게 행하게 하시며, 자신의 신비한 몸의 지체로서 자신과 그들 상호 간에 교제를 나누는 것을 보증하는 증거로 삼게 하셨다(고전 11:23-26, 10:16-17, 21, 12:13).

해 설

이 장은 성찬을 다룬다. 이 조항은 성찬의 제정자, 성찬이 제정된 시기, 교회 안에서의 지속적인 영속성, 성찬의 용도와 목적을 밝힌다.

1. 성찬의 제정자는 주 예수 그리스도이시다. 성례를 제정하는 것은 교회의 머리요, 왕이신 그리스도의 특권이다. 우리는 그분이 제정하신 성례의 숫자를 늘리거나 줄일 수 있는 권한이 없다. 성찬의 제정에 관한 기록은 공관복음서에 모두 언급되어 있다(마 26:26-28, 막 14:22-24, 눅 22:19-20). 바울 사도는 성찬에 대해 "내가 너희에게 전한 것은 주께 받은 것"이라고 말했다(고전 11:23-26).

2. 성찬은 주 예수님이 '잡히시던 날 밤에' 제정되었다. 그날 밤 예수님은 제자들과 함께 유월절 만찬을 잡수시면서 이 거룩한 의식을 제정하셨다. 이는 유월절 만찬이 성찬으로 바뀌었고, 그 후부터는 후자가 전자를 대신하게 되

었다는 것을 암시한다. 이런 사실은 이 성례를 일컫는 명칭의 이유를 설명해 준다. 이 성례는 주 예수 그리스도께서 제정하셨고, 유월절 저녁에 항상 기념되었던 유월절 만찬을 잡수신 후에 이루어졌기 때문에 '주의 만찬'이라고 불리는 것이 매우 적절한 듯하다. 이 성례가 제정된 시기를 생각하면 예수님이 그토록 극심한 고난을 얼마나 담대하게 맞아들이셨고, 또 자기 백성을 얼마나 극진히 사랑하셨는지를 알 수 있다. 따라서 이 성례를 지킬 때는 특별히 거룩한 의무감을 느껴야 마땅하다.

그날 밤, 유대의 통치자들과 대제사장들이 은밀한 모임을 갖고 예수님을 체포해 수치스러운 죽음에 처하게 할 계책을 궁리했다. 그날 밤, 예수님의 제자 가운데 한 사람은 그분을 배신했고, 다른 한 사람은 그분을 부인했으며, 나머지는 모두 그분을 광기에 찬 사악한 원수들 가운데 버려두고 도망쳤다. 예수님은 공의의 심판을 당하시어 하나님께 버림 받으셨고, 사람들의 조롱을 받으며 혹독한 채찍질을 당하시고, 십자가에 못 박혀 그곳에서 "자기 영혼을 버려 사망에 이르게"(사 53:12) 하셨다.

예수님은 이 모든 일을 미리부터 알고 계셨다. 그러나 그분은 그토록 끔찍한 고난을 곧 겪게 되리라는 것을 아시면서도 침착하고 평온한 태도로 자기 백성을 무한히 사랑하셨고, 그들의 영적 유익을 위해 이 성례를 제정하셨으며, 이를 통해 대대로 무한한 용기와 위로를 얻을 수 있게 하셨다. 그리스도께서 그런 상황 속에서 자기 백성을 기억하셨다면 그들도 그분을 기억하는 것이 마땅하지 않겠는가? 그리스도께서 죽음 직전에 제정하신 의식, 곧 자신의 백성을 위해 목숨을 내놓으신 위대하신 주님이 죽음을 앞두고 명령하신 것을 고의로 무시해 이 성례를 무가치하게 만들어서야 되겠는가?

3. 성찬은 교회 안에서 세상 끝날까지 계속 지켜져야 한다. 이는 바울 사도의 말에 분명하게 함축되어 있는 사실이다. 그는 "너희가 이 떡을 먹으며 이 잔을 마실 때마다 주의 죽으심을 그가 오실 때까지 전하는 것이니라"(고전

11:26)고 말했다. 퀘이커교도를 제외한 모든 신자는 성찬을 세상 끝날까지 지키는 것이 신자들의 의무이며, 초대교회 시대부터 지금까지 교회 안에서 성찬이 계속 지켜져 왔다는 사실을 인정한다.

4. 성찬의 용도와 목적은 다양하다.

1) 성찬은 그리스도의 죽음을 기념하기 위해 제정되었다. "이것을 행하여 나를 기념하라"(고전 11:24)는 주님의 말씀은 성찬이 기념 의식이라는 사실을 분명히 한다. 떡과 포도주를 나눠 주시면서 하신 말씀은 성찬이 주님의 죽음을 기념하는 의식이라는 점을 특별히 부각시킨다. 주님은 제자들에게 떡을 주시면서 "이것은 너희를 위하여 주는 내 몸이라"고 말씀하셨고, 잔을 주시면서 "이 잔은 내 피로 세우는 새 언약이니"라고 말씀하셨다(눅 22:19-20).

성찬은 그리스도의 죽음이 지니는 고통스런 성격과 현실을 기억하게 하고, 그분의 죽음이 대리적인 의미를 지녔다는 것과 하나님이 그분의 죽음을 우리의 죄를 징벌하는 공의를 만족시키는 것으로 받아들이셨다는 것을 비롯해 그 효력이 현재는 물론 영원히 지속된다는 것을 일깨워 주는 의식이다. 우리는 살아 있는 믿음과 우리를 사랑하신 그분에 대한 뜨거운 사랑으로 그분의 죽음을 기념하고, 그분을 죽음으로 몰아넣은 원인, 곧 우리의 죄를 통회하고, 하나님 안에서 거룩한 기쁨을 느끼며, 자신을 하나님께 향기로운 제물로 바치신 그리스도께 깊이 감사해야 한다.

2) 성찬은 참 신자들에게 그리스도의 죽음에서 비롯하는 축복을 보증한다. 성찬은 그리스도께서 우리를 위해 죽으셨고, 우리가 그분을 믿는다는 것을 보증할 뿐 아니라 증서에 찍힌 도장이 그 증서에 적힌 재산을 소유하고 누릴 권리를 보증하듯, 믿음의 축복을 소유하고 누릴 권리를 보증한다.

3) 성찬은 신자가 영적 양식을 먹고 성장할 수 있게 해준다. 경건한 태도로 성찬에 참여하면 믿음이 더욱 굳세어지고 새롭게 되며, 사랑이 뜨겁게 불타오르고, 경건한 슬픔이 더욱 깊어지며, 기쁨이 되살아나고, 주님의 재림과 그 뒤에 나타날 영광을 바라는 희망이 배가된다.

4) 성찬은 신자가 그리스도와 교제를 나눈다는 것을 보증하는 증거다. "우리가 축복하는 바 축복의 잔은 그리스도의 피에 참여함이 아니며 우리가 떼는 떡은 그리스도의 몸에 참여함이 아니냐"(고전 10:16)라는 바울의 말이 이 점을 분명히 한다. 이 말은 신자가 거룩한 성찬을 통해 그리스도와 교제를 나누고, 그분의 고난과 죽음이 가져다준 축복에 참여한다는 것을 의미한다.

5) 성찬은 신자들이 상호 간에 교제를 나누는 것을 보증하는 증거다. 참 신자들은 모두 한 몸의 지체들이다. 그들은 거룩한 성찬을 통해 한 식탁에 앉아 있는 자들만이 아니라 각처에서 예수 그리스도의 이름을 부르는 모든 신자들과 교제를 나눈다. 바울은 "떡이 하나요 많은 우리가 한 몸이니 이는 우리가 다 한 떡에 참여함이라"(고전 10:17)고 말했다. 성찬은 성도의 교제를 나타내며, 그것을 소중히 할 수 있는 강한 동기를 부여한다. 신자들은 한 가족의 일원으로서 같은 식탁에 앉아 같은 영적 만찬에 참여한다.

6) 신자들은 성찬을 통해 그리스도께 행해야 할 모든 의무를 더욱 충실하게 행한다. 그들은 주님을 주인으로 인정하고, 그분이 명령하시는 것은 무엇이든 실천에 옮긴다. 사람들은 말은 물론 의미 있는 행동을 통해 의무를 짊어진다. 구약 시대에는 할례 의식을 거행함으로써 "율법 전체를 행할 의무를"(갈 5:3) 짊어졌다. 신약 시대에는 세례를 통해 주님의 소유가 되었다고 서약하고, 성찬에 참여함으로써 그러한 서약을 새롭게 한다. 신자들은

자신이 자신의 것이 아니라고 인정한다. 그들의 몸과 영혼을 하나님이 값을 주고 사신 바 되었기 때문에 그들은 그분의 것이 된 몸과 영혼으로 그분을 영화롭게 해야 할 의무가 있다.

2항 성찬을 행할 때 그리스도께서 성부께 바쳐지시는 것도 아니고, 산 자나 죽은 자의 죄를 사하기 위해 실제로 희생 제물이 되시는 것도 아니다(히 9:22, 25-26, 28). 성찬은 십자가 위에서 스스로 단번에 자신을 드리신 일을 기념하는 것이고, 하나님께 드릴 수 있는 모든 찬양을 영적으로 봉헌하는 의미를 지닌다(고전 11:24-26, 마 26:26-27). 따라서 소위 미사의 희생은 선택 받은 자들의 모든 죄를 위해 화목 제물이 되신 그리스도의 희생을 훼손하는 가장 가증스런 행위에 해당한다(히 7:23-24, 27, 10:11-12, 14, 18).

3항 주 예수님은 자신의 사역자들을 세우시어 사람들에게 성찬의 말씀을 선포하고, 떡과 포도주를 기도로 축사해 속된 용도에서 거룩한 용도로 구별하게 하셨고, 떡을 취하여 떼고, 잔을 들어 (자신들도 먹고 마시고) 성찬에 참여한 사람들에게 나눠 주게 하셨다(마 26:26-28, 막 14:22-24, 눅 22:19-20, 고전 11:23-26). 그러나 회중 가운데 참여하지 않는 사람들에게는 나눠 주지 못하게 하셨다(행 20:7, 고전 11:20).

4항 사사로운 미사, 곧 사제를 비롯해 어느 한 사람을 통해 홀로 성찬을 받거나(고전 10:6), 다른 사람들에게 잔을 나눠 주지 않거나(막 14:23, 고전 11:25-29), 떡과 포도주를 숭배하거나, 그것들을 높이 치켜들거나, 그것들을 가지고 돌아다니면서 찬양하거나, 형식적인 종교적 용도를 위해 그것들을 비축하는 것은 성찬의 본질과 그리스도께서 성찬을 제정하신 목적에 모두 어긋난다(마 15:9).

5항 성찬에 사용되는 외적 요소들은 그리스도께서 정하신 용도를 위해 올바로 구별된 것이기 때문에 십자가에 못 박히신 그분과 관계가 있지만, 참으로 오로지 성례적인 차원에서만 그것들이 상징하는 것들의 명칭, 곧 그리스도의 몸과 피로 일컬어질 수 있다(마 26:26-28). 물론 그렇다고 해도 그 본질과 실재는 이전과 마찬가지로 여전히 떡과 포도주로 남는다(고전 11:26-28, 마 26:29).

6항 사제의 축사나 다른 방법을 통해 떡과 포도주가 실제로 그리스도의 몸과 피로 변한다는 교리(화체설)는 비단 성경만이 아니라 상식과 이성에도 어긋난다. 이는 성찬의 교리를 뒤엎는 것으로, 지금까지는 물론 현재에도 다양한 미신과 천박한 우상 숭배의 원인이 된다(행 3:21, 고전 11:24-26, 눅 24:6, 39).

- - 해 설 - -

이 조항들은 로마 가톨릭교회의 위험한 오류와 미신적인 행위를 논박한다. 이 조항들은 '화체설'이라고 불리는 가장 대표적인 오류를 다루고 있다.

화체설은 미사의 희생이라는 터무니없는 교리를 비롯해 다른 다양한 오류와 관습을 야기했다.

1. 로마 가톨릭교회는 "이는 내 몸이요, 이는 내 피다"라는 말씀을 문자 그대로 이해해야 한다고 주장한다. 그들은 사제가 이 말씀을 선한 의도로 선언하면 떡과 포도주의 본질이 변해 실제로 예수 그리스도의 몸과 피가 된다고 믿

는다. 화체설로 알려져 있는 이 교리는 성경에 아무 근거가 없다. 이 교리는 "이는 내 몸이요, 이는 내 피다"라는 표현을 심각하게 왜곡한 데서 비롯했을 뿐이다. 주님은 그 말씀을 비유적인 의미로 사용하셨다. 그 말씀을 직접 들었던 사도들도 그런 의미로 이해했을 것이 틀림없다.

이런 비유적 표현들은 성경에 자주 나타난다. 주님이 자신을 실제로 포도나무나 길이나 문으로 여겨 달라는 뜻에서 "나는 포도나무다", "나는 길이다", "나는 문이다"라고 말씀하셨다고 생각할 사람은 아무도 없다. 성찬의 말씀을 문자 그대로 이해해야 할 만족스런 이유는 없다. 주님은 떡과 포도주가 자신의 몸과 피를 상징한다(나타낸다)는 의도로 그렇게 말씀하셨던 것이 분명하다. 성경은 예표나 상징을 사용할 때 그것이 무엇을 가리키는지 분명하게 밝힐 때가 많다. 예를 들어, 할례는 하나님의 "언약"(창 17:10)이고, 유월절 양은 "여호와의 유월절"(출 12:11)이며, 모세가 지팡이로 때린 반석은 "그리스도"(고전 10:4)이시다.

화체설은 성경의 근거가 전혀 없을 뿐 아니라 성경과 정면으로 모순된다. 왜냐하면 바울은 축사를 마친 뒤에도 성찬의 요소들을 그전과 똑같은 명칭으로 일컬었기 때문이다. 이런 사실은 그것들의 본질이 변하지 않았다는 것을 분명하게 암시한다(고전 11:26, 28). 화체설은 우리의 감각에도 모순된다. 축사 뒤에도 우리가 보고 맛보는 것은 영락없는 떡과 포도주다. 우리가 성찬을 받을 때도 전혀 아무런 변화가 없는 떡과 포도주 그대로다.

화체설은 이성에도 어긋난다. 왜냐하면 그리스도의 몸이 하늘과 땅에 동시에 있을 수는 없기 때문이다. 교황주의자들의 화체설에 따르면, 그리스도의 몸은 하늘에 있지만 땅 위의 한곳이 아닌 수천 곳, 즉 사제가 선한 의도로 성찬의 말씀을 전하는 모든 곳에 현존한다고 한다. 이 교리는 성례의 본질을 뒤엎는다. 성례가 이루어지려면 두 가지 요소, 곧 상징과 상징되는 것(우리의 감각으로 알 수 있는 것과 그것에 의해 상징되고 보증되는 축복의 약속)이 필요하다. 그러나 화체설의 경우에는 상징은 없고, 오로지 상징되는 것만 존재한다.

화체설은 성경과 이성과 상식에 모순될 뿐 아니라 지금까지는 물론 현재에도 다양한 미신과 천박한 우상 숭배의 원인이 된다. 4항은 그런 미신과 우상 숭배 가운데 몇 가지를 구체적으로 제시한다. 교황주의자들은 떡과 포도주가 실제로 그리스도의 몸과 피로 변한다고 믿기 때문에 나중에 병자나 성찬에 참여하지 못한 사람에게 줄 요량으로 봉헌된 떡의 일부를 남겨 놓는다. 그들은 그리스도의 살로 변한 떡 안에 그분의 피와 살이 병존한다는 '병재설'을 빌미로 사람들에게 잔을 건네지 않는다. 이는 "너희가 다 이것을 마시라"(마 26:27)라는 그리스도의 명령을 정면으로 거역하는 행위가 아닐 수 없다.

또한 사제가 떡을 그리스도의 살로 변하게 할 때도 무릎을 굽혔다가 일으키면서 떡에 예를 표하고, 사람들이 보고 예를 갖출 수 있도록 그것을 높이 쳐든다. 이것이 소위 '성체 거양'이다. 또한 사제는 떡을 보는 모든 사람의 존경심을 이끌어 내기 위해 그것을 들고 엄숙하게 걸어 다닌다. 간단히 말해, 떡이 마치 그리스도라도 되는 것처럼 숭배를 받는다. 이 조항은 이런 관습이 '성찬의 본질과 그리스도께서 성찬을 제정하신 목적에 모두 어긋난다'고 선언한다. 이는 초대교회 당시에는 존재하지 않았던 관습으로, 화체설에서 기인한 것이 분명하다.

2. 로마 가톨릭교회는 사제가 떡과 포도주를 그리스도의 몸과 피로 바꿀 수 있을 뿐 아니라 그렇게 변화된 것을 제단 위에 올려놓는다. 피 흘림이 없다는 점에서 다른 희생들과는 확연히 다른데도 그것이 산 자와 죽은 자를 위한 참되고 온당한 속죄의 희생이라고 간주한다. 이 교리도 화체설에 근거한다. 화체설이 비성경적이기 때문에 이 교리도 당연히 비성경적일 수밖에 없다.

이 교리를 논박하는 데는 성경의 명백한 가르침 가운데 몇 구절을 인용하는 것으로 충분하다. "이제 자기를 단번에 제물로 드려 죄를 없이 하시려고 세상 끝에 나타나셨느니라……그리스도도 많은 사람의 죄를 담당하시려고 단번에 드리신 바 되셨고"(히 9:26, 28). "예수 그리스도의 몸을 단번에 드리심으로 말미암아 우리가 거룩함을 얻었노라……그가 거룩하게 된 자들을 한 번의 제사로 영원히 온전하게 하셨느니라"(히 10:10, 14).

이런 본문들을 비롯해 성경의 많은 본문이 그리스도께서 단번에 드리신 한 번의 희생만으로 완전하고 충족하다는 사실을 분명하게 보여 준다. 히브리서 10장 26절은 "다시 속죄하는 제사가 없고"라고 선언한다. 따라서 이 조항은 '미사의 희생은 선택 받은 자들의 모든 죄를 위해 화목 제물이 되신 그리스도의 희생을 훼손하는 가장 가증스런 행위에 해당한다'고 진술한다.

3. 이 조항은 성찬을 거행하는 올바른 방법을 가르친다.

1) 사역자는 사람들에게 성찬의 말씀을 읽어 주고, 떡과 포도주를 기도로 축사해 속된 용도에서 거룩한 용도로 구별해야 한다. 마태복음에 따르면, 예수님은 성찬을 제정하실 때 "떡을 가지사 축복하시고 떼어 제자들에게"(마 26:26) 주셨다. 어떤 사람들은 이 말을 예수님이 떡을 축복하셨다는 의미로 이해할 필요가 없다고 생각한다. 그들은 떡을 가리키는 대명사 'it'이 성경을 번역할 때 새로 첨가된 것일 뿐 아니라 '축복하다'라는 말이 때로 '감사를 드리다'를 의미할 때가 있다는 점과, 특히 누가가 '감사 기도를 드리고'라는 표현을 사용했다는 점(이 경우 이 두 가지 표현은 동일한 의미를 지닌다)을 그 근거로 내세운다. 다시 말해, 그들은 예수님이 떡을 축복하신 것이 아니라 하나님을 축복하신 것으로, 곧 성부께 감사를 드린 것으로 이해한다.

그러나 우리는 성경 번역자들이 '떡'을 가리키는 대명사 'it'을 첨가한 것이나 '떼어'라는 동사 뒤에 'it'을 덧붙인 것이 매우 적절했다고 생각한다. 이 문장의 어순을 볼 때 '예수님이 떡을 축복하셨다'라는 의미로 이해하는 것이 바람직하다는 것이 우리의 생각이다. 하나님이 일곱째 날, 곧 안식일을 축복하셨다는 사실을 이해하면(창 2:3, 출 20:11) 이 문장을 예수님이 떡을 축복하셨다는 의미로 이해하는 것이 그리 어렵지 않다. 사실 이 두 경우는 서로 매우 유사하다. 하나님은 일곱 째 날을 축복하시어 그날을 거룩하게 구별하셨다. 즉 하나님은 그날을 거룩한 안식의 날로 만드셨다. 그와 마찬가지로, 그리스도께서는 떡을 축복하시어 속된 용도에서 거룩한 용도로 구별하셨다. 즉 그분은 떡을 자신의 살을 가리키는 가시적인 상징으로 삼으셨다.

떡과 포도주를 몸과 피를 가리키는 상징으로 삼으신 것은 전적으로 교회의 머리이신 그리스도의 권위에 속한 것이지만, 그리스도께서 제정하시고 친히 본을 보여 주신 대로 성찬을 거행하는 그분의 사역자들도 엄숙한 기도로 떡과 포도주를 속된 용도에서 거룩한 용도로 구별할 수 있는 권위가 있다. 그리스도의 사역자들이 성찬의 요소들을 축복할 수 있다는 사실은 고린도전서 10장 16절을 통해 분명하게 드러난다. 바울은 그곳에서 "우리가 축복하는 바 축복의 잔은"이라고 말했다. 성찬의 요소는 실제적으로 변하지 않고, 단지 상대적인 변화를 거쳐 속된 떡과 포도주에서 그리스도의 몸과 피를 가리키는 거룩한 상징으로 변할 뿐이다.

2) 사역자는 떡을 취해 떼야 한다. 떡을 '떼는' 것은 성찬 의식의 본질적 요소에 해당한다. 떡을 떼지 않으면 본래 제정된 의도에 따라 성찬을 기념하는 것이 되지 못한다. 성경이 때로 '떡을 떼다'라는 말로 성찬 전체를 가리키곤 할 정도로 그 행위는 매우 중요하다(이는 부분으로 전체를 가리키는 표현법에 해당한다). 예를 들어, 사도행전 2장 42절에는 "떡을 떼며", 사도행전 20장 7절에는 "그 주간의 첫날에 우리가 떡을 떼러 하여 모였더니"라고 각각 기록되어 있다. 두 경우 모두 '떡을 떼며'라는 말이 성찬을 가리킨다는 것은 너무나도 분명하다.

성찬 의식은 참으로 의미심장하다. 떡을 떼는 행위가 무슨 의미인지는 명명백백하다. 주님은 "이것은 너희를 위하여 주는 [상한] 내 몸이라"(눅 22:19)

라는 말씀으로 '떼어진 떡'이 우리의 죄를 속하기 위해 찢기고 피멍이 든 채로 십자가에 못 박힌 자신의 몸을 가리키는 비유라는 것을 분명하게 암시하셨다. 찢기지 않은 그리스도의 몸이 죄인에게 아무런 유익을 주지 못하듯, 떼어지지 않은 떡은 신자를 위한 영혼의 양식이 될 수 없다. 따라서 떡을 떼는 중요한 행위를 생략한 채 떡을 작은 제병으로 만들어 성찬에 참여한 신자들의 입에 하나씩 넣어 주는 로마 가톨릭교회의 방식은 성찬을 심각하게 훼손하는 것이 아닐 수 없다.

3) 사역자는 잔을 들어 그것을 성찬에 참여한 사람들에게 나눠 주어야 한다. 떡처럼 잔도 성찬 의식의 본질적 요소에 해당한다. 전자는 그리스도의 살을, 후자는 그리스도의 피를 각각 상징한다. 이 두 가지 요소를 성찬에 참여한 자들에게 나눠 주는 것은 하나님의 교회가 무려 1,400년 동안 행해 온 보편적인 관습이다.

그러나 로마 가톨릭교회는 성찬이 제정된 본래의 목적은 물론 고대 교회의 관습을 버리고 잔을 평신도에게 나눠 주지 않는다. 콘스탄츠 공의회는 "그리스도께서 떡과 포도주 모두를 제자들에게 베푸심으로 이 장엄한 의식을 거행하셨지만, 그럼에도 불구하고 지금은 한 가지 요소만으로 성찬을 베푸는 방식을 법으로 받아들여야 한다", "초기 교회에서는 충실한 신자들에게 이 두 가지 요소가 모두 주어졌지만, 그럼에도 불구하고 지금은 평신도에게 한 가지 요소만을 제공하는 방식을 도입해 이를 법으로 받아들여야 한다"고 선언했다.

아울러 콘스탄츠 공의회는 "평신도나 성찬을 집전하지 않는 사제는 거룩한 계명을 통해 두 가지 요소를 모두 받아들이는 성체 성사에 참여하지 못하도록 규제되었다"라고 선언하고, "구세주께서는 마지막 만찬석상에서 두 가지 요소를 사용하는 성례 의식을 제정하셨고 그것을 제자들에게 넘겨주셨지만, 지금은 오직 한 가지 요소만으로도 온전하고 전체적인 그리스도와 참 성례를 받아들일 수 있다. 따라서 한 가지 요소를 받더라도 구원에 필요한 은혜를 박탈 당하지 않는다"고 덧붙였다.

이렇듯 로마 가톨릭교회는 그리스도께서 두 가지 요소를 사용하는 성찬 의식을 제정하셨다는 사실과 초기 교회들이 그런 성찬을 기념했다는 사실을 인정하면서도 공공연히 그리스도의 권위를 거역하는 죄를 서슴지 않는다. 이는 이 거룩한 의식을 난도질할 뿐 아니라 신자들의 특권을 침해하는 크나큰 불경이 아닐 수 없다. "포도주를 마시라"라는 그리스도의 명령은 "떡을 먹으라"라는 명령만큼이나 분명하다.

그리스도께서는 후대 사람들이 평신도에게 잔을 주는 것을 금지함으로써 성찬 의식을 훼손할 것을 미리 아시고, 떡보다는 잔에 관해 훨씬 더 분명하게 명령하셨다. 구체적으로 말해, 그분은 떡에 대해서는 단지 "받아서 먹으라"고 명령하셨지만, 잔에 대해서는 "너희가 다 이것을 마시라"고 명령하셨다(마 26:26-27).

따라서 그리스도께서 제정하신 대로 성찬에 참여한 모든 자들에게 두 가지 요소를 다 제공해야 한다. 그들에게 떡과 포도주가 모두 주어질 때 그리스도께서는 성찬을 합당하게 받아들이는 이들에게 자기 자신은 물론 모든 축복을 허락하신다. 우리는 성찬의 요소들을 받아들임으로써, 곧 떡을 먹고 포도주를 마심으로써 믿음으로 그리스도를 받아들이고, 용서와 구원의 소망을 오직 그분께 둔다.

7항 성찬을 합당하게 받아들이는 참여자들은 눈에 보이는 요소들을 받아들일 때에도(고전 11:28) 믿음을 통해 내적으로, 곧 육적으로나 물질적으로가 아니라 영적으로 십자가에 못 박히신 그리스도와 그분의 죽음을 통해 주어지는 모든 축복을 받아먹는다. 그리스도의 몸과 피는 떡과 포도주 안에나, 그 밑에나, 그것과 함께 물질적으로나 육적으로 거하지 않는다. 성찬의 요소들이 예식에 참여하는 신자들의 외적 감각에 의해 인지되듯, 그리스도의 몸과 피는 그들의 믿음에 의해 실제적이 아닌 영적으로 인지된다(고전 10:16).

8항 무지하고 사악한 사람들은 성찬의 외적 요소들을 받는다고 해도 그것들이 상징하는 것을 받지는 못한다. 그들은 합당하지 못한 참여로 주님의 몸과 피에 죄를 지어 스스로를 단죄한다. 무지하고 불경한 자들은 그리스도와 교제를 나누기에 합당하지 않기 때문에 주님의 식탁에 참여할 자격이 없다. 따라서 그들이 그런 상태에 머물러 있으면서 이 거룩한 신비에 참여하거나(고전 11:27-29, 고후 6:14-16) 참여를 허락 받는 것은(고전 5:6-7, 13, 살후 3:6, 14-15, 마 7:6) 그리스도를 거스르는 큰 죄가 아닐 수 없다.

~ 해설 ~

이 조항들은 루터교의 성찬 교리를 논박한다.
앞에서 성찬에 관한 교황주의자들의 교리를 강하게 논박했다. 루터교는 떡과 포도주가 실제로 그리스도의 몸과 피로 변하는 것은 아니지만, 그것을 상징하는 요소들을 받을 때 그분의 실제적인 몸과 피를 받는다고 주장한다. '공재설'로 불리는 이 교리는 그리스도의 몸과 피가 성찬의 요소들 안에나 그 밑에, 또는 그것과 함께 거한다는 것을 의미한다.

이 견해는 화체설이라는 터무니없는 교리보다는 조금 낫지만, 우리같이 철학적 궤변을 일삼는 사람들의 주장에 놀라기 쉬운 성향을 지닌 일반인들로서는 여러 가지 명백한 어려움을 느끼지 않을 수 없다. 그러나 공재설이 루터교회 안에서 단지 사변에 불과할 뿐 실제로 그것을 받아들이는 사람들의 실천 행위에는 아무런 영향도 미치지 못한다는 점을 지적하는 것이 온당할 듯하다. 그들은 이 교리가 성경의 표현을 설명하는 가장 좋은 방법을 제공하는 것으로 생각할 뿐 그리스도의 몸과 피가 떡과 포도주와 함께 거한다는 말이 성찬의 요소가 실제로 그것을 받는 사람의 성향과는 상관없이 저절로 축복을 가져다준다거나 희생의 본질을 부여한다거나 떡과 포도주를 신자들이 찬양해야 할 대상으로 만드는 것 같은 물리적 속성을 지닌다는 의미로 받아들이지는 않는다.

루터교의 교리는 로마 가톨릭교회의 세 가지 큰 오류로부터 전적으로 자유롭기 때문에 그것을 거짓되고 비합리적인 것으로 간주하는 사람들조차도 화체설의 경우와는 사뭇 다른 즐거운 사변으로 너그럽게 받아들인다.[1]

이 조항들은 교황주의자와 루터교회의 성찬 교리를 논박함과 동시에 '성찬의 요소들이 예식에 참여하는 신자들의 외적 감각에 의해 인지되듯, 그리스도의 몸과 피는 그들의 믿음에 의해 실제적이 아닌 영적으로 인지된다'고 가르친다. 그리스도께서는 성찬의 식탁에 몸으로 참여하지 않으신다. 따라서 우리는 그분의 육체를 볼 수 없다. 그러나 그분은 영적으로 그곳에 임하시기 때문에 믿음으로 그분을 볼 수 있다.

성찬을 통해 그리스도의 몸과 피에 참여하는 것은 영적이다. 거룩하게 제정된 성찬의 요소들은 그리스도의 찢긴 몸과 흘러내린 피를 상징한다. 이 요소들에 참여하는 것은 그 사실을 외적으로 나타내고 확증하는 의미를 지닌다. 성찬을 합당하게 받아들이는 참여자들은 눈에 보이는 요소들에 외적으로 참여하면서 믿음을 통해 내적으로 십자가에 못 박히신 그리스도와 그분의 죽음을 통해 주어지는 모든 축복을 받아 누린다.

성찬의 본질과 목적을 고려하면, 무지한 자와 불경한 자는 성찬에 참여하

---

1) Hill, *Lectures*, vol. 2, p. 352.

기에 합당하지 않다는 것을 분명히 알 수 있다. 그들은 외적 요소들을 받을 수는 있지만, 그것들이 상징하는 것은 받지 못한다. 그들은 그리스도와 교제를 나누기에 합당하지 않기 때문에 주님의 식탁에 앉을 자격이 없다. 그들이 성찬에 참여하는 것은 큰 죄를 짓는 것이며, 하나님의 심판을 자초하는 행위다. 성경은 "그러므로 누구든지 주의 떡이나 잔을 합당하지 않게 먹고 마시는 자는 주의 몸과 피에 대하여 죄를 짓는 것이니라……주의 몸을 분별하지 못하고 먹고 마시는 자는 자기의 죄를 먹고 마시는 것이니라"(고전 11:27, 29)고 말한다.

물론 성찬에 합당하지 않게 참여하는 자가 모두 영원히 멸망하는 것은 아니다. 이 말씀에서 '자기의 죄를 먹고 마신다'라고 번역된 말은 '심판'을 의미한다. 여기에서 말하는 심판의 의미는 문맥을 통해 파악해야 한다. 고린도 신자들에게 가해진 심판이 일시적인 차원을 지닌다는 사실이 30절을 통해 분명하게 드러난다("그러므로 너희 중에 약한 자와 병든 자가 많고 잠자는 자도 적지 아니하니"). 성례를 더럽히는 자들에게 지금도 일시적인 심판이 주어질 수 있다. 그러나 진정으로 두려운 것은 영적 심판이다. 성찬을 더럽히는 죄도 회개하지 않으면 다른 죄처럼 영원한 형벌을 가져다줄 것이 분명하다.

따라서 교회의 직분자들은 무지하고 불경한 자들이 성찬에 참여하지 못하도록 신중을 기해야 할 의무가 있다. 과거에도 모든 사람이 다 유월절 만찬에 참여하도록 허용되지 않았다. 그와 마찬가지로, 마구잡이로 모든 사람을 주님의 식탁에 참여하게 해서는 안 된다. 부도덕하고 명예롭지 못한 자들이 성찬에 참여하도록 허용하는 것은 성례를 모독하고, 교회의 교제를 더럽히는 결과를 낳는다. 물론 교회의 직분자들은 겉으로 드러난 행위와 자신들이 알고 있는 사실에 의해서만 판단을 내릴 수 있다. 따라서 그들이 볼 때 성찬에 참여할 권리가 있다고 생각되는 사람들 가운데도 하나님이 보시기에는 그럴 권리가 없는 사람들이 얼마든지 있을 수 있다.

따라서 모든 사람은 공정하고 신실한 태도로 제각기 하나님 앞에서 자신의 상태를 깊이 살펴보고, 하나님이 자기 백성을 위해 마련하신 만찬에 참여할 자격이 있는지 결정해야 한다. 바울 사도의 명령은 분명하다. 그는 합당하지 않은 성찬 참여를 방지하는 수단으로 자기 성찰을 강조했다. 그는 "사람이 자기를 살피고 그 후에야 이 떡을 먹고 이 잔을 마실지니"(고전 11:28)라고 말했다.

CHAPTER.30

교회의 권징

형제들아 사람이 만일 무슨 범죄한 일이 드러나거든 신령한 너희는 온유한 심령으로 그러한 자를 바로잡고 너 자신을 살펴보아 너도 시험을 받을까 두려워하라 (갈 6:1).

> **1항** 교회의 왕이요, 머리이신 주 예수 그리스도께서 국가 공직자들과는 구별되는 교회의 직분자들의 손에 통치권을 허락하셨다(사 9:6-7, 딤전 5:17, 살전 5:12, 행 20:17-18, 히 13:7, 17, 24, 고전 12:28, 마 28:18-20).

~ 해 설 ~

주님께서 세상의 치리와는 다른 교회 정치 원리를 교직자에게 맡기셨다.
교회의 정치체제는 가변적이라는 일부 사람들의 생각, 곧 그리스도께서 특정한 형태를 정해 주지 않으셨기 때문에 사람들의 지혜나 취향 및 교회의 외적 상황에 따라 자유롭게 정할 수 있다는 생각은 교회를 향한 그리스도의 사랑은 물론 그분을 '야곱의 집을 다스리실' 왕으로 세우신 성부에 대한 그분의 충성심을 무시하는 것이다.

어떤 인간 사회도 정치체제 없이는 존속할 수 없다. 따라서 모든 사회 가운데 가장 완벽한 사회에 해당하는 그리스도의 교회가 그 왕에 의해 사회의 핵심적인 존재 요건을 결여한 채로 방치되어 있다는 생각은 전혀 터무니없다. 구약 시대에도 가장 완벽한 형태의 정치체제가 하나님의 백성에게 주어졌다. 유대인들처럼 기독교인들에게도 질서와 규율이 필요하다. 유대인들에게는 정치체제를 위한 상세한 규정이 주어졌고, 기독교인들에게는 아무런 규정도 주어지지 않았다고 생각하는 것은 생각조차 할 수 없는 일이다.

모든 기독교 교파는 성경의 권위를 빌려 각자가 선호하는 정치체제를 결정한다. 모두들 성경이 특정한 형태의 정치체제를 제시하고 있다는 것을 암묵적으로 인정하는 셈이다. 심지어 교회의 신성한 통치권을 옹호하는 사람들 사이에서도 그리스도께서 정해 주신 특정한 형태의 정치체제를 둘러싸고 이견이 많다.

로마의 주교가 베드로의 계승자요, 그리스도의 대리자로서 교회의 가시적인 수장으로 군림한다고 생각하는 교황주의자들은 보편 교회의 최상의 통치권이 그에게 있으며, 그를 통해 나머지 주교들의 권위가 파생된다고 주장한다.

성직자들의 서열을 구분하는 감독교회는 교회의 통치권을 주교들이나 대주교에게 귀속시킨다. 모든 회중이 완벽한 교회를 형성해 제각기 독자적인 통치권을 행사한다고 생각하는 독립교회는 교회의 통치권을 신실한 회중에게 귀속시킨다. 장로교회는 말씀의 사역자들은 직분이나 권위가 모두 동등하다는 주장으로 감독교회를 논박하고, 특정한 회중은 하나인 보편 교회의 일부일 뿐이라는 주장으로 독립교회를 논박하면서 교회의 통치권이 장로회, 곧 가르치고 다스리는 장로들에게 위임되었다고 말한다.

아울러 장로교회는 법정의 종속 관계, 곧 하위 법정에서 내린 판결을 상위 법정에서 재검토해 판결을 확정하거나 번복할 수 있는 체계를 인정한다.

여기에서 이 모든 형태의 정치체제를 다 살펴볼 수는 없다. 웨스트민스터 총회에서 작성된 "교회의 정치 형태"(The Form of Church Government)를 통해 확고하게 구축된 장로교회의 정치체제가 '하나님의 말씀에 근거하고 일치한다'는 것이 우리의 판단이다.

교회의 외적 통치권이 국가 공직자에게 있다고 주장하는 에라스투스주의자들의 견해를 잠시 살펴보는 것이 필요할 듯하다. 이 견해는 그리스도의 왕국의 영적 본질에 관한 성경의 증언과 정면으로 충돌한다. "내 나라는 이 세상에 속한 것이 아니니라"(요 18:36)라는 그리스도의 말씀은 그분의 나라가 세상에 있지만 세상의 다른 모든 나라들과 온전히 구별된다는 것을 분명하게 보여 준다. 그리스도께서는 이방 나라의 왕들이 백성을 다스리듯 자기 백성을 다스려서는 안 된다고 말씀하셨다. 그분의 말씀은 그분의 통치가 전혀 다른 성격을 지니고 있다는 것을 강하게 암시한다.

그리스도께서 '교회 안에 세우신' 다양한 직분자들 가운데 국가 공직자는 포함되지 않는다. 교회의 통치권이 국가 공직자에게 속해 있는 것이 사실이라면 교회는 무려 300년 이상을 정치체제가 구축되지 않은 상태로 존재했던 셈이 된다. 왜냐하면 교회가 국가의 권력에 간섭을 받게 된 것이 4세기경에 비로소 시작되었기 때문이다.

지금까지 많은 저술가가 기원, 목적, 구성원, 법률, 특권, 수단, 범위 등과 관련해 교회와 세상 나라, 곧 국가 권위와 교회 권위 사이에 있는 독특하고 형식적인 차이를 설명했다. 세상에 있는 교회가 다른 사회와 일부 공통점이 있고, 양자의 권위가 종종 동일한 목표를 지향하며, 서로를 존중하고, 서로에게 작용하며, 서로를 위해 의무를 다해야 할 경우가 분명히 존재한다. 그러나 이 모든 것은 이 둘의 형식적인 차이를 무시하지 않고, 오히려 그것을 전제로 한다.

따라서 이 둘의 권위와 고유한 행위는 어떤 문제에서든지 자신이 속한 사회의 본질과 동일한 본질을 유지해야 마땅하다. 이 가운데 하나는 전적으로 영적인 본질을 띠고, 다른 하나는 항상 전적으로 세속적인 본질을 띤다. 이 둘은 서로를 방해하거나 간섭하지 않고 각자 고유한 본질을 유지하며 주어진 영역을 지켜야 한다. 이 둘은 두 개의 평행선처럼 결코 함께 만나거나 혼합되지 않는다. 서로의 권위를 남용한 탓에 위험한 일들이 지금까지 발생했고, 또 앞으로도 얼마든지 발생할 수 있지만 서로의 고유하고 독립된 본질을 유지하며 행동할 경우에는 아무 문제도 일어나지 않을 것이다.

따라서 이 둘 가운데 하나를 다른 하나에 종속시킬 이유는 없다. 나뉘지지 않은 최상의 권력이 모든 사회 안에 필요하다는 흔한 주장, 곧 '국가 내의 국가'(*imperium in imperio*)의 위험성을 용인하려는 주장은 본질이 동일한 권력과 질서를 갖춘 사회에만 적용될 뿐이다. 따라서 그런 주장을 앞세워 세속 정부의 통치자들에게 권위의 성격이 다른 그리스도의 교회를 다스리는 지상권을 부여하려는 시도는 매우 부적절하다.[1]

---

1) Bruce, *The Supremacy of Civil Powers*, p.23.

2항 이 직분자들에게 천국 열쇠가 위탁되었다. 그들은 그 힘을 빌려 죄를 보류하거나 용서하고, 상황에 따라 회개하지 않는 자에게는 말씀과 권징으로 천국 문을 닫고, 회개하는 자에게는 복음의 사역과 권징의 사면을 통해 천국 문을 열어 주는 권세를 지닌다(마 16:19, 18:17-18, 요 20:21-23, 고후 2:6-8).

3항 교회의 권징이 필요한 이유는 죄를 짓는 형제들을 바로잡아 회복하고, 다른 형제들이 유사한 죄를 저지르는 것을 억제하며, 그 죄의 누룩을 제거해 온 덩어리에 퍼지는 것을 막고, 그리스도의 명예와 거룩한 복음의 고백을 옹호하는 한편, 하나님의 언약과 그 인치심이 악하고 강퍅한 범죄자들에 의해 더럽혀질 경우 교회에 마땅히 임하게 될 하나님의 진노를 미연에 방지하기 위해서다(고전 5장, 딤전 5:20, 마 7:6, 딤전 1:20, 고전 11:27-34, 유 1:23).

4항 교회의 직분자들은 이런 목적을 더 잘 달성하기 위해 범죄의 성질과 범죄자의 과실에 따라 권고, 한시적인 성찬 참여 금지, 출교와 같은 조처를 취할 수 있다(살전 5:12, 살후 3:6, 14-15, 고전 5:4-5, 13, 마 18:17, 딛 3:10).

해 설

교회 권징의 권세는 교회 직분자들에게만 주어졌다.

에라스투스주의는 교회의 권징을 행사하는 권세가 국가 공직자에게 있다고 주장한다. 이 조항은 천국 열쇠가 그리스도께서 교회 안에 세우신 직분자들에게 주어졌다는 말로 에라스투스주의를 논박한다. 그리스도께서는 베드로에게 "내가 천국 열쇠를 네게 주리니 네가 땅에서 무엇이든지 매면 하늘에서도 매일 것이요 네가 땅에서 무엇이든지 풀면 하늘에서도 풀리라"(마

16:19)고 말씀하셨다.

'천국 열쇠'는 교회 안에서 통치권과 권징을 행사하는 권세와 권위를 가리킨다. 천국 열쇠를 맡은 자들은 그 힘을 빌려 권징을 가하거나 사면함으로써 '매고 푸는' 권세를 행사한다. 그들의 조처가 성경에 부합하면 하늘에서도 그대로 인정된다. 장로교회는 이런 천국 열쇠가 사도이자 장로였던 베드로를 비롯해 사도들에게 주어졌고, 세상이 끝날 때까지 그들의 뒤를 계승하는 모든 장로들에게 대대로 주어진다고 주장한다.

이 구절에서 '매고 푼다'는 말이 가리키는 의미가 성경의 다른 곳에서는 '사하고 그대로 둔다(보류한다)'는 말로 표현되었다. 그리스도께서는 모든 사도들에게 "너희에게 평강이 있을지어다 아버지께서 나를 보내신 것같이 나도 너희를 보내노라……너희가 누구의 죄든지 사하면 사하여질 것이요 누구의 죄든지 그대로 두면 그대로 있으리라"(요 20:21, 23)고 말씀하셨다.

"교회에 말하고"(마 18:17)라는 말씀은 이 권세가 교회에게 주어졌다는 것을 암시한다. 여기에서 '교회'는 교회의 지도자들이나 장로들을 가리키는 의미로 이해해야 한다.

이 본문은 이 조항이 가르치는 교리(권징의 권세가 교회의 직분자들에게만 주어졌다는 교리)를 확증한다. 교회와 국가가 동일한 문제를 다루는 경우도 없지 않지만, 그 처리 방식은 서로 분명하게 구별된다. 국가 공직자들은 오직 국가를 상대로 저지른 범죄 행위만을 다루고, 거기에 합당한 징벌을 내린다. 그러나 교회의 지도자들은 종교적인 범죄만을 다루고, 권징을 통해 그 죄를 제거한다.

교회의 권징이 필요한 이유는 그리스도의 명예와 그분에 대한 믿음을 옹호하고, 예배의 순결성을 유지하고, 범죄자를 바로잡고, 다른 신자들이 유사한 죄를 저지르는 것을 억제하고, 교회를 오염시키는 것을 제거하는 한편, 하나님의 언약과 그 인치심이 악하고 강퍅한 범죄자들에 의해 더럽혀질 경우 교회에 마땅히 임하게 될 하나님의 진노를 미연에 방지하기 위해서다.

교회의 권징은 그 성격과 효능이 영적이다. 그리스도께서 권징을 제정하신 목적은 범죄자를 유익하게 하기 위해, 곧 그의 죄를 바로잡아 멸망하지 않도록 하기 위해서다. 죄는 죄책의 정도나 죄가 악화되는 상황에 따라 그 경중이 달라지기 때문에 교회는 죄의 성질과 정도에 적합한 조처를 취해야 한다.

단순한 권고만으로 충분한 경우도 있지만(딛 3:10), 죄가 좀 더 중할 때에는 예수 그리스도의 이름으로 엄히 책망해야 한다. "이 증언이 참되도다 그러므로 네가 그들을 엄히 꾸짖으라 이는 그들로 하여금 믿음을 온전하게 하고"(딛 1:13). "범죄한 자들을 모든 사람 앞에서 꾸짖어 나머지 사람들로 두려워하게 하라"(딤전 5:20).

또한 그보다 더 큰 죄를 저질렀을 때에는 한시적으로 성찬 참여를 금지해야 하고(살전 3:14), 가장 중대한 죄를 저질렀을 때에는 출교를 단행해야 한다. "만일 그들의 말도 듣지 않거든 교회에 말하고 교회의 말도 듣지 않거든 이방인과 세리와 같이 여기라"(마 18:17). 전자는 '소출교', 후자는 '대출교'로 각각 일컬어진다.

근친상간의 죄를 범한 관계로 바울이 "이런 자를 사탄에게 내주었으니 이는 육신은 멸하고 영은 주 예수의 날에 구원을 받게 하려 함이라"(고전 5:5)고 말했던 사람이 후자의 경우에 해당한다. 이 말씀은 교황주의자들의 주장과는 달리 범죄자를 마귀에게 넘겨주었다는 뜻이 아니라 그를 교회에서 내쫓아 성경이 '사탄의 왕국'이라고 일컫는 세상 밖으로 내보냈다는 의미다.

CHAPTER.31

대회와 총회

바울 및 바나바와 그들 사이에 적지 아니한 다툼과 변론이 일어난지라 형제들이 이 문제에 대하여 바울과 바나바와 및 그 중의 몇 사람을 예루살렘에 있는 사도와 장로들에게 보내기로 작정하니라 (행 15:2).

1항 교회를 다스리고 굳건하게 하는 일을 더 잘하기 위해서는 흔히 대회나 총회로 불리는 모임이 있어야 한다(행 15:2, 4, 6).

해설

스코틀랜드 교회 총회는 1647년에 『웨스트민스터 신앙고백』의 승인을 결의하면서 "이 신앙고백은 교회의 다양한 직임과 회의에 관한 사항을 언급하고 있지 않지만, '교회 헌법'에 명시되어 있는 그리스도의 진리에는 아무런 손상도 입히지 않았다"라는 단서를 달았다. 이 주제에 관한 스코틀랜드 교회와 웨스트민스터 총회의 견해는 "장로교회의 정치 형태"(The Form of Presbyterial Church Government) 안에 좀 더 자세하게 명시되어 있다. 웨스트민스터 총회는 이 문서에 동의했으며, 신앙고백 안에 그런 견해를 충실히 반영했다. 그들은 그 문서 안에서 "교회적, 대회적, 총회적 차원의 다양한 모임을 통해 교회를 다스리는 것은 하나님의 말씀에 일치하는 합법적인 일이다"라고 말하고, "대회도 지역적, 국가적, 범세계적 모임 등 다양한 형태를 취한다", "교회를 다스리기 위해 교회적, 지역적, 국가적 모임이 종속 관계를 형성하는 것은 하나님의 말씀에 일치하는 합법적인 일이다"라고 덧붙였다.

이런 말들은 교회의 모임이 다양하고, 또 제각기 독특한 성격을 지니고 있을 뿐 아니라 그 법적 권위가 서로 종속 관계를 맺고 있다는 것을 분명하게 보여 준다. 오늘날 우리는 당회, 장로회, 노회, 대회, 총회와 같은 모임에 익숙하다. 그러나 이 자리에서는 이 조항이 진술하는 모임만을 살펴보는 것이 좋을 듯하다.

이 조항은 독립교회의 견해를 논박한다. 독립교회는 교회와 법적 권위가 서로 종속 관계를 맺고 있음을 부인한다. 그들은 '교회를 다스리고 굳건하게 하는 일을 더 잘하기 위해서는(즉 단일 교회의 교회 지도자 모임에서 이룰 수 있는 것보다 더 나은 목적을 달성하려면) 흔히 대회나 총회로 불리는 모임이 있어야 한다'는 말로 개개의 교회가 그 자체로 독립된 정치 형태를 갖추고 있다고 주장한다. 그 대표적인 사례로 할례의 문제를 결정지었던 예루살렘교회의 모임을 들 수 있다.

기독교 신앙을 고백한 이방인들이 할례를 받아야 하느냐, 말아야 하느냐가 안건이었고, 교회로부터 권한을 위임 받은 지도자들의 판단과 결정으로 문제가 해결되었다. 이들 지도자가 문제를 공정하게 처리하기 위해 모여 판단하고 결정한 일이 교회 전체에 구속력을 발휘했다. 이 모임은 후대의 교회들이 본받아야 할 본보기를 제시했다. 이 모임에 사도들의 일부가 부분적으로 관여했다는 주장만으로는 이 사실을 논박하는 정당한 근거가 될 수 없다. 왜냐하면 사도들은 또한 장로들이었기 때문이다. 교회의 상급 직임은 하위 직임에 속하는 공무상의 권위를 관장하지만, 어디를 살펴봐도 사도들이 재판관이 되어 장로라고 불리는 동료 신자들을 다스렸다는 기록은 찾아볼 수 없다. 예루살렘교회의 결정은 사도들과 장로들이 합동해서 내린 결정으로 공포되었다(행 15:21-31).[1]

2항 국가 공직자는 목회자나 그에 준하는 적합한 사람들의 대회를 소집함으로써 신앙에 관한 문제에 대해 조언과 의견을 구할 수 있다(사 49:23, 딤전 2:1-2, 대하 19:8-11, 29-30장, 마 2:4-5, 잠 11:4). 따라서 국가 공직자가 교회를 노골적으로 대적하는 경우에는 그리스도의 사역자들도 교회가 파견한 다른 적합한 사람들과 더불어 직분상의 권위를 발동해 그런 모임을 소집할 수

---

1) Stevenson, *The Offices of Christ*, pp. 347-348.

있다(행 15:2, 4, 22-23, 25).

∽ 해 설 ∽

스코틀랜드 교회 총회는 『웨스트민스터 신앙고백』을 채택하는 결의서에서 이 조항을 특별히 언급하며 "아직 확고한 교회 정치체제가 확립되어 있지 않은 교회의 경우"에만 국한된다고 선언했다. 그들은 "국가 공직자는 목회자나 그에 준하는 적합한 사람들의 대회를 소집함으로써 신앙에 관한 문제에 조언과 의견을 구할 수 있다"고 인정했지만 "확고한 교회 정치체제가 확립되어 있는 교회의 경우"에는 그렇게 할 수 없다고 말했다.

또한 그들은 국가 공직자가 동의를 거부하거나 보류해 교회에 해를 끼칠 때를 대비해 사역자들과 치리장로들이 그리스도께로부터 부여 받은 고유한 권위로 교회의 위임을 받아 필요한 경우에는 아무 때나, 즉 교회를 유익하게 하는 데 필요하다면 언제라도 함께 대회로 모일 수 있는 자유를 항상 누린다고 선언했다.

잘 알려진 대로, 스코틀랜드 종교개혁자들은 교회의 자유가 조금도 침해당하지 않도록 세심한 주의를 기울였다. 모임을 소집할 수 있는 교회의 본질적인 권한이 왕의 권한과 세력을 다툴 때마다 항상 전면에 부각되었다. 그들은 "우리에게서 모임의 자유를 빼앗는 것은 우리에게서 복음을 빼앗는 것이다"라는 슬로건을 내세웠다.

1차 종교개혁 당시 교회는 이 권한을 주장하며 행사했다. 교회는 교회의 머리이신 그리스도 안에서 자신의 고유한 권한만으로 1560년에 1차 총회를 개최했다. 그 후로도 교회는 최소한 20년 동안 40여 차례나 총회를 개최했다. 그러는 동안 왕은 개인적으로나 특사를 파견해 총회에 참석한 적이 한 번도 없었다. 그것은 나중에 관습으로 굳어졌다.

2차 종교개혁 당시에도 1638년에 글래스고에서 열린 유명한 총회를 통해 교회의 고유한 권한이 옹호되었다. 왕의 특사가 왕의 이름으로 총회를 해산하고, 더 이상 모임을 지속한다면 엄벌에 처하겠다고 위협했지만 총회는 주 예수 그리스도께로부터 부여 받은 고유한 권한을 주장하며 계속 모임을 갖고, 중요한 안건들을 처리했다.

그러나 1592년 결의서(이 결의서는 스코틀랜드 교회의 '대헌장'이라고 일컬어지며, 1690년 결의서를 통해 재차 확증되었다)에는 스스로 모임을 개최할 수 있는 교회의 권한이 충분히 확보되지 못했다. 그 권한은 왕이나 왕의 특사가 참석하지 않은 경우에만 용인되었다. 결국 청교도 혁명이 일어난 직후 교회의 총회는 왕의 권위에 의해 종종 느닷없이 해산되거나 정회를 되풀이하기에 이르렀다.

> 이 권한(교회가 스스로의 권위로 모임을 개최하거나 해산할 수 있는 권한)이 스코틀랜드에서 왕과 장로교회 사이에서 종종 세력을 다투는 문제로 부각되었다는 사실은 처음에 느껴지는 것보다 교회의 독립과 자유에 훨씬 더 중요한 영향을 미친다. 이 권한이 안전하게 확보되지 않으면 대충 생각하더라도 교회가 주장할 수 있는 다른 권위의 행사도 권력자의 의지에 의해 불안정해지거나 무가치하게 변해 아무런 효력도 발휘할 수 없게 된다는 것을 알 수 있다.
>
> 왕이 의회를 제멋대로 소집하고 해산하는 권한을 행사한 결과로 의회가 무기력해지고, 그로 인해 의회가 완전히 사라질 위험에 처하게 되었다는 것은 널리 알려진 사실이다. 의회가 연례적으로나 정기적으로 모일 수 있는 권한이 법률에 의해 온전히 인정받고 나서야 비로소 시민적 자유가 안전하게 확보될 수 있었다. 그와 마찬가지로, 교회 회의의 소집 권한이 왕에게 전적으로 의존하는 경우에는 그와 똑같은 위험과 결과가 초래될 수 있다. 잉글랜드의 교회 회의 소집의 역사는 이 사실을 여실히 입증해 준다.[2]

---

2) Bruce, *The Supremacy of Civil Powers*, p. 103.

3항 신앙 논쟁과 양심 문제를 결정하고, 하나님께 드리는 공예배와 교회의 정치를 더욱 질서정연하게 만드는 데 필요한 규칙과 지침을 마련하고, 그릇된 치리로 야기된 불평을 접수해 권위 있게 결정하는 것은 모두 대회와 총회의 권한에 속한다. 대회의 작정과 결정이 하나님의 말씀에 일치하는 경우에는 그것이 말씀에 일치할 뿐 아니라 말씀 안에서 정해진 하나님의 규례에 따른 권한을 행사한 것이기 때문에 공경심과 복종으로 받아들여야 한다(행 15:15, 19, 24, 27-31, 16:4, 마 18:17-20).

해설

이 조항은 독립교회와의 논쟁을 통해 불거진 또 하나의 중요한 원리를 다루고 있는 것이 분명하다. 독립교회는 어려운 문제가 발생한 경우 성직자들의 모임에 조언을 구할 수는 있지만, 그런 모임이 개개의 교회를 지배할 수 있는 권한을 갖지는 않는다고 주장했다.

장로교회는 교회 지도자들의 권한이 사역의 차원을 지닌다는 것을 십분 인정한다. 교회의 유일한 주님이요, 입법자는 그리스도뿐이시다. 따라서 교회 지도자들은 그분이 제정하신 법을 적용하고 집행하는 사역을 감당한다. 그러나 그들의 사역은 단지 조언을 베푸는 데 그치지 않고, 적절한 권위를 행사한다. 그들의 결정이 성경에서 그리스도의 이름으로 선언된 법과 일치하고, 그분이 부여하신 권위를 통해 이루어진 것이라면 양심에 대해 구속력을 갖는다.

예루살렘교회의 모임은 조언이나 권고의 차원에 머물지 않고, 자신들에게 상정된 문제에 대해 권위 있는 결정을 내렸다. 그들은 교회에 '짐을 지우는 규례'를 마련해 신자들에게 '요긴한 것들'을 준수하라고 명령했고, 교회들은 그들의 결정을 기쁘게 받아들였다(행 15:28, 16:4).

4항 사도 시대 이후로 모든 대회와 총회는 일반적으로든, 개별적으로든 실수를 저지를 수 있고, 또 많은 실수를 저질러 왔다. 따라서 그들의 결정을 믿음과 실천의 규칙으로 삼아서는 안 되고, 단지 도움을 주는 방편으로 사용해야 한다(엡 2:20, 행 17:11, 고전 2:5, 고후 1:24).

-- 해설 --

교황주의자들은 교회의 어느 곳엔가 무오함이 존재한다고 주장하지만 그것이 교황에게 있는지, 공의회에 있는지, 아니면 둘 다에게 있는지 그들 사이에서도 의견이 엇갈린다. 이 조항은 모든 교회 회의가 실수를 저지를 수 있다고 진술한다. 교회 회의는 실수를 저지를 수 있는 인간들로 구성되어 있기 때문에 집단으로 모였을 때도 얼마든지 실수를 저지를 수 있다.

사실 그들 가운데 많은 사람이 실수를 저질러 왔다. 이는 서로 다른 교회 회의에서 결정된 내용들이 서로 정면으로 배치된다는 사실을 통해 충분히 입증된다. 아리우스주의에 대한 논쟁을 둘러싸고 니케아 공의회와 반대하는 결정을 내린 공의회가 적지 않았다. 에우티게스 이단(그리스도의 단성론을 주장했던 이단-역주)은 2차 에베소 공의회에서는 인정받았지만, 그로부터 얼마 지나지 않아 칼케돈 공의회에서는 단죄되었다. 형상 숭배는 콘스탄티노플 공의회에서는 단죄되었지만, 2차 니케아 공의회에서는 인정되었고, 그 후 프랑크푸르트 공의회에서 다시 단죄되었다. 마지막으로, 콘스탄츠 공의회와 바실 공의회에서는 공의회의 권위가 교황의 권위보다 우월한 것으로 선

언되었지만, 라테란 공의회에서는 다시 번복되었다.[3]

5항 대회와 총회는 교회와 관련된 문제 외에는 아무것도 다루거나 결정해서는 안 된다. 특별한 경우에 겸손한 청원의 형식을 취하거나, 국가 공직자의 요구가 있어 양심을 만족하게 하는 조언을 제시하는 경우를 제외하고는 국가와 관련된 사회 문제를 간섭해서는 안 된다(눅 12:13-14, 요 18:36).

― 해설 ―

『웨스트민스터 신앙고백』은 국가 공직자가 영적이고 교회적인 문제에 간섭하는 것을 논박할 뿐 아니라 '특별한 경우에 겸손한 청원의 형식을 취하거나, 국가 공직자의 요구가 있어 양심을 만족하게 하는 조언을 제시하는 경우를 제외하고는 교회의 대회와 총회가 사회 문제를 간섭해서는 안 된다'는 말로 교황주의자들의 모든 주장을 논박한다.

스코틀랜드 종교개혁자들은 국가와 교회가 지니는 법적 권한의 한계를 분명하게 인식하고, 그 한계선을 신중을 기해서 엄격히 준수하려고 노력했다. 그들은 "교회의 권한과 정책은 국가 권력으로 일컬어지는(국가의 통치권에 속하는) 권한과 정책과는 본질적으로 구별된다. 이 두 권력은 모두 하나님으로부터 비롯해서 한 가지 목적을 수행하며, 또 올바르게 사용된다면 하나님의 영광을 드높이고 경건하고 선량한 백성을 길러 낼 수 있다"고 말했다. "총

---

3) Burnet, *The Thirty-Nine Articles*, Art. 21.

회의 의장은 총회에서 교회와 관련된 문제만을 취급하고, 국가의 통치권에 속하는 문제를 간섭하지 않도록 신중을 기해야 한다."[4]

교회와 국가는 공통된 목표를 이루기 위해 서로 협력할 수 있지만 각자 자신의 고유한 영역 안에서 행동하고, 서로의 영역에 속하는 문제를 간섭하지 않도록 조심해야 한다.

---

4) Second Book of Discipline, chap. 1, and 7.

CHAPTER.32

사후 상태와 죽은 자의 부활

주께서 호령과 천사장의 소리와 하나님의 나팔 소리로 친히 하늘로부터 강림하시리니 그리스도 안에서 죽은 자들이 먼저 일어나고 그 후에 우리 살아 남은 자들도 그들과 함께 구름 속으로 끌어 올려 공중에서 주를 영접하게 하시리니 그리하여 우리가 항상 주와 함께 있으리라 (살전 4:16-17).

1항 사람의 육체는 죽으면 흙으로 돌아가 썩게 되지만(창 3:19, 행 13:36), 영혼은 (죽거나 잠들지 않는) 불멸하는 실재이기 때문에 그것을 주신 하나님께로 즉시 돌아간다(눅 23:43, 전 12:7). 그 순간, 의인의 영혼은 온전히 거룩하게 되고, 지극히 높은 하늘로 영접되어 그곳에서 빛과 영광 가운데 하나님의 얼굴을 보며, 몸의 온전한 구속을 기다린다(히 12:23, 고후 5:1, 6, 8, 빌 1:23, 행 3:21, 엡 4:10). 악인의 영혼은 지옥에 던져져 칠흑 같은 어둠 속에서 고통을 당하며 큰 날의 심판이 있을 때까지 갇혀 지낸다(눅 16:23-24, 행 1:25, 유 1:6-7, 벧전 3:19). 육체와 분리된 영혼이 갈 장소는 이 둘뿐이다. 성경은 그 외의 장소를 인정하지 않는다.

해설

1. 죽음은 모든 사람의 공통된 운명이다. "한 번 죽는 것은 사람에게 정해진 것이요 그 후에는 심판이 있으리니"(히 9:27). 이것은 하늘이 정한 불변의 이치, 곧 되돌릴 수도 없고, 어느 누구도 저지할 수 없는 현실이다. 시편을 기록한 다윗 왕은 이 주제를 묵상하면서 "누가 살아서 죽음을 보지 아니하고 자기의 영혼을 스올의 권세에서 건지리이까"(시 89:48)라고 외쳤다. 욥은 죽음을 자기를 기다리는 확실한 사건으로 간주하고, 무덤을 모든 사람이 가야 할 집으로 여겼다. 그는 "내가 아나이다 주께서 나를 죽게 하사 모든 생물을 위하여 정한 집으로 돌려보내시리이다"(욥 30:23)라고 말했다.

우리 관찰과 경험은 성경 말씀이 진리임을 확증한다. 성경은 죄가 세상에 들어와 모든 사람을 지배하게 된 이유를 이렇게 설명한다. "한 사람으로 말미암아 죄가 세상에 들어오고 죄로 말미암아 사망이 들어왔나니 이와 같이 모든 사람이 죄를 지었으므로 사망이 모든 사람에게 이르렀느니라"(롬 5:12).

의인의 죽음과 악인의 죽음은 엄청난 차이가 있다. 후자에게 죽음은 율법의 저주로 인한 결과이자 영원한 멸망의 전조다. 그러나 전자에게 죽음은 죄의 징벌이 아니라 모든 죄와 슬픔에서 벗어나 영원한 삶으로 들어가는 순간이다. 의인의 경우, 죽음은 그 모든 쏘는 것을 잃어버린 채 무기력하게 되어 아무런 해도 입히지 못한다. 죽음은 의인을 해치는 힘을 잃을 뿐 아니라 오히려 그를 돕는 우호적인 친구가 된다. 즉 죽음은 모든 싸움으로부터의 해방과 저주로부터의 구원을 가져다주고, 세상을 떠나 그리스도와 함께 거할 수 있게 해준다. 의인은 죽음을 통해 아무런 손실도 당하지 않고, 도리어 큰 유익을 얻는다. 그러나 육체와 영혼의 결합이 해체되는 것은 의인들도 피할 수 없는 운명이다.

물론 하나님은 원하신다면 의인들을 죽지 않게 하실 수 있다. 그분의 능력은 에녹과 엘리야를 통해 충분히 입증되었다. 그러나 하나님께서 모두가 죽음을 경험하도록 작정하신 몇 가지 이유가 있다.

1) 의인들이 다른 사람들과 마찬가지로 일시적인 죽음을 경험하는 것은 하나님의 통치 계획에 가장 적합한 일로, 인류 사회의 보존은 아니더라도 최소한 그 안위를 위해 필요한 것처럼 보인다. 하나님의 통치 계획에 따르면, 보상과 징벌은 원칙적으로 마지막 때까지 보류되었다. 의인은 죽음을 면제 받고, 악인은 죽음을 당한다면 세상을 떠나는 모든 사람의 궁극적인 운명이 미리부터 결정되는 결과를 낳게 될 것이다. 따라서 의인들도 외견상으로나 겉으로 드러난 상황에서는 악인들과 똑같은 형태의 죽음을 경험한다. 그들 사이에 눈에 보이는 차이는 없다.

2) 의인들이 죽지 않고 곧장 천국에 들어감으로써 악인들과 구별된다면 인류 사회에는 큰 혼란이 야기될 것이다. 그렇게 되면 악인들에게 건전한 영향을 미치기는커녕 오히려 도덕적 인격을 더욱 소홀히 하게 만들 뿐 아

니라 앞으로의 명예(고귀한 노력을 기울여 사회를 유익하게 하려는 가장 강력한 원동력 가운데 하나)에 대한 전망을 도외시하게 만드는 결과를 낳을 것이며, 살아 있는 가족들의 인격과 행복에도 큰 영향을 미치게 될 것이다.

부모가 하나님의 심판을 받아 죽음을 당해 사라진다면 자식들에게 불명예의 낙인이 찍히게 될 것이고, 자녀가 그런 식으로 죽어 미래에 당할 운명을 미리 나타낸다면 부모, 특히 진지한 부모는 가슴이 찢어지는 고통을 느끼게 될 것이다. 그런 상황이 벌어진다면 의인들이 누구보다 더 큰 영향을 받게 될 것이 틀림없다. 이것이 경건한 자들과 악한 자들이 모두 죽음을 경험하는 이유다.

3) 악인과 의인이 모두 죽음을 경험하는 것은 하나님의 능력과 은혜를 더욱 풍성하게 드러내는 기회를 제공한다. 죽음의 순간이 인간에게는 가장 힘든 시간이기 때문에 하나님은 자기 백성의 임종을 도우심으로써 그 능력과 은혜를 가장 영광스럽게 나타내신다. 하나님은 그들이 믿음과 소망으로 죽음의 공포를 극복하게 하시고, 그 마지막 원수를 정복하고 승리하도록 도와주신다. 더욱이 마지막 날에 하나님이 그들의 육체를 부활시키실 때에는 그분의 능력이 더할 나위 없는 영광을 드러낼 것이다.

4) 의인이 일시적인 죽음을 당하는 또 하나의 이유는 영광스러운 머리이신 그리스도를 본받게 하시기 위해서다. 그리스도께서는 영광과 존귀로 관 쓰시기 전에 죽음을 맛보셨다. 따라서 의인들도 '사망의 음침한 골짜기'를 지나 영광에 들어가야 한다.

2. 사람의 육체는 죽으면 흙으로 돌아가 썩게 된다. 죽음이 인간의 육체에 일으키는 변화는 너무나 애처롭고 수치스러운 일인지라 차마 두 눈을 뜨고 지켜보기가 어렵다. 따라서 살아 있는 사람들은 시체를 눈에 보이지 않는 곳

으로 치우지 않을 수 없다. 시체는 무덤에 묻혀 그 안에서 썩기 시작하고, 일정한 시간이 흐르면 흙으로 변해 결국에는 흙인지, 시체인지 구별할 수 없게 된다. 그러나 이런 일들은 살아 있는 자들에게는 역겹지만, 죽은 자들에게는 아무런 불쾌감도 일으키지 않는다.

악인들에게 무덤은 감옥과 같다. 그들은 부활할 때까지 그곳에 갇혀 지내야 한다. 그러나 신자들에게 무덤은 안식의 장소다. 그들은 그곳에서 모든 고통과 슬픔을 벗고 부활의 아침이 올 때까지 깊은 휴식을 취하다가 길고 편안한 잠에서 깨어나 새로운 생명과 활력을 얻어 영원한 지복을 누리게 될 것이다.

3. 육체는 썩어 없어져도 인간의 영혼은 계속 살아남는다. 인간의 영혼은 죽지 않고 영원히 존재한다. 어떤 사람들은 죽음으로 인간의 모든 존재가 소멸된다고 주장하고, 어떤 사람들은 죽음과 부활 사이에는 영혼이 흙으로 돌아간 육체처럼 아무 활동도 하지 않고 무의식적인 상태로 잠을 잔다고 주장한다. 이 조항은 그런 주장을 아무런 위로도 주지 못하는 터무니없는 생각이라고 논박한다.

성경은 인간의 영혼이 육체가 없는 상태로 계속 존재한다고 분명히 가르친다. 영혼은 사후에도 그 본질적인 기능과 힘을 그대로 발휘할 수 있다. 예수님은 "몸은 죽여도 영혼은 능히 죽이지 못하는 자들을 두려워하지 말고"(마 10:28)라고 말씀하셨다. 이는 인간을 만드시고, 그 본질을 구성하는 요소를 온전히 알고 계시는 하나님의 입에서 나온 말씀이다. 주님은 영혼이 육체와 구별되며, 육체와 더불어 죽지 않을 뿐 아니라 피조물의 능력으로는 영혼을 절대 죽일 수 없다고 말씀하셨다.

주님은 비유의 말씀으로 이와 같은 교리를 가르치셨다. "이에 그 거지가 죽어 천사들에게 받들려 아브라함의 품에 들어가고 부자도 죽어 장사되매 그가 음부에서 고통 중에 눈을 들어"(눅 16:22-23). 거지와 부자는 둘 다 죽었다. 두 사람의 영혼은 땅에 묻힌 육체를 떠나 계속 존재했고, 육체를 떠난 뒤에도 의식을 잃지 않았다.

성경은 의인의 죽음을 종종 '잠'으로 표현한다. 그러나 그런 표현은 하나의 비유일 뿐 영혼이 육체와 분리되는 순간, 잠에 빠진다는 생각을 용납하지 않는다. 죽음을 잠자는 것에 비유한 이유는 죽음과 잠이 매우 유사한 형태를 띠기 때문이다. 이는 부분으로 전체를 가리키는 비유법에 해당한다. 죽음을 아무 활동도 하지 않는 무의식의 상태나 잠에 비유하는 이유는 죽은 육체가 그런 상태이기 때문이다.

4. 의인의 영혼은 죽은 뒤에 즉시 천국의 행복을 누린다. 신자가 의식을 가지고 육체를 벗어난 상태에서 행복을 누린다고 믿는 사람들 가운데는 죽는 순간에 신자의 영혼이 곧장 '중간 상태'에 들어가 지내다가 마지막 심판의 날에 비로소 천국에 들어간다고 생각하는 사람들이 있다. 로마 가톨릭교회는 성도의 영혼이 육체를 떠나자마자 한동안 '연옥'이라고 불리는 장소에 들어가 현세에서 다 씻지 못한 죄의 흔적을 불로 모두 정화한다고 주장한다. 그들은 연옥의 고통과 시련은 세상에 있는 사람들의 기도나 천국에 있는 성인들의 중보 기도, 또는 사제가 죄인들을 대신해 드리는 미사의 희생에 의해 경감되거나 짧아질 수 있다고 가르친다.

이 교리는 성경에 아무런 근거가 없다. 이는 어리석은 사람들을 이용해 잇속을 차릴 속셈으로 교묘하게 꾸며 낸 거짓에 지나지 않는다. 성경은 오직 천국과 지옥만을 말한다. 육체를 떠난 영혼들은 모두 그 두 곳 가운데 한 곳에 들어간다. 이 조항은 '육체와 분리된 영혼이 갈 장소는 이 둘뿐이다. 성경은 그 외의 장소를 인정하지 않는다'고 진술한다.

성경은 여러 곳에서 의인의 영혼이 즉시 천국에 들어간다고 가르친다. 주님은 회개한 강도에게 "오늘 네가 나와 함께 낙원에 있으리라"(눅 23:43)고 약속하셨다. 이 말씀은 그날이 다하기 전에 그의 영혼이 그리스도의 영혼과 같은 장소에 머물러 '낙원'이라는 말이 암시하는 대로 지복을 누리게 될 것을 암시한다. 스데반은 임종의 순간에 하늘을 향해 "주 예수여 내 영혼을 받으시옵소서"(행 7:59)라고 부르짖었다. 그는 자신의 영혼이 즉시 주님이 계시는 곳으로 들어갈 것이라고 확신했다.

이런 사실은 바울의 말에도 똑같이 함축되어 있다. "이는 내게 사는 것이 그리스도니 죽는 것도 유익함이라……내가 그 둘 사이에 끼었으니 차라리 세상을 떠나서 그리스도와 함께 있는 것이 훨씬 더 좋은 일이라"(빌 1:21, 23). 부활의 때까지 기다려야 비로소 그리스도께서 계시는 곳에 갈 수 있다면 그는 죽는 것이 유익하다고 말하기는커녕 죽기를 몹시 싫어했을 것이 분명하다. 왜냐하면 육체에 거하는 동안에는 명예롭게 그리스도를 섬기며 그분과 즐거운 교제를 나눌 수 있기 때문이다. 바울은 자신이 죽기를 바라는 이유가 그리스도와 함께 거하기 위해서라고 말했다. 그는 현세에서 발견할 수 있는 그 어떤 행복보다 훨씬 더 큰 행복의 상태를 갈망했다. 그는 "우리가 담대하여 원하는 바는 차라리 몸을 떠나 주와 함께 있는 그것이라"(고후 5:8)고 말했다. 육체를 떠난 영혼이 즉시 그리스도께서 계시는 곳에 간다는 것을 이보다 더 명확하게 밝히고 있는 말씀은 없다.

신자가 육체를 떠나는 것과 그리스도와 함께 거하는 것은 밀접하게 연관된다. 이런 변화는 아무런 간격 없이 즉각 이루어진다. 요한 사도는 하늘의 음성을 통해 "지금 이후로 주 안에서 죽는 자들은 복이 있도다"(계 14:13)라는 말씀을 들었다. 이 말씀은 죽는 순간부터 복을 누린다는 것을 암시한다.

신자의 영혼이 사후에 즉시 천국에 들어간다면 그들이 접하는 새로운 상태에 적응할 수 있도록 그들에게 놀라운 변화가 일어날 것이 틀림없다. 부정한 모든 것에서부터 완전히 자유롭지 않으면 천국에서 살기에 적합하지 못할 것이고, 그곳의 지복을 누릴 수 없을 것이다. 따라서 이 조항은 신자의 영혼이 '온전히 거룩하게 된다'고 진술한다. 성경은 육체를 떠난 신자들의 영혼을 "온전하게 된 의인의 영들"(히 12:23)이라고 일컫는다.

5. 악인의 영혼은 죽는 순간에 지옥에 던져진다. 악인의 영혼이 지옥에서 고통 당하지 않을 것이라고 주장하는 사람들도 있고, 그의 영혼이 부활할 때까지 고통의 장소에 거하지 않을 것이라고 주장하는 사람들도 있다. 그러나 예수님은 부자가 죽은 순간에 즉시 "음부에서 고통 중에 눈을 들어……나사로를 보고"(눅 16:23)라고 말씀하셨다. 베드로 사도는 노아 당시에 불순종하던 사람들의 영들이 지옥에 갇혀 있다고 말했다(벧전 3:19).

2항 마지막 날에 살아 있는 자들은 죽지 않고 변화될 것이고(살전 4:17, 고전 15:51-52), 죽은 자들은 모두 이전과 동일한 육체로 부활할 것이다. 그러나 그 육체는 특성은 전과는 다르지만, 그들의 영혼과 영원히 다시 결합할 것이다(욥 19:26-27, 고전 15:42-44).

3항 불의한 자들의 육체는 그리스도의 능력으로 부활해 수치를 당하게 될 것이고, 의로운 자들의 육체는 그분의 성령에 의해 다시 살아나 영예를 얻을 것이며, 그리스도의 영광스런 육체와 같이 변할 것이다(행 24:15, 요 5:28-29, 고전 15:43, 빌 3:21).

― 해 설 ―

1. 마지막 날에 세상에 살아 있는 자들은 죽지 않고 놀라운 변화를 경험하게 될 것이다. 이 진리는 바울의 고린도전서를 통해 처음 계시되었다. 그는 "보라 내가 너희에게 비밀을 말하노니 우리가 다 잠잘 것이 아니요 마지막 나팔에 순식간에 홀연히 다 변화되리니"(고전 15:51)라고 말했다.

그리스도께서 세상을 심판하시기 위해 하늘로부터 강림하실 때 세상에는 살아 있는 사람들이 있을 것이 분명하다. 그들은 죽지도 않고, 무덤에 묻혀 잠시 동안 잠을 자지도 않을 것이다. 그들은 놀라운 변화를 통해 무덤에서 부활한 사람들과 같은 모양으로 부활할 것이다. 성경은 죽은 성도들이 살아 있는 성도들보다 먼저 부활할 것이라고 말한다. "그리스도 안에서 죽은 자들이 먼저 일어나고 그 후에 우리 살아남은 자들도 그들과 함께 구름 속으로 끌어올려 공중에서 주를 영접하게 하시리니 그리하여 우리가 항상 주와 함께 있으리라"(살전 4:16-17).

2. 죽은 자들의 일반 부활이 있게 될 것이다. 이것은 이성만으로는 알 수 없는 교리다. 이방 철학자들 가운데 가장 지혜로운 철학자들은 이 진리를 우습게 여겼다. 바울이 헬라의 심장이라고 할 수 있는 아덴에서 말씀을 전하면서 죽은 자의 부활에 관해 말하자, 에피쿠로스 철학자들과 스토아 철학자들은 그의 말을 비웃었다.

그러나 하나님이 죽은 자들을 살리실 수 있다는 것을 믿지 못할 이유는 없다. 하나님이 전지전능하시지 않다면 그분은 더 이상 하나님이 되실 수 없을 테지만, 그런 일은 절대 있을 수 없다. 하나님은 흙으로 인간의 육체를 만드시고 거기에 생기를 불어넣으셨다. 따라서 육체가 흙으로 변한 뒤에도 얼마든지 생기를 불어넣어 다시 살리실 수 있다. 주님은 부활의 교리를 비웃은 사람들에게 대답하시면서 하나님의 능력을 거론하셨다. 그분은 부활의 교리를 믿지 않았던 사두개인들(유대교의 종파 가운데 하나)에게 "너희가 성경도, 하나님의 능력도 알지 못하는 고로 오해하였도다"(마 22:29)라고 말씀하셨다.

우리는 오직 하나님의 뜻을 보여 주는 계시를 통해서만 부활의 확실성을 믿을 수 있다. 이 진리는 구약성경에 분명하게 계시되었다. 욥은 자신의 육체가 부활할 것이라는 강한 확신을 드러냈다(욥 19:25). 다니엘 선지자의 예언도 마찬가지였다(단 12:2). 이 교리는 주님과 사도들의 가르침 안에서도 중요한 비중을 차지한다. "이를 놀랍게 여기지 말라 무덤 속에 있는 자가 다 그의 음성을 들을 때가 오나니 선한 일을 행한 자는 생명의 부활로, 악한 일을 행한 자는 심판의 부활로 나오리라"(요 5:28-29)라는 주님의 말씀보다 더 분명한 말씀은 없다.

주님의 승천이 있은 직후부터 부활은 사도들이 전했던 핵심 진리에 해당했다. 기독교의 모든 진리가 이 교리에 달려 있었다. 따라서 바울은 고린도 신자들에게 "그리스도께서 죽은 자 가운데서 다시 살아나셨다 전파되었거늘 너희 중에서 어떤 사람들은 어찌하여 죽은 자 가운데서 부활이 없다 하느냐 만일 죽은 자의 부활이 없으면 그리스도도 다시 살아나지 못하셨으리라 그리스도께서 만일 다시 살아나지 못하셨으면 우리가 전파하는 것도 헛것이요 또 너희 믿음도 헛것이며"(고전 15:12-14)라고 말했다.

성도들의 부활은 그리스도의 부활을 통해 확실하게 보증된다. 바울 사도는 방금 인용한 말씀이 기록되어 있는 장에서 그리스도의 부활을 입증하는 확실한 증거들을 제시하면서 그들의 머리이신 그리스도께서 다시 살아나셨다는 사실이 신자들의 부활을 확실하게 보장한다고 강조했다.

살아 계시는 구원자와 밀접한 관계를 맺고 있는 자들은 언제까지 무덤 안에 머물러 있을 수 없다. "이제 그리스도께서 죽은 자 가운데서 다시 살아나사 잠자는 자들의 첫 열매가 되셨도다"(고전 15:20, 살전 4:14, 롬 8:11 참조).

3. 죽은 자들은 특성은 다르지만 이전과 똑같은 육체로 부활할 것이다. '부활'이라는 말 자체가 죽은 육체가 다시 살아난다는 의미를 내포하고 있다. 하나님이 새로운 육체를 만들어 영혼과 결합시키신다면 그것은 부활이 아니라 새로운 창조에 해당할 것이다. 주님은 "무덤 속에 있는 자가 다 그의 음성을 들을 때가 오나니"(요 5:28)라고 말씀하셨다. 이 말씀은 무덤에 묻힌 육체들이 다시 살아날 것을 분명히 암시한다. 만일 새로운 육체가 만들어져 영혼과 결합할 것 같으면 그들이 무덤에서 나올 것이라는 표현을 사용하시지

않았을 것이다.

바울 사도도 썩었던 몸이 다시 살아날 것이라고 말하면서 "이 썩을 것이 반드시 썩지 아니할 것을 입겠고"(고전 15:53)라고 선언했다. '썩을 것'은 그가 지니고 있는 육체, 곧 죽어 썩어질 육체를 가리킨다.

성도의 육체는 그 본질적인 실재는 같을 테지만, 그 특성은 크게 다를 것이다. 지금과 같이 불완전하고 연약한 상태에 처해 있는 "혈과 육은 하나님 나라를 이어받을 수 없고 또한 썩는 것은 썩지 아니하는 것을 유업으로 받지"(고전 15:50) 못한다. 따라서 부활의 몸은 천국의 즐거움과 지복을 누리기에 적합한 상태로 놀랍게 변화될 것이 분명하다. 바울은 "죽은 자의 부활도 그와 같으니 썩을 것으로 심고 썩지 아니할 것으로 다시 살아나며 욕된 것으로 심고 영광스러운 것으로 다시 살아나며 약한 것으로 심고 강한 것으로 다시 살아나며 육의 몸으로 심고 신령한 몸으로 다시 살아나나니"(고전 15:42-44)라고 말했다.

성경은 악인들의 육체가 지니는 상태나 특성에 관해서는 구체적으로 말하지 않는다. 우리가 아는 것은 오직 그들이 "수치를 당하여서 영원히 부끄러움을 당할 자"(단 12:2)라는 사실뿐이다. 악인들은 부활해 수치를 당하게 될 것이다.

우리는 의인의 부활에 참여하기를 간절히 바라야 한다. 바울은 그것을 크게 바라며 전심전력을 기울여 추구했다(빌 3:11). 복된 부활을 얻기 바란다면 '그리스도 안에서 발견되기를' 간절히 원해야 한다. 성령의 내주하심과 살아 있는 믿음으로 그리스도와 연합했다면 죽음이나 무덤을 두려워할 필요가 없다. 왜냐하면 그리스도께서 "나는 부활이요 생명이니 나를 믿는 자는 죽어도 살겠고 무릇 살아서 나를 믿는 자는 영원히 죽지 아니하리니"(요 11:25)라고 말씀하셨기 때문이다.

CHAPTER.33

마지막 심판

이는 우리가 다 반드시 그리스도의 심판대 앞에 나타나게 되어 각각 선악간에 그 몸으로 행한 것을 따라 받으려 함이라 (고후 5:10).

1항 하나님은 예수 그리스도를 통해 세상을 의로 심판하실 날을 정하셨다(행 17:31). 그분께 성부로부터 심판하는 권한이 모두 주어졌다(요 5:22, 27). 그날에 불순종한 천사들이 심판을 받고(고전 6:3, 유 1:6, 벧후 2:4), 세상에 살았던 모든 사람이 똑같이 그리스도의 심판대 앞에 서서 자신들의 생각과 말과 행위를 고하고, 몸으로 행한 것에 따라 선악 간에 보응을 받게 될 것이다(고후 5:10, 전 12:14, 롬 2:16, 14:10, 12, 마 12:36-37).

2항 하나님이 이날을 정하신 목적은 선택 받은 자들을 영원히 구원하시어 그 긍휼의 영광을 드러내시고, 유기된 자들, 곧 사악하고 불순종하는 자들을 단죄하시어 공의의 영광을 드러내시기 위해서다. 그때에 의인은 영생을 얻어 주님의 임재에서 비롯하는 충만한 기쁨과 영원한 즐거움을 누리게 될 것이고, 하나님을 알지 못하고 예수 그리스도의 복음에 순종하지 않은 악인은 영원한 고통에 처해 주님의 임재와 그분의 권능의 영광에서 비롯하는 영원한 파멸을 경험하게 될 것이다(마 25:31-46, 롬 2:5-6, 9:22-23, 마 25:41, 행 3:19, 살후 1:7-10).

~ 해 설 ~

모든 개인이 사후에 즉시 받는 심판이 있다. 성경은 "한 번 죽는 것은 사람에게 정해진 것이요 그 후에는 심판이 있으리니"(히 9:27)라고 말한다. 이 심판 외에 마지막 날에 죽은 자들의 부활이 있은 후에 이루어질 심판이 있다.

이 조항들은 미래에 있을 심판의 확실성을 진술하고, 그 심판이 예수 그리스도를 통해 집행될 것이라고 확언하며, 그분의 심판대 앞에 서게 될 대상들이

누구인지 밝히고, 심판의 내용과 선고될 형벌을 차례로 언급한다.

1. 미래의 심판은 확실히 있다. 바울은 벨릭스 앞에서 장차 있을 심판에 대해 말했다(행 24:25). 그는 자연의 이치와 이성에 근거한 논증으로 이 진리를 증명했다. 우리의 믿음은 그보다 더욱 확실한 토대에 근거하지만, 그런 논증을 간과해서는 안 된다.

1) 미래에 있을 심판의 확실성은 양심의 증거를 통해 분명하게 드러난다. 인간은 초자연적 계시가 없었을 때도 선과 악의 본질적인 차이를 구별했다. 양심은 사람이 옳은 것을 행할 때는 그의 행위를 인정하며 칭찬하고, 그가 그릇된 것을 행할 때는 그의 행위를 질책하고 단죄한다. 사람이 잔악한 범죄를 저질렀을 경우에는 양심의 가책이 일어나 고통을 안겨 준다. 죄를 은밀하게 저지르고, 모든 사람의 눈앞에서 죄를 은폐하더라도 양심의 질책을 피할 수는 없다. 미래의 보응을 예감하는 마음이 없다면 무엇 때문에 그런 가책을 느끼겠는가? 바울 사도는 모든 인간의 마음속에는 미래의 심판이 있다는 것을 증언하는 증인이 살고 있다고 말했다(롬 2:15).

2) 이성은 이 세상의 현재 상태에 기초해 미래의 심판을 추론한다. 종교의 두 가지 근본 원리는 하나님의 존재와 세상을 다스리시는 그분의 섭리다. 이 진리를 인정하는 사람은 누구나 하나님이 무한히 의로우시고 공의로우시며, 무한히 지혜로우시고 거룩하시며, 무한히 선하시고 자비로우시다고 믿지 않을 수 없다. 이런 확신은 의로운 자들은 잘되고, 악인들은 잘못될 것이라는 자연스런 결론에 도달한다. 현재 상태를 대충 훑어만 봐도 하나님이 세상에서 선한 자들에게 행복만을 허락하시고, 악인들에게 불행만을 허락하시지는 않는다는 것을 충분히 감지할 수 있다. "악인들의 행위에 따라 벌을 받는 의인들도 있고 의인들의 행위에 따라 상을 받는

악인들도 있다는 것이라"(전 8:14).

모든 시대의 사람들은 뒤죽박죽으로 이루어진 것처럼 보이는 하나님의 섭리 앞에서 큰 혼란을 느껴야 했다. 하나님의 자녀들도 이로 인해 믿음이 많이 흔들렸다(시 73:4-17, 렘 12:1-2, 합 1:13). 그러나 이성을 옳게 사용하면 하나님의 존재와 섭리에 근거해 이런 상황이 바로잡히게 될 날, 곧 하나님을 섬기는 자들과 그렇지 않은 자들이 확연하게 구분될 날이 반드시 있을 것이라는 결론에 도달할 수 있다.

3) 하나님은 창세 이래로 행하신 놀라운 심판들을 통해 이 진리를 보여 주셨다. 세상에서는 악인들의 죄가 발각되거나 징벌을 받지 않는 경우가 많지만, 하나님은 때로 대담한 범죄자들을 심판하시어 자신이 세상의 재판관이라는 사실을 보여 주시고, 사람들에게 장차 있을 심판을 경고하신다. 그런 심판들을 통해 "하나님의 진노가……모든 경건하지 않음과 불의에 대하여 하늘로부터 나타나"(롬 1:18) 그분이 내세에 행하실 심판을 암시한다(벧후 2:5-6, 3:5, 7).

4) 성경은 마지막 심판이 있다는 것을 분명하게 증언한다. 방탕한 시대에 살았던 에녹은 동시대인들에게 우주적인 심판의 날이 다가오고 있다고 예고했다(유 1:14-15). 솔로몬은 방탕한 사람들에게 "하나님이 이 모든 일로 말미암아 너를 심판하실 줄 알라"(전 11:9)고 엄중히 경고했다. 욥은 친구들에게 심판을 상기시켜 주었고(욥 19:29), 시편 저자는 엄숙한 표현으로 자주 심판을 경고했다(시 50:3-6, 98:9). 주님도 사역을 행하시면서 장차 세상을 심판하기 위해 올 것이라고 종종 말씀하셨다. 사도들이 기록한 성경 안에도 이 진리가 분명하게 언급되어 나타난다(마 25:31-46, 롬 14:10, 12, 고후 5:10).

5) 이 진리는 그리스도의 부활을 통해 확증되었다. 바울 사도는 "이는 정

하신 사람으로 하여금 천하를 공의로 심판할 날을 작정하시고"라고 말하고 나서 "이에 그를 죽은 자 가운데서 다시 살리신 것으로 모든 사람에게 믿을 만한 증거를 주셨음이니라"(행 17:31)라고 덧붙였다.

그리스도의 부활은 일반적인 부활(심판을 위한 부활)을 확증하는 보증이자 서약이다. 부활은 주님의 거룩한 사역을 입증하는 명백한 증거로서 그분이 주장하신 모든 말씀을 확실하게 뒷받침한다. 주님은 사람들이 주관하는 법정 앞에서 온갖 비난과 고소를 당하는 수치를 감당하시면서 그들에게 장래의 심판을 경고하셨고, 자신이 재판관이 될 것이라고 선언하셨다. 그분은 "이후에 인자가 권능의 우편에 앉아 있는 것과 하늘 구름을 타고 오는 것을 너희가 보리라"(마 26:64)고 말씀하셨다. 주님은 그런 말씀 때문에 신성모독자로 단죄되셨지만, 하나님은 그분을 죽은 자 가운데서 다시 살리셨다. 이 사실이야말로 그분의 주장이 진리라는 것을 보여 주는 부인할 수 없는 증거가 아니고 무엇이겠는가?

2. 마지막 심판을 주관하시는 분은 예수 그리스도이시다. "하나님이 살아 있는 자와 죽은 자의 재판장으로 정하신 자가 곧 이 사람인 것을 증언하게 하셨고"(행 10:42). 물론 성경은 하나님이 세상을 심판하실 것이라고 종종 말한다. 시편 저자도 "하나님 그는 심판장이심이로다"(시 50:6)라고 증언했다. 이런 말씀들을 어떻게 조화시킬 수 있을까? 바울의 말은 이 문제를 쉽게 해결할 수 있게 해준다. 그는 "이는 정하신 사람으로 하여금 천하를 공의로 심판할 날을 작정하시고"(행 17:31)라고 말했다. 최상의 재판권은 성부께 있고, 그 권한을 행사하는 일은 성자께 위임되었다(요 5:22). 그렇게 된 것은 매우 적절하고 온당하다. 그 이유는 다음과 같다.

1) 그리스도께서 이 고귀한 직임을 행하시는 것은 그분이 극도로 낮아져 수치스런 고난을 당하신 것에 대한 명예로운 보상이다.

2) 사람들은 부활 후 육체를 지닌 형태로 심판을 받게 된다. 따라서 눈으로 볼 수 있는 재판관이 심판을 행하시는 것은 적절하고도 온당하다.

3) 그리스도께서는 성도들처럼 인간의 본성을 입으셨고, 자기 피로 그들을 구원하셨으며, 하나님 앞에서 그들을 대언하신다. 그런 분이 그들을 심판하시는 것은 그들에게 무한한 위로를 가져다줄 것이 분명하다. 이것이 그리스도께서 최고의 재판관이 되시는 것이 합당한 또 하나의 이유다.

4) 그리스도께서 재판관이 되셔야만 악인들에 대한 심판이 더욱 의롭게 드러날 것이기 때문이다. 죄인들의 중보자요, 구원자요, 친구이신 주님이 그들을 단죄하신다면 그들이 단죄를 받아 마땅한 죄인들이라는 것이 더욱 분명해질 것이 틀림없다.

3. 이번에는 그리스도의 심판대 앞에 서게 될 사람들을 생각해 보자. 성경은 선한 천사들의 심판에 대해서는 침묵하지만, 타락한 천사들의 경우에는 심판을 받게 될 것이라고 분명하게 말한다(유 1:4, 벧후 2:4). 아울러 성경은 모든 인간이 그리스도의 심판대 앞에 서게 될 것이라고 증언한다(고후 5:10).

바울은 "살아 있는 자와 죽은 자를 심판하실 그리스도 예수 앞에서 그가 나타나실 것과 그의 나라를 두고 엄히 명하노니"(딤후 4:1)라고 말했다. 여기에서 '살아 있는 자와 죽은 자'는 인류 전체를 가리킨다. '죽은 자'는 그리스도께서 오셔서 세상을 심판하시기 전에 죽은 모든 사람을, '살아 있는 자'는 그때에 죽지 않고 살아 있는 모든 사람을 각각 가리킨다.

4. 심판할 내용이 언급되었다. "하나님은 모든 행위와 모든 은밀한 일을 선악 간에 심판하시리라"(전 12:14)라는 말씀은 그 내용을 매우 포괄적으로 진술한다.

사람들이 행한 모든 일이 심판을 받고, 각자 자기 몸으로 행한 것에 따라 선악 간에 보응을 받게 될 것이다. 행위만이 아니라 말도 심판을 받을 것이다. 주님은 "사람이 무슨 무익한 말을 하든지 심판 날에 이에 대하여 심문을 받으리니"(마 12:36)라고 말씀하셨다. 행위와 말뿐 아니라 생각까지 심판을 받게 될 것이다. 바울은 "하나님이 예수 그리스도로 말미암아 사람들의 은밀한 것을 심판하시는 그날이라"(롬 2:16)고 말했다.

5. 각 사람의 상태에 따라 거기에 상응하는 심판이 선고될 것이다. 사람들은 각자 자신의 행위대로 심판을 받을 것이다(계 20:13). 그날에 의로운 자들의 선행은 그들의 사면이나 영생을 얻는 근거로서가 아니라 그리스도의 의를 의지하는 은혜의 상태 안에 있다는 것을 입증하는 증거가 될 것이다. 그러나 악인들의 악한 행위는 그들이 그리스도와 무관한 상태라는 것을 입증하는 증거이자 단죄의 근거가 될 것이다.

왕이신 그리스도께서는 자기의 오른편에 서 있는 자들에게 "내 아버지께 복 받을 자들이여 나아와 창세로부터 너희를 위하여 예비된 나라를 상속 받으라"(마 25:34)라고 말씀하실 것이다. 그러나 왼편에 서 있는 죄인들에게는 그와는 전혀 다른 심판이 선고될 것이다. 그들은 "저주를 받은 자들아 나를 떠나 마귀와 그 사자들을 위하여 예비된 영원한 불에 들어가라"(마 25:41)라는 말씀을 듣게 될 것이다.

판결은 선고되는 순간 즉각 실행될 것이다. 타락한 천사들과 악인들은 재판관이신 주님 앞을 떠나 영원한 멸망의 구덩이에 던져질 것이고, 의인들은 천국의 집에 들어가 그곳에서 결코 다시 나가지 않을 것이다(계 3:12). "그들은 영벌에, 의인들은 영생에 들어가리라"(마 25:46). 동일한 표현이 의인의 행복과 악인의 징벌에 적용된 것으로 보아 양자의 운명이 똑같이 영원히 지속될 것이라고 결론지을 수 있다.

3항 그리스도께서는 심판의 날이 있을 것이라는 확신을 심어 주심으로써 사람들이 죄를 짓지 못하도록 억제하시고, 경건한 자들이 어려운 상황에서 더욱 큰 위로를 받게 하신다(벧후 3:11, 14, 고후 5:10-11, 살후 1:5-7, 눅 21:27-28, 롬 8:23-25). 또한 그날이 언제인지 아무에게도 알리지 않으심으로써 사람들이 육적인 안전감에 빠지지 않게 하시고, 그때를 알지 못하므로 늘 깨어 있는 마음으로 "아멘 주 예수여 오시옵소서"라고 말할 수 있는 준비를 갖추게 하신다(마 24:36, 42-44, 막 13:35-37, 눅 12:35-36, 계 22:20).

해설

하나님은 영원한 심판의 날을 확실하게 정하셨다. 그러나 우리로 하여금 늘 깨어 있게 하시기 위해 그 지혜로우신 뜻에 따라 우리에게 그날이 언제인지 알리지 않으셨다.

그리스도께서 하늘 구름을 타시고 세상을 심판하기 위해 다시 오실 날이 이르기까지 기나긴 세월이 흘러갈 테지만, 모든 사람은 각자 자신이 죽는 날이 우주적인 심판이 이루어지는 날만큼이나 중요하다는 사실을 결코 잊어서는 안 된다. 왜냐하면 죽음이 임하는 순간, 즉시 심판을 받게 될 것이기 때문이다.

따라서 우리는 모두 "주 앞에서 점도 없고 흠도 없이 평강 가운데서 나타나기를"(벧후 3:14) 힘써야 한다. 우리는 우리에게 주어진 달란트를 잘 사용해 하늘에 계신 주님께 인정받으려고 노력해야 한다. 주님은 부지런하고 충실하게 자신을 섬기는 모든 사람을 크게 칭찬하실 것이다. 그분은 그들에게 "잘하였도다 착하고 충성된 종아"(마 25:21)라는 최고의 찬사를 아끼지 않으시며, 그들을 주인의 즐거움에 참여시키실 것이다.

참 신자들은 그리스도의 나타나심을 사모할 것이 틀림없다. 왜냐하면 그리스도께서 나타나실 때에 그들도 영광 중에 그분과 함께 나타날 것이기 때문이다. 그리스도께서는 "내가 진실로 속히 오리라"(계 22:20)고 말씀하셨다. 우리 모두 "아멘 주 예수여 오시옵소서"라고 기쁘게 화답하자.

사명선언문

너희가 흠이 없고 순전하여……세상에서 그들 가운데 빛들로
나타내며 생명의 말씀을 밝혀 _ 빌 2:15-16

1. 생명을 담겠습니다
만드는 책에 주님 주신 생명을 담겠습니다.
그 책으로 복음을 선포하겠습니다.

2. 말씀을 밝히겠습니다
생명의 근본은 말씀입니다.
말씀을 밝혀 성도와 교회의 성장을 돕겠습니다.

3. 빛이 되겠습니다
시대와 영혼의 어두움을 밝혀 주님 앞으로 이끄는
빛이 되는 책을 만들겠습니다.

4. 순전히 행하겠습니다
책을 만들고 전하는 일과 경영하는 일에 부끄러움이 없는
정직함으로 행하겠습니다.

5. 끝까지 전파하겠습니다
모든 사람에게, 땅 끝까지, 주님 오시는 그날까지
복음을 전하는 사명을 다하겠습니다.

서점 안내

광화문점   서울시 종로구 새문안로 69 구세군회관 1층
02)737-2288 / 02)737-4623(F)

강남점   서울시 서초구 신반포로 177 반포쇼핑타운 3동 2층
02)595-1211 / 02)595-3549(F)

구로점   서울시 동작구 시흥대로 602, 3층 302호
02)858-8744 / 02)838-0653(F)

노원점   서울시 노원구 동일로 1366 삼봉빌딩 지하 1층
02)938-7979 / 02)3391-6169(F)

일산점   경기도 고양시 일산서구 중앙로 1391 레이크타운 지하 1층
031)916-8787 / 031)916-8788(F)

의정부점   경기도 의정부시 청사로47번길 12 성산타워 3층
031)845-0600 / 031)852-6930(F)

인터넷서점   www.lifebook.co.kr